일본 학문의 근대적 전환

SNU일본연구총서 13

일본 학문의 근대적 전환

한학에서 중국학으로

초판 1쇄 발행 2022년 9월 30일

지은이 양일모·강지은·김용철·이새봄·이승율·이혜경

펴낸곳 서울대학교출판문화원
주소 08826 서울 관악구 관악로 1
도서주문 02-889-4424, 02-880-7995
홈페이지 www.snupress.com
페이스북 @snupress1947
인스타그램 @snupress
이메일 snubook@snu.ac.kr
출판등록 제15-3호

ISBN 978-89-521-3052-5 94150
978-89-521-1086-2 (세트)

이 연구는 서울대학교 일본연구소 일본학연구지원사업의 지원을 받았습니다.

SNU일본연구총서
13

일본 학문의 근대적 전환

한학에서 중국학으로

양일모 · 강지은 · 김용철
이새봄 · 이승율 · 이혜경 지음

서울대학교출판문화원

머리말

19세기 후반 이래로 아시아는 세계사의 거친 조류 속에서 움직이고 있었다. 서양은 식민지를 확보하기 위해 아시아로 진출하기 시작했고, 아시아는 서양과 맞서면서도 한편으로는 서양이 가진 부강의 비결을 알아내고자 서양을 학습하기 시작했다. 아시아의 여러 지역 중에서 일본은 비교적 빨리 서양에 문호를 개방하면서 서양문물의 도입에 앞장섰다. 메이지유신 초기에 서양을 모델로 삼아 서양을 쫓아가는 문명개화의 열풍이 일본 열도를 휩쓸었다고 한 것을 보면, 일본의 근대를 설명하면서 서양의 역할을 무시할 수는 없을 것이다. 실제로 그동안 일본의 근대를 바라보는 연구자들의 시선은 일반적으로 일본이 어떻게 서양을 학습하고 얼마나 서양을 이해했는가에 집중되었다.

일본의 근대사상에 관한 연구는 주로 서양사상과의 관련성 속에서 진행되어 왔으며, 서양사상의 수용사로 보는 경향이 농후하다. 메이지 10년대까지 밀(J. S. Mill) 혹은 벤담(J. Bentham) 등의 공리주의, 스펜서(H. Spencer)의 자유주의, 몽테스키외(C. L. S. Montesquieu) 혹은 루소(J. Rousseau) 등의 계몽주의 사상, 메이지 20년대 이후로 블룬칠리(J. C. Bluntschli)의 국가주의 등 유럽의 다양한 사상사조가 일본에 수용되는 과정에 대한 연구가 수행되었다. 또한 서양사상의 수용에 따른 일본 내부의 정치사회적 변동 등에 관해서도 상당한 연구가 축적되었다. 이는 일본의 근대화 과정에서 '서양' 혹은 '서양사상'이 차지하는 비중이 그만큼 크고 중요하다는 점을 말해 준다.

세계는 이미 수 세기 전부터 세계적 차원에서 교류하고 이동하는 흐름 속에서 움직이고 있었다. 지난 100여 년 동안 아시아가 서양을 모범으로 삼아 좇아온 '서양' 혹은 '서양문명'이라는 실체는 지금은 과학기술의 환영 속에 어렴풋이 남아 있을 뿐이다. 서양은 아시아가 추종해야 할 대상이라는 영예의 전당에서 벗어났고, 일본뿐 아니라 아시아의 거의 모든 지역은 이미 '서양화'되었다. 한편으로 아시아는 서양화의 거센 물결을 헤쳐 오면서도 자신의 정체성을 유지한 문화적 특성을 지니고 있기도 하다. 따라서 아시아의 근대를 고찰할 때는 아시아와 서양이라는 두 축을 동시에 고려해야 할 필요가 있다. 근대일본의 전개 과정에서 '서양'이라는 요소가 중요하게 작용하였다는 점은 부정하기 어렵지만, '서양'이라는 요소 이외에 서양을 수용하는 일본이라는 또 하나의 요인에 주목할 필요가 있다. 20세기의 아시아 연구가 서양중심주의적 관점을 지닐 수밖에 없었다고 한다면, 21세기의 아시아 연구는 동서양에 대한 균형 잡힌 시각을 요청하기 때문이다.

위와 같은 맥락에서 메이지유신 이래로 전개된 일본의 근대화 과정을 '서양'이라는 잣대로 재단하고 서술하는 것은 '서양'을 보편적 근대의 기준으로 설정하고, '비(非)서양'을 수동적 추종자로 간주하는 일이다. 특히 서양을 수용하는 일본이라는 수용의 주체가 역사 서술의 대상으로 부각되지 않는다는 점이 무엇보다도 가장 큰 문제일 것이다. 그렇다면 이러한 문제의식을 일본 근대사에서 '학문'의 영역이 경험한 변화를 서술할 경우에 적용해 본다면 어떤 논의가 가능할 것인가. 아무런 지적 바탕 없이 '서양'을 수용하기만 할 수는 없다. 근대일본의 학문 영역에서 일어난 변화 역시 기존의 학문과 새로운 학문이 교차, 공존, 전환되어 가는 과정으로 이해할 수 있을 것이다. 도쿠가와 막부 후기에 주류 학문으로서 유학이 정착되었고, 막부 말기에 서양의 학문, 즉 양학(洋學)을 공부한 지식인들의 학문적 기초가 한학(漢學) 혹은 유교(儒教)였다는 점은 최근 많은 연구들이 인정하고 있다. 그리고 이 연구가 다루고자 하는 메이지 이후의 근대일본에서도 양학이 시대적 권위를 지니게 되었지만 양학을 이해하고 해석하고 실천하는 지식인들의 지평은 한학이었다. 다시 말해, 근대일본의 지식인들은 한학적 소양 위에서 양학을 이해했고, 양학을 통해 한학을 성찰했다고도 말할 수 있다. 메이지유신 전후로 서양사상을 본격적으로 공부한 대부분의 일본인이 주로 유교적 소양을 습득한 지식인들이었다는 사실에 주목해 본다면, 기존의 연구 흐름과는 달리 '서양을 수용하는 주체'의 지적 기반에 주목할 필요가 있다.

최근 근대 일본사상 연구에서 이러한 내적 요인에 대한 분석이 강조되면서, 근대일본의 사상적 전개과정에서 한학의 역할에 주목하는 연구가 진행되고 있다. 이 연구 또한 일본의 근대사상을 내외적 관점에서 종합적으로 서술하기 위해 근대일본의 학적 체계 형성과정에서 한학이 담당했던 다면적 역할을 체계적으로 규명할 필요가 있다는 전제에서 출발했다. 이러한 접근은 일본의 근대사상을 에도사상과의 단절이 아니라 연속선상에서 파악할 수 있게 해 준다. 또한 메이지시대의 한학에 초점을 맞추는 연구방법은 유교적 문명이라는 큰 틀 속에서 중국과 한국의 지적 상황을 함께 고려할 수 있다는 점에서, 일본의 근대를 동아시아적 시각에서 고찰할 수 있는 장점을 지닌다. 일본의 근대는 일본과 서양만의 사건이 아니라 유럽-일본-중국-한국이 연결된 세계사적 구조 속에서 전개된 사건이기 때문이다. 더구나 유학이 '바람직한' 서양의 근대성에 대비되는 동양의 전근대성의 상징으로 자리매

김하게 된 시초가 근대일본의 한학 논의에 있었으며 그러한 이해가 여전히 통용되고 있다는 점을 생각해 볼 때, 한학과 관련되어 새롭게 형성된 근대일본의 학술 체계와 지식사회의 구조에 주목해야 할 현재적 필요성은 여전히 크다.

19세기 중엽 이후 서양의 열강이 아시아 지역으로 진출하면서 동서양의 만남은 제국주의적 침략과 서양문명의 전파라는 여러 요인이 복잡하게 얽히며 전개되었다. 동서양의 문명과 학술 또한 동양과 서양이라는 이분법적 도식에 따라 권력 관계가 형성되었다. 서양을 모델로 삼은 정치적·사회적 제도 개혁이 시도되면서 양학은 한학 혹은 국학(國學)에 비해 우월한 위치를 차지하게 되었다. 새롭게 형성된 근대적 학제는 서양의 학문 분류 체계를 토대로 한 것이었다. 따라서 한학은 새롭게 마련된 근대적 교육제도 내에서 자신의 정체성을 찾아야 했다. 한학은 고조되어 가는 국가주의의 광풍 속에서, 서양에서 전래된 문학, 역사, 철학이라는 근대적 학문 분류 체계 속에 자신을 끼워 맞춰 가면서 스스로의 위치를 설정해야 했다. 일본의 한학은 이러한 시대적 조건하에서 지나학, 지나철학 혹은 동양철학이라는 새로운 이름으로 거듭났고, 다시 그 틀 속에서 중국학, 중국철학, 때로는 정치이데올로기로 변신했다.

한학의 철학화 과정은 한학이 서양철학이라는 외투를 쓰는 과정이며, 동시에 한학이 서양철학을 이해하는 과정이기도 하다. 따라서 한학의 철학화 과정을 고찰할 때 서양철학의 수용이라는 일방적인 수용사를 넘어서 동서철학의 지평이 융합하는 양상에 주목할 필요가 있다. 또한 일본에서 중국학의 탄생이 유럽에서 수용된 시놀로지(Sinology)와 밀접하게 연관되어 있다는 점에서, 한학이 지나학 혹은 중국학으로 이행하는 과정에 대한 분석은 한학의 측면에서 시놀로지를 이해하고 수용하는 과정이라고 할 수 있다. 동시에 한학의 문제는 중국에서 전래된 학문이라는 점에서 '중국'이라는 문제와 밀접하게 관련되어 있다. 근대일본은 유럽을 타자화함과 동시에 중국을 타자화하면서 일본이라는 주체를 형성해 갔다고 할 수 있기 때문이다.

이 연구는 20세기 전후 일본을 대상으로 에도시대 이래 전개되어 온 전통적 학문, 즉 한학이 새롭게 형성된 근대적 학제 속에서 자신의 위상을 모색하는 과정을 고찰하며, 이를 통해 근대일본의 사상적 특징을 철학사 혹은 사상사적 관점에서 분석하고자 한다. 이미 일본에서 간행된 『제국 일본의 학지(學知)』[1] 시리즈에서 보여 주듯이, 근대일본의 지적 세계는 정치학, 법학, 식민정책학 등이 주축이 되었으며, 다음으로 경제학, 동양학, 미디어, 문학·언어, 지역연구, 과학기술, 공간·세계인식 등 다양한 영역이 복합적으로 얽혀 있다. 이 연구는 위 시리즈의 연장선에 있으면서도 위 연구에서 충분히 다루지 못한 부분을 보충하면서, 특히 '한학'이라는 프리즘을 통해 동아시아로 연구의 시각을 넓히고, 전근대와 근대를 연속선에서 파악하는 데 중점을 두고 근대일본의 학문 세계를 분석하고자 한다.

19세기 중엽부터 서양이라는 '시각'이 동아시아의 사회와 문화를 흔들었고 메이지유신 이후로 일본에서 서양화가 급속하게 진전되었다고 할지라도, 일본을 비롯한 동아시아의 지적 체계 속에서 한학을 중심으로 한 기존의 지식 체계가 급격하게 쇠퇴한 것은 아니었다. 기존의 연구에 따르면, 메이지 중기까지는 '한학 애호'의 시대였으며 "한어(漢語)는 상류사회의 언어"[2]였다. 당시 서양사상을 수용하는 방식은 번

1 『岩波講座「帝國」日本の學知』, 1-8卷, 岩波書店, 2006.

2 村山吉廣, 『漢學者はいかに生きたか — 近代日本と漢學』, 大修館書店, 1999.

역주의였으며, 이러한 번역의 토대는 동아시아의 한어 전통에 바탕을 둔 전통적 지식 체계였다. 실제로 한학의 풍모를 엿볼 수 있는 한시(漢詩)는 메이지시대에 상당히 많이 지어졌으며, 이러한 한시 저작이 감소하게 되는 것은 다이쇼시대 이후의 일이었다. 동아시아의 지적 자원을 체계적으로 정비한 『한문대계』[3]가 메이지 말기부터 다이쇼 초기에 걸쳐 간행되었다는 것은 그때까지 한학의 세계가 굳건하게 일본 지식 체계의 일환을 담당하고 있었음을 말해 준다.

20세기 초까지 지속된 이와 같은 한학의 중요성에 주목하면서, 이 연구는 근대 일본사상을 한학의 관점에서 고찰하고자 한다. 앞에서 언급한 『제국 일본의 학지』 시리즈(3권)에서는 '동양학'을 중심으로 제국대학의 근대적 학문을 주로 다루고 있지만, 당시 일본의 지적 토대인 한학에 대해서는 거의 다루고 있지 않다. 그 시기 일본의 한학자를 전면적으로 검토하는 것은 대규모의 종합적 연구다. 이 책은 한학의 전통 위에서 서양을 해석하고 한학에 대한 근대적 해석을 시도한 메이지시대의 지식인을 중심으로 한학의 변신, 서양철학의 등장, 유교의 철학적 변신, 근대적 교육제도 속 전통 학문의 위상 등을 고찰하고자 한다.

이 책은 근대일본의 지식사회를 대표하는 지식인 여섯 명의 사례를 통해 메이지에서 쇼와 전기에 이르기까지 한학의 위상 변화를 추적하였다. 이들 지식인은 영국 유학의 경력을 지녔으면서도 한학 폐지를 반대한 나카무라 마사나오, 일본한학을 비판하면서 실학을 제창한 후쿠자와 유키치, 서양미학을 학습하면서도 중국철학사를 저술한 우치다 슈헤이, 유학자를 자처하면서 대학에서 중국철학을 전공한 다카세 다케지로, 중국을 연구하면서도 중국을 멸시한 쓰다 소키치, 동양의 이

3 『漢文大系』, 全22卷, 冨山房, 1909-1916.

상을 말하면서 중국을 철학의 나라로 규정한 오카쿠라 텐신이다. 이들은 각각 지적 관심과 전공, 한학에 대한 평가, 중국을 보는 관점을 달리하지만, 기본적으로는 한학의 전통 속에서 성장한 세대다. 또한 서양의 학문 혹은 유럽의 중국학(Sinology)을 의식하고 있었다는 공통점을 지니고 있다. 이 책은 19세기 후반부터 20세기 전반에 이르는 시기 한학이 일본의 근대적 학문 체제 속에서 변화해 가는 양상을 조명하고 근대일본의 사상사 속에 나타나는 세대별 차이를 의식하면서 이들의 논의가 지니고 있었던 다양한 가능성을 살펴보고자 한다.

먼저 이새봄의 「메이지 일본은 왜 한학을 필요로 했을까 — 한학의 유효성을 주장한 나카무라 마사나오」(제1장)는 도쿠가와 시대의 최고 유학 교육기관인 쇼헤이자카(昌平黌) 학문소 어유자(御儒者)로 활동했고, 어유자로 재직 중인 1866년에 자원하여 영국으로 유학을 떠났던 나카무라 마사나오의 문제의식에 초점을 맞춘다. 시대를 대표하는 최고의 정통 유학자이자 동시에 양학자였던 그는 메이지유신 이후 본격적인 양학의 도입과 융성이 오히려 한학의 필요성을 가져오게 되었다고 판단했다. 이 장에서는 양학이 학문 세계의 주류로 자리 잡는 과정에서 한학이 처했던 제도적 변화의 맥락을 배경으로 나카무라가 주장한 한학의 필요성이 가진 논리에 대해 고찰한다. 특히 그가 1887년 도쿄학사회원에서 발표한 「한학불가폐론」에 주목하여, 어떻게 한학이 새로운 시대의 학문적 기초로서 역할을 할 수 있는지, 그리고 한학이 과거의 위상을 회복할 것을 기대하지 않으면서도 왜 한학을 폐기해서는 안 된다고 주장한 것인지에 대해 분석한다. 이를 통해 메이지유신이 한학의 즉각적인 폐기를 가져오지 않았다는 것, 그리고 일본의 근대학문 세계가 성립할 수 있었던 토대이자 지나학의 전사로서 한학이 가진 의미를 규명한다.

강지은의 「메이지 전기 한학 비판의 배경 — 후쿠자와 유키치를 중심으로」(제2장)는 한학을 폐기해서는 안 된다는 나카무라 마사나오류의 동향에 전면적으로 맞섰던 후쿠자와 유키치의 주장을 둘러싼 문제를 분석한다. 후쿠자와가 한학과 한학자에 대해 시종일관 날 선 비판을 전개한 데는 한학이 근세 일본사회에서 유의미한 역할을 하지 못했다는 점이 주요 배경이다. '한학'이라는 명칭은 '국학'과 다른 비일본적인 학문·사상이라는 메이지 초기의 인식을 표현한 것이었지만, 후쿠자와가 한학을 비판한 핵심에 존재했던 것은 역설적으로 일본적 유학의 본질이었다. 이 장에서는 이러한 일본 특유의 배경을 확인하기 위해 한국과 중국의 상황을 비교하고, 나아가 후쿠자와의 유교 비판 및 실학론에 대한 마루야마 마사오의 일련의 연구에서 일본적 배경이 소홀히 다루어진 과정을 분석한다. 마루야마는 후쿠자와가 한학 비판을 통해 동아시아 전통 학문의 속성 자체를 문제 삼은 것이라고 분석하며, 일본이라는 핵심적 배경을 삭제했다. 마루야마가 새로운 정의를 내놓은 이래로 후쿠자와의 한학 비판은 근대일본이라는 시공간을 훌쩍 넘어 현재의 동아시아 학계 심지어는 일반인의 상식 속에서까지 여전히 유학사 인식에 영향을 미치고 있다. 따라서 메이지 전기의 한학 논의가 동아시아 학술사에 미친 영향은 더욱 상세하게 밝혀질 필요가 있다.

양일모의 「한학의 재편과 '중국철학'의 탄생 — 우치다 슈헤이와 이노우에 데쓰지로의 성선설 논쟁」(제3장)은 일본이 서양의 학술 체제를 본받아 일본에서 그 이전까지 전개되어 온 한학을 '중국철학'으로 전환하는 과정을 사상사적으로 고찰한다. 동아시아 지역에서 전통 학술이 '철학사'라는 이름을 달고 최초로 간행된 것은 1888년 우치다 슈헤이가 철학관에서 강의한 자료를 토대로 한 『지나철학사』다. '지나철학사'가 발원지인 중국이 아니라 '철학'을 먼저 수용한 근대일본에서 먼저 간행되었다는 점에 주목할 필요가 있다. 이러한 학술 체계의 변화는 중국에서 기원한 학술이 '지나철학'이라는 근대적 학제 속에서 보편성을 확보하는 과정으로 볼 수 있으며, 따라서 동아시아 학술의 근대적 전환이라는 틀 속에서 조명할 필요가 있다. 한학이 철학의 영역으로 정립되면서 적지 않은 논쟁이 발생하게 되었으며, 당대 최고의 철학자로 알려진 이노우에 데쓰지로와 민간에서 활동한 우치다 슈헤이 사이에 전개된 성선론을 둘러싼 논쟁은 이러한 맥락에서 이해할 수 있다. 서양철학을 수용한 이노우에와 성리학적 사유방식을 견지한 우치다 사이의 논쟁을 통해, 인간 본성을 둘러싼 논의가 동아시아의 근대 전환기에 학적 논의의 주요 범주로 작동하고 있었다는 점을 볼 수 있다.

이혜경의 「근대 학제 안으로 들어간 한학 — 다카세 다케지로의 지나철학 연구」(제4장)는 도쿄제국대학 '한학과'를 졸업하고 대학원에서 '지나철학사'를 연구한 다카세 다케지로의 중국학을 다뤘다. 다카세가 도쿄제국대학을 졸업하고 대략 10년이 지난 뒤에 한학과는 없어지고 '지나철학'과 '지나문학'이 대신 들어섰다. 이러한 학제의 변화가 당시 중국 관련 학문을 둘러싼 격동을 상징적으로 보여 준다. 다카세는 유학자를 자처하던 한학자였다. 그러나 유학의 정수를 일본이 잇고 있다고 생각하고, 중국에는 과거의 영화만을 부여하려는 당시 도쿄제국대학 이노우에 데쓰지로 교수의 지침을 따르는 애국학도이기도 했다. 다카세의 중국철학 연구는 유학에 대한 존경을 품고 있는 한학자가 중국유학과 다른 일본유학의 특수성과 우수성을 설명해야 하는 과제를 짊어졌던 시대의 모습을 여실히 보여 준다.

이승율의 「중국을 멸시하는 중국학 — 쓰다 소키치의 도가 연구」(제5장)는 나카무라 마사나오나 다카세 다케지로 등과는 완전히 상반된 입장에 있었던 쓰다 소키치를 다룬다. 이 장은 쓰다가 동아시아에서 가장 먼저 근대화의 길을 걸은 일본과 타자로 상정된 '중국' 및 '아시아'·'동양'·'서양'의 관계를 어떻게 설정하려고 했는지의 문제를 그의 '중국' 도가 연구를 통해 분석한다. 한학 부흥에 비판적·부정적인 입장에 있던 쓰다는 '중국' 도가사상에 대해서도 시종일관 부정적인 의미로 규정하고 평가한다. 이런 특징을 지닌 그의 연구 이면에는 일본문화의 독자성과 세계성을 학문적으로 규명하고, 중국에 대한 일본의 우월성과 지도적 지위를 확립해야 한다는 목적의식이 있었다. 그의 도가 연구는 이러한 목적하에 수행된 일련의 '중국' 연구 중 하나다. 그런 의미에서 쓰다는 '한학불가폐론'을 주창하는 나카무라 마사나오나 유학자로서의 자의식을 가진 다카세 다케지로 등과는 상반된 입장이었다. 이 장에서는 쓰다가 자신의 목적을 달성하기 위해 학술적·문화적으로 중국·한국 등 아시아 국가들의 열등성을 지적하고 멸시함으로써 일본의 우월성을 부각하는 점, 그의 내면세계에 오늘날 일본의 포스트콜로니얼리즘적인 상황의 원형이라고 할 수 있는 혐중·혐한 의식이 깊게 내재해 있는 점, '동양'을 부정하고 해체함으로써 일본을 중국·인도 등 아시아 여러 나라들과 차별화하는 점, 더 나아가 중국과 유럽의 학문을 일본이 지도해야 한다는 '학문의 제국주의'적 주장을 펴는 점, 쓰다의 '일본 국민주의'의 바탕에 '존황'과 '국체'에 대한 신봉이 있었던 점을 지적한다.

김용철의 「오카쿠라 덴신의 중국문명론과 메이지시대 일본의 중국학」(제6장)은 중국을 철학의 나라로 규정한 오카쿠라 덴신의 중국 인식이 동시대 일본의 중국학 연구와 깊은 관련을 갖고 있다는 점을 지적하면서 그의 중국문명론이 가진 특징을 부각한다. 따라서 오카쿠라의 중국문명론이 형성된 과정과 그 배경을 파악하기 위해 당대 일본의 대표적인 중국학 연구자들, 즉 나카무라 마사나오, 우치다 슈헤이, 그리

고 도쿄대학 동기생이기도 한 이노우에 데쓰지로, 마쓰모토 분자부로 등의 주요 견해와 그의 사상을 비교·검토하고, 『동양의 이상』(1903)이나 『차책(茶の本)』(1906)과 같은 덴신의 주요 저술들에서 미술과 철학, 차 문화 등의 분야와 관련하여 그가 피력한 중국문명론의 특징을 분석한다.

부록으로 이 연구를 진행하면서 다루었던 원전 텍스트에 대한 해제와 한국어 번역을 추가하였다. 본문에서 다룬 여섯 명 지식인들의 원전 가운데 일본의 근대사상을 상징적으로 보여 줄 수 있는 문헌을 선택하였다. 즉 나카무라 마사나오의 「한학불가폐론」, 후쿠자와 유키치의 「유교주의」, 우치다 슈헤이의 「이노우에 문학사의 성선악론을 읽다」, 다카세 다케지로의 「묵자학과 예수교의 비교」, 쓰다 소키치의 『지나사상과 일본』 「서문」, 오카쿠라 덴신의 「중국 남북의 구별」이다. 외국의 사상을 깊이 이해하기 위해서는 직접 원전을 읽는 것이 매우 중요하지만, 근대일본의 사상과 철학을 이해할 수 있는 텍스트에 대한 한국어 번역이 절대적으로 부족한 상황이다. 여기에 수록된 원전 텍스트 번역이 일본의 근대를 이해하는 데 도움이 되기를 바란다.

이 책은 지난 2018년 서울대학교 일본연구소 일본학연구지원사업의 지원을 받아 진행한 공동연구의 성과다. 일본에서 중국 혹은 일본을 공부한 경력을 지닌 6명의 공동연구원이 '근대일본의 학지(學知)와 한학의 재편'이라는 주제로 연구를 수행할 수 있도록 지원해 준 서울대학교 일본연구소에 깊이 감사를 드린다. 지난 2019년 6월 25일 서울대학교 일본연구소 국내학술대회에서 그동안의 연구성과를 발표하였으며, 전체 연구 방향과 개별 논문에 대해 계발적인 논평을 해 준 이연승 교수(서울대), 이예안 교수(한림대), 김태진 교수(동국대)에게도 동학으로서 감사의 인사를 드리고 싶다. 최종보고서에 대한 일본연구소 심사위원들의 고견을 자양분으로 삼아 최종 원고를 제출하고 출판에 이르면서 학계의 질정에 거듭 고마운 마음을 전한다. 무엇보다도 호학의 자세로 함께 공동연구를 수행해 준 동인들에게 감사할 따름이다. 마지막으로 출판 작업을 도와준 서울대학교출판문화원에 감사드린다.

연구진을 대표하여
관악산 기슭에서 양일모

이 책의 각 장은 각각 다음과 같은 논문을 수정·보완하였다.

제1장: 이새봄, 「메이지 전기 한학(漢學)의 유효성 논의 — 나카무라 마사나오(中村正直)의 논리」, 『동방학지』 191집, 2020.6.

제2장: 강지은, 「후쿠자와 유키치 유학비판의 배경과 해석 — 동아시아 유학사 재인식을 위한 출발점」, 『역사와 현실』 117집, 2020.9.

제4장: 이혜경, 「근대 일본의 유학 전유(轉有)와 중국철학사 서술의 방향 — 다카세 다케지로를 중심으로」, 『철학사상』 74, 2019.11.

제5장: 이승율, 「쓰다 소키치(津田左右吉)의 '중국' 도가 연구와 아시아 멸시관」, 『율곡학연구』 9, 2019.9.

차례

제1장

메이지 일본은 왜 한학을 필요로 했을까

한학의 유효성을 주장한 나카무라 마사나오

이새봄

1. 양학의 등장이 가져온 지각 변동

도쿠가와 시대 일본의 문헌들 속에서 '한학'이라는 어휘가 처음 등장하는 시기를 특정하기란 어렵다. 스기타 겐파쿠(杉田玄白, 1733–1817)의 『난동사시(蘭東事始)』(1815)에서 '난학(蘭學)'과의 대비구도로 유학을 지칭하는 '한학'이 사용된 사례는,[1] 메이지 이후 '양학(洋學)'과의 대비라는 관점에서 한학을 사용하게 된다는 맥락을 설명하기 위한 전사(前史)로서 비교적 잘 알려져 있기는 하다.[2] 한편으로는 도쿠가와 후기에 유학을 상대화할 수 있는 다른 학문으로서 난학만이 아니라 '화학(和學)' 역시도 상당한 비중을 차지하고 있었다는 사실을 지적하지 않을 수 없다. 19세기 이후의 도쿠가와 후기 일본사회에서 유학이 주류 학문으로서 위치가 공고했다는 점은 부정할 수 없는 사실이지만, 동시에 난학(1853년 개항 이후에는 양학)이나 화학과 같은 다른 학문들도 학문 세계의 일환으로 작지만 확실하게 자리를 잡아 가고 있었던 것이다.

그런데 막부 말기에 이르러 양학에 대한 수요가 늘어 감에 따라 양학 연구가 본격화되면서, 양학의 관점에서 유학이 가진 학문으로서의 절대적 가치에 대한 의구심을 표명하는 사람들이 등장했다. 일본인

1 『난동사시』는 저자인 스기타 겐파쿠 자신이 명명한 자필원고의 제목이고, 우여곡절 끝에 1869년 『난학사시(蘭學事始)』라는 제목으로 간행되어 현재 일반적으로는 후자의 제목으로 널리 알려져 있다. 이종찬, 『난학의 세계사』, 알마, 2014, 26·69쪽 등.

2 구로즈미 마코토(黒住眞)는 메이지시대 들어 서양학문에 의해 유학이 상대화되고 압박을 받는 과정에서 형성된 개념으로서의 '한학'이라는 설명을 지지하면서도, 동시에 이러한 상대화와 압박이 메이지시대에 처음 발생한 현상이라고만 여겨서는 안 된다는 점을 강조한다. '한학'이란 도쿠가와 후기에 이미 '화학'이나 '양학'과의 대비 속에서 상대화된 측면도 갖기 때문이다. 黒住眞, 「徳川儒教と明治におけるその再編」, 『近世日本社會と儒教』, ぺりかん社, 2003, 188쪽.

최초로 미국 대학의 학사를 취득한 니지마 조(新島襄, 1843-1890)는 일찍이 1868년 미국 체재 중 동생 소로쿠(双六)에게 보낸 편지에서, "한학은 지나(支那)의 역대 일을 궁구하는 데에는 적합한 것이지만, 공맹(孔孟)의 도(道)로써 나라를 세우려고 하는 일은 크나큰 잘못이다. 이러한 이유로 내가 원하는 바는 양학을 닦는 데에 있다"라고 말했다.[3] 무사 집안 출신인 그는 십대 중반까지 한학서 위주의 교육을 받았지만, 막부가 설립한 서양식 해군사관양성소인 군함조련소(軍艦操錬所) 등을 거치면서 서양의 문물, 특히 기독교에 관심을 가지며 스스로의 의지로 만 20세경에 미국으로 밀항한 인물이었다.

메이지시대가 시작되자 서양의 문물과 지식이 물밀듯이 일본으로 유입되었고, 이에 따라 학문의 세계에서도 양학의 유행이 일어났다. 후쿠자와 유키치를 위시한 양학자들의 서양 소개서는 베스트셀러가 되었고, 영어를 배울 수 있는 학습기관이 전국 각지에 설립되었다. 특히 고등교육 면에서 양학은 매우 중시되었다. 막부의 서양서 번역기관인 반쇼시라베쇼(蕃書調所)에서 출발한 도쿄대학(東京大學)은 1877년에 법학, 이학(理學), 문학 세 개 학부를 설치한 이후 1883년까지 서양 각국의 전문가들이 교육을 담당했고, 화한(和漢) 문학 전문 과정 이외의 거의 모든 학과에서 일본인 학생이 일본인 선생으로부터 수업을 듣는 경우에도 영어로 수업이 진행되었다.

무엇보다도 1872년에 공포된 새로운 학교제도에 관한 종합법령인 '학제(學制)'의 발령으로 인해 도쿠가와 시대의 교육제도를 지탱했던 사숙(私塾), 데라코야(寺子屋), 번교(藩校) 등이 폐쇄되거나 설 자리를 잃게 되었다. 이로써 이들 기관의 커리큘럼의 주축을 차지했던 유학의 가르

---

3 三浦叶, 『明治の漢學』, 汲古書院, 1998, 28쪽.

침과 한문 지식의 재생산 구조가 큰 타격을 받게 되었다. '문명개화'의 기세에 밀려 한학은 급격하게 뒤처진 학문으로 인식되기 시작한다.

이처럼 양학의 융성이 기존의 한학 중심 교육제도에 큰 타격을 가하기는 했지만, 그렇다고 해서 이로 인해 곧바로 한학의 존재의의가 소멸된 것이라고 생각해서는 안 된다. 오히려 한학의 지식이 이전보다 더욱 필요해진 측면이 있다고 표현해야 할 정도로 한학적 지식에 대한 수요는 컸기 때문이다. 즉 서양문명의 도입이 필연적으로 동반하게 되는 번역의 문제가 등장하고, 공식 문서상의 문체가 한문 훈독체(訓讀體)로 바뀌게 되는 등의 변화가 발생함에 따라, 한학적 소양의 바탕 없이는 언론이나 정치, 학문 영역 등에서 활동을 하기에 어려움이 발생했기 때문이다. 그리고 이러한 변화로 인해 메이지 전기에 '한어(漢語)의 유행' 현상이 일어났다.[4] 물론 이는 "단순히 말의 표면에 그치는 것"은 아니었다. "지적 사상의 틀이나 내용에 관해서도 실은 한학이나 유학에 의해 배양된 것이 양학을 발전시키는 기반이 되었고, 또한 양자가 접촉하는 일로 인해 변용이나 발전이 일어"난 것이었다.[5]

이 장에서는 막부 말기에서 메이지시대에 걸쳐 활약한 일본의 유학자이자 양학자 나카무라 마사나오(中村正直, 1832-1891)를 중심으로 양학의 도입과 융성이 오히려 한학의 필요성을 가져오게 된 메이지 전기의 상황과 그러한 주장의 논리에 대해 살펴본다. 이를 통해 도쿠가와 시대의 정통 유학자였던 나카무라가 한학을 둘러싼 메이지 전기의 변화된 현실을 어떻게 이해했는지 파악함으로써 1890년대 이후 본격적으로 진행되는 '지나학(支那學)'의 등장과 이노우에 데쓰지로(井上哲次郎,

4 牧野謙次郎,『日本漢學史』, 世界堂書店, 1938, 238쪽.

5 黒住眞, 앞의 글, 178쪽.

1856–1944) 등의 차세대 지식인들이 전개한 '한학' 논의와의 차이점을 확인하기 위한 토대를 마련하고자 한다.

2. 유학자의 시선으로 본 서양이란?

나카무라 마사나오는 도쿠가와 정권이 붕괴되기 전까지 일본 유학의 최고 권위의 자리인 쇼헤이자카(昌平坂) 학문소 어유자(御儒者)였다. 무사가 지배하는 도쿠가와 사회 초기에는 유예(遊藝)의 일환으로 취급되던 유학은[6] 후기인 19세기에 접어들어서는 무사들이 갖추어야 하는 기초 교양으로 자리 잡게 되었다.[7] 여기에는 18세기 말에 설립된 도쿠가와 정부의 직할 유학 교육기관인 쇼헤이자카 학문소가 중요한 역할을 했다.[8] 나카무라가 쇼헤이자카 학문소에서 수학하기 시작한 시점은 쇼헤이자카 학문소 설립으로부터 반세기가 넘은 1840년대 후반부터 도쿠가와 정부가 붕괴되는 시기까지로, 그는 쇼헤이자카 학문소의 흥망성쇠를 그 중심에서 경험한 인물이다.

나카무라가 막부 말기 다른 유학자들과 차별화되는 지점은 무엇보다도 그가 어유자라는 자리에 재직 중인 1866년에 자원하여 영국 유

---

6 渡邊浩, 『東アジアの王権と思想 増補新装版』, 東京大學出版會, 2016, 123–124쪽.

7 무사들의 이러한 변화에 관한 분석은 박훈, 『메이지 유신은 어떻게 가능했는가』, 민음사, 2014 중 「4장 유학의 확산과 '사대부적 정치 문화'의 형성」에서 자세하게 다루고 있다.

8 쇼헤이자카 학문소는 공식적으로는 학문소(學問所)라는 호칭이 사용된다. 학문소가 설립된 장소를 쇼헤이자카(昌平坂)로 불렀기 때문에 쇼헤이자카 학문소라고도 호칭하며, 쇼헤이코(昌平黌)라고도 부른다.

학을 떠났다는 사실이다. 그는 유학을 자원하는 지원서에서 "천지인(天地人)에 통달한 이를 유(儒)라고 말한다"[9]는 말로 유자로서의 자신의 정체성을 규정했다. 그리고 이러한 정체성에서 오는 자신의 의무를 '본방(本邦)'과 '지나(支那)'뿐 아니라 그 외 외국의 '정화풍속(政化風俗)'과 '어언학술(語言學術)'에도 통달하는 데에 있다고 보며, 서양에 직접 유학하는 일 역시 유자의 직분 안의 일이라는 의미의 '분내(分內)'라고 말했다.[10] 유자임에도 불구하고 서양을 배우기로 한 것이 아니라, 유자이기 때문에 서양을 배워야 한다는 논리를 펼친 것이다.

약 1년 반 남짓의 영국 유학 생활을 통해 그는 영어를 습득했고, 메이지유신 이후 스마일스(Samuel Smiles)의 일련의 작품과 밀(John Stuart Mill)의 『자유론(*On Liberty*)』(1859)을 번역하는 등, 양서 번역으로 명성을 떨치는 한편, 동인사(同人社)라는 학교를 설립하고 도쿄대학의 교수도 겸임하는 등 적극적으로 교육활동에 힘썼다. 영국 유학에서 돌아온 이후, 그는 기독교를 서양문명의 기반으로 보고 기독교에 대해 깊은 관심을 갖고 교리 공부를 하며 선교사들과 두터운 친분을 쌓기 시작한다. 결국 그는 1874년 크리스마스에 도쿄에 있는 캐나다 감리교 교회에서 세례를 받았다.

나카무라가 세례를 받게 된 것은 이미 예견된 전개였는지도 모른다. 그는 일찍이 1871년 여름에 「의태서인상서(擬泰西人上書)」라는 논설을 익명으로 신문에 게재한 일이 있었다.[11] 나카무라가 서양인으로 분

9 "通天地人謂之儒", 「留學奉願候存寄書付」, 『明治文學全集 3 明治啓蒙思想集』, 筑摩書房, 1967, 279쪽. "通天地人謂之儒"의 전거는 楊雄, 『法言』.

10 「留學奉願候存寄書付」, 위의 책, 279쪽.

11 영문판은 이미 전년에 발표되었다. "Memorial Addressed to the Tenno", *The Japan Weekly Mail*, Vol. III, No. 20, May 18, 1872.

해서 메이지 천황에게 쓴 제안서의 형식으로 발표된 이 글에서, 그는 천황이 진정한 일본의 '개화일신(開化日新)'을 원한다면 그 본원(本源)인 교법(敎法, 즉 기독교)을 받아들여야 한다고 주장했다. "좋은 나무에 좋은 열매"가 열리듯, '서국의 열매(西國之果)'인 '개화일신'을 좋다고 여긴다면, 그것이 가능하게 된 나무에 해당하는 교법, 즉 기독교의 훌륭함을 의심해서는 안 된다는 것이다. 그리고 단지 '서교(西敎)'의 포교의 자유를 허락하는 데서 그치지 말고, 더 나아가 천황 스스로 세례를 받을 것을 제안한다.[12] 아직 기독교 금교(禁敎) 정책이 풀리지 않았던 메이지 초기 일본에서 비난과 위험을 무릅쓴 과감한 주장이었다.[13] 여기에 대해 약 17년 후인 1888년의 회상에서 그는 다음과 같이 말했다.

> 내가 일찍이 태서인의 상서를 흉내 내어 문장을 만든 적이 있다. 세간의 유자는 나를 이단을 돕는 자라 여기고 소란스럽게 나를 공격했다. 그러나 사실상 공자를 경앙(敬仰)하는 마음에는 변함이 없었다. 또한 공자의 도(道)가 상등(上等)사회에서 이뤄지고 치평(治平)의 대근본이기를 깊이 바란다.[14]

익명으로 게재한 글이었지만, 당시 이 글이 나카무라에 의한 것임은 바로 알려졌다. 천황에게 기독교 세례를 받을 것을 권유하는 전직 어유자에 대한 '세간의 유자'들의 시선이 고울 리 없었다. '세간의 유자'

12 "陛下如果欲立西教, 則宜先自受洗禮, 自爲教會之主而億兆唱率焉", 「新聞雜誌 五十六號附録」, 『東京曙新聞(復刻版)』 五三卷, 柏書房, 2008, 140쪽.

13 도쿠가와 시대의 기독교 금교 정책은 '기리시탄(切支丹) 금제고찰(禁制高札)'에 의거했다. 메이지정부는 1873년 2월 24일, 이 고찰을 철거하는 형태(太政官布告第68號)로 금교 정책에 종지부를 찍었다.

14 「加藤翁年譜序」, 『敬宇文集』 卷十五, 吉川弘文館, 1903, 10丁 앞.

들에게 있어서 기독교는 '이단'이었고 배척의 대상이었다. 그러나 나카무라 자신은 공자를 '경앙'하고, '상등사회'에 '공자의 도'가 실행되어 '치평'의 근본이 굳건히 자리 잡기를 바라는 마음에서 이와 같은 주장을 펼쳤다. 천황에게 기독교 세례를 받고, 교회의 수장이 되라는 주문까지도 공자의 도를 경앙하는 나카무라의 마음에서 비롯된 것이었다. 동시에 나카무라에게 있어서 기독교란, 인민으로 하여금 '수신(修身)'과 '경신(敬神)' 활동을 가능하게 해 주고 이로써 그들의 품성 혹은 인격적 향상을 이루는 '성질'의 근본적 변혁을 이루게 하는 유효한 방법이기도 했다.[15] 다시 말해, 인민의 교화(教化)를 위한 방법으로 그는 기독교를 택했던 것이다. 유학의 관점에서 천황이 기독교 교회의 수장이 됨으로써 인민을 교화한다는 발상은 문명의 실현을 위한 효과적이고 자연스러운 방법이었다.

이와 같은 이해의 바탕에는 그가 기독교의 신에 대한 신앙심이 하늘(天)의 실재를 믿고 도(道)의 실천을 위해 수양하는 유자의 태도와 일치한다고 본 것이 작용했다. 다만 '동서'의 현 상황을 비교했을 때, 서쪽에서는 '교법'에 의해 더 많은 '중인 이하'의 사람들이 도의 실천을 위해 힘쓰고 있다는 점에서 차이가 있었다. 이때, 서양서적을 다독하던 나카무라는 다음과 같은 사실을 발견했다.

> 말하기를, "하늘의 위엄을 두려워하다"라고. 말하기를, "(탕왕은) 이 하늘의 밝은 명을 돌아보았다"고. 말하기를, "하늘의 명을 두려워하다"라고. 『시경』과 『서경』의 성인의 참뜻이 지금은 도리어 구미의 서적으로 더욱

15 나카무라의 기독교 도입론에 관한 논의는 이새봄, 「「경천애인설」에 나타난 나카무라 마사나오의 사상적 전환」, 『일본비평』 제16호, 2017을 참조.

밝혀지고 있다. 생각건대 도(道)에는 동서고금의 차이가 없다. 비유하자면, 태양처럼 천지간에 유일할 뿐이다. 지혜로운 사람은 그것이 크게 하나임을 깨닫지만, 몽매한 사람은 그 작은 차이에 미혹된다.[16]

『시경』이나 『서경』, 그리고 『논어』에서 천(天)에 대한 외경을 논한 '성인의 진정한 뜻'이 이제는 "구미(歐米)의 서적"에 의해서 더욱 명백해지고 있다는 것이다. 천지간에 태양이 하나이듯, 성인의 뜻인 도는 "동서고금"의 차이가 없는 하나의 도일 뿐이다. 그러나 나카무라의 말처럼 『시경』이나 『서경』에 있는 성인의 뜻이 서양서적들에 의해서 오히려 더욱 명료하게 드러나고 있다면, 유학 경서의 존재의의는 어디에 있는 것일까? 서양서적만을 읽어도 충분하지 않을까? 게다가 기독교가 사람들에게 신, 즉 하늘을 알게 하고 '마음의 안락'을 주는 도의 실천을 위한 지침이 되고 있다면, 굳이 유학 경서에서 도를 배울 이유는 어디에 있는가? 한학의 역할이 어디에 있다고 그는 생각한 것일까?

3. 한학의 위상 저하

1883년 2월, 대학(大學: 제국대학 이전의 도쿄대학)에 고전강습과 을부(古典講習科乙部)가 개설되었다. 당시 대학 총리였던 가토 히로유키(加藤

16 "曰畏天之威, 曰顧諟天之明命, 曰畏天命, 詩書聖人之眞旨, 今反由歐米之書以益明矣. 蓋道無古今東西之異. 譬如太陽, 天地間唯一而已. 智者悟其大同, 而昧者則迷其小異", 「刻勸善喩道傳序」(1877.3.1.), 『敬宇文集』 卷十四, 30丁. "하늘의 위엄을 두려워하다(畏天之威)"는 『시경』, "이 하늘의 밝은 명을 돌아보았다(顧諟天之明命)"는 『서경』, "하늘의 명을 두려워하다(畏天命)"는 『논어』를 각각 그 전거로 한다.

弘之, 1836–1916)가 양학 일변도로 학풍이 바뀌면서 아무도 고전을 돌아보지 않게 된 점을 우려하여 고전을 다루는 학과의 개설을 문부성에 수차례 건의했다. 그 결과, 1882년에 먼저 일본의 국서(國書)를 전공으로 하는 고전강습과 갑부(甲部)가 설치되었고, 그 이듬해에 한서(漢書) 전공의 을부(乙部)가 설치된 것이다.[17] 가토는 막부 말기에 한학의 기초 위에 양학을 배운 전형적인 양학자였다. 그러나 그것이 곧 유학의 학문적 의의를 부정하는 것은 아니었다. 그는 "도쿠가와 300년 동안 상류의 개화는 오로지 유학으로부터 비롯되었다고 말할 수 있다"는 생각을 갖고 있었다. 마치 "현재 유럽의 개화의 근원을 그리스 로마에서" 찾을 수 있듯이 일본 개화의 근원은 유학에서 찾을 수 있다는 발상이었다.[18]

고전강습과 을부의 교사로는 시게노 야스쓰구(重野安繹, 1827–1910)나 난마 쓰나노리(南摩綱紀, 1823–1909), 가와다 오코(川田甕江, 1830–1896) 등 막부 말기 쇼헤이자카 학문소에서 수학한 경험을 가진 유학자들과 함께 나카무라에게 의뢰가 갔다.[19] 당시 시게노, 난마, 그리고 가와다는 '메이지의 삼대문종(三大文宗)'으로 꼽히는 한학자였다. 나카무라는 그러한 과거의 동료들과 함께 메이지 10년대에 들어와 다시금 한서 교육에 임하게 되었다는 사실에 대한 감회가 남달랐던 것 같다. 그는 고

---

17 갑부는 국서과(國書課)로, 을부는 한서과(漢書課)로 1884년에 개칭되었다.

18 加藤弘之, 「第二十 漢學」, 『天則百話』, 博文館, 1899, 46쪽.

19 도쿠가와 가신을 위한 유학 교육기관이었던 쇼헤이자카 학문소는 가신을 위한 기숙료(寄宿寮)와 다른 번 출신 유학생을 위한 서생료(書生寮)로 나뉘었다. 기숙료와 서생료 사이에 공식적인 교류는 거의 없었지만, 나카무라가 재직하기 시작한 1850년대부터는 사적인 교류가 활발해졌다고 한다(舊事諮問會 編, 『舊事諮問録 下』, 岩波文庫, 1986, 146쪽). 고전강습과에는 대부분 쇼헤이자카 학문소를 거친 인물들이 교사로 임명되었는데, 나카무라를 제외한 나머지는 모두 서생료 소속이었다.

전강습과 을부의 설치 직후인 1883년 4월, 도쿄학사회원(東京學士會院)에서 고전강습과 을부 개설에 임하여 학생들에게 한학의 의의를 전하는 연설을 행했다. 연설의 시작은 약 십 년 전 일본사회의 모습에 관한 회상이다.

> 메이지 초년에는 도하(都下)의 중등(中等) 이상의 많은 사람들이 양찬(洋饌)을 좋아하고, 양주를 마시다 보니 이것이 아니면 손님에게 내놓을 수 없다거나, 이것이 아니면 영양이 부족하다고 생각할 정도였다. 당시에 한학은 짚신짝처럼 버려져, 어떤 한학자는 울분을 견디지 못하고 불평 끝에 바다에 들어가 죽기에 이르렀다. 머리를 기르고 환속한 승려는 그 숫자를 헤아릴 수 없다. 한적(漢籍)은 폐지보다 값이 덜 나갔다. 이즈음에 내가 번역한『서국입지편』10부를 가져가면 청나라에서 수입한 최상질의『패문운부(佩文韻府)』고서와 맞바꿀 수 있었고, 이에 서점은 매우 기뻐했다. 불교 서적에 이르러서는 더욱 심했다. [중략] 그리고 세간 일반의 풍속을 살피니 양학자는 어린 신진이라도 갑자기 등용이 되고, 서양물건의 유행은 날이 갈수록 성행하여, 사람들은 신기(新奇)함을 경쟁하고 구물(舊物)을 천시해 경박함을 겨루는 풍조로 바뀌어 중후질실(重厚質實)의 풍조를 잃어버리게 되는 폐해를 낳았다.[20]

메이지 초기 문명개화의 바람이 일본을 휩쓸던 시기, 나카무라의 눈에 비친 '도하'의 '중등' 이상의 사람들 사이에 일어난 유행의 모습이란 경박했다. 오래된 것은 모두 우습게 보아 폐기하고, 오로지 새로운

---

20 「古典講習科乙部開設ニ就キ感アリ書シテ生徒ニ示ス」(明治十六(1883)年四月十五日),『明治文學全集 3 明治啓蒙思想集』, 1967, 312쪽.

것, 서양의 것만을 좇는 풍속이 횡행한 나머지, 청나라에서 수입된 최고급 품질의 고서『패문운부』(1711)가 자신의 책이자 당대 베스트셀러였던『서국입지편』과 교환이 가능한 사태가 벌어졌다. 그로서는 납득할 수 없는 현상이었다. 게다가 메이지정부는 서양 문명국들의 기준에 맞춘 국가 건설을 목표로 하고 있던 만큼, 인재 기용에 있어서도 양학 공부를 중시했다. 여전히 외국인 초빙사 교수가 도쿄대학 교원의 상당수를 차지하고 있던 시기였다. 이로 인해 '양학자'가 아니면 출세할 수 없는 풍조가 생기면서 그만큼 '한학자'에 대한 평가는 내려갔고 당연히 한학 공부의 수요도 급격하게 줄어들었다. 한학이 "짚신짝처럼 버려"졌다는 말은 나카무라에게 과장이 없는 실감을 표현한 것이었다.

그러나 이러한 변화가 끝없이 한 방향으로만 진행된 것은 아니다.

> 모든 사물은 극에 달하면 반드시 반전한다. 또한 자연의 이치이기에 메이지 10[1877]년 전후부터 식자는 이 점을 대단히 우려하기 시작했고, 오래된 것을 보존하자는 논의를 일으켜, 혹자는 구학(舊學)을 진흥하는 단체를 설립하여 정부에서도 서양물품을 사용하는 일을 줄이는 데에 힘쓰게 되었다.[21]

서남전쟁이 있었던 1877년 전후로 이처럼 한학의 의의를 되살리고자 하는 노력은 현저해졌다. 고전강습과 을부의 개설도 물론 그러한 노력의 일환이었다.[22] 한편 민간에서도 일찍이 도덕적 수양, 즉 '수신(修身)'을 강조한 교육정책을 추진 중이던 문부성 소속의 니시무라 시게

21 「古典講習科乙部開設ニ就キ感アリ書シテ生徒ニ示ス」, 위의 책, 312쪽.

22 1877년에 도쿄대학 문학부가 출범하면서 문학부 제1과의 사학, 철학, 정치학과 함께 제2과 화한(和漢)문학과가 설치되었다.

키(西村茂樹, 1828-1902)[23]와 같은 인물은 수신학사(修身學社)를 설립했고(1876), 1879년 도쿄학사회원에서 대학 안에 '성학(聖學)'과를 개설해야 한다는 주장을 펼친 바 있다.[24] 성학이란 서양대학의 신학을 염두에 둔 개념으로, 중국의 유학과 서양의 철학을 두 축으로 하는 학문이다. 서양화 일변도의 흐름에 대한 우려와 이에 대한 대책이 구체적으로 강구되고 실천되기 시작한 것이다. 나카무라의 말처럼 이러한 노력은 어느 정도 효과를 거뒀다. "한학도 자연스레 유행"했고, "한적 값도 갑자기 등귀"했다. "한학자도 문호를 열고 제자를 모으"게 되었다. 그는 이와 같은 일련의 과정에 관해 "일시적인 풍습으로 인해 성쇠의 징후를 드러내긴 했으나, 진실로 가치가 있는 것은 일시적으로 값어치가 떨어졌더라도 다시 점차 본래로 돌아가는 것"이라고 해석한다. 즉, "모든 사물은 극에 달하면 반드시 반전"하는 것이다.

그러나 한학의 제도적 부흥을 꾀한 고전강습과는 단 2회의 학생 모집을 끝으로 폐지되었고, 1886년에 새롭게 설립된 제국대학의 문과대 안으로 흡수되었다. 그리고 그 후 대세가 양학에서 한학으로 돌아가는 일은 일어나지 않았다. 고전강습과 을부 학생들에게 쓴 앞의 글에서 나카무라가 "오늘날의 상태를 이대로 가만두면, 수십 년 경과했을 때 전문 한학자의 대가 끊기는 것을 막기 어려울 것이다"라고 우려했을 때, '전문 한학자'가 나카무라와 같은 세대의 '한학자'를 가리키는 것이었다면 그 예견은 적중했다고 말할 수 있을 것이다. 그의 동세대

23 니시무라 시게키: 야스이 솟켄(安井息軒, 1799-1876)의 문하에서 20대 초반까지 수학하고, 사쿠마 쇼잔(佐久間象山, 1811-1864)으로부터 가르침을 받은 인물로, 유학과 양학, 병학을 겸한 학자다.

24 西村茂樹, 「大學ノ中ニ聖學一科ヲ設クベキ説 明治十二年四月 東京學士會院講演」(松平直亮, 『西村茂樹先生論説集』, 松平直亮, 1894, 163-166쪽).

한학자들은 이미 당시의 그러한 대세에 가담하고 있었다. 1886년의 다른 글에서는 "오늘날 부형(父兄) 자신은 한학자이더라도, 그 자제로 하여금 서양 책을 읽히거나, 혹은 구미에 도항하게 하여 장래의 이달(利達)을 꿈꾸지 않는 자가 없기에 이르"렀다고 나카무라는 적고 있다.[25] 메이지시대가 시작된 지 약 20년, 양학은 더욱 확고하게 '이달'을 보증하는 수단으로 자리매김했고 한학은 한학자 자신들도 더 이상 돌아보지 않는 학문이 되어 가고 있었다.

4. 양학의 시대에도 한학은 유의미하다!

1) 양학의 기초로서의 한학

사실 나카무라 자신은 양학자로서도 한학자로서도 명망이 높았다.[26] 양쪽의 특징을 잘 아는 그는 오로지 양학만을 공부시키는 학습법의 폐해를 일찍이 깨달았다.

요즈음 내가 학생들을 모아 가르치면서, 양학자가 한학을 공부하지 않으

25 中村正直,「杞憂ヲ誤ル勿レ 十九年六月十二日」,『明治文學全集 3 明治啓蒙思想集』, 315쪽.

26 도쿠가와 시대부터 에도에서는 업종별로 인물이나 가게 등을 순위 매기고, 이러한 정보를 책자로 만들어 판매했다. 정보는 지속적으로 업데이트되었으며, 유녀(遊女)와 함께 학자도 마찬가지로 그 대상이 되었다. 메이지시대에도 이러한 순위 안내 책자는 계속 발간되었다. 清水市次郎,『東京流行細見記』(1885)도 동종의 책자로, 한학 부문(角文字文詩郎)에서는 1위에, 양학 부문(英學屋教四郎)에서는 후쿠자와 유키치 다음으로 나카무라의 이름이 보인다(六丁앞, 七丁뒤). 당대 일본사회에서 최고의 양학자이자 한학자로서 그가 인식되고 있었다는 사실을 알 수 있다.

면 안 된다는 사실을 깊이 깨달았다. 한학 공부 없이 양학에 종사하는 자는 5-6년을 아무리 애쓰더라도 한학을 1-2년 공부한 사람에 대적할 수 없다. 양학 진보의 속도 문제는 한학의 힘을 얻는 바가 깊은지 얕은지에 따른 것이라고 보인다. 생각건대 한학의 이로움이란 이러한 것이다.[27]

한학 공부 없이 양학만을 5, 6년 공부하더라도 한학을 1, 2년 공부하고 난 후에 양학을 공부한 사람에 못 미친다는 것이다. 결국 양학의 진도도 한학 실력 여하에 달려 있다. 이러한 깨달음은 영국 유학을 마치고 돌아온 직후부터 계속된 시행착오를 거쳐 터득한 결론이었다.

내가 런던에서 돌아오고 나서 처음에는 아이들로 하여금 한학을 공부하지 말고 오로지 영학(英學)만을 공부하게끔 했다. 그런데 아이들의 영학 공부가 초기에는 잘 나아가지만, [일정 이상의 수준이 되어] 나아가기 힘든 지점에 다다르면 멈춰 버렸다. 나는 여기에 이르러 한학을 폐지한 것을 후회했다. 후회하기를, 어째서 한학을 공부하게 해서 조금이라도 아이들의 혼백(魂魄)을 강하게 만드는 일을 하지 않았을까 하는 점이다. 또한 나는 어려서부터 서양에 건너가 중년에 귀국한 사람 한두 명을 보았다. 어학만 늘었을 뿐이지 모두 나아가기 힘든 부분에서 멈춰 버린 것 같았다. 한학의 기초가 있으면서 서양에 유학한 사람에 비하자면 천지차이 정도가 아니다.[28]

오로지 '영학'만을 배운 아이들은 이윽고 "나아가기 힘든 지점"에

27 「編年日本外史序」(明治八(1875)年五月), 『敬宇文集』 巻六, 5丁.
28 「漢學不可廢論」, 『明治文學全集 3 明治啓蒙思想集』, 325쪽.

다다르면 그 이상 나아가지 못한다. 그것은 '한학의 기초'가 없기 때문이다. '영학'을 가르치려면 이른 시기에 시작하는 것이 좋다는 나카무라의 방침은 일찍이 영국 유학에 함께 갔던 기쿠치 다이로쿠(菊地大麓, 1855-1917)나 미쓰쿠리 게이고(箕作奎吾, 1852-1871) 형제의 눈부신 어학 실력 향상의 경험을 바탕에 둔 것으로 보인다.

이러한 문제는 어린 아이들에게만 해당하는 것이 아니다. 한학의 기초가 없이 처음부터 '양행'을 한 사람의 경우, 어학 실력이 늘어난다고 해도 이러한 발전 역시 어느 일정 시점에서 멈춰 버린다. '나아가기 힘든 지점'을 돌파해 나아갈 수 있는 힘, 즉 '혼백'의 강인함이란 한학의 기초가 없는 사람들은 갖추지 못한 바다. 한학의 학습이 단순히 한문 문장을 읽는 데 그치는 것이 아니라 '혼백'의 강화를 지탱한다는 생각이다. 이러한 발상은 고전 한문이 가진 특성, 즉 사물의 이치를 따지고 시비곡직을 논하는 문체로 이루어졌다는 점과 밀접한 연관이 있다. 다시 말해, 한문을 읽고 쓴다는 것은 도리(道理)와 천하를 논하는 것과 불가분의 관계에 있다. 유학 경서와 그 주석의 학습은 물론이거니와, 『사기』와 같은 역사서도 단지 전기적 사실을 나열하는 것이 아니라 논찬(論贊)을 통해 배우는 사람으로 하여금 올바른 세계관의 확립과 그에 입각한 사물에 대한 평가, 도덕적 주체로서의 실천을 가능하게 만들고자 하는 것이다.[29] 그렇기 때문에 양학을 배우는 데에 있어서 '한학의 기초' 유무가 '천지차이'보다도 큰 차이를 낳는다는 발상이 가능하다. 그리고 이러한 차이는 비단 양학 학습의 면에서만 나타나는 것이 아니었다.

---

29 사이토 마레시, 『근대어의 탄생과 한문-한문맥과 근대일본』, 현실문화, 2010, 46-55쪽.

> 정부에서 상등(上等), 중등(中等)의 위치를 차지하는 사람들 중 혹자는 [사람들이] 자신을 학사(學士)처럼 보는 것을 꺼리고, 혹자는 학자를 매도하는 자도 있기는 하지만, 모두 한학의 소양을 갖추고 세상사를 바라보고 있지 않은 사람이 없다. 그러므로 지금 주임(奏任) 이상의 사람 중에서 글[한문]을 모르는 사람은 결코 없다. 또한 대저 지금 양학으로 명망이 높은 사람들을 보니, 원래 한학의 바탕 위에 양학을 활용하지 않는 사람이 없다. 한학의 소양이 없는 사람은 혹은 7-8년, 혹은 10여 년 서양에 유학하고 귀국한 후라고 하더라도 두각을 나타내는 일이 없으며, 일을 운용하는 데에도 볼품없고, 특히 번역에 이르러서는 도저히 손을 쓸 수 없는 지경이다. 그렇다면 오늘날 조야(朝野)에서 다른 사람들보다 탁월하고 유용한 인물로 추대되는 사람 중에 한학자가 아닌 사람은 없다고 단언할 수 있을 것이다.[30]

정부에서 중상위급을 차지하는 인물들이나 양학으로 명망이 있는 사람들이 각각의 지위에 오를 수 있었던 데는 그들에게 '한학의 소양', '한학의 바탕'이 있었기 때문이라는 주장이다. 그리고 탁월하게 일을 잘 해내는 인물들 중에 한학자 출신이 아닌 사람이 없다고 나카무라는 단언한다.

이처럼 한학 공부가 바탕에 없으면 서양의 언어나 학문을 배움에 있어서도 한계가 있고, 그로 인해 사회에서 해낼 수 있는 혹은 감당할 수 있는 역할에도 제한이 있을 것이라는 논리는 나카무라만의 고유한 발상은 아니었다. 모두에서 소개한 니지마 조도 일찍이 1869년 아버지

30 「古典講習科乙部開設ニ就キ感アリ書シテ生徒ニ示ス」, 『明治文學全集 3 明治啓蒙思想集』, 312쪽.

에게 보낸 편지에서 동생 소로쿠의 장래에 관해 다음과 같이 말한 바 있다.

> 지금은 국가가 크게 변혁하여 남자아이의 재능을 기르고 국가를 위해 힘을 다하고자 하는 때이기에 아무쪼록 소로쿠도 에도로 나와서 충분히 한학을 수업했으면 합니다. 왜냐하면 제가 언젠가 귀국한 후에는 여러 가지 배운 책들을 일본어로 번역하려 하는데, 소로쿠를 제 상담역으로 삼고 싶기 때문입니다.[31]

니지마는 한학의 바탕이 없이 영어를 일본어로 번역하는 작업을 진행하는 데 한계가 있으리라 예상하고 있다. 새로운 문화, 제도, 사상 등을 일본인들에게 충분히 전달하기 위해서 한학이 가진 풍부한 어휘와 다양한 사례 등을 동원할 수 있는 문장력이 필수적이기 때문이다.

앞에서 언급한 가토 히로유키 또한 메이지 일본이 '구주(歐洲)의 개화'의 영향을 받아 '학문기술'이 날로 발전하고 "이미 훌륭한 학자도 배출할 만큼 진보했지만, 이러한 신개화가 있기까지의 기초는 특히 한학에 의해서 만들어진 것"이라고 말한 바 있다. 그는 "만일 양학을 무용한 것으로 여기며 오로지 한학만을 [공부해야 한다는] 오늘날의 늙은 부유와 같은 주장을 한다면 한학은 결국 유해무익한 것이 되겠지만, 양학을 필요시하면서 한학을 버리지 않고 연구하는" 자세는 중요하다고 보았다.[32] 니시무라도 "우리 문화는 국어와 한학에 의거해 성립되었고 양학을 통해 진보하는 것이다. 앞으로 한학은 결코 빼놓아서는 안 된다.

---

31 三浦叶, 앞의 책, 28쪽.

32 加藤弘之, 앞의 책, 48쪽.

만일 하나라도 빠지게 되면 우리 문화는 걸음걸이가 흐트러져 곧바로 쓰러질 것"이라며, 1901년에도 교육에 있어서 한학을 필수 요소로 보았다.[33]

나카무라가 말한 바와 같이, 일정 이상의 한학적 소양 없이 양학만을 배워서는 결코 보통 이상의 '식견'을 가질 수 없고 양학만으로는 '나아가기 힘든 지점'을 돌파할 수 있는 강인한 '혼백'을 갖출 수 없다면, 한학의 학습은 여전히 학문의 기초로서 중대한 의미를 지닌다. 그러나 메이지 초년의 학제(學制) 개혁부터 착실하게 진행되어 온 교육정책의 대세를 거슬러 한학을 다시금 학문의 기초로 돌려놓기 위해서는 어떻게 해야 할까? '한학의 기초'란 어떻게 체득할 수 있는 것일까?

2) 메이지 한학의 문제들

메이지 전기에 시행된 학제로 인해 도쿠가와 시대 이래의 교육체제에 많은 변동이 있었지만, 한학을 가르치는 사숙(私塾)에 대한 수요는 여전히 줄지 않았다. 아직 중등학교에 해당하는 교육기관들이 제도적으로 충분히 갖춰지지 않았던 1880년대 중후반까지, 그 역할을 대신하는 기관으로서 사숙이 필요했기 때문이다.[34] 한문이 고등교육기관으로의 진학을 위한 수험 과목에 포함되어 있었다는 사실도 한학 사숙에 대한 수요가 줄어들지 않은 이유로 꼽힌다. 예를 들어, 1883년 즈음 주

33 三浦叶, 앞의 책, 33쪽. 물론 니시무라의 경우 도덕 교육의 측면에서 '수신'까지도 강조하는 입장이라는 점에서 이 장에서 다룬 다른 논자들과 차이가 있다.

34 入江昭, 「明治前期「漢學塾」の基本的性格」(生馬寛信 編, 『幕末維新期漢學塾の研究』, 渓水社, 2003); Margaret Mehl, *Private Academies of Chinese Learning in Meiji Japan—The Decline and Transformation of the Kangaku Juku*, Copenhagen: NIAS Press, 2003 등 참조.

요 관립학교의 입학시험 과목에 한문이 포함된 곳을 꼽아 보자면, 도쿄대학 문학부 부속 고전강습과, 도쿄대학 예비문(豫備門, 도쿄대학 입학을 위한 교육기관. 훗날의 第一高等學校), 고마바농학교(駒場農學校) 예비과, 해군병학교, 사법성법학교, 도쿄사범학교 등이 있다.[35]

도쿄대학 고전강습과 을부와 같이 가토 히로유키의 발언에서 볼 수 있었던 일본 '개화'의 근원으로서의 한학 연구라는 목표가 기대된 측면도 있지만, 한편으로는 한문 작문의 실용성을 중시하는 맥락에서 한학의 존재의의가 컸던 것으로 보인다. 서양언어의 개념들을 번역하는 과정에서 쏟아져 나온 새로운 어휘들을 대부분 한자어로 표현할 수밖에 없었다는 상황 외에도, 메이지시대부터 기존의 소로(候)문이 아닌 한문 훈독체의 문체를 정부 공식 문서에서 사용하게 됨으로써 훈독체의 기반인 한학의 학습이 더욱 필요하게 되었기 때문이었다.[36] 그러나 이러한 흐름은 나카무라가 말하는 '전문 한학자'의 양성과는 거리가 멀었다. 고전강습과를 시작으로 한 관립학교에서의 한학 중시 경향이란, "실제로는 문장의 기반으로서의 한학, 더 나아가 직접 공문서를 작성하는 능력을 양성하기 위한 한학"[37]이라는 성격이 강했던 것이다.

동시기 한학의 또 다른 측면은 한시문(漢詩文)을 즐기는 취미생활의 융성이다. 1872년 구우사(舊雨社)를 비롯해 이택사(麗澤社), 회란사(廻

35 廣田照幸, 「近代知の成立と制度化」(歷史學硏究會·日本史硏究會 編, 『日本史講座 8 近代の成立』, 東京大學出版會, 2005), 258쪽.

36 당시 한문 훈독체 문장에 익숙하지 않았던 대부분의 사람들로서는 메이지정부의 법률포고령도 열 사람 중 세 사람 정도밖에 이해할 수 없을 정도였다고 한다. 사이토 마레시, 앞의 책, 118쪽.

37 齋藤希史, 「漢學の岐路—古典講習科漢書課の位置」(齋藤希史 編, 「共生のための國際哲學教育硏究センター」, 『UTCP Booklet24 近代日本の國學と漢學 東京大學古典講習科をめぐって』, 東京大學グローバルCOE, 2012) 참조.

瀾社) 등의 문인 모임이 만들어지고, 한시문 전문지로 『신시문(新詩文)』(1875년 창간), 『메이지 시문』(1876년 창간), 『화월신지(花月新誌)』(1877년 창간) 등이 발행되었다. 신문에도 한시 코너가 개설되어 한시 문단의 활성화를 촉진하는 데 기여했다. 그러나 이러한 취미로서의 한시문 짓기는 기초적인 한학 지식만으로도 가능했고, 학문으로서의 한학을 주된 목표로 삼은 것은 아니었다.

나카무라와 같은 정통 유학자의 관점에서 메이지 전기의 한학이 처한 상황의 가장 큰 문제는, 이처럼 한학의 유효성이 여전히 인정되고 있음에도 불구하고 그 교육법에 있어서 기초를 무시하고 있다는 점이었다. 전통적으로 고전 한문 세계에 입문하는 과정에는 올바른 읽기 방법이 있고 배우는 텍스트의 우선순위가 정해져 있는 법이었다. 그러나 서양식 교육제도의 도입과 서양문명 이해를 중심으로 한학 교육이 재편되는 과정에서, 한문 텍스트의 학습이 전통적 학습 목표와 방법에서 이탈해 갔다. 서양의 문명에서도 유학이 말하는 도(道)를 발견한 나카무라였기에, 제대로 진행하지 않는 한학 교육으로는 궁극적인 목표를 이룰 수는 없으리라 생각했다. 특히 한학의 기초를 가르치는 소학교 단계에서의 교육에 그는 크게 위화감을 느꼈다.

당시 소학교에서 한문의 '힐항훈독'[38]이 폐지되고, "종신의 이익이 되는 사서나 『논어』 같은" 텍스트가 커리큘럼에서 사라졌다는 사실을 나카무라는 문제시했다. 그는 1880년에 문부성이 새롭게 내놓은 『소학수신훈(小學修身訓)』(당시 문부성 편수국장인 니시무라 시게키의 작품)은 '사서역서(四書易書)' 등을 인용하기는 하지만, 모두 일본어순으로 "풀어 쓴"

38 "燕燕于飛, 頡之頏之"(『詩經』). 새가 위아래로 나는 것에 빗대어, 백문을 일본어로 훈독할 때 읽어야 할 글자 순서에 따라 위아래로 움직이는 것을 뜻한다.

문체라는 점을 중대한 결함으로 꼽는다. 우선 이것은 효능 면에서 문제였다. 전체가 "일본 가나가 섞인 문체만으로 된 책"을 사용하면 "소학교과서를 졸업한 정도"로는 신문을 읽거나 "이의(理義)로 관철된 편지를 쓰는 일"조차 불가능하다는 것이다. 즉, 나카무라는 백문의 훈독을 한학 교육의 기초로 삼아야 한다는 생각을 갖고 있었다. 그렇기 때문에 소학교 교육과정에서 '사서송독(四書誦讀)'의 교육 방식을 계속해야 한다고 단호하게 주장했다.[39]

한편 당시 소학교에서는 한문 '소독(素讀)'[40]을 시키지 않았기 때문에 소학교 학생들은 한학 사숙에서 따로 소독 학습을 해야 했다. 소독은 도쿠가와 시대까지 한문 교육의 기초 단계로서 필수 학습 과정이었으나, 학제가 시작되면서 제대로 실행되지 않았다. 소독을 통해 학습자는 문장의 뜻풀이를 하지 않은 채로 일단 문장 전체를 소리 내어 읽기를 반복함으로써 자연스럽게 글에 익숙해지고 궁극적으로는 암기하게 된다. 이는 한자와 문법만을 배워서는 습득할 수 없는 독자적인 리듬의 신체화를 통해 한문에 익숙해지는 과정으로, 훈독 자체가 우선 소독에서부터 시작한다는 점을 생각할 때 훈독이란 해석에 앞서 우선 소리 내어 읽는 것이라고 말할 수도 있다.[41] 상급학교 진학을 위해서 혹은 기본 소양의 함양이라는 차원에서 한학 공부의 수요는 여전히 있었고, 이를 위한 한학 사숙도 존속했지만, 이와 같은 전통적인 한문 학습의 기초 단계인 소독은 경시되고 있던 것이다. 나카무라는 이 지점

39 「四書素読ノ論」(明治十五(1882)年三月), 『明治文學全集 3 明治啓蒙思想集』, 311쪽.

40 소독: 문장 해석을 하지 않은 채 일단 소리 내어 반복해 읽어 훈독체 문장을 암송하는 한문 학습 방법이다.

41 사이토 마레시, 앞의 책, 94쪽.

을 문제시했다.

> 요즘 세상 사람들 중에는 자제에게 사서오경을 읽히려고 하는 자가 원래 많기 때문에, 아이들이 소학교에서 귀가하면 또 다시 한학선생님이 있는 곳에 가서 옛날 가르침대로 소독을 배운다. 소학교과서를 암송하고, 또 집에 돌아가면 소독을 배우니 그 아이들을 가르치는 자들도 얼마나 많겠는가. 그렇지만 이것은 그나마 용납할 수 있다. [가르치는 자들의] 대단히 이상한 점은 아이들에게 『논어』를 가르치려고 하지 않고 한문으로 된 『국사략(國史略)』, 『십팔사략』을 배우게 하는 것이고, 점차 나아가게 되더라도 『맹자』를 가르치려고 하지 않고 『문장궤범』을 읽히는 것에 이르러서는 너무 놀라서 탄식하지 않을 수 없다. 아아, 사람이 한학을 [공부]하지 않으면 않았지 한학을 [공부]하고자 한다면, [어찌] 경서를 나중으로 하고 그 외의 것을 먼저 할 수 있는가. 한문을 작문하지 않으면 않는 것이지, 한문으로 작문을 하고자 하면서 경서를 놔두고 그 외의 것을 치렵(馳獵)하여 어찌 능히 얻는 바가 있겠는가.[42]

나카무라와 같은 정통 유학자에게 있어서 한학의 근원은 경서와 역사서에 있었다.[43] 그런데 어린이들이 한학 사숙에서 소독을 위해 사용하는 텍스트의 대부분이 경서는 고사하고, 사서의 요약본이나 문례

---

42 「古典講習科乙部開設ニ就キ感アリ書シテ生徒ニ示ス」, 『明治文學全集 3 明治啓蒙思想集』, 311쪽.

43 "원래 의리(義理)의 학문, 사장(詞章)의 학문, 경제(経済)의 학문, 고거(考擧)의 학문, 이 네 가지로 나뉜다고 하나, 그 근원(根元)은 모두 하나로 경사(經史)에서 비롯되지 않는 바가 없다", 「漢學ヲ治ムル工夫ヲ論ズ」(明治十六年十月), 위의 책, 314쪽.

집과 같은 종류의 책이라는 점에서 그는 개탄하고 있는 것이다.[44] 만일 '힐항독법'을 완전히 폐지하고 사서를 포함한 모든 책을 전부 훈독체로 풀어 쓴다면 모를까, 이런 식으로 "『국사략』은 힐항하여 읽혀서 옛 법대로 소독을 시키면서, 사서는 도외시하여 가끔 이를 읽히더라도 그 글자[위치]를 바꿔 놓는" 일은 마치 "천지(天地) 각각의 있어야 할 곳을 바꿔 놓는 것과 같은" 일이었다.[45]

또한 "사고나 감각의 틀"과 "모방" 사이를 왕복하는 것으로 성립하는 한문맥의 특성을 고려할 때,[46] '문(文)'으로서의 기능만을 요령껏 잘 가르친다는 것은 불가능하다는 인식이 나카무라에게 있었을지도 모른다. 그렇기 때문에 과거시험용 참고서나 모범 문례집에 지나지 않는 "『문장궤범』을 읽으면 문장을 만들 수 있다고 생각하는 자"의 생각은 "크나큰 잘못"일 수밖에 없는 것이다. 한문 작문이란 적어도 "『역경』, 『서경』, 『시경』, 『사기』, 『전한서』, 한문(韓文), 두시(杜詩) 및 『문선(文選)』"을 읽는 일을 기본으로 삼지 않으면 안 되는 것이며, 애초에 한문이란 '의리(義理)'를 모르면서 단순히 읽고 쓰는 차원의 기술로 습득할 수 없는 것이기 때문이다.

요컨대 나카무라는 '힐항훈독'이라는 한문 독법부터 읽어야 할 텍스트의 중요도까지, 전통적인 한학 교육과정에서 필요로 했던 조건을

44 1872년에 '학제'가 공포된 이후 도쿄부 학무과에 제출된 한학숙(漢學塾) 개업 신청서 106통을 분석한 간베 야스미쓰(神辺靖光)의 연구에 따르면, 기존의 한학 교육에서는 비중있게 취급되지 않던 한문으로 쓰인 일본사 책을 교재로 채택하는 사례가 두드러진다고 한다. 이는 새로운 교육 시스템에 발맞추어 한학 교육자들도 유학에서 탈피하여 "다각적인 근대학문"으로 이행하고자 하는 경향이라고 설명한다. 神辺靖光, 「明治初年の東京府の漢學塾 —「明治五年·開業願書」を中心に—」, 生馬寛信 編, 앞의 책, 312쪽.

45 「四書素読ノ論」, 『明治文學全集 3 明治啓蒙思想集』, 311쪽.

46 사이토 마레시, 앞의 책, 32쪽.

충족하지 않는다면 한학 교육을 하는 의미가 없다고 생각했다. 그래서 그는 한학 교육의 방법에 있어서 최소한의 전제를 지키고자 했던 것이다. 하지만 그것이 결코 전면적인 한학의 재흥을 꾀하는 것은 아니었다는 점에도 주의를 기울여야 한다. 한학이 학문의 주류를 점하는 시대는 이미 지나갔다는 이 엄연한 사실을 나카무라는 확실히 인지하고 있었다.

5. 나카무라 마사나오의 한학 폐지 반대론

한학이 학문의 주류를 차지할 수 없음을 인정하는 일과 한학을 일본의 학문 세계에서 폐지해 버리자는 의견은 전혀 다른 것이다. 나카무라는 한학이 과거의 위상을 회복할 것이라고 생각하지는 않았다. 그러나 이상의 내용에서 확인할 수 있었듯이, 그럼에도 불구하고 새로운 시대의 학문의 기초로서 한학이 가진 중대한 의미를 지워 버려서는 안 된다는 입장을 분명히 했다. 그의 이러한 입장은 1887년 5월, 도쿄학사회원에서 행해진 「한학불가폐론」이라는 연설에 잘 정리되어 있다.

해당 연설은 '① 진리와 망상, ② 한학자의 폐단을 논하다, ③ 지나의 역사를 무용하게 여기는 생각의 잘못을 논하고 지나의 최근 일을 논하다, ④ 한학의 기초가 있는 자는 양학으로 나아감에 비상한 효력을 나타낸다'의 네 부분으로 구성되어 있다. 흥미로운 점은 '① 진리와 망상'이 차지하는 비중이 전체의 반이라는 것이다. 언뜻 보기에 주제와 직접적인 상관이 없어 보이는 이 소제목하의 논의는 메이지유신 이후 20년이 지난 시점의 일본에서 어떻게 서양문명을 이해해야 할 것인가를 다룬다. 한학이 서양의 학문 및 종교와 어떻게 공통점을 지니는지,

그리고 그 공통점의 의미가 무엇인지를 설명함으로써 일본이 '문명'국으로 나아가는 과정에서 한학이 갖는 의의를 설명하고자 함이었다. 나머지는 당시 일본의 현실 속에서 발견할 수 있는 한학에 대한 그릇된 인식, 구체적인 잘못의 사례들을 보여 준다. 하지만 한학에 대한 나카무라의 근본적인 인식 체계를 밝히기 위해서는 ①의 논리를 규명해야 할 필요가 있다.

한학을 폐지해서는 안 된다는 주장을 전개하기 위해 그는 대세가 되어 버린 양학과의 비교 분석으로 바로 들어가기보다는 서양의 종교(敎法)와 학문을 의미하는 '학술(學術)'의 관계에서부터 논의를 시작한다.

> 어떤 사람은 학술은 진리이고 종교는 망상이라고 생각할 것이다. 진리를 학술로 치부하고, 망상을 종교라고 치부하는 것이다. 내가 보기에 특별히 그렇지는 않다. 왜냐하면 진리면서 망상 속에 섞여 있는 것이 있고, 망상이면서 진리를 어느 정도 포함하는 것이 있기 때문이다. 그렇기 때문에 학술에 있어서도 진리와 망상이 함께 뒤섞여 있을 수 있고, 종교에 있어서도 진리와 망상이 함께 뒤섞여 있을 수 있다. 오늘날 학술이 날로 새로워지는 세상이라고 하더라도, 아직 제반 학술이 극치에 다다랐다고 할 수는 없기 때문에, 아직 학술로써 망상을 탈각한 것이라고 할 수 없다. 오늘날 여러 나라에서 행해지고 있는 가장 야만적인 종교라고 하더라도 진리의 그림자를 나타내지 않는 것이 없다고 말할 수는 없다.[47]

이러한 논의의 배경에는 서양의 종교란 망상이라고 단정 짓고 거부하면서 그 학문 세계만을 인정하고 수용하려는 당시 일본사회의 분

47 「漢學不可廢論」, 『明治文學全集 3 明治啓蒙思想集』, 319쪽.

위기가 있다. 그러나 나카무라는 진리와 망상의 관계란 그렇게 명확하게 분리될 수 없이 서로 뒤섞여서 존재하며, 그렇기 때문에 종교는 곧 망상이고, 학문은 곧 진리라는 이해 방식은 인정할 수 없다고 본다. 서양의 학문이 아무리 앞서있다 한들 아직 "극치에 다다랐다고 할 수는 없"는 상황이며, 언뜻 보기에 "야만적인" 종교라 하더라도 거기에는 '진리의 그림자'라도 내포되어 있기 마련이다. 그렇기 때문에 학문과 종교를 진리와 망상이라는 이분법적 구도로 파악하려는 발상은 지양해야 하는 것이다. 물론 그도 "오늘날에도 종교의 어떤 부분은 망상설임을 면치 못"한다는 사실은 인정한다. 하지만 "그 안에 갖춰진 진리에 이르러서는 흔들리지 않고 분명한 바"가 있으며, "학술이 점점 더 진보함에 따라 종교의 진리 또한 더욱 증명될 것"이라고 확신한다.[48]

그렇다면 서양의 종교 속에 망상과 함께 섞여 있으면서도 빛을 발하는 진리란 과연 무엇인지 구체적으로 묻지 않을 수 없다. 나카무라는 다음과 같이 말했다.

> 야소교(耶蘇教)가 기괴한 설을 말하고, 더군다나 개화하지 못한 유대국으로부터 일어났는데, 지금 여러 문명국들에 퍼지고 전신·철도의 시대에 만연함은 어째서인가. 대략 두 가지 요인이 있다. 하나는 상제(上帝), 진신(眞神), 조물주, 진군(眞君), 진원(眞元), 지나에서 이른바 하늘(天)이라고 하는 바를 가르침의 근본으로 삼았다는 점에 있다. 다른 하나는 [야소교의] 영혼을 구제하는 설이 살기를 좋아하고 죽기를 싫어하는 인간의 성정에 적합하기 때문이다. 생각건대 무형의 묘유(妙有)한 일대 주재자, 크기는 우주 밖으로 넘어가고, 작기는 미미하여 깃들지 않은 바가 없는, 무

48 위의 글, 319쪽.

> 소불능이자 모르는 바가 없는 묘체(妙體)가 있다는 것은 진리다. 사람의 마음에 이러한 대주재자가 있음을 아는 본성이 있음은 진리다. 사람에게 살기를 좋아하고 죽기를 싫어하는 성정이 있음은 진리다. 〈영혼구제의 설은 내가 의심나는 바가 있으므로 잠시 제쳐 두고 이에 관해 말하는 것을 삼가겠다.〉 그러므로 기괴한 설이 있다고 하더라도, 진리의 큰 부분을 포함하며 사람에게 건강한 정신을 부여함으로써 세상을 선량한 영역으로 인도한다. 설령 망상설과 뒤섞인 바가 있더라도 이처럼 좋은 결과를 얻을 수 있는 것이라면, 그 망상설은 뛰어난 방편이라고 말해야 한다. 더군다나 그 안에 갖춘 절대(絶大)의 진리가 있음을 없애 버리고 모두 망상설이라고 한다면 어찌 말이 되겠는가.[49]

앞서 살펴보았듯이 나카무라는 인간의 하늘에 대한 외경을 가장 중요한 가르침이라고 여겼다. 그리고 그는 동서고금을 막론하고 '도'란 하나뿐이며, 『시경』이나 『서경』과 같은 성인의 가르침 속에 드러나 있듯이, 서양의 '야소교'도 하늘을 근본으로 삼는 가르침에 근거하고 있다는 점에서 진리를 내포한다고 생각했다. 비록 개화도 덜 된 '유대국'에서 비롯되었고, '기괴한 설'을 포함하고 있지만, 하늘의 실재를 가르침의 근본으로 삼았다는 사실이 갖는 도덕적 정당성과 정통성은 '전신·철도의 시대'에도 여전히 문명국들에서 기독교가 성행하는 이유였다. 또한 인간이라면 누구나 지니는 공통의 '성정'인 "살기를 좋아하고 죽기를 싫어하는" 마음을 인정한다는 점에서도 기독교는 진리를 포함한다. 이처럼 '야소교'가 인간의 성정에 관한 진리를 통해 "세상을 선량한 영역으로 인도"하는데, 이를 어찌 전부 '망상설'이라 단정 짓고 적대

49 위의 글, 319-320쪽.

시할 수 있겠는가? 나카무라에게 진리는 반드시 선으로 향할 수밖에 없었다. 설령 망상이 섞여 있다 하더라도, 진리를 내포하기에 '망상설' 역시 선을 향해 가기 위한 '방편'이 될 수 있는 것이다.

'방편'으로서의 기독교는 인민의 일상에서 다음과 같이 작동한다.

> 구미의 인민은 지력(智力) 경쟁 속에 있으면서 집안의 안락을 누리며, 어린아이에 대한 가르침을 돈독히 하고, 아침에 일어나 세수와 양치질을 마치고 의복을 갖춘 뒤 식사 전에 일가 단란하게 상제를 향해 예배와 기도를 한다. 또한 식사에 임하여서는 조용히 기도문을 읊는데, 훌륭하고 아름다운 풍속이 빈부를 막론하고 이와 같다. 생각건대 사람에게 명리(名利)를 따지는 마음이 있는 것도 사실이고, 경건함을 가진 것 또한 사실이다. 두 가지는 나란히 행해지고 위배됨이 없다. 구미의 부강의 원천은 여기에서 발한다.[50]

진리와 망상이 한데 뒤섞여 공존하듯이, 인간의 마음속에 '명리를 따지는 마음'과 '경건함'이 공존할 수 있는 법이다. 서양인민의 일상이란 두 가지의 공존을 가능하게 하는 '풍속'이 지배하고 있다는 사실에 나카무라는 주목한다. 그가 보기에 이것이야말로 서양이 부강한 원천이었다.

이처럼 서양이 '야소교'의 가르침 속에 들어 있는 진리와 망상을 적절히 활용했기 때문에 부강을 이루었다는 점을 고려해 볼 때, 한학에 관해서도 유사한 접근이 가능하다. 한학 속에도 진리와 망상은 뒤섞여 있으니 이를 잘 구분하여 효과적으로 활용해야 한다는 것이다.

---

50 위의 글, 320쪽.

이상에서 논한 바로써 보자면, 지나의 경서 안에는 수많은 진리가 있다. 사람에게 가르치기를, 천(天)을 공경하고, 양심으로 직분을 다하며, 자기 몸을 잘 다스리는 것을 통해 나라를 개선하고자 하는 것이다. 옛날부터 오늘날에 이르기까지 억만의 인류를 깨우쳐 주고 암흑의 땅에서 벗어나 상천의 빛을 받게 하는 것이다. 간간히 망상설이 있기는 하지만 새하얀 벽의 작은 흠일 뿐이다. 그 어찌 폐할 수 있겠는가.[51]

한학의 가르침이 적힌 '지나의 경서' 속에는 "수많은 진리"가 들어 있고, 이를 통해 나라의 개선이 가능하다는 것으로써 나카무라는 한학이 여전히 유효함을 확신한다. 한학의 '흠'을 인정하지 않는 것이 아니다. 한학이 내포한 망상설을 인정하더라도 그보다 훨씬 큰 진리가 있음을 봐야 한다는 부분에 방점이 있다. 다시 말해 한학은 그 자체로 이미 "수많은 진리"를 품고 있을 뿐 아니라, 메이지 일본이 성취하고자 한 문명국으로 가는 길을 위한 중요한 수단이기도 했다. 그는 서양 문명국가들에서 기독교가 수행하는 역할을 한학도 담당할 수 있다고 보았다.

그러나 현실적으로 당시 한학자들에게 문제가 많았다. 이어지는 '② 한학자의 폐단을 논하다'에서 나카무라는 한학자의 문제들을 열거한다. 그가 보기에 그들은 "천도를 흠모하고 숭배하는 일을 모"르고, "격물치지의 학문은 오로지 이름만 있을 뿐이"었다. 또 "소위 경학가(經學家)는 대저 문자와 장구의 논의에 머물러 옛 물건을 가지고 노는 것과 같고, 소위 시문가(詩文家)는 대체로 실속 없는 화려함으로 빠져서 실제에 소홀"했으며, 이들은 "어느 쪽도 성현대학(聖賢大學)의 도가 열

51 위의 글, 321−322쪽.

리지 않고, 프로그레스[日進][進益]라는 것을 깨치지 못했다". 그는 "양학이 더 상위에 있는 까닭이 바로 이것"이라고 본다. 한학자들은 "충효인의(忠孝仁義)"와 같은 익숙한 개념이 아닌 "자주자유, 권리의무, 군민동치(君民同治), 공화정치"와 같은 새로운 명칭을 듣기만 해도 놀라서 이를 '사교(邪敎)'라 여기고, "개명한 여러 나라들을 오랑캐로 보"는 "우물 안 개구리의 식견을 품고 있기 때문에 한학은 점점 더 세상에서 우습게 여겨"진다는 것이다.

다만 일본의 한학자들만이 한학 쇠퇴의 원인은 아니었다. 이러한 현상에는 메이지유신 이후 일본 국내에서 가속화된 중국과 조선을 멸시하는 풍조도 크게 작용했다. 이 연설이 이뤄진 1887년은 이미 대만정벌(1874)과 조일수호조규(1876), 갑신정변(1884)을 거치며 소위 주권국가들 간의 조약체제로 동아시아 국제질서가 재편되어 가는 과정에 있었고, 아편전쟁 이후 청불전쟁에 이르기까지 쇠락 일변도의 청나라 상황을 지켜본 지 오래된 시점이었다. 연설문의 세 번째 부분이 '③ 지나의 역사를 무용하게 여기는 생각의 잘못을 논하고 지나의 최근 일을 논하다'인 이유가 있었다. 나카무라는 "인종도 같고, 문자도 같으며, 천 년 이상 옛날부터 중고(中古)시대에 이르기까지 예악문물, 공예기구(工藝器具)를 대체로 지나와 조선에서 수입해 들여오지 않은 것이 없"는 과거를 마치 없었던 일마냥 취급해서는 안 된다고 강조한다. 그는 일본인이 주변 국가들을 대하는 자세가 어떠해야 하는지 명확한 답을 갖고 있었다.

> 그런데 구미와 외교를 하게 되자 우리나라에서는 모든 일에 저들을 스승으로 삼게 되었는데, 어떤 사람들은 스스로가 지나인보다 위에 있다고 환상을 품어 지나인을 깔보는 폐단이 생겨나게 되었다. 대저 다른 사람을

> 천시하는 자는 그 사람 스스로가 비천한 법이다. 군자는 사내아이 종이라도 정중하게 대하는 법이다. 하물며 다른 사람에 대해서는 어떻겠는가. 설령 자기보다 작은 나라라고 하더라도 이를 깔보는 마음을 없애지 않는 동안에는 그 자신은 문명과는 거리가 먼 것이다.[52]

경박하게 이웃 국가를 멸시하는 행위는 군자의 법도에 어긋나며, 결국 스스로를 문명으로부터 멀리 떨어지게 하는 것일 뿐이다. 오랜 역사 속에서 성현의 가르침을 추구해 온 중국의 역사를 간단히 무시해서는 안 되며, 또 그럴 수도 없다는 나카무라의 입장은 확고했다. '④ 한학의 기초가 있는 자는 양학으로 나아감에 비상한 효력을 나타낸다'는 마지막 부분이 비록 한학의 학습이 가져올 수 있는 현실적인 이점을 다루고 있다고는 하지만, 여기서의 이점이란 것도 이미 언급된 정도의 내용이다. 즉 한학 공부의 바탕이 있어야만 서양학문을 제대로 자기 것으로 소화할 수 있다는 것이다.[53] 그러나 대세가 양학으로 전환되고, 중국과 조선에 대한 멸시가 일본사회에 뿌리내린 1887년의 일본에서 그의 주장이 큰 반향을 일으키지는 못했다. 그리고 나카무라와 같은 세대의 '한학자'들이 사라지면서 이후 그가 바라던 교육의 방향으로는 끝내 나아가지 못했다.

52 위의 글, 324쪽.

53 「한학불가폐론」의 집필 동기에 관해 나카무라는 "나는 아이들에게 한동안 한학을 그만두게 한 일에 관해 뉘우친 바가 있었다. 그래서 이런 논의를 펼쳐 학사 제군에게 묻는 바다"라고 적고 있다. 위의 글, 326쪽.

6. 메이지 일본의 부상과 한학의 쇠락

1872년에 공포된 '학제'의 노선에 따라 1880년대 중반에 이르기까지 일본의 교육체제는 급격한 변화를 겪었다. 메이지 초기에는 외국인 교수에 전적으로 의지하던 고등교육 과정도 제도가 자리를 잡아 감에 따라 자국의 인재들로 대체되기 시작하였다. 학제를 공포하기 이전인 1870년부터 일본정부가 서양으로 파견했던 유학생들이 귀국하여 도쿄대학 및 전문학교들의 교원으로 자리를 잡아 가게 된 것이다. 구체적으로 예를 들자면, 1877년 발족 당시 도쿄대학 교원의 일본인 대 외국인 비율은 3대 7이었으나, 1881년에는 거의 6대 4로 역전되었다. 그리고 1884년에 이르러서는 외국인 교수 12명에 일본인 교수가 40명을 넘었는데, 이들 일본인 교수의 대부분은 유학을 마치고 돌아온 인재들이었다.[54]

앞 절에서 논의한 나카무라의 「한학불가폐론」이 발표된 1887년이란, 이처럼 지식인층의 세대교체가 활발하게 이루어진 시기였다. 당시는 새로운 교육체제 속에서 성장한 세대가 학계와 언론계에 영향력을 행사하기 시작한 때이기도 했다. 그해 24살의 청년이었던 도쿠토미 소호(德富蘇峰)는 『신일본의 청년(新日本之青年)』(1887)에서 '메이지의 청년'의 대척점에 있는 존재로 '덴포(天保)의 노인'이라는 표현을 사용하며, 덴포 연간(1830-1845)에 태어난 구세대가 여전히 일본의 정치를 주도하고 있는 현실을 비판했다.[55] 직접적인 언급은 없더라도 여기서 말하는

54 天野郁夫, 『帝國大學 — 近代日本のエリート育成裝置』, 中公新書, 2017, 150-151쪽.

55 德富蘇峰, 「新日本之青年」(1887年4月), 『明治文學全集 34 德富蘇峰集』, 筑摩書房, 1974, 118쪽.

'덴포의 노인' 세대에 나카무라나 후쿠자와 같은 인물들도 포함되어 있었다. 이러한 세대 감각을 염두에 둘 때, 나카무라의 「한학불가폐론」과 같은 주장이 소호 세대의 청년들에게 그다지 호소력을 갖지 못했으리라는 점은 쉽게 추측할 수 있다.

메이지 연호가 사용된 기간은 약 45년이었다. 이 격동의 시간을 하나의 균일한 성격으로 규정할 수 없음은 당연한 일이다. 메이지시대가 시작된 지 약 20년이 지난 1880년대 후반에 이르러 '덴포의 노인' 세대에 대한 비판이 등장했다는 사실은, 이 시점을 전후로 메이지시대가 새로운 국면에 접어들었음을 의미한다. 이 장에서는 도쿠가와 시대의 정통 유학자였고 메이지시대에는 양학자로도 명성이 높았던 나카무라에 초점을 맞추고, 그가 한학을 둘러싼 메이지 전기의 변화된 현실을 어떻게 이해하고 있는지에 대해 알아보았다. 나카무라의 제안에는 이미 중국의 문화나 한학을 전혀 다른 각도에서 바라보는 당대 일본인들과 후속 세대의 시선이 갖는 위험성에 대한 우려가 반영되어 있었다. 그리고 그의 우려는 초기 '지나(支那)학자'들이나 이노우에 데쓰지로와 같은 후속 세대 학자들의 연구 성과에 그대로 나타났다. 기본적으로 서양철학의 틀을 갖고 유학 이해를 시도한 신세대의 연구에는 중국에 대한 우월감과 동시에 서양학문에 대한 열등감이 바탕에 깔려 있었고, 서양은 학문에 있어서 넘어서야 할 대상이 되었다.[56] 메이지유신의 주역 세대인 '덴포의 노인'들이 일으킨 '문명개화'의 바람은 지나가고, 한학은 더 이상 학문의 기초로, 양학 학습의 토대로 작용하지 않게

56 이노우에 데쓰지로는 특히 양명학을 현창하며 도쿠가와 일본의 유학사를 집필하였다. 그의 '유학 삼부작' 내용과 흐름에 대한 분석으로는 이새봄, 「이노우에 데쓰지로(井上哲次郎)의 '유학 삼부작': 근대 일본 유학사의 시초」, 『한국사상사학』 61, 2019 참조.

된 것이다.

이처럼 메이지 후기, 즉 19세기 말에 이르러 일본의 학문적 토대가 근본적인 변화를 겪게 됨으로써 일본의 지식인들은 전혀 다른 각도에서 세계를 바라보기 시작했다. 근대일본을 이해하기 위한 중요한 전제 중 하나가 바로 이 변화에 있지 않을까? 그리고 이후 재편된 학문의 질서 속에서 한학과 양학은 과연 어떠한 관계에 있었을까? 근대일본의 한학을 둘러싼 다양한 과제는 여전히 남아 있다.

제2장

메이지 전기 한학 비판의 배경

후쿠자와 유키치를 중심으로

강지은

1. 일본의 한학 그리고 한·중의 유학

이 장은 근대일본의 다양한 한학[1] 논의 가운데 한학에 대한 비판적인 견해를 보인 후쿠자와 유키치의 주장을 검토한다. 앞 장에서 나카무라 마사나오는 '지나의 경서 안에는 수많은 진리가 있다'라고 하고 이러한 진리가 근대일본에서도 여전히 유용성을 발휘할 수 있다고 주장했다. 후쿠자와는 바로 이러한 주장에 전면적으로 맞서, 지나의 고대에나 유효했던 한학을 근대일본에 적용해서는 안 된다고 하며 한학과 한학자에 대해 시종일관 날 선 비판을 전개했다.

그런데 그의 비판을 분석해 보면, 그 핵심에 한학이 근세 일본사회에서 유의미한 역할을 하지 못했다는 배경이 존재한다. 후쿠자와의 한학 비판을 고찰할 때 이러한 배경을 망각한다면, 그가 유학의 본래 특성 즉 중국이나 한국의 유학에도 공통으로 존재하는 특성에 대해 문제의식을 가졌던 것으로 '오해'할 수 있다. 그리고 그가 비판한 한학이 바로 동양의 사상 전통 본래의 모습이며, 따라서 그의 비판은 동양의 사상 전통에 대한 극복을 의미한다고 '오해'할 수 있다. 이러한 '오해'의

---

1 제1장 각주 2에서 언급한 대로 타 학문에 상대화된 용어로서의 '한학' 개념은 도쿠가와 후기에 이미 존재하였다. 쇼헤이자카 학문소에서 교수되던 유학 영역은 1869년(메이지 2)에 大學校(本校)로 옮겨져 반년 후에 폐지되기까지 '한학'으로 불렸다. '한학' 용어는 근세 후기에 '국학'이 성행하면서 나타나기 시작했으며, 이는 유학이 비일본적인 학문·사상이라는 생각을 바탕으로 한 것이다(澤井啓一,『記號としての儒學』, 光芒社, 2000, 20쪽 참조). 후쿠자와는 '한학'과 '유교'라는 용어를 주로 사용하고 '古學'을 사용하기도 하였다. 유학적 가르침이라는 의미로 '유교'를, 한문이나 경서를 학습하는 분야로서 화학(和學)이나 양학(洋學)과 더불어 논할 때는 '한학'을 주로 사용한 것으로도 보인다. '유학'과 구별하여 특별한 의미를 부여한 단어로서 '유교'를 사용한 것으로는 보이지 않는다. 이 장에서는 후쿠자와의 원문을 그대로 반영하여 '한학', '유교' 등의 용어를 혼용하면서, 일반적으로 유학사를 논할 때는 '유학'을 사용한다.

대표적인 것이 바로 마루야마 마사오가 행한 후쿠자와의 유교 비판 및 실학론에 대한 일련의 작업이다.

메이지 당시의 명성으로 치자면 후쿠자와 유키치와 나카무라 마사나오 사이에 현격한 차이가 있었던 것은 아니다. 메이지 초기 사숙 중, 후쿠자와의 경응의숙(慶應義塾)과 나카무라의 동인사(同人社)가 나란히 꼽혔고, 후쿠자와는 미타[三田] 성인(聖人)으로 나카무라는 에도가와[江戸川] 성인으로 나란히 일컬어졌듯, 두 사람은 메이지시대를 대표하는 지식인이었다. 그러나 오늘날의 존재감이나 관련 연구의 축적 면에서 후쿠자와 쪽이 단연 월등한 주요 원인은 널리 알려진 대로 마루야마 마사오가 후쿠자와에게 부여한 의의에 있다.[2] 후쿠자와에게 부여된 의의를 재검토하는 작업은 마루야마의 정의를 문제 삼는 것이기도 하며, 따라서 마루야마의 후쿠자와에 대한 정의를 재검토하는 과정이기도 하다.

이 장에서는 한국과 중국의 상황을 비교의 대상으로 삼아 논의를 진행하면서 후쿠자와가 비판하는 일본의 한학과 한국 및 중국사회에서 시행되던 유학 사이에 존재하는 차이를 확인하고자 한다. 그리고 마루야마 마사오의 작업에서 일본적 배경이 소홀히 다루어진 과정을 분석할 것이다.

2 이새봄(李セボン), 『「自由」を求めた儒者: 中村正直の理想と現實』, 中央公論新社, 2020, 10−11쪽 참조.

2. 선비와 사무라이

1) 조선[3]의 민간인 유학자

널리 알려져 있듯, 후쿠자와 유키치는 문명국의 대열에 있는 일본이 조선과 중국을 이끌어 문명화의 길에 동참하게 할 책임이 있다고 주장한 인물이다. 그에게 문명개화가 가장 중요한 국내 과제였다면, '조선 문제'는 가장 중요한 대외 과제였다.[4] 그런데 1885년(메이지 18) 3월에 발표한 「탈아론」에 이르자 중국과 조선이라는 악우(惡友)를 사절(謝絶)해야 한다는 주장을 하게 된다. 이 발언은 아시아개조론자였던 후쿠자와가 아시아침략론자로 변화했음을 나타낸다고도 해석되었다.[5] 그러나 현재 학계의 통설로 자리 잡은 반노 준지(坂野潤治, 1937-2020)의 견해에 의하면 이 주장의 핵심은 조선 문제였다.[6] 반노 준지는, 후쿠자와가 지원해 온 김옥균 등 조선개화파가 일으킨 갑신정변이 실패로 끝남에 따라 조선개조론의 패배를 선언한 것이 「탈아론」이라고 하였다.[7] 「탈아론」에는 "지나·조선의 정부는 옛날식의 전제로, 신뢰할 만한 법률

---

3 현대 한국어에서 '조선'은 주로 조선시대의 한국을 가리키나, 이 장에서 인용한 문헌에서는 대한제국 시대 및 식민지 시대의 한국이나 한반도 지역을 가리키는 명칭으로도 폭넓게 쓰였다. 이런 경우, 별도의 설명 없이 그대로 사용하였다.

4 한상일, 『일본 지식인과 한국: 한국관의 원형과 변형』, 오름, 2002, 14쪽.

5 사토 코에츠, 「후쿠자와 유키치의 儒教觀과 脫亞論의 사상적 지평」, 『日本思想』 10, 한국일본사상사학회, 2006, 293-294쪽 및 宋惠敬, 「식민지기 계몽지식인의 후쿠자와 유키치 인식과 수용: 최남선과 이광수를 중심으로」, 『한국일본연구단체 제6회 국제학술대회 논문집(한국일본학회 제95회)』, 2017, 247쪽 참조.

6 坂野潤治, 『近代日本とアジア: 明治·思想の實像』, 筑摩書房, 2013(초판은 1977년), 190쪽.

7 위의 책, 184-185쪽.

이 없"고, "지나·조선의 사(士)들이 [비과학적 사상에] 빠져서 과학이 뭔지 모르"며, "지나인은 비굴하여 부끄러움을 모르"고 "조선의 사람 형벌이 잔혹"[8]하다는 표현이 많이 나타난다. 후쿠자와는 중국과 조선의 정부가 법률을 근거로 하지 않고 전제정치를 행한다는 공통된 문제점을 지적하면서도, 조선에 대해서는 특별히 형벌이 잔혹하다는 점을 들고 있는데, 이러한 "잔혹"이라는 표현은 조선정부의 개화파 숙청을 염두에 둔 발언으로 보인다.

쓰키아시 다쓰히코에 의하면, 후쿠자와가 조선 문제에 관여할 때 그의 곁에 모인 조선인 정객이나 유학생은 정부에 의해 매번 가혹한 형벌을 받아 유배나 망명의 고통을 맛보았다. 그러한 역사적 상황에서 후쿠자와는 조선의 독립과 문명화를 내걸고 조선 개화파를 지원할수록 조선정부와 종주국을 자임하는 청에 대해 격앙된 비판을 가하게 되었다.[9]

그런데 당시의 실제상황을 말하자면, 후쿠자와가 조선인 정객들과 상대하던 시기에 조선에서 개화를 억제하고 개화파 숙청을 주도한 것이 반드시 '조선정부'였다고 할 수는 없다. 흥선대원군 이하응(李昰應, 1820–1898)[10]의 섭정(1864–1873)하에서 조선정부는 철저한 쇄국정책을 시행하였다. 그러나 고종 집정 시기의 조선정부는 그렇지 않았다.[11] 1873년(고종 10) 흥선대원군을 하야시킨 민승호(閔升鎬, 1830–1874)

8 福澤諭吉, 「脫亞論」, 『福澤諭吉全集』 10卷, 岩波書店, 1960, 240쪽(이 글은 1885년 3월 16일 『時事新報』에 게재된 것이다).

9 月脚達彦, 『福澤諭吉と朝鮮問題: 「朝鮮改造論」の展開と蹉跌』, 東京大學出版會, 2014, 15쪽 참조.

10 이하응: 대한제국기 왕족으로 제1대 고종의 부친이다. 1843년에 興宣君에, 고종이 즉위하면서는 흥선대원군에 봉해졌다.

11 송병기는 『修信使日記』(金弘集, 1880년), 『陰晴史』(金允植, 1881년 9월–1883년

등 척족 세력과 고종은 1872년 이후 계속된 국교 중단 사태를 개선하고자 하였다. 고종 친정 시기의 정부는 국제정세에 밝은 박규수(朴珪壽, 1807-1877)를 우의정에 임명하여 이전의 대일 강경책을 수정하고자 하였다.[12] 그리고 1874년 청 정부에서 일본의 조선 출병설을 전해 오자, 대원군 세력하에 활동했던 인물들을 파면이나 유배형에 처하고, 개국론으로 기울기 시작하였다.[13]

그러면서도 정부는 일본과 서양을 구분하여, 일본과는 이전의 우호 관계를 회복하나 서양 여러 나라에 대해서는 쇄국을 유지한다고 선언하였다.[14] 어째서 일본과 이전의 통교를 회복하는 것일 뿐이라는 변명을 붙이고, 서양에는 개항이 불가하다는 선언을 덧붙여야만 했던 것일까? 그 원인은 척사(斥邪)라는 공론(公論)으로 민간에서 격렬하게 저항하는 유학자들에게 있었다. 당시 조정대신의 70% 정도가 개화에 긍정하는 의견을 지녔던 데 비하여. 영남 유생 및 남인 주도의 척사운동하에 민간의 긍정은 10%도 되지 않았다고 한다.[15]

예컨대, 1876년 1월 부호군[16] 윤치현(尹致賢)은 고종에게 상소하여, 국왕이 척사의 조서를 내려 집집마다 이를 알게 하고 태학·향교 등 교

8월), 『淸季中日韓關係史料』(대만 중앙연구원 근대사연구소 당안관 소장 『總理各國事務衙門』의 문서자료 중 1864년에서 1912년 사이의 한중일 관계에 관한 내용을 항목별로 편집하여 1972년 발간한 것. 당시 郭廷以가 「朝鮮檔」의 편집 담당이었다.) 등의 자료를 참조하였다. 宋炳基, 『近代韓中關係史硏究: 19世紀末의 聯美論과 朝淸交涉』, 檀大出版部, 1985, 8-9쪽 참조.

12 宋炳基, 위의 책, 12-14쪽.

13 조경달 지음, 최덕수 옮김, 『근대 조선과 일본』, 열린책들, 2015, 64쪽 참조.

14 김경태, 『근대한국의 민족운동과 그 사상』, 이화여자대학교출판부, 1994, 64쪽 참조.

15 『淸季中日韓關係史料』, 504쪽. 宋炳基, 앞의 책, 163-164쪽 참조.

16 副護軍: 五衛에 딸린 종4품의 벼슬이다. 양란 이후 五衛가 유명무실해지자, 명칭만 유지한 채 현직이 없는 문관, 무관, 음관 등에게 실무 없이 녹을 계속 주기 위한 구실로 사용되었다.

육기관에서 유학 교육을 철저히 할 것을 주장했다.[17] 국왕이 조서를 내려 척사의 뜻을 표명해야 한다는 상소는 부단히 계속되었고, 이러한 요구에 답하여 척사의 조서가 거듭 반포된 사실은 『조선왕조실록』 기사에서 확인된다. 척사 조서 반포 요구는 대원군 집정 시기에도 있었지만,[18] 고종 친정 시기에 더욱 빈발했다. 그중에서도 김홍집(金弘集, 1842-1896)[19]이 일본에서 가져와 1880년 9월 8일 고종에게 올린 『조선책략』[20]으로 인해 촉발된 척사운동은 매우 격렬했다.[21]

아래 내용은 전임 사헌부 장령(掌令)이었던 곽기락(郭基洛, 1825-?)이 1881년 6월에 제출한 상소의 일부분이다. 전국의 유학자들이 대규모로 척사를 주장하는 시위를 집요하게 벌이던 당시 상황을 짐작하게 한다.

> 요즈음 유학자들의 상소는 어느덧 풍습이 되어 영남·전라·충청·경기·관동에서 잇따라 계속되어 반년이나 궐문을 두드려 호소하고 있다. [상소를 멈추라는] 엄한 교지가 여러 번 내려왔는데도 잠시 물러났다가 다시 나

---

17 『승정원일기』 2821책(탈초본 131책) 고종 13년(1876) 1월 28일 기사: "下斥邪綸音, 家諭而戶曉, 內而太學, 外而校院, 口誦孔·孟之書, 申明列聖朝設科取人之本意, 則邪學, 焉敢窺售哉."

18 예컨대, 안동 김씨 세도를 배경으로 대사헌 등을 지내고, 흥선대원군과의 친분으로 이조판서 등을 역임한 金炳學(1821-1879)이 고종 3년 7월에 올린 소. 이 요구는 그대로 시행되었다.

19 김홍집: 개항기에 좌의정 등을 역임한 관리이자 정치인이다. 온건개화파로 알려져 있다.

20 『조선책략』: 주일 청국공사관 참찬관 黃遵憲이 공사 何如璋의 지시로 작성한 것으로, 조선의 급무를 러시아 방어로 설정하고 그 방법으로서 親中國·結日本·聯美國의 책략을 통해 외국 세력을 균등하게 유지하는 방법을 취해야 한다는 내용을 골자로 한다.

21 『고종실록』 고종 17년(1880) 9월 8일 기사 참조.

아와, 큰 변고나 위급한 화가 생긴 것처럼 아침저녁으로 이르러서 임금의 명령에 극력 대항하여 죽을 각오로 간한다. 그 상소는 반드시 위정척사(衛正斥邪)로 제목을 삼고 이웃 나라와 사귀고 화친하는 것을 화제로 삼아, '온 나라가 장차 유학에 등 돌리고 서양을 배워서 오랑캐의 옷을 입고 오랑캐의 말을 하게 될 것이다'라고 하니 사려는 깊으나 말은 지나치다.[22]

죽을 각오로 간하는 유학자들이란 대부분 현직 관원이 아닌 민간에서 통치계층의 말단을 차지하는 사람들로, "천하가 근심하기 전에 먼저 근심하고, 천하가 즐거워한 다음에 즐거워한다"[23]라는 중국 송대 신유가의 풍격을 익혀 실천하는 이들이었다. 이들은 재야에 있으면서도 나라와 임금을 바른 도로 이끄는 일을 자신의 임무로 삼았다.

조선 초기 태종(재위: 1400-1418) 때부터 조선 말기까지 조정에서는 '사대부'의 역할을 강조하는 많은 건의가 있었다.[24] 『조선왕조실록』의 기록을 통해, 이러한 주장이 중종반정을 거치면서 더욱 강화되어 가는 것을 확인할 수 있다. 공직에 있지 않은 민간의 유학자가 적극적으

22 『고종실록』 고종 18년(1881) 6월 8일 기사: "近日儒章, 便成風習, 嶠南、兩湖、畿甸、關東, 接踵而起, 半年叩閽. 嚴旨屢下, 乍退復進, 如若大變急禍, 朝夕且至, 而力抗上命, 以死爭之. 其疏辭, 必以衛正斥邪爲題目, 而以交隣修和, 作話柄. 以爲, 一國擧將背洙泗而學泰西, 被卉服而語侏離. 其慮也深, 而其說則過矣."

23 范仲淹, 「岳陽樓記」, 『范文正集』 卷7. "先天下之憂而憂, 後天下之樂而樂乎." 「范仲淹列伝」, 『宋史』 卷314(脫脫等 撰, 『宋史』, 北京: 中華書局, 2007), 10267쪽. "이때의 사대부들이 언행을 고상하게 하고 절개를 중시하게 된 것은 범중엄이 제창한 것이다(一時士大夫矯厲尙風節, 自仲淹倡之)"라고 하였다.

24 『조선왕조실록』의 원문에서 '士大夫'를 검색하면 2,423건의 문장을 찾을 수 있다. 최후인 27대 순종(재위: 1907-1910)대에는 1건도 없으며, 가장 절정을 이루는 시대는 유학자들이 주도한 反正으로 옹립된 중종(재위: 1506-1544)대로서, 489건이 검색된다.

로 국정을 논하는 기풍은 조선시대 내내 유지되었다. 현직 관리들에게는 이러한 기풍이 성가신 것이 되어 "벼슬 없는 선비의 신분이면서 국정의 득실을 논하고 하급 관리이면서 윗사람의 옳고 그름을 따져, 공론(公論)이라는 이름으로 고위관리들을 견제한다. 이 때문에 대간임에도 그 직임을 행하지 못하고 재상임에도 그 본래 직무를 수행할 수 없다"[25]고 불만을 표출하는 일도 자주 발생하였다.[26]

중국에서 건너온 과거제도는 조선에서 1894년에 폐지될 때까지 거의 500년간 실시되었다. 유학자들이 유학이라는 도가 지니는 보편성과 실효성에 대해 의심하지 않고 몸에 익히게 된 데에는 과거시험이 중요한 역할을 하였다. 그러나 단순히 과거에 급제하여 관직을 받는 구조 때문만은 아니다. 과거 응시자 중에 급제하여 실제로 관직에 나아가는 비율보다 불합격자의 수가 훨씬 많았다. 그들은 과거시험을 위해 주자학적 해석이 담긴 경사서들을 보편적인 지식이라고 믿고 이를 오랜 시간 동안 몸에 익혔다. 그리고 이러한 지식을 바탕으로 자신의 역할을 해내고자 하였다. "벼슬 없는 선비의 신분이면서 국정의 득실을 논하"는 이들은 바로 이러한 사람들이었다.

한편, 무사 계층이 통치를 담당했던 근세일본을 돌이켜보면, 학문적 소양이 있다고 해서 국정의 득실을 논하는 것은 결코 흔한 일이 아니었다. 그런데 1882년 전후 일본 젊은이들의 품행에 대한 다음과 같은 토론은 이러한 풍경이 일본에도 등장했다는 것을 보여 준다.

25 『중종실록』 중종 15년(1520) 1월 15일 기사: "弘文館上疏. 略曰, …… 韋布而論國政得失, 僕隷而議官長是非, 名爲公論, 禁制縉紳. 臺諫而不得行其職, 宰執而不能任其責."

26 강지은, 『새로 쓰는 17세기 조선 유학사』, 푸른역사, 2021, 58–59쪽 참조.

> 지금 세상에 교육론자가 있어 그 말에 이르기를, 근래 우리나라[일본]의 자제는 품행이 점점 경박해져서, 부형의 말을 듣지 않고 선배 연장자의 경계를 돌아보지 않으며, 심하게는 약관의 몸으로 국가의 정치를 논하고 툭하면 윗사람에게 거역하는 기풍이 있는 듯하여, 역시 학교 교육이 불완전했던 것이며, 덕으로 육성해야 한다는 것을 망각했던 탓이라고 하여, 오로지 도덕의 뜻을 장려하는 방법을 써서, 주공공자의 도를 설명하고, 중국 성인의 가르침으로써 덕육의 근본을 세워서, 일체의 인사(人事)를 제어하려고 하는 자 같은 이들이다. 나는 논자의 말을 듣고, 그가 염려하는 바는 매우 지당하다고 생각하면서도, 이 염려를 해결하는 방법에 대해서는 조금도 감복할 수가 없다.[27]

"약관의 몸으로 국가의 정치를 논하고 툭하면 윗사람에게 거역하는 기풍"을 경박해진 품행의 문제로 여기고, 유학 교육으로써 이를 제어하자는 주장에 대해 후쿠자와가 조금도 찬동하지 않았던 것은 당연하다. 정치성이 농후한 유학의 가르침이야말로 이런 기풍이 유행하게 된 원인이라고 인식하기 때문이다. 그는 다음과 같이 말하였다.

> 한서(漢書)를 읽어서 정치의 열기를 진정시키기에 부족할 뿐 아니라, 오히려 재촉하는 것이라고 해야 할 것이다. 그래서 지금 청년자제를 불손하다고 비난하고, 그 불손함이 특히 정담(政談) 방면이 소란스러운 것을 우

---

27 福澤諭吉, 「德育如何」, 『福澤諭吉全集』 5卷, 岩波書店, 1959, 355쪽. 이 글은 메이지 15년 10월 21일부터 25일까지 4회에 걸쳐 「學校教育」이라는 제목으로 『시사신보』 사설로 발표하여, 같은 해 11월에 『德育如何』라는 제목의 단행본으로 출판한 것이다(慶應義塾大學デジタルコレクション『德育如何』 F7 A37 청구기호: 福 37-1의 해제 참조). 원문의 한 문장이 지나치게 긴 경우 적절하게 나누어 번역하였으며, 이 장에 인용한 후쿠자와 유키치 문장에 모두 적용된다.

려하면서 바로 정담의 근원이라고 할 수 있는 유교주의로써 이를 공격하려고 한다. 불을 끄려고 하면서 땔나무를 집어넣는 것과 같다.[28]

후쿠자와는 한서(중국 유학의 내용이 담긴 서적), 나아가 한학이 지닌 강한 정치성을 비판적으로 인식하고 있다. 그도 그럴 것이 이 시기에 공공연히 정치적 발언을 일삼는 젊은이의 대부분은 바로 한학을 익힌 무사들이었다. 박훈은 19세기 전반에 유학 학습을 통해 등장한 이러한 무사들을 '칼 찬 사대부'로 명명하여, 비록 부분적이기는 하더라도 사무라이가 사대부화되어 가면서 병영국가인 막번 체제가 동요하기 시작했다고 하였다.[29]

2) 일본의 말단 사무라이

조선시대 재야의 유학자들은 스스로 통치에 해당하는 일에 참여하면서 통치계층으로서의 자아 인식을 뚜렷이 지니고 있었다. 이들은 당시의 사회를 경영하고 유지하는 데 힘을 쏟았고, 조선 말기에 통치계층의 말단에서 죽을 각오로 척사를 주장한 것은 바로 이러한 역할을 수행하는 일환이었다. 그런데 일본에서 통치계층의 말단에 있는 사(士)들에게 나타난 상황은 조선과는 판이했다. 널리 알려져 있듯, 도쿠가

---

28 福澤諭吉, 「儒教主意」, 『福澤諭吉全集』 9卷, 岩波書店, 1960, 270-271쪽. 이 글은 1883년(메이지 16) 11월 19-21일 『時事新報』에 게재된 것이다(상세한 내용은 부록 참조).

29 박훈은, 그럼에도 불구하고 이들은 여전히 명이나 조선의 사대부와는 매우 다르게 유학을 정치적 상황에 따라 포기나 변용이 가능한 하나의 도구로만 인식하였다는 점에 주의를 당부하고 있다. 박훈, 『메이지 유신은 어떻게 가능했는가』, 민음사, 2014, 181 및 234쪽.

와 사회를 순식간에 와해시킨 메이지유신은 총인구의 10% 이하인 무사 계층의 주도하에 극소수의 공가(公家)가 참여하여 이루어진 것이었다. 그렇다면 이들은 존왕양이론(尊王攘夷論)을 주장하던 세력과 대척적인 존재였을까? 물론 그런 시기가 한순간도 없었다고는 할 수 없다.

그러나 메이지유신의 주체들은 조선의 위정척사와 유사한 듯한 존왕양이론과 전면적인 개혁과 개국으로 보이는 메이지유신을 배치(背馳)되는 것으로 정의하고 있지 않았다. 비토 마사히데는 유신사료편찬 사무국에 의해 발행된 관찬 『유신사(維新史)』(1939) 서언에서 "메이지유신을 이룩한 원인은 결코 한두 가지가 아니지만, 멀리 연원을 찾아보면 건국 정신의 발로이나, 가까운 원인은 우선 존왕론의 발달에 기반하는 것이라고 하지 않으면 안 된다"라고 한 부분에 주목하였다. 그는 『유신사』의 제1편이 「존왕론의 발달」이라는 점을 지적하며, 막말 유신기의 존왕양이사상은 국민적 자각의 표현으로서 국가 독립을 지키며 국내 통일을 강화하는 역할을 한, 메이지유신 실현의 주요 원동력으로 인식되고 있었다고 하였다.[30] 그리고 "존왕양이운동과 토막운동, 혹은 그것을 이끌어 가는 담당자로서의 존양파와 토막파라는 구별은 개념상으로는 성립한다고 하더라도, 현실의 정치 운동이나 인적 계보상으로는 양자가 밀접하게 연관되어 있던 것이 막말사의 진상"이었다고 하였

30 尾藤正英, 『日本の國家主義: 國體思想の形成』, 岩波書店, 2015, 9-10쪽. 비토 마사히데는, 戰後에 존왕양이론이 보수적·반동적 사상으로 인식되게 된 원인을 다음과 같이 설명했다. 예컨대 토야마 시게키(遠山茂樹, 1914-2011) 등은, 존왕양이론이 본래 유교적 명분론으로 계층관계를 질서지우는 사상이며, 막말기에는 봉건지배자층의 위기의식의 집중적 표현으로서 등장한 것이라고 평가했다. 이러한 평가가 전후 학계의 공통 인식이 된 것이라는 맥락이다. 비토는 토야마 등의 이러한 평가가 태평양전쟁 말기 국가주의적 역사관에 대해 등장한 안티테제였다고 했다.

다.[31]

존왕양이를 주장하거나 토막론의 입장에 서 있거나 전면적인 개항을 포함한 메이지유신을 지지하는 이들이 모두 동일한 인물일 수 있었던 당시의 진상은 무엇이었을까? 통치계층의 말단에 있던 사무라이들이 수단과 명분을 막론하고 하나의 목표를 향하고 있었다는 사실이다. 그것은 다름 아닌 도쿠가와 체제를 무너뜨린다는 목표였다. 후쿠자와 유키치가 유신의 핵심 원동력에 대해 다음과 같이 말한 것도 그렇게 이해할 수 있다.

> 저 왕정 일신의 거동에 대해서도, 당시에는 혹은 존왕이라고 하고, 혹은 양이라고 하여 여러 논의도 행해졌지만 모두 부차적인 것이며, 사실은 존왕도 아니고 양이도 아니다. 국권의 기둥과 들보가 되는 인민의 기풍은, 정부의 전제를 무너뜨려 자유에 나아가고자 하는 것이었다. 만약 이 거동이 과연 양이를 위한 것이었다면, 당시 도쿠가와 정부로 하여금 실제로 외국인을 쫓아내게 하면, 막부는 안전하였을 것인가? 이것을 믿을 자는 믿어라. 나는 믿지 않는다. 만약 이 거동이 과연 존왕을 위한 것이라면 당시 구막부로 하여금 실제 전권을 잡게 하여 천자의 명령을 받들게 하기를, 지금 정부의 궁내성처럼 하게 하면, 천하의 지사들이 이것을 방관하고 달게 여길 것인가? 나는 믿지 않는다.[32]

그런데 하급 무사들이 일심으로 정부의 붕괴를 도모했던 이유는 무엇일까? 그것은 다름 아닌 구사회체제에서 아무런 역할도 할 수 없

31 위의 책, 10쪽.

32 福澤諭吉, 「國權可分の説」, 『福澤諭吉全集』 19卷, 岩波書店, 1962, 528-529쪽.

었던 그들의 무력감이었다. 비토 마사히데는, 도쿠가와 시대 일본이 270년간 평화유지가 가능했던 것은 도쿠가와 무계 정권에 의한 규제만으로 설명하기 부족하다고 하여, 그 긴 평화가 가능했던 원인을 '역(役)'에서 찾았다. 지배자의 주요 의도는 '역'의 체계로서 사회를 조직하여 그 조직을 무력과 법규의 힘으로써 안정적으로 유지하는 것이었다. 그것이 어느 정도 국민의 요구에 합치했으므로 반발이 거의 없이 그 정책이 성공하고 그 성과로서 정권 유지가 가능했던 것이다.[33] 즉, 이에[家]마다 업(業)을 가지고 각기의 업을 충실히 계승함으로써 운영되는 사회였다. 그러므로 초닌[34]의 경우 "가업에 힘쓰고, 재각(才覺)을 발휘하여 가업의 번창과 가격(家格)의 상승을 지향하는 일도 가능했다. 백성 신분이라도 엄청난 근면·공부·절검으로 토지를 사들이고, 멋진 집을 지을 가능성이 없지는 않았다".[35]

그러나 본래 전투원이었던 하급 무사들은 전쟁이 없는 도쿠가와 사회에서 출세할 방법도 없이 사소한 일을 하면서 지냈다. 그들은 "돈도 없고 위신도 없는 데다 동경하는 사람도 없었다. 유학을 배운 탓에 가문이 아닌 재덕에 의해 등용되어야 한다고 믿게 되었더라도, 청·조선과 달리 과거제도는 없었다".[36] 재야의 유학자가 국가정책을 왈가왈부하는 것을 넘어 자기 의견을 관철하고자 끊임없이 상소하고 이에 대해 정부가 민감하게 반응하는 조선사회와는 매우 다른 통치계층 말단의 존재였다. 와타나베 히로시는 이들에게 18세기 말경부터 생성되

33 尾藤正英, 『江戸時代とはなにか』, 岩波書店, 2006, 42쪽.

34 초닌(町人): 성 주변의 시가지에 거주하며 상공업에 종사하는 신분이다.

35 와타나베 히로시 지음, 김선희·박홍규 옮김, 『일본정치사상사: 17–19세기』, 고려대학교출판문화원, 2017, 395쪽.

36 위의 책, 396–397쪽.

던 서양에 대한 긴장감은 새로운 기회로서 인식되었다고 하였다. 그들은 서양세력의 위협에 극단적인 과잉반응으로 대응하면서 도쿠가와 사회에 대한 개혁과 파괴를 실행하여 마침내 그들을 가두고 있던 기존의 체제 전체를 붕괴로 이끌었다.[37]

후쿠자와를 비롯한 하급 무사들이 도쿠가와 사회구조 타도 및 새로운 사회 건설을 주동했다면, 그가 "단지 한학을 믿고 받들거나 중시하지 않았을 뿐만 아니라, 한 걸음 더 나아가 소위 부유(腐儒)의 부설(腐說)을 일소해 버리겠다고 젊은 시절부터 결심하"[38]였던 것은 어떠한 배경에서 생겨난 것일까? 이에 대한 대답을 찾기 위해 우선 유학의 보편성에 대한 사고로부터 출발하고자 한다.

3. 유학의 보편화

1) 보편성이란 무엇인가

유학 경서의 가르침은 보편성, 즉 '모든 것에 두루 미치거나 통하는 성질'[39]을 가지며, 그것이 전파된 중국 이외의 지역에서 보편주의[40]

---

37 渡邊浩, 「「明治維新」論と福澤諭吉」, 『近代日本研究』 24, 慶応義塾福澤研究center, 2007, 292-296쪽.

38 후쿠자와 유키치 지음, 허호 옮김, 『후쿠자와 유키치 자서전』, 이산, 2013, 240쪽(번역문은 福澤諭吉, 『福翁自傳』, 『福澤諭吉全集』 7卷, 岩波書店, 1958, 168쪽에 의거하여 약간 수정함).

39 국립국어원 『표준국어대사전』.

40 보편주의는 영어 universalism의 번역어이나, 한자어 전통에서는 영어와 달리 구체적 이념이나 개념을 지칭하는 용어로 사용되지는 않았다. Universalism은 서양 중세시대의 통일된 질서를 상징하는 로마 가톨릭교회의 존재를 정당화하는 이념을

로서 존재했었는가? 이 문제에 답하기 전에 보편주의에 대한 다음과 같은 주의 환기가 필요할 것이다.

> 서양철학사에서 보편주의의 단초는 플라톤의 이데아이며 그의 이데아와 현상이 이원론의 출발이란 점을 받아들이는 사람도 그리스철학이 폴리스를 넘어 보편성의 논리를 구상하는 데까지는 이르지 못했다고 본다. 그러나 정치 영역에서 보편과 특수의 형식 논리적 이분법으로 플라톤의 철학을 이해한다는 것은 무미건조하다. 왜냐하면 플라톤의 철학은 원천적으로 폴리스 철학, 즉 정치철학이며 이데아의 보편사상도 정치공동체인 폴리스를 떠나서 생각할 수 없기 때문이다. 플라톤에게는 소규모의 특수한 정치 공간인 폴리스가 바로 정치적 보편주의의 도장이었다. …… 따라서 플라톤의 정치적 보편주의는 보편을 위한 보편이 아니라 보편의 특수화인 동시에 특수의 보편화로서 폴리스 철학의 철저화의 산물이라 할 수 있다.[41]

플라톤의 정치적 보편주의가 그 탄생 배경인 폴리스라는 존재를 떠나서도 여전히 '보편성'을 지니는가라는 질의는 무의미하다는 지적에 주의를 기울이고자 한다. 이 보편주의는 폴리스라는 정치 공간을

표현하는 말이었다. 중세에는 학문적 개념어로서 명시적으로 사용되지 않은 듯하며, 에티엔 질송(Étienne Gilson, 1884-1978)이 사용한 이래 학술용어로 보편화되었다. 중세사회 및 사상을 관류하는 가장 보편적인 이념을 의미하여, 이 세계는 기독교적 유일신이라는 단일하고 궁극적인 주체가 있고, 그 주체의 의사를 대변하는 가톨릭교회라는 하나의 통일된 질서로 운영된다는 관념이다. 양승태, 「보편주의, 무엇을 어떻게 연구할 것인가」, 양승태 외, 『보편주의: 새로운 세계를 위한 정치사상사적 성찰』, 책세상, 2016, 23-26쪽.

41 최상용, 「서문: 정치에서 보편과 특수의 문제」, 위의 책, 10쪽.

전제로 한 정치적 보편주의라는 것이다. 보편주의의 도장이 존재하지 않는 세계에서 그 보편성에 대한 질의가 생기는 것은 당연하다. 예를 들어, 근대 초기 이래 자명한 보편적 가치로서 세계의 많은 '후진' 국가들이 필사적으로 지향하고자 했던 유럽적 보편주의에 대하여, "유럽적 보편주의와 보편적 보편주의 간의 싸움은 현재 세계의 핵심적인 이데올로기 투쟁이며, …… 우리는 보편적 보편주의, 즉 성취할 가능성은 있으나 자동적으로 혹은 필연적으로 실현될 것이라는 보장은 없는 보편주의를 선언하고 제도화할 길을 찾아야만 한다"[42]라는 유형의 인식이다.

다시 근세 동아시아 유학사로 돌아와 생각해 보면, 중국에서 탄생한 '경세학'인 유학을 동일하게 경세에 이용하였던 한국에서 유학의 보편성을 의심하지 않았던 것은 당연한 일이다. 한편, 유학의 경세적 쓰임이라는 전제가 매우 희미했던 일본에서 자국 유학사에 대한 평가와 비판이 중국 및 한국과 다르게 전개되는 것 또한 당연한 일일 것이다.

중국에서 근원한 유학이 보편주의로서 뿌리를 내리게 된 것은 천 년 이상 실시된 과거시험의 수험자들이 이 학문을 보편성을 지닌 존재로서 익히고 시행하기를 반복해 온 것과 밀접히 연관된다. 플라톤의 정치적 보편주의에서의 폴리스와 같은 전제가 유학에서는 과거시험, 달리 말하면, 유학을 익힌 자가 경세를 담당한다는 전제였다. 중국에서 탄생한 유학을 조선에서도 마찬가지로 경세에 사용하는 것에 전혀 망설임이 없게 된 것은 이 내용을 보편성을 지닌 존재로서 익히고 사용하는 유학자라는 주체가 있었기 때문이다. 그들에게는 유학 학습을

42 이매뉴얼 월러스틴 지음, 김재오 옮김, 『유럽적 보편주의: 권력의 레토릭』, 창비, 2017, 10쪽.

통한 사회 진출이 제도적으로 보장되어 있었다. 그들은 공인된 주석을 바탕으로 경서를 학습하여 과거를 통해 위정자의 일원이 되었다.

유학은 경세학이며 경서의 독자는 치자로 한정되어 있었으나, 그들의 경세를 통해 독자가 아닌 계층도 유학의 '보편성'을 자연스럽게 받아들이게 된다. 중국과 조선에서 대다수의 백성은 경서의 독자가 아님에도 불구하고, 예컨대 인의충효가 『논어』나 『맹자』에 어떤 식으로 어떻게 기재되어 있는지, 주자학에서 이러한 내용들을 수신·제가·치국·평천하의 각 항목에 어떻게 연결해 수기와 치인의 일련의 과정으로 해석하였는지 확인한 적이 없음에도 불구하고, 이를 바탕으로 사회가 운영되는 것을 당연하게 받아들이게 된다.

한편 무사 신분이 통치하고 과거제도가 시행되지 않는 일본에서, 유학은 신도처럼 일본에만 고유한 것이 아니라 온 천하에 두루 보편성을 지닌 것이라는 전제는 적용되지 않았다. 유학의 이상을 실현한다는 전제도, 유학자가 통치를 담당한다는 전제도 없었다. 유학자는 경서의 내용과 현실사회의 연결고리를 스스로 만들어야만 했다. 그러나 알려져 있듯, 18세기 후반의 일본에도 과거제도와 유사한 시험제도가 있었다. 막부의 직속인 쇼헤이자카 학문소에서 막부의 관료에게 학문을 장려하기 위해 실시한 '학문음미(學問吟味)' 제도가 그것이다.

'학문음미'는 간세이(寛政) 4년(1792)부터 게이오(慶應) 4년(1868)까지 총 19회 실시되었다. 막부의 직속인 하타모토(旗本)와 고케닌(御家人) 및 자제를 대상으로 하여, 성적우수자에게는 금품이나 포상을 수여하는 제도였다. 막부 공식행사에서 행하는 만큼 대상자는 인사고과에 유리함을 얻었다.[43] 세습에 의해 이미 현직에 있는 이들이 주로 응시하여

43 橋本昭彦, 「江戸幕府學問吟味受験者の學習歷」, 『日本の教育史學』 32, 教育史學

인사상의 유리함을 획득하는 시험이었던 것이다. 이러한 학문음미 제도가 과거제도에 해당한다고 하여, 일본에도 과거제도가 존재했다고 주장하는 일부 연구가 있으나, 일본에서 이 제도가 갖는 의미는 한국과 중국의 역사에서 과거제도가 갖는 의미와는 근본적으로 다르다. '학문음미'는 통치계층으로서의 자아 인식을 생산해 내거나 유학을 보편적인 경세학으로 존재하게 하는 제도가 아니었다.

2) 한학은 보편적 학문인가

중국과 조선에서 경세학이었던 유학은, 이 지역에 적용하기에 합당한지 혹은 독서인이 아닌 계층이 생활에 활용하기에 합당한지 질의를 받은 적이 없었다.[44] 그러나 도쿠가와 일본의 유학자들은 유학을 접한 최초의 순간부터, 과연 일본사회에 유학이 적용될 수 있는가라는 질의에 부딪혔다.

이토 진사이(伊藤仁齋, 1627-1705)는 "학자가 도(道)에 나아갈 때 처음에는 학문과 현실사회가 어긋나 서로 용납되지 않는다. 성실하게 힘을 쏟아 오랜 세월이 지나고 스스로 터득한 바가 있다면, 이전에는 멀다고 생각한 것이 지금은 비로소 가깝다는 것을 알게" 된다고[45] 하였다. 유학의 도가 용납되지 않는 현실사회에서, 유학자는 일상생활에 이 학문을 적용할 방법을 고심하였다. 이러한 면모가 중국과 조선의

會, 1989, 16쪽.

44 양명학의 발전 과정에서 일반 민중들에게 적용하는 시도가 있었지만, 이것이 중국 유학사에서 보편적 상황이었다고는 할 수 없을 것이다.

45 伊藤仁齋, 『童子問』 卷之中 61章(寶永4年 丁亥夏五月 刊本)(東京大學文學部漢籍코너所蔵, 天理図書館40178의 복사본): "蓋學者之進道, 其初學問與日用扞格齟齬, 不能相入. 及乎眞積力久, 自有所得, 則向視之以爲者, 今始得近."

유학사에 전혀 존재하지 않았다고는 할 수 없지만 유학자들이 일반적으로 처한 상황은 아니었다.

나카에 도주(中江藤樹, 1608–1648)는 9세에 조부의 양자가 되었고 다시 15세에 조부를 잃었다. 이렇게 소년 시절에 가업을 이어 군주를 섬기게 되어, "몸을 닦고 집을 다스리려 하여도 그 도를 알 수 없"어서, 이러한 필요에 의해 수신제가의 도를 배우고자 결심하였다. 그러나 도주 31세의 기록에는 이미 수년 동안 '성인의 도는 지금 세상에 맞지 않는다'라고 의심했다고 하였다.[46] 유학의 도를 배워 일상생활에서 이를 활용하려고 생각했던 나카에 도주는 그것을 그대로 실생활에 적용할 수 없음을 실감했을 것이다.

도쿠가와의 유학자들은 사회체제와 유학의 어긋남을 강렬하게 의식했다. 그러나 이러한 의식은 전쟁 전의 일본학계에서 역사적 사실대로 해석되지 못했고, 도쿠가와 사회는 주자학을 체제 교학으로 한 사회였으며, 위의 고민들은 그러한 주자학을 비판하고 새로운 사상을 모색하는 과정이었다고 해석되었다. 구로즈미 마코토가 서술했듯, 도쿠가와 사상체제=주자학이라는 도식은, 막부 말기 하야시 가문의 기술에서 이노우에 데쓰지로를 거쳐 그 체제의 해체를 묘사한 마루야마 마

46 尾藤正英 校注, 「藤樹先生年譜」, 山井湧 外 校注, 『中江藤樹』, 『日本思想大系』 29巻, 岩波書店, 1974, 295쪽: "이전에는 오로지 四書를 읽고 格法을 굳게 지켰다. 그 의도는 오직 성인의 典要와 격식 등을 하나하나 명심하려던 것이었다. 그렇지만 때로는 맞지 않고 막혀서 행하기 어려운 경우가 있었으므로, '성인의 도가 이와 같은 것이라면, 지금 세상에서 우리들이 미칠 곳은 아니니다'라고 의심하였다. 그래서 오경을 숙독하였는데 촉발되고 느껴 터득한 바가 있어 『持敬圖說』과 『原人』을 지어 동료들에게 보여 주었다. 이것을 행한 지 수년이 지났지만, 행할 수 없는 부분이 많아 인정에 어긋나고 물리를 거스르는 것이 심하였다. 그러므로 의심하여 그만둔 것이다."

사오의 연구에까지 일관되게 나타나 있다.[47]

1960년 전후, 비토 마사히데를 비롯한 연구자들이 이러한 인식에 대해 의문을 제기하기 시작하였다. 전전에도 쓰다 소키치가 이미 중국으로부터 온 유교는 지식인의 사상일 뿐이었으며, 일반적으로 사회에 침투해 있지 않았다고 주장하였으나 이러한 주장은 전후에 이르러서야 인정받았다.

17세기 중반 이후 유학 연구가 발전함과 동시에 일본의 역사와 문화에 대한 자각이 깊어져, 유학자들은 유교적 관념을 사용하여 각자가 직면한 사상적 문제에 답하고자 하였다. 경세학으로 쓸 수 없다면, 이 사회의 예교를 담당해도 좋을 법한 유학이었지만, 이마저도 여의치 않았다. 히라이시 나오아키는 17세기 중반 이후 '유교를 둘러싼 객관상황의 변화'에 대해 다음과 같이 서술하였다.

> 기리시탄 슈몬아라타메[48]와 결합하여 데라우케 제도[49]가 일반화해 갔다는 것이다. 이 제도 아래서 전국의 각 가족은 한 절의 단가가 되어야만 하여, 불교가 사람의 죽음이라는 중대한 절목에 관련하는 장의를 주재하게 된다. 이는 불교사원이나 승려가 막번제 국가와 사회의 안에 있어야 할 위치가 보장되어 유자들의 승려=유민(遊民)(따라서 도태시켜야 함)이라는 비판이 거의 설득력을 잃게 되었다는 것을 의미하며, 동시에 이 제도의 일반화에 따라 초기의 유자들이 가졌던 근세 일본 국가를 유교적인 예

47 黑住眞, 『近世日本社會と儒教』, ぺりかん社, 2003, 27-28쪽.

48 기리시탄 슈몬아라타메(宗門改): 민중의 종교조사 제도. 예수교 신도 적발을 목표로 하였으나, 도쿠가와 중기 이후는 주민조사 제도로 변이했다.

49 데라우케(寺請) 제도: 한 사찰이 소속 가정, 즉 단가(檀家)의 상제례를 독점적으로 집행하게 한 규정이다.

교 국가로서 형성하려는 구상은 거의 불가능해졌다.[50]

또한, 상품화폐경제가 진전되어 전국 시장이 성립했다. 유학자들은 이러한 배경하에서 초닌에게도 그들의 존재 이유나 이익의 정당화에 대해 새로운 논리를 제공해야만 했다.[51] 유학자들은 통치계층이 아닌 일반인 독자로서 다른 일반인 독자를 상정하면서 기존의, 즉 '중국'의 경서 해석을 비판하고 새로운 해석을 제시하기도 했다.

구체적인 예를 들어 보면, 『논어』의 "안회(顔回)(공자 제자)는 그 마음이 석 달 동안 인(仁)에서 떠나지 않았다(回也, 其心三月不違仁)"에 대하여, 주자학에서는 정자의 "조금이라도 사욕이 있으면 곧 불인(不仁)이다"라는 말을 인용하여 해석한다.[52]

이에 대해 이토 진사이는 '사욕을 없앤다'고 말한 송유의 학문은 불교학이라고 비판하였다.[53] 진사이는 '일반인도 이 주석의 내용대로 살아갈 수 있는가?'라는 문제를 생각하였을 것이다. 초닌과 백성이 가업을 통해 이익을 얻는 것은 정당하며, 가치 있는 것이어야 한다. 한편, 조선 유학자들의 관점에서 보자면, 통치자가 사욕을 없애고 인을 행하고자 하는 것이 그다지 무리한 요구가 아닐 것이다.[54]

---

50 平石直昭, 『日本政治思想史−近世を中心に』, 放送大學教育振興會, 2003, 41−42쪽.

51 위의 책, 5쪽 참조.

52 朱熹, 『論語集注』 雍也 『四書章句集注』, 北京: 中華書局, 1983, 86쪽.

53 伊藤仁齋, 『論語古義』(林本) 憲問: "若後世主無欲主靜之說者, 實虛無寂滅之學, 而非孔門爲仁之旨矣."

54 한편, 고전 한문에서 '私'의 부정적 이미지와 일본어에서 '와타쿠시(わたくし)[私]'가 지닌 중립적 이미지의 차이도 이 경문의 해석에 영향을 미쳤을 것이다. 진사이가 살던 당시의 일본어로 보자면 '와타쿠시[私]'는 '오호야케[公]'를 구성하는 일부분이다. 이러한 의미의 '와타쿠시'라면 이러한 욕망을 완전히 없애는 일은 실천할 이유나 가능성이 낮을 것이다.

도쿠가와 일본의 유학자들은 이렇게 의식적으로 중국의 유학을 일본의 유학으로 변모시키며 다양한 해석을 가하고 있다. 그들은 중국의 경서에서 보편적인 도를 구하고 그러한 보편적인 도를 일본에서 실현하는 일에 종사하지 않았다. 그러나 도쿠가와 시대 유학이 한·중과 근본적으로 다른 존재였다는 사실은 간과되기 쉬웠다.

3) 메이지 일본의 한학

1603년 출범한 도쿠가와 정권 아래에서 전쟁 없는 평화가 150년 이상 계속되자 전투원이었던 사무라이들은 자기 정체성을 고민하게 되었다. 이런 가운데 각 번들은 사무라이 자제들에게 번교 출석을 독려하여 문무에 힘쓰도록 하였다. 17세기에 번의 공식학교인 번교가 있는 번은 전체 약 270번 중 10곳 즉 3.7%에 불과하였지만, 1750년대부터 번교의 설립이 증가하여 1790년부터 1830년까지의 40년 동안 무려 87개, 즉 매년 2개 이상의 번교가 설립되었다. 번교의 다양한 교과과정의 중심은 유학이었고 유학의 중심은 주자학이었다.[55] 경세학으로서의 유학을 배우는 무사가 폭증하여, 19세기에 이르러 유학을 학문적 소양의 일부분으로 갖춘 무사들이 대거 등장하게 되었다.

메이지시대에 이르자 여러 방면에서 활약하는 지식인 중 유학적 배경을 지닌 사람이 매우 많았다. 그러므로 "메이지시대의 사상가는 두 종류의 다리로 서 있다고 한다. 두 다리 중 하나는 양학이고 다른 하나는 한학이다"[56]라고 한 분석도 과언이 아닐 것이다. 구와키 겐요쿠

55 박훈, 앞의 책, 152-153쪽.

56 渡邊廣, 「明治初期の思想界と徂徠學」, 『學藝硏究: 人文科學』 1, 和歌山大學學藝學部, 1950, 175-176쪽.

(桑木嚴翼, 1874–1946)는 "근래 우연히 메이지 선각자의 유업을 회고하니 그 대부분은 소라이학의 소양을 갖고 있음을 알게되"었다고 한 바 있고, 아소 요시테루(麻生義輝, 1901–1938)는 "니시 아마네(西周, 1829–1897)는 20세경 소라이학을 배워 그 사상에 깊이 경도되었다"라고 하였다. 와타나베 히로시는 니시 아마네에 대해 한학자로서도 일가를 이룰 정도로 수업을 쌓은 사람이며, 이데올로기나 사유방법에 있어서 소라이의 학설을 조술하는 한편, 준열한 비판도 행한 인물이라고 하고, 쓰다 마미치(津田眞道, 1829–1903)에 대해서는 번의 유학자에게 한학을 배우는 한편, 주자학은 배척했다고 하였다.[57]

유학이 연구·인용되거나 혹은 비판·배척되는 가운데, 메이지정부의 인사들은 유학을 비록 정치적으로는 사용하지 못하더라도 도덕 교육 방면에 사용하고자 시도하였다. 프랑스 유학 이후 1892년 이토 히로부미의 내각에서 문부대신(文部大臣)을 맡은 사이온지 긴모치(西園寺公望, 1849–1940)의 기록을 통해 서양문명 수입에만 열중하는 풍조에 대한 반동으로서 '유교주의'가 등장했던 상황을 살펴볼 수 있다.

> 메이지 14년(1881) 12월, 당시의 문부경(文部卿)[58]은 …… 부현(府縣)의 학무관을 소집하여 교육방침을 훈시하였는데, 그 취지는 특히 수신교육에 중점을 두어, "…… 교육에는 석학이며 순수한 유자로서 덕망 있는 자를 뽑아 채용하여, 학생들이 더욱 공경정숙하게 되도록 해야 한다. 수신을 가르칠 때는 반드시 황국 고유의 도덕 가르침에 기초를 두어 유교주의에 의할 것을 요한다"라고 하였다. 이는 왕정유신 뒤 우리나라 상하가 모두

57 위의 글, 178–187쪽.

58 후쿠오카 다카치카(福岡孝弟, 1835–1919).

서양문명을 수입하는 데에 급급하여, …… 도덕 같은 것은 내버려두고 돌아보지 않아도 안 될 것이 없다는 사상조차 당시 사회에 세력을 얻었다. 이는 메이지유신 초년부터 14-5년에 이르기까지의 상황인데, 당시는 그 반동에 의해, 또 한편으로는 국민의 각성에 의해 도덕 지식도 동시에 필요하다고 인정되어, 한때는 전면적으로 배척하여 돌아보지 않았던 유교 같은 것이 어느 정도 부흥함에 이르렀다.[59]

1880년대 초반, 이렇게 메이지유신 이후 서양문명 수입에만 관심을 기울임으로써 생겨난 폐해를 보완하려는 움직임이 있었다. 가토 히로유키의 건의에 의해 1883년에 대학(제국대학 이전의 도쿄대학)에 한서 전공 부문으로서 고전강습과 을부가 개설되었던 것은 앞 장에 언급했던 대로다. 메이지시기에는 양명학 연구도 활발히 일어났다. 주로 양명학에서 혁신 사상을 찾으려는 시도이며, 이러한 연구들이 주장한 양명학의 의의는 현재는 대부분 수정되었지만,[60] 당시 유학 관련 연구가 활발하고 다양하게 전개되고 있었다는 점을 확인할 수 있다.

한학의 가치에 대한 다양한 주장이 제기되는 가운데 후쿠자와 유키치는 부유(腐儒)의 부설(腐說)을 일소해 버리겠다고 결심하고, 한학이 시대적 보편성을 지니지 않은 점을 강조하였다. 마루야마 마사오는 그중에서도 새로운 시대에 필요한 국민이라는 존재를 양성하기에 부적절하다는 점이 후쿠자와에게 매우 중요한 것이었다고 하였다. 그는 후쿠자와의 말을 인용하면서 다음과 같이 서술하였다.

---

59 西園寺公望, 『明治教育史要』, 『開國五十年史』上, 明治四十年史發行所, 1907, 690-691쪽.

60 荻生茂博, 「幕末·明治の陽明學と明淸思想史」, 源了圓·嚴紹盪 編, 日中文化交流史叢書三 『思想』, 大修館書店, 1995, 436쪽.

> "외국으로부터 우리나라를 지키는 것에는 자유 독립의 기풍을 전국에 충만하게 하여 나라 안의 사람들이 상하귀천의 구별 없이 나라를 자기 몸에 받아들여 지혜로운 자도 어리석은 자도 문맹자도 눈 밝은 자도 각기 그 국인(國人)되는 본분을 다하지 않으면 안 된다."(『학문의 권유』 3편) 그런데 바로 상하귀천의 구별을 절대화하여 "백성은 이것에 따르게 할 수는 있지만 이것을 알게 할 수는 없다. 세상에 문맹 천 명과 눈 밝은 자 천 명이 있으면 지자는 위에서 백성들을 지배하고 위의 뜻에 따르게 하면 된다"라는 '공자님의 방식'에서는 "이 나라는 인(人)과 민(民) 주인과 손님이라는 두 종류로 나뉘어, 주인된 자는 천인(千人)의 지자로서 나라를 잘 지배하고 그 나머지 사람들은 아무것도 모르는 손님 역이다. 손님이 되었으니 걱정도 물론 적고 단지 주인에게만 의지하고 매달려서 자기가 떠맡은 일이 없으므로 나라를 걱정하는 것도 주인처럼 되지 않는 것은 필연"(『학문의 권유』 3편)이다.[61]

"백성은 따르게 할 수는 있지만 알게 할 수는 없다"[62]고 한 공자의 말에 대해, 중국 송대의 주희는 "성인이 가르침을 베풀 때 사람마다 다 깨우치도록 하지 않는 것은 아니다. 그러나 모두 다 알게 하는 것은 현실적으로 불가능하고 다만 그것을 따르게 할 수만 있을 뿐이다. 만약 성인이 백성들이 알지 못하도록 의도했다고 해석한다면, 이것은 후세의 조삼모사의 술수이지, 어찌 성인의 마음이겠는가"[63]라고 하였다. 성

61 丸山眞男, 「福澤諭吉の儒教批判」, 『丸山眞男集』 2巻, 岩波書店, 2014, 150-151쪽(이 논문은 1942년 저작이다).

62 『論語』「泰伯」: "子曰, 民可使由之, 不可使知之."

63 朱熹, 앞의 책, 105쪽: "程子曰, 聖人設敎, 非不欲人家喩而戶曉也. 然不能使之知, 但能使之由之爾. 若曰聖人不使民知, 則是後世朝四暮三之術也, 豈聖人之心乎."

인이 우민 정치를 의도한 것이 아니라, 백성을 깨우치는 데에는 한계가 있기 때문이라는 해석이다.

그러나 설령 그렇다고 하더라도 유학 경서의 중점은 역시 백성을 깨우치는 데 있지 않고 다스리는 자를 육성하는 데 있다. 『맹자』에 "어떤 사람은 마음을 수고롭게 하고, 어떤 사람은 힘을 수고롭게 한다. 마음을 수고롭게 하는 사람은 남을 다스리고 힘을 수고롭게 하는 사람은 남에게 다스려진다. 남에게 다스려지는 사람은 남을 먹여 살리고 남을 다스리는 사람은 남이 먹여 살리는 것이 천하에 통용되는 도리다"[64]라고 하였듯, 정신노동에 종사하는 통치자 계층과 달리 육체노동에 종사하는 이들은 흔히 피통치자 계층에 속한다. 유학에서는 이들이 통치자 계층을 먹여 살리는 것은 당연한 일이라고 말한다.

경서를 읽으며 과거 준비를 하던 중국·조선의 유학자는 통치계층으로서의 정체성을 지닌다. 그러나 도쿠가와 일본에서 경서의 주요 독자인 직업적 유학자나 초닌 및 백성은 이와 달랐다.

4. 후쿠자와 유키치의 한학 비판과 마루야마 마사오의 해석

1) 한학의 무실(無實)

유학은 여전히 도쿠가와 사회의 경세에 '보편화'되지 않은 상황임에도 불구하고, 다이묘(大名)는 제후로, 가로(家老)는 대부로 불리는 등

64 『孟子』「滕文公」上: "或勞心, 或勞力, 勞心者治人, 勞力者治於人, 治於人者食人, 治人者食於人, 天下之通義也."

유학용어의 사용이 '보편화'하여, 마치 그들의 봉건적 신분 관계가 애초부터 유학에서 온 것이며, 봉건성의 문제도 유학 본연의 문제라고 인식할 만한 가능성이 충분했다. 후쿠자와의 유학 비판이 도쿠가와 사회의 봉건성에 대한 분노로서 혹은 분노와 함께 이루어지는 경우가 많은 것은 이러한 배경에서 나왔다고 할 수 있다.

후쿠자와는 "나는 본래 일본과 중국의 고학자 패거리들이[65] 남을 다스리는 것(治人)은 알면서 자력으로 먹고사는 것(自修)을 알지 못하는 것을 좋아하지 않았다. 그것을 좋아하지 않기에 이 책(『학문의 권유』)의 초편에서 …… 사람들이 자기 책임하에 자기 힘으로 먹고사는 것이 중요하다는 점을 논하였다"[66]라고 하였다. 그는 다음과 같이 젊은 시절 유학자에게 가졌던 비판적 감정을 회고하였다.

> 이미 양학에 입문한 탓에 천하의 유자 패거리들을 눈엣가시처럼 여기고 유자가 하는 일이라면 하나부터 열까지 모두 마음에 들어 하지 않았고 그중에서도 그 품행이 싫었다. 입으로는 인의충효 같은 말을 지껄이면서 유사시에는 그럴 만한 기개도 없다. 특히 품행이 나쁘고 술이나 마시더라도 시를 짓고 글을 잘 쓰면 평판이 좋았다. 모든 게 마음에 들지 않았다.[67]

입으로만 인의충효를 지껄이고 실행할 만한 기개도 없는 유자들

65 원문은 "和漢の古學者流"로, 古學者란 고학파 등 특정의 학파를 가리키는 말은 당연히 아닐 것이며, 유학자를 가리킬 것이다.

66 福澤諭吉, 『學問のすゝめ』 十篇, 『福澤諭吉全集』 3卷, 岩波書店, 1958, 94쪽. 自修는 바로 뒤에 "自から其力に食む(자기 힘으로 먹고사는 것)"을 강조한 이유라고 하였으므로, 자기 수양이 아닌 자력으로 먹고사는 것을 가리킴을 알 수 있다.

67 후쿠자와 유키치 지음, 앞의 책, 323-324쪽(번역문은 『福翁自傳』, 『福澤諭吉全集』 7卷, 229쪽 원문을 토대로 수정했다).

이란, 후쿠자와가 어린 시절부터 보아 왔던 (하급 무사이면서 유학을 공부한 자신의 부친을 포함한) 막말의 일본 유학자들이다. 유학을 배우는 인구는 폭발적으로 늘어났지만, 그렇다고 해서 유학을 통해 입신출세하는 길도 동시에 생겨난 것은 아니었다. 유학자가 치국평천하를 논하는 것은 경서의 내용에서 보자면 전혀 이상한 일이 아니지만, 그것을 실행에 옮길 방법은 여전히 불투명했다. 이것은 중국과 조선이 아닌 일본사회에서 유학이 '무실(無實)'해진 배경이지만, 위의 인용문에 보이듯 후쿠자와는 일본과 중국의 고학자 패거리라고 하며, 중국과 일본의 한학을 동일시한 경우도 적지 않다. 이는 독자들로 하여금 일본에 중국이나 조선과 다른 특수한 배경이 있다는 사실을 망각하게 하기 쉽다.

그렇기는 하지만 후쿠자와 자신이 근세일본에서 유학이 처한 위치에 대해 전혀 인식하지 못했던 것은 아니었다. 이러한 분석적인 인식은 유학을 일본사회에 적용하려는 시도에 대응한 저작들에 주로 나타난다.

> 도쿠가와 치세 300년의 기간에 유자는 직접 세상의 일을 담당하는 것이 허락되지 않았고, 단지 겨우 학교 교수의 쓰임에 충당될 뿐이었다. 학문을 경시하는 세상에서 학교 교수는 가장 무력하였다. 봉건사회의 대다수는 유자를 용납하지 않고, 사회에 긴요한 대사는 무인과 속리(俗吏)가 관장하는 바가 되었던 것 또한 유교 세력이 미미함을 증명하기에 족하다.[68]

위와 같이 후쿠자와는 '유교 세력이 미미'한 일본의 현실을 분석해

68 福澤諭吉, 「德教之說」, 『福澤諭吉全集』 9卷, 岩波書店, 1960, 286쪽(이 글은 1883년(메이지 16) 11월 26-29일 저작이다).

낼 수 있었다. 그러나 그는 이러한 점이 중국과 조선의 유학사에는 존재하지 않는 일본적 특성이라는 사실을 주의 환기하려는 노력은 하지 않았다. 그가 유학에 대해 분석하였던 것은 동아시아 유학사에서 일본의 위치를 설명하기 위해서가 아니라, 유학이 근대 초기 일본사회 체제 운영의 주요한 틀이 되어서는 안 된다고 주장하기 위해서였기 때문이다.

그러나 앞에서 서술한 대로, 1881년 즈음에 유학자를 교사로 임명하여 유교로써 도덕 교육을 하려는 움직임이 있었다. 후쿠자와는 이에 대처하면서 중국 유학이 가지는 정치적 특성에 대해 일련의 분석을 제시하게 된다. 공자는 순전한 정치가이며 맹자의 말도 대부분 정치적인 일이고, 중국에서는 학자이면서 정치가가 아닌 사람이 없다고 하고, 경사서(經史書)는 정담가(政談家)를 도야시키는 도구라고 하여[69] 유학 서적은 결코 순수한 도덕 교육의 교재가 될 수 없다고 주장하였다. 그리고 6개월 후 다시 유학이 가진 정치적 성격을 다음과 같이 분석했다.

> 유교주의의 실제를 유심히 살펴보면 결코 순수한 도덕학이 아니고 대부분이 정치학과 뒤섞여 있다. …… 유교주의란 정치와 도덕을 혼합한 일파의 일종의 학풍이며, 만약 이를 분석한다면, 그 성분의 7할은 치국평천하를 점하고, 나머지 3할 정도까지가 도덕 부분임은 말할 것도 없이 명백한 사실이다. ……『사서오경』의 매 장 매 구는 그 문자는 다르지만 주의는 하나로 관통하여, 정론(政論)과 덕론(德論)이 혼합된 것이다. 이를 화학론에 비유하여 말한다면, 정덕의 혼합물이 아니라 화합물[즉, 요소들끼리 화

69 福澤諭吉, 「儒教主意の成跡甚だ恐る可し」, 『福澤諭吉全集』 8卷, 岩波書店, 1960, 663-664쪽 참조(이 글은 1883년(메이지 16) 5월 26일 『時事新報』에 게재된 것이다).

학반응을 하여 또 다른 물질로 변화한 상태의 것]이다.[70]

위의 분석은 '유교는 정치학이 아닌 도덕학으로라도 일본에서 사용 가능한가'라는 질의에 대한 후쿠자와의 대답에 해당한다. 이 글에서 중국의 고대에는 유학이 충분히 유용했었다고 했기 때문에, 그가 마치 유학 자체는 긍정적으로 평가하고 다만 근대 초기 일본의 상황에 맞지 않는다는 점만을 문제 삼는 것처럼 해석될 가능성이 있다. 예컨대 사토 코에츠는 "부정적 언사의 대부분이 유교의 정치사상 영역과 관련된 부분에서 이루어지고 있으며, 달리 말하자면 유교 도덕사상에 대한 비판은 정치사상과 불가분하게 연결되어 있다는 측면으로 집약된다고 하는 의미에서 어디까지나 간접적인 부정에 머물고 있다"[71]라고 했다. 고이즈미 신조(小泉信三)도 후쿠자와에 대해 "오랫동안 유자와 유학을 조소하는 말을 내뱉은" 사람이지만 한편으로는 "유학의 도를 믿어 의심치 않던 사람"[72]이라고 했다. 그러나 후쿠자와 주장의 핵심은 늘 정치나 도덕 어떠한 방면에서도 유학을 채택해서는 안 된다는 것이다. 중국 고대사회에서 긍정적 기능을 한 적도 있다는 예는, 지금의 일본 나아가서는 지금의 아시아 사회에서는 긍정적인 기능을 절대 발휘할 수 없다는 점을 강조하기 위한 레토릭으로 보아야 할 것이다.

2) 마루야마의 분석

마루야마 마사오는 후쿠자와의 유교 비판이 메이지 14-15년을 경

70 福澤諭吉,「儒教主意」,『福澤諭吉全集』9卷, 268-269쪽.

71 사토 코에츠, 앞의 글, 303쪽.

72 小泉信三,『福澤諭吉』, 岩波新書(青版), 岩波書店, 1996, 207쪽.

계로 하여 전기와 후기로 나뉜다고 하였다. 전기에는 준엄하고 가차 없는 비판이며 유교적 사유의 극복에 관련된 것이라고 하고, 후기에는 온화한 방식으로 한정적으로 이루어졌다고 하였다. 전기에는 후쿠자와가 도도한 유교적 사유의 한가운데에 놓여 있었기 때문에 적을 확인할 여유도 없었고, 후기에는 유교 사상을 역사적으로 위치시키고, 일정한 역사적 사회구조와의 대응성을 나타내는 방향에서 행하였다고 하였다.[73] 이처럼 후쿠자와의 유교 비판은 전면적인 부정이었는지 여부와, 전기와 후기의 강도에 차이가 있었는지 여부에 대한 분석이 주로 이루어지고 있다.

실제로 『학문의 권유』 등 전기의 저작에는 유교의 존재가치 전부를 부인하는 듯한 강한 논조가 보인다. 그런데 「유교주의」, 「덕교지설」(두 편 모두 메이지 16년 11월 발표) 등 후기저작을 보면, 부분적으로 긍정하는 듯이 보이기도 한다. 그러므로 이러한 분석에 근거가 없다고 할 수는 없다. 그런데 후쿠자와의 비판에는, 일본 유학사의 비판에만 해당되고 본래의 유학(일본에 건너오기 전의, 즉 중국이나 조선의 유학)의 비판에는 해당되지 않는 것이 대부분이라는 점은 분석의 대상에서 빠져 있다. 다시 말하면, 그가 말하는 한학의 문제점은 유학 본래의 문제점이 아니며, 그러므로 그가 비판한 한학의 면모에서 일본사회에서 전개된 유학의 특징을 찾아내는 것은 가능하지만, 동양적인(중국적인) 정신의 핵심을 추출해 내는 것(즉, 마루야마 마사오가 행한 작업)은 불가능하다.

무실한 유학을 그만두고 실학에 종사하자는 후쿠자와의 실학 주장이 담긴 『학문의 권유』(총 17편)는 메이지 5년(1872) 2월부터 메이지 9년(1876) 11월에 이르기까지 발표한 것이다. 후쿠자와에 의하면 이 책

73 丸山眞男, 「福澤諭吉の儒教批判」, 139−161쪽.

은 메이지 13년의 단계에서 70만 부가 정식으로 발행되었다. 그는 불법으로 발매된 부수도 10여 만 부에 이르는 것으로 추산하였다. 그중 초편만을 보면 총발행부수는 진위(眞僞) 판본을 합하여 22만 부로 추산된다. 당시 인구 3500만 명의 일본에서 160명 중의 한 명은『학문의 권유』초편을 읽은 것이다.[74] 이 책에 대한 당시 사회의 반향을 상상할 수 있다.

후쿠자와는 이 책의 초편에서 다음과 같이 한학자들의 학문을 비판하였다.

> 학문이란 어려운 글자를 알고, 어려운 고문을 해독하고 와카(和歌)를 즐기며 시를 짓거나 하는, 세상에 실(實)이 없는 문학을 말하는 것이 아니다. 이들 문학도 그 자체는 사람의 마음을 즐겁게 하여 충분히 가치 있는 것이지만, 예부터 세간의 유자(儒者)나 화학자(和學者)들이 말하는 것들은 존숭할 만한 것이 아니다. 예부터 한학자들 중에는 가정을 꾸려나가는 데에 능숙한 사람도 적었고, 와카를 잘하면서 장사에 능숙한 상인도 드물었다. 이 때문에 분별 있는 상인이나 백성은 자식이 학문에 열심인 것을 보면, 머지않아 재산을 탕진하겠구나 하고 부모의 심정으로 걱정하는 사람이 있다. 무리도 아니다. 결국 그러한 학문은 실과 거리가 멀어 일용에는 맞지 않는다는 증거다. 이제 이러한 실없는 학문은 우선 뒤켠에 두고 오로지 힘써야 할 것은 세상의 보통 일용에 밀접히 관계있는 실학이다.[75]

그런데 마루야마 마사오에 의하면, 이 책의 대유행으로 인하여 후

---

74 福澤諭吉,「合本學問之勸序」,『福澤諭吉全集』3卷, 23쪽(이 글은 1880년(메이지 13) 7월 30일 저작이다).

75 福澤諭吉,『學問のすゝめ』初篇, 위의 책, 30쪽.

쿠자와학이 실용에만 관련된 것으로 '오해'받게 되었다고 한다. 이러한 '오해'를 풀기 위해 마루야마는 후쿠자와 실학에 대한 분석을 담은 「후쿠자와에게 있어서 「실학」의 전회—후쿠자와 유키치의 철학연구서설」을 특별히 집필하여 발표하게 된다.

> 후쿠자와의 이 문장[역자주: 위의 인용문]이 천하에 떠들썩하게 퍼져서, '실학'이 유행어가 되고, 후쿠자와학이 실업학으로서만[역자주: 방점은 원저자 마루야마] 보급되어 간 것은, 동시에 후쿠자와의 학문관에 있어서의 또 하나의 — 오히려 더욱 근본적인 — '혁명'을 놓쳐 버리게 하는 위험을 낳았다. 이렇게 하여 후쿠자와학 전체를 비속한 현실적 공리정신으로 보는 속견[76]도 주로 이 문장에 대한 해석으로부터 발효되고 있는 것이다. 만약 후쿠자와의 주장이 단순히 '학문의 실용성', '학문과 일상생활의 결합'이라는 단지 이런 것에서 끝나는 것이었다면, 이러한 사고방식은 결코 그다지 참신한 것은 아니다. 이런 점에서만 보게 되면 후쿠자와는 계승자는 될지언정 결코 혁명자는 아닌 것이다.[77]

히라이시 나오아키에 의하면, 마루야마의 위의 논문은 「후쿠자와 유키치의 철학」과 함께 그의 후쿠자와론에서 중심적인 위치를 점하는 저작이다. 『마루야마집』 제3권의 해제[78]는 이 두 편의 저작이 마루야마

76 실제로, 와쓰지 데쓰로 등은 후쿠자와를 '공리주의적·개인주의적 사상의 통속적 소개에 지나지 않는'다고 평가한다(藤田友治, 「福澤諭吉の教育思想」, 『大阪經大論集』 53, 大阪經大, 2002, 434쪽).

77 丸山眞男, 「福澤に於ける「實學」の轉回: 福澤諭吉の哲學研究序說」, 『丸山眞男集』 3卷, 岩波書店, 2014, 111쪽(이 글은 1947년 3월 『동양문화연구』에 발표한 것이다).

78 해제자는 우에테 미치아리(植手通有, 1931–2011).

의 전체 저작 중 가장 훌륭한 것이라고 격찬하였으며, 히라이시 또한 이 두 편이 후쿠자와 사상의 역사적 이해와 그 의의의 평가에 관한 획기적인 업적이라고 하였다.[79] 즉, 후쿠자와라는 존재의 사상사적 의의를 가장 잘 분석해 낸 저작으로 인식되고 있는 것이다.

마루야마는 이 논문에서 후쿠자와의 '실학'을 실용주의 같은 수준에서만 논해서는 안 된다고 다음과 같이 서술했다.

> 이른바 생활로부터 유리된 유한적 학문을 배제하고, 학문의 일상적 실용성을 제창했다는 것 및 학문을 지배계급의 독점에서 해방시켜 이를 서민생활과 결합시켰다는 점에 있어서 후쿠자와의 노력과 사업은 본래 현저함이 있었다고 할 수 있다. 그러한 방향은 앙시앙 레짐의 학문적 전통과 결코 무관한 것이 아님을 알 수 있다. 따라서 이러한 면만으로 후쿠자와의 사상을 파악하여 나간다면 그 '실학'은 기껏 그러한 동양적 '실용주의'의 기저에 기초하여 그것을 새로운 역사의 단계에 적용한 데 그칠 것이다.[80] 거기에는 내재적인 것의 발전은 있을지라도 어떠한 본질적인 타자로의 비약, 과거와의 단절은 존재하지 않게 되는 것이다.[81]

---

79 平石直昭,「丸山眞男に於ける福澤觀の轉回: 「福澤に於ける「實學」の轉回」について」,『福澤諭吉年鑑』29, 福澤諭吉協會, 2002, 135쪽.

80 한편, 히라이시 나오아키에 의하면 마루야마 마사오의 후쿠자와 실학론에 대한 평가는 전후에 큰 변화가 있었다. 전전의 마루야마는 후쿠자와의 실학에 대해 "(후쿠자와의) 결과본위적=공리주의적 사유는 그「독립자존」의 진정한 내면화를 방해하고 있다. 그의「실학」의 주장은 동양적 프래그머티즘으로부터 결코 표현하는 만큼 멀리 떨어져 있지 않은 것이다"(『丸山眞男集』2卷, 150-151쪽)라고 하여, 공리주의적 사유에 머무른다는 비교적 부정적인 평가를 했었다. 平石直昭,「丸山眞男に於ける福澤觀の轉回: 「福澤に於ける「實學」の轉回」について」, 136쪽.

81 丸山眞男,「福澤に於ける「實學」の轉回: 福澤諭吉の哲學硏究序說」, 113쪽.

마루야마는 이처럼 후쿠자와의 실학 주장이 이루어 낸 것은 구시대의 학문적 전통 내부에서 일어난 작은 변화가 아니라, 그와 완전히 단절된 새로운 본질로 비약적으로 발전한 것이라고 하였다. 마루야마는 후쿠자와 실학에서 "진정한 혁명적 전회는, 실은 학문과 생활과의 결합, 학문의 실용성 주장 자체[역자주: 방점은 원저자 마루야마]에 있는 것이 아니라, 바로 학문과 생활이 어떠한 방식으로 결합되는가라는 점에 문제의 핵심이 존재한다"[82]고 하였다.

> 그[역자주: 후쿠자와]의 관심을 끌어당긴 것은 자연과학 그 자체 또는 그것이 가져온 결과라기보다는 오히려 근본적으로는 근대적 자연과학을 낳은 인간 정신의 존재 방식이었다. 그런 동일한 인간 정신이 바로 근대적인 윤리이자 정치이자 경제이자 예술의 기저에 흐르고 있는 것이다. '윤리'의 실학과 '물리'의 실학과의 대립은 이리하여 근본적으로는 동양적인 도학(주자학)[83]을 낳은 '정신'과 근대의 수학적 물리학[84]을 낳은 '정신'과의

82 같은 곳.

83 마루야마는 이 논문에서, 동양사회에서 '도학'이 일체의 학문의 근본이고 다른 일체의 학문은 '도'를 구한다는 목적에 봉사하는 한 존립을 허용받는다고 하며(115쪽), 도학의 대표로서 '송학'(119쪽), 즉 주자학을 들고 있다. 주자학은 이토 진사이, 오규 소라이 등 일본의 소위 고학파 유학자들의 비판대상이면서, 근세 중국·조선에서 통치이데올로기로서 과거시험 답안의 준거가 되었다. 그러므로 동양적인 도학을 낳은 정신이란, 근세 동아시아를 풍미한 주자학적 유학을 낳은 정신을 의미하는 것이다.

84 마루야마는 후쿠자와가 "동양의 유교주의와 서양의 문명주의를 비교해 보면, 동양에 없는 것은 유형적인 것으로는 수리학과 무형적인 것으로는 독립심 이 두 가지다"라고 한 것과, 물리학을 "학문의 학문이며, 모든 학문의 기초이며, 예비학"으로 설정한 것에 특별히 주목하였다. 그런데 근대일본에서는 서양물리학의 의미에 주목한 인물이 적지 않았던 듯하다. 오니시 하지메(大西祝)는 "서구계몽사상의 기원을 '물리연구의 사상과 구시대의 신앙 쇠퇴'가 맞물려 도출된 것"이라고 하였다. 이예안, 「메이지일본의 계몽개념: '啓蒙'과 'Aufklärung'의 교차」, 『용봉인문논총』

대립에 귀착하는 것이다.[85]

유학자들이 일삼는 "세상에 실이 없는 문학" 같은 학문을 그만두고 실용적인 학문에 종사하자는 주장으로 인식되고 말았을지도 모를 후쿠자와의 실학은 이렇게 마루야마에 의해 전면적으로 재해석되었다. 그렇다면 '동양적인 도학'을 낳은 '정신'이란 무엇을 의미하는가? 마루야마는 다음과 같이 설명한다.

> 이러한 도학의 대표로서의 유교, 그중에서도 그것을 가장 이론적으로 정비한 송학의 사유방법에는, 앙시앙 레짐하에서의 인간과 사회와 자연의 존재 방식이 훌륭하게 드러나 있다. 즉 유교에서 천인합일은, 송학에서 태극=리에 의해 근거지어져, 이 태극에 의해 인간과 사회와 자연은 단 한 줄기로 관통되어 있다. 우주적 질서를 궁극적으로 성립시키는 천리(천도)가 인간성에 내재하여 본연의 성이 되고, 사회질서로 대상화되어서는 군신·부자·부부·형제·붕우의 '륜'이 된다. 따라서 그러한 사회적 질서의 근본규범은 인간성에 선험적으로 내재하는 것이므로 인간의 본래적 존재 양상은 그러한 객관적 소여로서의 사회질서에 귀의하는 것 이외에는 있을 수 없다. 한편, 그러한 사회질서는 우주적 세계에 이어지는 일에 의해

52호, 전남대학교 인문학연구소, 2018, 118쪽 참조. 한편, 김성근은 "후쿠자와의 궁리(물리)는 식산, 즉 국가산업의 진흥을 위한 학문으로 새롭게 규정되었다. 즉, 문명 발달의 목표가 국가의 독립이라면, 문명 발달의 핵심적인 요소였던 물리학도 국가의 독립이라는 최종 목표에 수렴될 수밖에 없었던 것이다. 물리학에 대한 후쿠자와의 이 같은 이해는 후쿠자와의 계몽주의가 지녔던 시대적 한계를 보여" 준다고 하였다(김성근, 「후쿠자와 유키치의 궁리인식과 과학제국주의」, 『동서철학연구』 76호, 한국동서철학회, 2015, 210쪽 참조).

85 丸山眞男, 「福澤に於ける「實學」の轉回: 福澤諭吉の哲學研究序說」, 116쪽.

영원한 순환 속에서 재생산된다. 인간은 사회에 속박되고 사회는 자연에 속박된다. …… 인간적 가치로부터 독립한 순수하게 외적인 객관적 자연이라는 것은 성립의 지반이 없는 것이다.[86]

마루야마에 의하면 후쿠자와의 유학 비판은 단순히 '일본사회'의 비실용적 학풍을 청산하려는 시도가 아니었다. '중국과 조선'에서 체제교학으로서 통치계층의 정신을 길러 온 유학(주자학) 사상이 가진 문제점을 극복하여, 서양을 발전시킨 원동력이 된 '정신'으로 근본적인 도약을 시도한 것으로 새롭게 정의된 것이다.

마루야마는 '도학적' 사유방식에 대해 "사회는 인간에 의해 주체적으로 짊어져 있는 것은 아니고 역으로 주어진 것으로서의 사회질서에 대한 의존성이 인간의 본래적 존재 양태다. 그러한 선천적 환경에의 의존이 '가치'이며, 그로부터의 이탈이 바로 반가치다"[87]라고 하였다. 히라이시에 의하면 마루야마의 후쿠자와 실학 해석에 있어서 유학에서 "생활태도를 규정하는 것은 환경으로서의 질서에 대해 순응하는 원리"이고, 이와는 반대로 "후쿠자와에게서는 물리법칙의 파악을 통하여 정신은 자연을 개척하고, 이것을 기술화함으로써 환경을 주체적으로 형성"[88]하는 것이었다. 마루야마는 중국과 한국에서 정치담당 계층의 '정치철학'이었던 유학을 환경에 순응하는 '생활태도'로 바꾸어 버렸다.

그런데 후쿠자와가 극복해야 하는 대상이 왜 유학이었을까? 마루야마는 "후쿠자와가 '양학'으로써 한편으로는 새로운 일본 건설의 소재

86 위의 글, 119쪽.

87 위의 글, 120쪽.

88 平石直昭, 「丸山眞男に於ける福澤觀の轉回—「福澤に於ける「實學」の轉回」について」, 141쪽.

가 되어야 할 유럽 시민문화의 도입 및 보급과 다른 한편으로는 국민에게 깊이 뿌리내린 봉건의식의 타파에 혼신의 힘을 기울일 때 그러한 그의 의도 앞에 가장 강인한 장벽으로 가로놓인 것은 실로 유교사상이었"[89]기 때문이라고 하였다. 마루야마는 후쿠자와 당시의 일본사회에 "유교의 갖가지 이념이 봉건사회의 인간에게 소위 사유모델(Denk-modelle)이 되어 있었다는 점에"[90] 유교의 강력함이 있다고 주장하였다. 그러므로 마루야마는 "유교 공격은 후쿠자와가 '어버이의 적'이라고까지 증오한 봉건 문벌 제도의 철저한 소탕의 문제와 동일한 것"[91]이었다고 한 것이다.

현대 일본사상사 연구 문헌들에 의하면, 유학은 도쿠가와 일본사회에 완전히 뿌리내렸다고 보기 어려운데, 마루야마는 어째서 유교가 그 구성원들의 사유모델까지 되었다고 주장한 것일까? 마루야마가 제시한 맥락은 다음과 같다.

> 다이묘는 널리 '제후'로 불리고, 마찬가지로 가로는 '대부', 일반 무가는 '사'로 불렸다. 이것은 원래 유교의 전제가 된 주대의 천자·제후·경·대부·사·서민이라는 신분을 일본 봉건제의 그것에 끼워 맞춘 것에서 생겨난 호칭이지만, 이렇게 끼워 맞추게 된 역사적 유래 또는 이렇게 끼워 맞춘 일의 타당성이 어떻든 간에, 일단 이러한 호칭이 사회적으로 보급되면, 봉건적 신분 관계가 유교적 범주를 관점으로 하여 인식되는 것이 점차 관습적으로 되어, 그것에 응하여 오륜오상과 같은 유교윤리가 거의 무의식적으로 이윽고 일체의 사회관계의 관념적 유대로서 통용되기에 이르

89 丸山眞男, 「福澤諭吉の儒教批判」, 139쪽.
90 위의 글, 140쪽.
91 위의 글, 143쪽.

는 것은 극히 자연스럽다.[92]

일본 봉건제의 조직에서 알맹이는 그대로 둔 채 명칭만 유교 용어로 바꾼 결과, 일본적 신분 관계가 점차 유교적 범주를 관점으로 하여 인식되고 이것이 관습으로까지 발전하고, 유교적 윤리 관념도 무의식적으로 사람들에게 스며들어 사유모델화하는 것이 극히 자연스럽게 이루어지는 일일까? 위의 문장을 집필한 1940년대의 마루야마 마사오는 그렇게 생각하였다. 그는 1940년대에 집필한 일련의 논문들(후에 『일본정치사상사연구』에 수록)에서, 도쿠가와 시대 초기에 '주자학적 사유양식'이 사회적으로 보편화되었다고 전제하였다. 앞에서 언급한, '도쿠가와 사상체제=주자학'이라는 도식이다. 그는 이 책에서 이러한 사유양식이 고학파의 등장에 의해 극복되는 과정으로서 도쿠가와 일본의 사상사를 그려 내었다. 그러나 그는 1974년에 이르러, 이러한 자신의 학설이 "역사적 진화라는 생각에 사로잡혀 있을 뿐만 아니라 구체적 사실에도 정확히 대응한다고는 할 수 없다"[93]고 하였다. 즉, 주자학적 사유양식이 일본사회에 보편화했다거나, 고학파에 의해 극복되었다는 구상은 1940년대의 마루야마가 상상해 낸 허구였던 것이다. 그는 이러한 구상이 허구였다고 인정하기는 했지만, 그가 이를 토대로 집필한 방대한 저술들은 여전히 수정되지 않은 채로 독자들을 만나고 있으며, 후쿠자와의 유학 비판 및 실학론에 관한 일련의 저술들도 그 일부에 해당된다. 위에 인용한 「후쿠자와의 유학 비판」에서 마루야마가 유학이 사상

92 위의 글, 140쪽.

93 丸山眞男, 「英語版への著者の序文」, 『日本政治思想史研究』, 東京大學出版會, 2011, 401쪽(1974년 이 책의 영역본 출간 시 집필한 이 서문은 1982년 이래의 일본어 신장판에도 실려 있다. 이 서문 377쪽 참조).

계에서 "거의 독점적 지위를 점한 것은 도쿠가와 전기뿐이지만"[94]이라고 한 것을 보면, 이 논문도 도쿠가와 시대 전기에 유학이 독점적 지위를 가졌다가 후기에 이르러 도전을 받게 된다는 구상을 전제로 한 것임을 확인할 수 있다. 이것은 18세기 후반에 이르러서야 비로소 유학이 도쿠가와 사회에 널리 확산되었다는 '역사적 사실'과 다르다.

국가의 독립을 위해 개인이 먼저 '독립자존' 해야 한다고 부르짖었던 후쿠자와에게 유교사상이 '가장 강인한 장벽'인 것처럼 인식되었던 배경은 일본의 유학사였다. 중국과 조선의 유학사에서 통치자에 대한 강력한 견제수단으로 사용되던 유학적 도는, 유학을 통치에 사용하지 않았던 일본유학사에서 의존적 생활태도로서 비판되었다. 나아가, 유학이 도쿠가와 시대 일본인의 사유모델이 되었다는 마루야마식의 해석으로 인하여 동아시아 근세를 풍미한 도학(주자학)은 일본인이 독립자존하지 못하게 하는 근원으로 인식되게 되었다. 유학적 통치를 지속해온 동아시아 국가의 국민이 근대화로 나아가지 못하는 근원이 바로 유학적 사유방식이라는 해석으로 이어지는 것은 매우 자연스럽다. 후쿠자와와 마루야마의 의도 여부에 상관없이 '유학이 동아시아 근대화에 장애로 작용했다'는 논리는 현재 흔히 보이는 동아시아 유학사 인식의 일부가 되고 있다.

그런데 다카야마 다이키(高山大毅)의 근래 동아시아 유학사 연구에 대한 아래와 같은 문제의식은, 후쿠자와와 마루야마가 의도치 않게 동아시아 유학사에 제기했던 문제가 여전히 학계의 해결을 기다리고 있음을 상기시킨다.

94 丸山眞男, 「福澤諭吉の儒教批判」, 140쪽.

> 동아시아 유학사라고 이름 붙인 연구에는 특정 지역에 대한 기존의 사상사의 틀 안에 다른 지역의 유학을 그대로 집어넣는 유가 많다. 확실히, 경전(經典)과 기록언어(고전중국어)를 공유하는 동아시아의 유학자들은, 마치 같은 경기의 참가자인 듯 보인다. 그러나, 그들은 왕왕 동일한 말이나 카드를 사용할 뿐이고, 실은 다른 경기를 하고 있는 것은 아닐까? 언뜻 보기에 동일한 경기로 보이더라도 맡은 역할의 종류나 득점 배분, 경기 종료의 조건이 다를 수 있다.[95]

위에 인용한 다카야마의 저서는 도쿠가와 일본의 유학자들이 중국의 유학과 동일한 명칭을 사용하더라도 그들은 이 명칭을 통해 중국이나 조선의 유학자와 전혀 다른 것을 말하고 있다는 점에 주의를 환기하고 있다. 20세기 후반에서야 시작되었다고 여겨지는, 근래의 동아시아 유학사 연구에 제기하는 문제의식이다. 그의 말처럼 동아시아적 시야에서 유학사를 논하는 최근의 연구 중에는, 일본 유학 문헌에 대해 일본적 특수성을 간과하는 경우가 적지 않다. 그런데 이러한 문제점의 원천은 근래가 아닌, 유학 문헌이 일본에서 보편적으로 통용되고 있다고 해서 그 사상도 일본에 "거의 무의식적으로 이슥고 일체의 사회관계의 관념적 유대로서 통용"되었다고 해석한 마루야마의 시점에 이미 존재하였다.

현대 동아시아 유학사 연구자들은 왜 한국·중국의 유학과 일본 유학의 배경이 사뭇 다르다는 점을 그렇게 자주 간과하고, 한·중·일 문헌에 동일하게 한문이 사용되었다는 이유만으로 동일한 맥락을 가졌다

95 高山大毅, 『近世日本の「禮樂」と「修辭」: 荻生徂徠以後の「接人」の制度構想』, 東京大學出版會, 2016, 20쪽.

고 오해하곤 하는 것일까? 이 문제의 근원을 파악하는 일은 메이지 일본에서 한학을 비판한 후쿠자와 유키치와, 후쿠자와의 한학 비판에서 일본이라는 배경을 삭제하고 동양적인 도학을 낳은 정신을 추출해 낸 마루야마의 저작에 대한 검토에서 시작해야 할 것이다.

5. 한학 비판과 동아시아 유학사

유학은 중국과 한국의 전근대 사회에서 체제 구성요소가 되어, 유학을 전공한 자가 경세를 담당한다는 전제하에 보편성을 획득하였다. 이 사회에서는 재야의 유학자들도 이러한 '정치철학'을 바탕으로 능동적으로 천하 국가를 짊어지고자 하였다. 그런데 유학이 체제 교학이 아니며, 따라서 과거제도도 시행되지 않았던 도쿠가와 일본에서는 유학과 유학자가 경세를 담당한다는 전제가 없었다. 사회의 비주류이며 소수인 유학자들은 경서의 내용과 현실사회의 연결고리를 스스로 만들어야만 했다.

그런데 일본에서도 18세기 중반 이후 유학적 소양을 갖춘 무사들이 대거 등장하였다. 유학이 여전히 경세에 '보편화'되지 않은 상황임에도 불구하고, 유학용어의 사용은 '보편화'하였다. 마치 그들의 봉건적 신분 관계가 애초부터 유학에서 온 것이며, 봉건성의 문제도 유학 본연의 문제인 것처럼 인식될 만한 가능성이 충분히 있었다. 후쿠자와 유키치의 한학 비판이 탄생한 배경이다.

'한학'이라는 명칭은 '국학'과 다른 비일본적인 학문·사상이라는 메이지 초기의 인식을 표현한 것이었다. 그러나 한학이 일본사회에 유익한 역할을 할 수 없다는 후쿠자와의 주장을 분석해 보면, 유학이 실제적인 역할을 할 수 없었던 '일본이라는 역사적 배경, 즉 유학 본연의 문제가 아닌 일본적 상황'이 그 중심에 자리 잡고 있다는 사실을 발견하게 된다. 그러므로 후쿠자와의 한학 비판을 접하는 독자는 일본에서 전개된 유학의 성격이 한·중과 매우 다르다는 사실을 파악해 낼 수 있다.

그런데 마루야마 마사오는 후쿠자와가 비판했던 한학이 일본 이외의 나라에서 시행되던 유학과 다른 성질이라는 사실을 간과하였다. 그는 후쿠자와의 한학 비판에서 일본적 배경을 제거하고 이를 동양적 사상 전통에 대한 비판으로서 새롭게 정의하였다. 그는 후쿠자와의 한학 비판에 대해 동양의 도학(주자학)이 탄생한 토양을 극복하여 본질적으로 다른 토양으로 도약했다는 의미를 부여하였다. 그리고 후쿠자와가 극복하고자 했던 것은 다름 아닌 송학의 사유방법이라고 하였다. 마루먀마에 의하면, 송학의 사유방법이 지배하는 사회에서 인간은 사회에 속박되고 사회는 자연에 속박되고, 인간의 가치와 독립적으로 존재하는 객관적 자연이 존재할 수 없다. 이로부터 후쿠자와가 비판했던 그 한학이 바로 동아시아 유학 자체이며 그의 비판 내용이 바로 유학이 본래 지닌 속성이며 단점인 것으로 정의되었다. 결국 송대 이후의 중국과 조선시대의 한국에서 유가 독서인을 국가 경영의 주체로서 능동적으로 자임하게 했던 정치사상의 면모는 사라지고, 순응적 사고방식으로 동아시아 세계를 근대화(서양화)하지 못하게 한 장벽이었다는 인식이 남게 되었다.

유학과 유학자가 전근대 사회에서 그리고 근대 초입에서 담당했던 진정한 역할에 대해 여전히 면밀한 고찰을 진행해야 할 필요가 있으며, 이 장은 이러한 필요에 대응하여 상세한 분석을 통해 후쿠자와 한학 비판의 본질과 '오해'를 밝히고자 하였다.

제3장

한학의 재편과 '중국철학'의 탄생

우치다 슈헤이와 이노우에 데쓰지로의 성선설 논쟁

양일모

1. 전환시대의 지식인

일본과 서양이 학문적으로 대화를 시작하게 된 계기는 17세기 난학의 등장이었다. 난학은 일본이 나가사키라는 특정한 지역에서 네덜란드를 경유하여 유럽의 학문을 부분적으로 수용한 것이었다. 이에 비해 19세기 중엽 이래로 영국, 독일, 프랑스 등과 교류하면서 전개된 양학은 일본이 서양세계를 전체적으로 조감할 수 있는 학문적 계기가 되었다. 도쿠가와 막부는 1856년 유럽의 과학기술을 수용하여 국가 방위를 도모하고자 반쇼시라베쇼(蕃書調所)를 설립하였다. 반쇼시라베쇼가 1863년에는 양학관(洋學館)으로 이름을 바꾸고 다음 해에는 개성소(開成所)로 개칭되면서, 일본에서 서양학문의 수용이 본격적으로 시작되었다.

1860년대 이래로 도쿠가와 막부는 외국의 강력한 무기를 구입하고 조선과 항해술 등을 습득하기 위해 유럽에 유학생을 파견하는 정책을 시행했다. 동아시아의 다른 지역과 마찬가지로 일본은 서양열강의 침입을 막고 국가의 존립을 도모하기 위해 서양을 학습하고 제도를 개선하는 국방의 근대화 노선을 취했다. 일본인이 직접 유럽에 유학하는 기회가 늘어나면서, 일본은 서양으로부터 과학과 기술뿐만 아니라 정치와 사상 등 거의 모든 분야의 학문을 학습할 수 있었다. 서양에 파견된 일본의 관료 혹은 지식인들은 서양의 과학과 기술을 학습하면서, 한편으로 과학과 기술의 배후에 있다고 생각했던 철학(Philosophy)에도 주목하게 되었다.

외부의 사상이나 문화를 학습하고 수용하는 과정은 해석학적 이해의 대상이다. 해석학적 이해는 수용의 대상과 수용의 주체, 이들 두 측면을 고찰한다. 즉 외부의 철학을 수용하는 과정을 고찰하기 위해서는 무엇을 수용하는가 하는 학습의 대상을 파악해야 할 뿐만 아니라,

누가 수용하는가 하는 수용의 주체도 주목할 필요가 있다. 물론 일본의 지식인이 서양의 학문 가운데 왜 철학에 관심을 가졌는가, 또는 서양의 다양한 철학 가운데 어떤 철학을 학습하였는가도 해명되어야 할 문제다. 여기에서는 이러한 물음을 염두에 두면서 주로 후자의 측면, 즉 서양의 철학을 수용하는 주체로서의 일본 지식인의 지적 토대를 살펴보고자 한다.

메이지유신 이후로 근대적인 교육제도가 성립하면서, 서양의 학문은 서양의 대학제도를 본떠 만들어진 대학의 학제 속에서 각각의 분과학문으로 쉽게 정착하였다. 그렇지만 종래에 일본에서 학술적 기능을 담당해 온 중국으로부터 전래된 한학, 그리고 일본의 고전을 중심으로 하는 국학은 근대적 대학제도 내에서 자신의 위치를 설정하기가 쉽지 않았다. 이는 한학이나 국학과 같은 종래의 학문이 서양을 통해 정리된 새로운 학문 분과 체제 속에서 어떤 학문으로 분류될 수 있는가라는 근본적인 문제였다. 그리고 만일 종래의 지식 체계가 근대적 분과학문 체계 속으로 편입될 수 있다면, 어떤 영역에 자리를 잡을 수 있느냐는 학문의 정체성과 관련된 문제였다.

근대일본에서 비교적 빠른 시기에 서양철학을 수용한 니시 아마네 혹은 나카에 초민 등은 기본적으로 유교적 소양을 갖춘 지식인이었다. 그들은 유교적 지식을 지니고 있었고, 한편으로는 서양학문에 깊은 관심을 가지고 있었던 전환시대의 지식인이었다. 그들은 유교적 지식을 토대로 서양철학을 학습하였고, 동시에 유교적 언어를 동원하여 서양철학을 이해하고자 했다. 역으로 그들은 서양철학의 지식을 습득하면서, 지금까지 자신들의 지적 토대로 기능했던 유교를 새롭게 성찰할 수 있는 기회를 가질 수 있었다. 그들은 서양철학의 지식 체계를 토대로 어떻게 유교를 학적으로 정립할 것인가라는 시대적 과제를 짊어지게 되었다. 이러한 시대적 맥락 속에서 유교를 중심으로 하는 중국의 전통 학술은 '중국철학'으로 변신을 시도하게 되었다. 즉 중국철학은 서양철학의 탄생으로 말미암아 서양철학과의 관련성 속에서 탄생하였으며, 서양철학의 지식 체계는 중국철학의 성립 과정에 중대한 영향을 끼쳤다고 할 수 있다.

일본에서 중국의 학술이 '철학사'라는 이름을 달고 최초의 단행본으로 간행된 것은 우치다 슈헤이(内田周平, 1854-1944)의 『지나철학사』(1888년 10월)다. 이 책은 근대일본에서 '중국철학'이라는 분과학문이 성립하는 과정을 사상사적 관점에서 고찰할 수 있는 자료다. 우치다의 텍스트를 통해 먼저 메이지시대 초기에 서양철학이 수용되는 과정에서 유교가 어떤 역할을 담당하였는가를 검토할 수 있을 것이다. 또한 전통적 지식인이라고 할 수 있는 우치다가 종래의 유교적 학술 체계를 철학사로 정리하는 과정에서 벌어진 학술계의 지적 갈등에도 주목할 필요가 있다. 왜냐하면 '철학사'라는 새로운 형식은 기존의 학술 체계와는 다른 내용의 구성을 요청하기 때문이다. '철학사'라는 형식 속에서 새로운 내용이 정리될 때, 학계 내부에서는 서로 다른 견해가 제기되기 마련이다. 이러한 사례로서 대표적인 것은 일본에서 근대적 의미의 철학이 태동하던 시기였던 당시 철학계에서 최고의 권위를 지닌 이노우에 데쓰지로와 우치다 슈헤이의 논변이다. 이노우에가 중국철학의 근대적 해석을 위해 성선론을 재구축하자, 우치다가 이를 반박하면서 전개된 '성선론'을 둘러싼 논쟁이 바로 그것이다. 서양철학의 방법론을 수용한 이노우에와 성리학적 사유방식을 견지한 우치다 사이의 성선론을 둘러싼 논쟁을 통해 한학 혹은 유학의 지식 체계가 중국철학이라는 근대적인 학문 분야로 탈바꿈해 간 것이다.

2. 메이지 초기의 유교와 '철학'

일본에 서양철학에 관한 정보가 처음으로 전달된 것은 16세기 말에서 17세기 초였다. 유럽의 선교단체인 예수회(Jesuit)가 선교를 위해 남양군도를 거쳐 중국과 일본으로 들어오면서 동아시아에 중세 신학과 함께 서양철학이 부분적으로 소개되었다. 그렇지만, 일본인이 직접 서양에 유학하여 서양철학을 학습하고 일본에서 서양철학을 논의하기 시작한 것은 19세기 중엽 이후의 일이었다. 니시 아마네는 1862년 네덜란드의 레이덴대학에서 3년 동안의 유학을 마치고 귀국한 다음 해 육영사(育英舍)라는 사설 학교를 설립하여 '백학연환(百學連環)', 즉 백과사전(Encyclopedia)이라는 제목의 강의를 하였다. 이때 그가 강의한 치지학(致知學, Logic)과 이체학(理體學, Ontology) 등은 일본에서 최초로 시도된 철학 강의라 할 수 있다.[1]

니시 아마네는 유럽으로 유학을 떠나기 전에 이미 서양의 '필로소피'에 관심을 가지고 있었다. 그는 네덜란드로 가는 길에 레이덴대학에 보낸 편지에서 먼저 통계학, 법률학, 경제학, 정치학 및 외교학 등을 배우고 싶고, "그 밖에 또 나는 철학(Philosophie), 즉 Wijsbegeerte라고 불리는 학문 영역도 공부하고 싶다. 일본의 법률에서 금지되어 있는 신학(神學)과는 달리, 이러한 학문은 데카르트, 로크, 헤겔, 칸트 등이 주장한 것이다"[2]라고 적었다. 이 편지를 보면, 니시가 데카르트를

1 藤田正勝, 「日本における「哲學」の受容」, 飯田隆 外, 『哲學史の哲學』, 岩波講座哲學 14, 岩波書店, 2009.

2 이는 네덜란드어로 된 편지이며, 번역은 다음의 문헌에 따랐다. 高坂史朗, 「新しい正解を求めて—西周とオランダとの出會い」, 島根県立大學西周研究會 編, 『西周と日本の近代』, ぺりかん社, 2005, 62-64쪽.

비롯한 근대 서양철학자들의 이름을 알고 있었음을 알 수 있다. 즉, 당시 일본에서는 이미 데카르트 이래의 서양근대철학에 관한 정보가 알려져 있었다고 할 수 있다. 니시는 일본사회의 변혁을 위해 사회과학 분야를 먼저 공부할 계획을 갖고 있었고, 아울러 서양철학에도 상당한 관심을 가지고 있었다.

니시 아마네가 서양의 학문 가운데 필로소피의 중요성을 지적한 것은 그가 필로소피를 처음에는 동아시아의 전통적 학술인 유교와 동등한 것으로 이해하고 있었기 때문이다. 그는 "동양에서는 유(儒)라고 하고 서양에서는 필로소피라고 하는데, 모두 천도(天道)를 밝히고 인간사회의 규범을 세우는 것으로서 실제로는 동일하다"[3]라고 하면서, 유학과 필로소피를 등가적으로 이해했다. 니시가 필로소피에 대해 최초로 '철학'이라고 번역한 공식적 자료는 「백일신론」(1874)이다. 그는 여기에서 "심리에 징험하고 천도와 인도를 규명하여, 이를 겸하여 교(教)의 방법을 세우는 것을 필로소피, 번역하자면 '철학'이라 말한다"[4]라고 서술했다. 니시의 이해에 따르면, 필로소피 곧 철학으로 번역되는 학문은 자연의 원리와 인간사회의 규범을 연구하는 것으로서 종래의 유교와 동일한 주제를 다루었다.

니시 아마네는 어린 시절 한학을 습득했고, 미국의 페리 함대가 일본에 나타난 것을 계기로 서양학문을 학습하고 1857년에 반쇼시라베쇼의 교수가 되었다. 그는 20대 이전에는 전통적인 방식에 따라 교육을 받았고, 20대 중반부터는 서양의 언어와 학문을 익히기 시작했다. 따라서 그가 서양의 학문을 처음으로 접했을 때, 특히 서양의 철학

3 東土謂之儒, 西洲謂之斐鹵蘇比, 皆明天道而立人極, 其實一也. 「開題門」, 大久保利謙 編, 『西周全集』 第1卷, 宗高書房, 1960, 19쪽.

4 「百一新論」, 위의 책, 289쪽.

을 이해할 때 그의 사상적 지평은 유교였다. 니시가 서양철학을 이해할 때 나타난 이러한 특성은 기존의 연구에서도 이미 지적되고 있다. 그가 "젊은 시절에 익혔던 유교적 교양은 유학을 떠나 양학에 전심하게 된 이후에도 사물을 보는 방식과 사고방식에 뿌리 깊게 남아 있으면서, 그것이 그의 철학 이해에 상당한 영향을 미치고 있었다. 뿐만 아니라 이러한 유교적 전통이 일본에서의 서양철학 수용 방식 일반, 적어도 서양철학 수용 초기의 근본적 특징을 이루고 있었다".[5]

근대일본의 서양철학 수용 과정에서 유교적 지평이 작동하였다는 것은 '필로소피'의 번역 과정을 보더라도 쉽게 알 수 있다. 한자어로서 '철학'이라는 용어의 성립 과정에 관한 기존의 연구에서 이미 지적하고 있듯이, 니시의 초기 번역인 '희철학(希哲學)'이 주돈이(周敦頤, 1017–1073)의 문장, 즉 "성인은 하늘을 희구하고, 현인은 성인을 희구하고, 선비는 현인을 희구한다"[6]에서 나왔다는 것은 잘 알려져 있다. 니시는 네덜란드로 떠나기 전에 서양의 철학에 대해 먼저 "서양의 성리학"으로 이해하고 있었고, 그다음으로 서양의 성리학이 동아시아의 성리학보다 더 나을 것이라는 희망을 품고 있었다.

> 소생은 최근 서양의 성리(性理)의 학 또는 경제학 등의 일단을 살펴본 바 실로 놀랄 만큼 공평정대한 논의로서 종래에 배운 한학의 학설과는 자못 단서를 달리하는 것이 있다고 본다. 필로소피의 학문에서 성명의 이치를

5 小坂國繼, 『明治哲學硏究 – 西周·大西祝』, 岩波書店, 2013, 3쪽.

6 『通書』「志學」: "聖希天, 賢希聖, 士希賢. 伊尹、顏淵, 大賢也. 伊尹恥其君不爲堯舜. 一夫不得其所, 若撻於市. 顏淵不遷怒不貳過, 三月不違仁. 志伊尹之所志, 學顏子之所學. 過則聖, 及則賢, 不及則亦不失於令名."

말하는 논설은 정주(程朱)보다 뛰어나다.[7]

외래문화를 수용하고 이해하기 위해 자신들이 사용해 왔던 언어를 사용하는 것은 외래문화 수용의 첫 단계에서 흔히 발생하는 일이다. 니시 또한 성리학과 서양철학 사이의 상관성을 발견하고자 하였으며, 그러한 상관성 속에서도 서양철학의 또 다른 측면, 즉 더 우월한 측면을 기대하고 있었다.

메이지시기 초기 'philosophy'에 대한 번역은 니시 아마네가 제시한 '철학(哲學)' 이외에도 다양하게 등장하였다. 나카에 초민이나 나카무라 마사나오는 '이학(理學)'을 선호했다.[8] 'Philosophy'에 대한 일본의 번역사로부터도 알 수 있듯이, 초기에는 '필로소피'라는 음역이 생겨났다가 차차 '철학'뿐만 아니라 '이학', '이론(理論)', '도학(道學)', '궁리학', '성리학', '성학(聖學)' 등 유교적 언어가 번역어로 등장하였다. 당시 일본의 지식인이 서양의 철학을 수용하는 데 동원할 수 있었던 주요한 지적 토대는 도쿠가와 시대 이래로 정착된 유교적 사상과 언어였다.

외래사상의 수용 과정에서 수용을 위해 동원된 지적 토대와 언어는 수용하는 대상을 선별하고 나아가 그 대상의 성격을 규정하기도 한다. 유교적 언어를 통해 서양의 철학을 이해한다는 것은 기본적으로

---

7 「西洋哲學に対する関心を述べた松岡鏻次郎宛の書翰」, 『西周全集』 第1卷, 8쪽.

8 일찍이 루소의 사회계약론을 일본에 번역 소개한 나카에 초민은 1901년에 쓴 「一年有半」에서 일본에는 '철학'이 없다고 주장하면서 이노우에 데쓰지로 등이 철학자를 자칭하는 것을 비판하였다(「一年有半」, 松本三之介 ほか 編, 『中江兆民全集』 第10卷, 岩波書店, 1983, 155쪽). 그는 philosophy를 '철학'이 아니라 '이학'으로 번역하였으며, '철학'이라는 번역에는 호의적이지 않았고 도쿄대학 출신자들이 '철학'이라는 용어를 남용하는 것에 경계의 시선을 보냈다. 나카무라 마사나오는 『自由之理』에서 philosophy를 '理學'으로 번역했다. 양일모, 「한학에서 철학으로-20세기 전환기 일본의 유교 연구」, 『한국학연구』 제49집, 2018, 41-66쪽 참조.

유교와 서양철학 사이에 일정 정도의 상관성을 상정한다는 것이다. 이때 상관성은 어떤 의미에서든 양자 사이의 등가성을 가정한다. 니시 아마네는 자연의 원리와 인간사회의 규범을 탐구한다는 점에서 서양의 필로소피와 유교 사이에 등가성을 상정했다. 그렇지만 만일 이러한 등가성에 의문이 제기되면, 등가적일 수 있는 조건을 탐구하거나 혹은 등가적이지 않은 부분이 무엇인가를 분석하게 된다. 뿐만 아니라 수용하기 위해 사용했던 유교적 언어의 용법에 대해 근본적으로 성찰하지 않을 수 없다. 니시는 유교적 언어로 필로소피를 번역하고 이해했지만, '철학'이라는 번역에 집착한 것은 자신이 사용해 온 언어와 이해해야 할 대상 사이에 발생하는 간극을 해결하기 위한 것이었다.

> 영국의 필로소피, 프랑스의 필로소피이, 그리스의 필로스(사랑하는 것)는 소피스(賢)라는 뜻으로부터 전래하였으며, 현명함을 사랑하는 것이라는 뜻으로서 그 학문을 필로소피라고 한다. 주무숙(周茂淑)이 말하는 "사(士)는 현자를 바란다"는 뜻이며, 후세에 관용적으로 리(理)를 강구하는 학문을 가리킨다. 이학(理學), 이론(理論) 등으로 번역하면 직역이라고 할 수 있지만, 그 밖에 혼동할 점이 많기 때문에 이제 '철학'이라 번역하여 동양의 유학과 구분한다.[9]

성리학은 기본적으로 세계의 기본 원리로서 리를 상정하는 학문이다. 니시 아마네는 서양의 철학을 유학의 지평 위에서 이해했으며, 앞서 언급했듯이 송대 이학의 기틀을 만들었던 주돈이의 언어를 빌어 '철학'이라는 번역을 고안했다. 그는 서양의 필로소피가 성리학과 연관

---

9 「生成發蘊」, 『西周全集』 第1卷, 31쪽.

성을 지니고 있다고 인정하면서도 한편으로는 양자 사이에 가로놓인 어떤 차이에 주목하고자 했다.

> 철학은 동양의 유학이라 일컫는 것이다. 유학의 근원은 공자와 맹자다. 공자와 맹자 이래의 학자는 공맹의 학파를 면면히 이어 와서 달리 변혁하는 점이 없었다. 그렇지만 서양의 학자는 고대로부터 그 학문을 면면히 이어 오면서도 각각의 발견에 의해 이전 학자의 주장을 비판하여 다만 변할 수 없는 것만을 채택하기 때문에 점점 개발되고 점점 새로운 것에 이르렀다.[10]

유학자에서 출발한 니시는 공자·맹자로부터 이어져 온 중국의 유교와 그리스·로마로부터 전개되어 온 서양의 필로소피를 '변혁'의 관점에서 비교하면서 필로소피의 우월성을 논증하고 있다. 여기에는 필로소피가 비판을 통해 발전의 과정을 거치고 있다는 점과 대조적으로, 유교에서는 발전의 과정, 즉 '역사'가 부재하다는 일종의 오리엔탈리즘의 맹아가 나타나고 있다. 동서양의 구분이 표면화된 이래로 동양 대 서양이라는 구도 속에서 동양보다는 서양의 학문이 진보, 발전 등의 표상과 맞물리게 되었다. 일본을 비롯한 동아시아, 즉 동양이 서양과 대비되면서 비판의 대상으로 제시된 것이다.

유교 비판은 서양의 필로소피와 동양의 유학이라는 동서양을 이분법적으로 구별하는 이항 구도 속에서 그치는 일이 아니다. 유교가 중국에서 일본으로 전래되었다는 점에서 유교는 중국의 학문, 즉 한학이라는 점이 또 하나의 벡터로서 작동하고 있다. 따라서 유교에 대

---

10 「百學連環」, 『西周全集』 第4卷, 169쪽.

한 비판은 유교의 종주국으로 상정된 중국 비판과 맞물리게 된다. 후쿠자와 유키치 이래 일본에 수용된 진보사관은 유교 비판과 중국 비판이 맞물리게 되는 대표적인 사례라고 할 수 있다. 진보사관은 원래 역사학에서 발전의 단계를 구분하는 시간의 논리지만, 진보의 시간축이 동서양의 지리적 특성과 결부되어 공간에 대한 차별의 논리로까지 확대되었다. 중국이 진보의 시간축에서 뒤떨어져 있고, 중국에서 발원한 유교 또한 발전의 과정을 거치지 못한 것으로 간주된 것이다. 유교가 서양의 필로소피와 같이 발전의 과정, 즉 역사가 있는가의 질문이 또 하나의 과제로 부각되었다.

3. 우치다 슈헤이의 지나철학사

근대적 대학 교육체제에서 분과학문이 정립되면서 각 분야에서는 전문 학회가 성립하기 시작하였다. 철학 분야에서는 1884년 '철학회'라는 학술 단체가 설립되었고, 그 기관지로서 『철학회잡지』(1887-1892)가 간행되었다. 철학에 관한 연구는 대학에서뿐만 아니라 학술단체를 통해 사회적으로 확대되었다. 아울러 일본인이 직접 저술한 철학 관련 저술이 간행되기 시작하였다. 일본에서 비교적 빨리 간행된 철학개론서로는 미요시 분타(三好文太, 1866-1892)[11]의 『철학강의』(1891)를 들 수

11 미요시 분타: 1884년 도시샤(同志社)의 영어학교에서 미국 테네시주에 있는 컴벌랜드대학에 유학하여 신학부에서 박사학위를 받았으며, 다시 스코틀랜드 글래스고대학에 유학하여 영국의 신칸트학파를 대표하는 에드워드 케어드(Edward Caird) 밑에서 공부했다. 1889년 일본으로 돌아와 제2고등학교 교수가 되었다. 「三好文太氏小傳」, 『哲學會雜誌』 7-69, 1892. 森下直貴, 「井上哲次郎の<同=情>の形而上學—近代「日本哲學」のパラダイム」, 『濱松医科大學紀要 一般教育』,

있다. 미국과 영국에 유학하였으며 신칸트학파의 세례를 받았던 미요시는 "철학은 만유의 실상을 탐구하고, 또 철학은 사물의 본질[原精]을 연구하는 것"[12]이라고 필로소피를 정의하였다. 도쿄제국대학 문과대학을 졸업한 마쓰모토 분자부로(松本文三郎, 1869-1944)가 저술한 『근세 철학사』(1894)를 비롯하여 서양철학사라는 제목을 단 저작도 1890년대 후반에 간행되기 시작하였다.[13]

니시 아마네가 밀의 공리주의와 콩트의 실증주의 철학을 소개한 이래로 일본에서는 영국과 프랑스의 철학이 적극적으로 수용되었다. 나카에 초민은 루소의 『사회계약론』을 한문으로 번역한 『민약역해(民約譯解)』(1882)를 출판하여 자유민권론자들에게 이론적 바탕을 제공하였다. 한편 스펜서(H. Spencer, 1820-1903)의 사회진화론, 블룬칠리(J. K. Bluntschli, 1808-1881)의 국가유기체론 등이 유행하면서 천부인권론을 비판하는 기류가 형성되기도 했다. 1886년 도쿄대학은 제국대학으로 이름을 바꾸었는데, "제국대학은 국민의 사상 선도를 기초로 하고 국가체제의 확립에 필요한 정신과학도 함께 연구하고 교수하는 정부의 어용 학술기관이었다. 이렇게 해서 독일철학의 연구와 이식에 전념하는 관학 아카데미즘의 철학이 형성되게 되었다".[14] 1890년대 일본에서는 서양철학의 거의 모든 영역이 소개되었고, 이러한 지식을 바탕으로 일

第29號, 2015 참조.

12 三好文太, 『哲學講義』, 博文館, 1891, 4쪽.

13 1890년대 일본에서 간행된 서양철학사 관련 서적은 다음과 같다.
松本文三郎, 『近世哲學史』, 哲學館, 1894.
松本文三郎, 『最近哲學史』, 哲學館, 1898.
中島力造, 『列傳體西洋哲學小史』 上, 富山房, 1898.
三宅雪嶺, 『希臘哲學史』, 哲學館, 1899.

14 미야카와 도루·아라카와 이쿠오 엮음, 이수정 옮김, 『일본근대철학사』, 생각의나무, 2001, 102-103쪽.

본인에 의한 철학 저술이 간행된 것이다.

서양철학 연구자들이 학회와 잡지 활동을 전개하는 것과 동시에 중국의 전통사상을 '철학'의 범주에서 다루는 분위기가 조성되었다. 도리오 고야타(鳥尾小彌太, 1847-1905)는 유럽의 학계를 시찰하고 돌아와서 1888년 유럽의 오리엔탈 필로소피에 대응할 수 있는 '동양철학회'를 설립하여 『동양철학회총서』를 발행했다.[15] 민간 영역에서도 철학회가 성립되었다. 1885년 도쿄제국대학을 졸업한 이노우에 엔료(井上圓了, 1858-1919)는 1887년 일반인을 대상으로 철학을 교육하는 기관으로서 도쿄 유시마에 있던 린쇼인(麟祥院)이라는 절의 한 칸을 빌려 철학관(哲學館)을 설립했고, 또한 도리오 고야타가 만든 학회와 같은 이름의 '동양철학회'를 발족하여 기관지로서 『동양철학』 잡지를 발행했다. 중국 혹은 일본의 전통 학문을 동양철학으로 분류한 서적도 등장하기 시작했다. 이노우에 엔료가 지은 『철학요령(哲學要領)』(1886)을 살펴보면, 2장은 동양철학, 3장은 지나철학, 4장은 인도철학으로 되어 있고, 5장에서 11장까지는 서양철학을 다루고 있다.[16] 이 책에는 전반적으로 서양철학이 차지하는 부분이 많지만, 목차상으로는 동양철학에 관한 서술이 서양철학보다 앞서고 있다. 이 점은 당시 일본에서 동양철학과 서양철학의 위상을 보여 주고 있다고 볼 수 있을 것이다.

철학 관련 저서에 동양철학이 서양철학보다 앞부분에 서술되었거나 혹은 함께 실려 있다고 해서 동양철학이 서양철학보다 우위, 혹은

15 양일모, 앞의 글, 52쪽.

16 이 책의 목차를 자세히 살펴보면, 1장 서론, 2장 동양철학(사론, 종류, 성질, 사정), 3장 지나철학(사론, 비고, 공자와 노자, 성쇠), 4장 인도철학(사론, 비고, 종류, 브라만교, 석가교), 5장 서양철학, 6장-8장 그리스철학(1-3), 9-11장 근세철학(1-3)으로 구성되어 있다. 井上圓了, 『哲學要領』, 哲學書院, 1886(초판); 1889(3판), 3-9쪽.

동등한 지위를 갖고 있었다고 단정하기는 어렵다. 동양철학이 철학으로서의 위상을 정립하기 위해서는 여전히 새로운 설명이 필요했다. 이노우에 엔료는 동양철학에 철학으로서의 지위를 부여하기 위해 다음과 같이 설명하고 있다.

> 내가 여기서 동양철학이라고 제목을 단 것은 서양철학에 상대하여 인도와 지나 두 나라의 여러 학문에 부여하는 명칭이다. 인도에는 브라만의 법과 석가의 가르침이 있고, 지나에는 공맹의 학과 노장의 도가 있다. 모두 철학의 일부분이 될 수 있다. 다만 일본에는 고래로 여러 학문과 가르침이 모두 지나로부터 전해져 왔으므로 일국 고유의 학문이 있다는 것을 듣지 못했다. 그래서 동양철학은 지나, 인도 양국의 학을 논함으로써 충분하다. 오늘의 관점에서 고찰해 보면, 본래 동양의 학문은 사실 서양의 진보에 비할 수 없지만 고대에는 그리스 못지않게 번성하는 형세를 이루었다. 시간적으로 비교해 보면, 동양의 문화가 그리스보다 먼저 열렸다는 것은 역사적으로 따져 보더라도 분명하다.[17]

이노우에 엔료가 서양철학과 대비하면서 동양철학의 위상을 정립하기 위해 고심한 방향은 두 가지였다. 먼저 현재 진보적 역사관의 관점에서 볼 때, 현재의 동양은 서양에 비해 낙후된 공간이었다. 낙후된 동양의 열등감을 회복하기 위해 취할 수 있는 하나의 방법은 동양의 빛나는 고대를 상정하는 시간적 전략이었다. 즉 현재는 중국을 비롯한 동양이 서양에 비해 뒤져 있지만, 고대의 어느 시기까지는 동양의 학술과 사상, 즉 문명이 앞서 있었다고 가정하는 일이었다. 이노우에가

17 위의 책, 9–10쪽.

선택한 전략 또한 동양의 고대 시기에는 그리스철학과 어깨를 나란히 할 수 있는 철학이 있었고, 그것도 그리스보다 더 빠른 시기였다는 점을 강조하는 것이었다. 그리고 그러한 빛나는 고대를 찾을 수 있는 공간을 중국과 인도의 고대 학술에서 발견하고자 했다.

또 하나의 전략은 동양철학의 역사적 흐름을 파악하는 것이었다. 니시 아마네는 서양의 철학계에서는 후대의 학자들이 앞선 학자들의 이론을 비판하면서 철학이 발전해 갔다고 이해했다. 이노우에 엔료를 비롯하여 동양철학에 특별한 관심을 가진 일본의 학자들은 중국과 일본에서도 철학의 역사, 즉 발전을 전제로 하는 철학사를 저술하고자 노력했다. 단지 동양의 고대에 서양에 맞먹을 만큼, 혹은 서양보다 시기적으로 앞서 철학이 있었다고 주장하는 것만으로는 동양의 철학에 정당성을 부여하는 데 한계가 있기 때문이었다.

문명론과 사회진화론 등으로 인해 동서양이 비대칭적으로 설정되면서 동서양의 철학 또한 불균형의 관계로 파악되었지만, 동양철학의 발견을 위한 노력은 지속되었다. 이러한 시대적 분위기 속에서 중국에서 전개된 학문에 대하여 역사적으로 조감하는 중국철학사 관련 저술이 출간되기 시작했다. 앞서 언급했듯이 지금까지 알려진 중국철학사에 관한 최초의 일본어 저작은 우치다 슈헤이의 『지나철학사』다. 이 책의 제목에는 낙후되고 비판의 과녁이 된 '지나(支那)', 새로운 지식 체계로서 학계에서 공인된 서양철학의 방법으로 재구성되어야 할 '지나철학', 그리고 여기에 역사적 전개라는 의미의 '사(史)'를 포함하고 있었다. 이 책의 제목이야말로 전근대적 요소와 근대적 요소가 복잡하게 얽힌 전환기의 특징을 담지하고 있다고 할 수 있다. 일본에서 '서양철학사'라는 제목으로 가장 빨리 간행된 것은 가니에 요시마루(蟹江義丸, 1872-1904)의 『서양철학사』(1899)라고 할 수 있을 것이다. 서명으로만 비교해 보면, 서양철학사 저작보다도 중국철학사 저작이 11년이나 먼저 간행되었다. 민우사(民友社)에서 1894년 평민총서의 한 권으로 간행한 『철학변천사』의 목차에 '서양철학사'가 등장하고 고대철학, 중세철학, 그리고 근세철학에 관해 서술한 부분이 있다는 것을 고려하더라도,[18] 일본학계에 '지나철학사'라는 명칭을 내건 저작이 '서양철학사'라는 서적보다 먼저 등장한 것은 특이한 현상이라고 할 수 있다. 그렇지만 논리적으로 본다면, '지나철학'은 '철학'의 등장 이후에 성립할 수 있으며, 서양철학과의 상관성 속에서 전개될 수 있는 학문 분야라 할 수 있다.

물론 우치다 슈헤이가 '지나철학'을 처음으로 언급한 것은 아니다. 우치다의 『지나철학사』가 간행되기 바로 직전, 메이지시대의 언론인 다지마 쇼지(田島象二, 1852-1909)가 간행한 『철학문답』(1888년 3월)에는 이미 '지나철학'과 '일본철학'이라는 용어가 등장하고 있다. 이 책은 저자가 33가지 질문을 설정하고 각각의 질문에 답을 하는 형식을 취하고 있는데, 19번째에는 "지나에도 철학이 있는가?", 20번째에는 "일본에도 철학이 있는가"라는 물음이 제시되어 있다. 이러한 물음은 일본에서 지나철학 혹은 일본철학이 성립하던 당시부터 제기된 것이었다. 물론 저자의 대답은 중국과 일본에도 철학이 있다는 것이었고, 지나철학으로서는 공맹의 유교와 노장의 도교, 그리고 주자학파를 거론하고, 일본철학으로서는 『고사기』에 나오는 천지의 본원, 만유의 기원, 인심의 여하(如何) 등에 대해 간단히 언급했다.[19] 앞에서 언급했듯이 이노우에 엔료의 『철학요령』에도 이미 '동양철학'이 등장했으며, 1898년에는 우치다의 저술에 이어 마쓰모토 분자부로의 『지나철학사』가 간행되었

18 大西祝 編譯, 『哲學變遷史』, 民友社, 1894.

19 田島象二, 『哲學問答』, 東雲堂, 1888, 68-72쪽.

다.[20] 1890년대는 일본에서 지나철학을 비롯한 동양철학이 서양철학의 등장과 함께 근대적 학문 형태를 정립해 갔던 시기였다. 지나철학은 '철학'의 틀 속에 들어오면서 학문적 위상을 둘러싸고 서양철학과 일종의 긴장 관계를 형성하게 되었다.

일본어로 된 최초의 중국철학사를 집필한 우치다 슈헤이는 그동안 잘 알려지지 않은 인물이며, 연구 대상으로서는 잊혀진 인물이다.[21] 다행히도 우치다 슈헤이의 생전에 직접 그를 방문하여 생애를 기록한 연구가 있어, 그의 삶을 간략하게나마 더듬어 볼 수 있다.[22] 그는 시즈오카현 도토미(遠江) 출신이며, 지명을 따서 자신의 호를 엔코(遠湖)로 정했다. 어린 시절에는 의사인 부친 아래에서 의학과 한학을 배웠으며, 서양의 역사, 지리, 물리 등의 번역서를 읽으면서 서양학문에 관심을 가졌다. 1875년 의학을 배우기 위해 그는 도쿄로 와서 혼고(本鄕)의 임신의숙(壬申義塾)에서 독일어를 배웠고, 다음 해 외국어학교에 입학했다가 1877년 도쿄대학 의학부 예과에 입학했다. 1881년 그는 의학부 본과에 진학했지만 1884년 12월에 자퇴했다. 다음 해 그는 지나철학 강의를 들을 수 있는 선과생(選科生)으로 도쿄대학 문학부 2학년에 입학했다. 선과제도는 본과와는 달리 3년 과정으로 운영되며 어떤 학과의 교과목 중 일부만을 수강할 수 있고 학위는 주어지지 않는 과정

20 松本文三郎, 『支那哲學史』, 早稻田大學出版部, 1898.

21 우치다 슈헤이에 관한 연구는 거의 없고, 최근 중국어로 된 약간의 연구가 있는 정도다. 藤井倫明, 「被遺忘的漢學者: 近代日本崎門朱子學者內田周平學思探析」, 『中正大學中文學術年刊』, 2011年 第一期, 總第十七期; 曹峰, 「對內田周平的重新認識」, 『臺灣東亞文明研究學刊』 第13卷 第2期(總第26期), 2016.

22 柳田泉, 「明治文學と內田遠湖先生」, 尾佐竹猛 編, 『明治文化の新研究』, 亞細亞書房, 1944. 이하 우치다 슈헤이의 전기에 관한 기록은 이 책과 도쿄대학문서관 디지털 아카이브(https://uta.u-tokyo.ac.jp/uta/s/da/document/1252962e51fb8e2216792800d2dde37e, 검색일 2019년 6월 10일), 藤井倫明, 위의 글을 참고로 했다.

이었다. 우치다는 당시 도쿄대학 문학부에서 '지나철학'을 강의하던 시마다 고손(島田篁村, 1838-1898) 등의 지도를 받고 졸업했다. 이노우에 엔료가 사립교육기관으로 철학관을 설립하고자 할 때 우치다 슈헤이 등과 상의했으며, 이러한 인연으로 우치다는 철학관의 설립 초기부터 강사로 활동했다.[23] 이후로는 학습원 교수, 구마모토 제오고등학교 교수, 도쿄고등사범학교 강사 등을 역임했다.

1886년 도쿄대학을 졸업한 이후로 우치다는 철학관에서 동양철학, 중국문학, 미학(하르트만) 등을 강의했으며, 학습원대학에 출강하기도 했다. 독일어 실력을 바탕으로 독일 문학 작품을 번역하여 도쿠도미 소호(德富蘇峰, 1863-1957)가 경영하던 민우사의 『국민의 벗(國民之友)』 등의 잡지에 게재하면서 번역가의 일을 겸하기도 했다.[24] 한편 개인적으로 자택에서 『주역』, 『중용』, 『대학』, 『노자』, 『장자』, 『열자』, 『맹자』, 『전국책』, 『한비자』, 『좌전』, 『사기』, 『문장궤범』 등을 가르쳤다.[25] 1889년 『국민의 벗』 잡지에서 60여 명의 명사들에게 자신이 좋아하는 서적 10권을 의뢰하여 만든 부록을 보면, 우치다 슈헤이는 『역계사전』, 『중용』, 『맹자』, 『초사』, 『장자』, 『사기』, 『문선』, 『두공부집(杜工部集)』, 『증문정공집』, 『정자유서(程子遺書)』, 『주자문집』, 『장자전서(張子全書)』, 『칸트 도의학』, 『헤겔 형이상학』, 『하르트만 심미학』 등을 들고 있다.[26] 그

23 東洋大學創立100周年記念論文集編輯委員會, 『井上圓了の教育理念-新しい建學の精神を求めて』, 東洋大學, 1988, 21-37쪽.

24 우치다가 번역하여 잡지에 투고한 글의 목록은 藤井倫明, 앞의 글 참조.

25 柳田泉는 「明治文學と内田遠湖先生」에서 1890년 8월 『요미우리신문』에 실린 우치다 슈헤이의 사설 교육을 위한 광고를 인용하고 있다.

26 「書目十中」, 『國民之友』 제48호, 1889년 4월, 일본 국립국어연구소 일본어사연구자료 데이터베이스(https://dglb01.ninjal.ac.jp/ninjaldl/bunken.php?title=kokuminnotomo).

는 동서양의 고전을 두루 섭렵하고 있었던 신세대 지식인이었다.

1892년 우치다는 구마모토 제오고등학교의 교사로 근무했고, 이때 나가사키에 가서 야마자키 안사이(山崎闇斎, 1619-1682)의 기몬학파(崎門學派)에 속하는 구스모토 세키스이(楠本碩水, 1832-1916), 하기와라 세이추(萩原西疇, 1829-1898) 등에게 사사했다. 구마모토에서 5년 동안의 생활을 마치고 그는 1897년 도쿄로 돌아와 정의숙(正誼塾)을 개설해 한학을 가르쳤고,[27] 다음 해부터는 다시 철학관을 비롯하여 국학원, 도쿄제국대학 등 여러 대학에서 강의했다. 독일어를 익히고 의학을 공부한 경력으로 볼 때, 그는 서양의 학문을 학습한 새로운 지식인에 속한다고 할 수 있지만, 한편으로는 동양철학과 한학을 강의하고 기몬학파의 학통을 잇는 "최후의 유학자"로 평가되기도 한다.[28]

우치다의 『지나철학사』는 그가 철학관에서 1학년 학생을 대상으로 강의한 원고를 토대로 만들어진 것이다. 그는 이 책을 출판하기 전에 니시무라 시게키가 주관하던 『동양학회잡지』에 송대 유교의 기본 개념에 해당하는 이기(理氣)와 천리(天理)를 분석하는 논문을 발표한 적이 있었으며, 유교에 관한 전문적인 지식을 지니고 있었다.[29] 이 책은 '지나철학사'라는 명칭을 내세우고 있지만, 중국의 철학사 전체를 다루지 않고, 유가, 도가, 음양가, 법가의 순으로 선진시대의 제자백가 부분만을

27 정의(正誼): 『한서』「동중서전」에 나오는 "의리를 바르게 하고 이익을 도모하지 않는다"(正其誼, 不謀其利)에서 유래한 말이며, 주자의 「백록동학규」에 사용된 이래로 주자학자들의 교육 목표에 해당한다.

28 竹山道雄, 「最後の儒者-内田周平」, 『心』 6卷 11號, 1953.

29 「宋儒理氣ノ辨」, 『東洋學會雜誌』 第4號, 1887.3.
「宋儒理氣ノ辨(續)」, 『東洋學會雜誌』 第7號, 1887.6.
「天理ノ解」, 『東洋學會雜誌』 第2篇 第5號, 1888.6.
「天理ノ解(續)」, 『東洋學會雜誌』 第2篇 第8號, 1888.7.

다루고 있다. 책의 마지막 부분에 "명가(名家) 이하는 2학년에서 강의한다"[30]라고 밝히고 있는 것을 보면, 철학관에서 1학년을 대상으로 하는 '지나철학사' 강의는 선진시대의 사상 가운데 일부분을 개론적으로 다루었다고 할 수 있다.

이 책은 유가편 본말(本末), 도가편 본말, 음양가, 법가로 구성되어 있으며, 유가와 도가가 비교적 많은 부분을 차지하고 있다. 우치다는 각 항목을 서술하는 부분에서 각 항목의 구성에 대해 설명한다. 먼저 그는 유가의 본말편에서 다루고자 하는 내용에 대해 각각 다음과 같이 해설하였다.

> (유가 본) 유학의 역사는 2학년과 3학년에서 상세하게 서술해야 하므로 여기에서는 매우 간략하게 다룬다. 특히 공자, 증자, 자하, 자사, 맹자, 순자에 관한 간략한 전기를 다루는 데 그치며 그 외의 것은 언급하지 않는다. 대체로 중복을 피하기 위한 것이다. 다만 주나라 말기 유가의 지류 혹은 후학으로서 후세에 전해져 오는 논의가 적지 않으므로 이제 힘써 찾아서 참고하기에 도움이 될 만한 것은 모두 채택하여 여기에 포함하고자 했다.[31]

> (유가 말) 『한서』「예문지」에서는 "공자가 죽은 뒤 미언(微言)이 끊어졌고,

---

30 内田周平, 『支那哲學史』, 哲學館, 1888, 158쪽. 이 책의 복사본을 구해 준 산동대학 유학고등연구원 문사철연구원의 니시야마 히사시(西山尙志) 교수에게 감사의 뜻을 표한다. 이 책에는 "東京圖書館"이라는 장서인이 찍혀 있으며 21cm, 158쪽으로 되어 있다. 간행년은 표기되어 있지 않지만, 이 책 「자서」 마지막에 "明治 21年 十月 上浣"으로 표기되어 있는 것을 보면 1888년 10월 상순 무렵에 자서가 작성되었음을 알 수 있다.

31 위의 책, 29쪽.

70명의 제자가 죽고 나서는 대의(大義)가 어그러지게 되었다"라고 한다. 성인의 도(道)는 크고 넓어 제자들이 두루 살펴볼 수 없었다. 그래서 각각 자신의 특성에 맞는 바를 얻어 여러 나라로 분산하여 거주하였다. 전국시대 합종연횡이 이루어지는 시기에 이르러 진위(眞僞)를 다투어 제자(諸子)의 논의가 어지럽고 혼란스럽게 되었다. 즉, 자장씨(子張氏), 자사씨(子思氏), 맹씨(孟氏), 칠조씨(漆雕氏), 중량씨(仲良氏), 공손추(公孫丑), 악정씨(樂正氏)와 같은 부류가 그러하다. 그렇지만 그 근원을 자세히 살펴보면, 70제자의 무리에서도 조금은 서로 다른 학설을 주장하는 자가 있다. 지금 여러 서적에 흩어져 있는 언행을 모아서 여기에 기록하여 그 유래를 알리고자 한다.[32]

도가에 관해서도 본말편으로 구분하여 각각 다음과 같이 설명한다.

(도가 본) 도가의 원류는 2학년 및 3학년에 순차적으로 강의할 것이므로 여기에서는 복잡한 여러 문제를 피해서 노자, 관윤, 문자, 열자, 장자에 관한 간략한 전기를 서술하는 데 멈추고 상세한 논의는 하지 않으니 독자들의 양해를 바란다.[33]

(도가 말) 반고의 『한서』「예문지」에서는 도가에 공자모(公子牟), 전병(田駢) 등이 있다고 한다. 이러한 사람들은 종횡(縱橫)의 변론을 펼치며 형명(刑名)의 학설을 섞어 때때로 도가의 취지와 서로 반대되는 것도 있다. 따라서 본래부터 순수한 도가는 아니다. 그렇지만 주장하는 내용은 노장과

32 위의 책, 34쪽.

33 위의 책, 67쪽.

유사한 점이 있고 또 노장에서부터 유래한 것 같은 점이 있다. 즉 도가의 말류(末流)로 간주하여 여기에 기록한다.[34]

음양가에 대해서는 간략히 다루면서 다음과 같이 설명한다.

음양가는 춘추전국시기에 많지 않았고 또 철학과의 관련성에서 매우 거리가 멀기 때문에 다루지 않고자 한다. 다만 추연(鄒衍)과 추석(鄒奭)은 특이한 점이 다소 있기 때문에 여기에 기록한다.[35]

법가에 대해서는 반고(班固)의 서술 방식을 비판하면서 다음과 같이 설명한다.

법가의 대종(大宗)이라 칭할 수 있는 자는 제나라의 관자(管子)다. 반고가 『한서』「예문지」에서 이에 대해 기록하지 않은 것은 소략한 점이라고 하지 않을 수 없다. 따라서 관자를 선두로 이회(李悝), 상앙(商鞅), 신불해(申不害), 신도(愼到), 한비자에 이른다.[36]

이상의 논의를 통해 볼 때, 철학관에서 개설한 우치다 슈헤이의 '지나철학사' 강의는 1학년에게는 선진시대의 철학사를 개략적으로 가르치고, 2학년과 3학년 학생에게는 유가와 도가에 대해서 본격적으로 가르치는 과정이라고 할 수 있다. 실제로 『지나철학사』의 「유가 본」편에서는 공자, 증자, 자하, 자사, 맹자, 순자에 관해서는 인물 소개 정도

34 위의 책, 69쪽.
35 위의 책, 85쪽.
36 위의 책, 92쪽.

에 그치고 공자에서 순자에 이르는 계보를 「공학상전(孔學相傳)의 계도(系圖)」로 표시하고 있다. 「유가 말」편에서는 공자의 제자에 대해서 다루고 있으며, 칠조자(漆雕子), 복자(宓子), 세자(世子), 위문후(魏文侯), 이극(李克), 공천(工穿) 등을 다루고 있다. 우치다가 거론한 인물들은 오늘날 중국철학사에서는 그다지 다루어지지 않는 인물이며 역사적 기록을 추적하기도 쉽지 않다. 그럼에도 불구하고 우치다는 『한서』 「예문지」뿐만 아니라 선진시대 문헌들을 통해 이들의 흔적을 찾아내고 있다. 「유가 본」편보다 「유가 말」편 부분이 더 많은 분량을 차지하고 있다는 점 또한 이 책의 특색이라고 할 수 있다.

도가편에서는 도가의 본류로 노자, 관윤자(關尹子), 문자(文子), 열자, 장자를 거론하고 각각의 인물을 소개하는 정도로 그치고 있으며, 노자에서 장자로 이어지는 도가의 계통도를 「도가 상전의 계도」로 표시하고 있다. 또한 도가의 말류로 공자모, 전병, 갈관자(鶡冠子)를 거론하면서 각각에 대해 선진시대의 문헌에 나오는 사례를 원전 그대로 인용하고 있다. 특히 갈관자는 『한서』 「예문지」의 설명과 더불어 『갈관자』의 몇 편을 원문 그대로 인용하고 있다.

음양가편에서는 추연을 주로 다루고 부록으로 추석을 언급하고 있다. 주로 『사기』, 『여씨춘추』 등의 문헌을 통해 음양가를 설명하고 있으며, 오행의 상승(相勝)과 상생(相生)에 관해서도 설명하고 있다. 법가편에서는 관자, 이회, 상앙, 신불해, 신도, 한비자를 다루고 있다. 관자에 대해서는 인물 소개와 함께 공자와 맹자가 관자를 평가하는 데 차이가 있다는 점을 지적하고, 이 점에 관해서는 도쿠가와 시대의 유학자 사토 잇사이(佐藤一齋, 1772-1859)의 저서를 참조할 만하다고 언급한다. 또한 관자, 상앙, 한비자를 다루면서 대량의 원문을 인용하고 있다.

우치다 슈헤이의 저술이 철학사라는 이름을 달고 있지만, 중국의 철학사를 서술하는 데 있에서 서양의 '철학'과의 대결 의식은 두드러지지 않는다.『지나철학사』에서 중국의 고대 학술에 대한 서술은 대체로 사마천 혹은 반고의 해석에 의거하여 사실을 전달하고 고대의 문헌을 통해 사실을 고증하는 경향이 짙다. 그런 의미에서 이 책은 우치다 자신의 철학적 견해와 학습 경험이 반영된 철학사적 저술이라기보다는 경학사의 입장에 가까운 것으로 해석할 수 있다. 그는『지나철학사』「서문」에서 이 책의 방법론에 관해 다음과 같이 서술한다.

> 모두 자신의 억견을 내세워 선철(先哲)의 말과 자신의 주장을 섞어서, 그것을 해석하고 부연할 때는 단지 저자의 본지를 오해하고 고인을 지하에 묻어 버릴 염려가 있을 뿐만 아니라, 처음 공부하는 사람들로 하여금 그의 사상을 이해하기 어렵게 하는 점이 있게 된다. 따라서 나는 일부러 남이 하는 대로 따르지 않고 스스로 진부하다는 비방을 감수하면서 유럽의 학자가 그리스·로마의 유서(遺書)를 연구하는 것과 같이, 가능한 한 고학(古學)에 징험해 보고 구설에 의거하여 저자의 본의를 탐색하여 그 학술의 원류를 따르는 데 힘쓰며, 그런 뒤에야 소략하지만 나의 견해로 취사하고 분류하고, 잠정적으로 순서와 표제를 만들고 또는 때때로 그 모형을 드러내고자 한다.[37]

우치다 슈헤이가 서문에서 밝힌 철학사의 연구방법은 연구자의 선입견이 개입하는 것이라기보다는 텍스트의 사실성 분석, 원저자의 의도 파악 등을 중시하는 일종의 경학적 방식이라고 할 수 있다. 그리고 그는 이 책의「총론」에서 동서철학의 위상과 중국철학의 전반에 대

37 위의 책, 1-2쪽.

해 다음과 같이 설명하고 있다.

> 나는 오늘부터 지나철학사 총론 강의를 시작하고자 한다. 다만 총론이라고 하는 것은 여러 학파의 학술을 역사적으로 총괄하면서 이야기한다는 의미이며, 평론을 한다는 의미는 아니다. 오히려 총괄적 개론 혹은 총괄적 요약이라고 하는 편이 온당할 것이다. ……
>
> 전 세계의 철학은 두 가지로 크게 구별할 수 있다. 하나는 동양철학이요 또 하나는 서양철학이다. 다시 동양철학을 구별하면, 지나철학과 인도철학의 두 가지다. 내가 오늘부터 강술하는 것은 곧 지나철학이며, 지나철학 가운데 그 발달의 시기가 특히 매우 길고 또 그 학술이 깊고 또한 대체로 후세의 정치 사회 및 인민의 사상에까지 크게 감화와 영향을 끼친 것은 유학, 즉 공맹의 학문과 도학(道學), 즉 노장의 학문이다. 따라서 유학과 도학의 원류와 변천에 관해서는 훗날 각론에서 역사적 순서에 따라 상술할 것을 기약한다. 그렇지만 지나의 고대에서 발생한 철학은 본래 공자와 노자 두 사람의 주장만이 아니고 주나라 말엽에는 여러 종류의 학설이 나란히 흥기했다. 물론 그 가운데는 학설이 조잡하여 진정한 철학이라 칭하기 어려운 것이 있지만, 다 같이 형이상(形而上)의 일을 논하고, 그것과 서로 관련 있는 점이 많으면, 여기 총론에서는 이러한 학설도 포함하여 설명할 것임을 알아 두기 바란다.[38]

우치다 슈헤이가 중국철학사를 저술하던 당시, 그는 철학관에서 하르트만의 미학 등을 강의했을 정도로 서양철학에 관한 기초적인 지식을 지니고 있었다. 서양철학은 당시 지식인들의 일차적인 지적 관심

38 위의 책, 3-4쪽.

사였다. 서양의 철학에 관해 상당한 정보를 습득한 우치다의 동서철학에 대한 평가는, 우치다에 앞서 동서철학의 위상을 정립한 이노우에 엔료의 관점과 크게 다르지 않다. 이노우에 엔료는 우치다가 문학부로 전과하여 지나철학 강의를 듣기 직전, 즉 1885년에 도쿄대학 철학과를 졸업했다. 이노우에 엔료와 우치다의 견해를 살펴볼 때, 당시 도쿄대학에서는 동서철학의 위상에 관해 어느 정도 공유된 이해가 태동하고 있었다고 할 수 있다. 즉 지나철학과 인도철학을 합쳐서 동양철학으로 규정하고, 지나철학 내에서는 유가와 도가를 중시하고 있다. 그리고 유가와 도가에 대해서는 역사적 고찰, 즉 역사적 변천과정에 주목하고 있다. 아울러 제자백가의 사상 가운데서도 형이상학적 성격을 띠는 것을 철학의 영역으로 보고자 한다. 그렇지만 우치다의 지나철학사 강의는 철학관에 입학한 1학년을 대상으로 한 것이므로 내용이 매우 간략하며, 그가 의도한 형이상학을 중심으로 하는 철학사적 방법론에 충실한 작업이라기보다는 사실과 역사를 중시하는 경학적 성격이 짙다고 할 수 있다.

우치다 슈헤이의 『지나철학사』는 '철학'이라기보다는 서양철학의 외투를 빌린 철학사의 의미가 강하다고 할 수 있다. 중국의 학술을 정리하는 종래의 방식은 하나의 왕조를 중심으로 구분하거나 하나의 학파를 중심으로 설명하는 방식이었다. 서양의 학문이 활발하게 수용되는 19세기 후반 이래로 일본의 학계는 역사적 고찰이라는 방식에 주목하기 시작했다. 중국의 학술에 대해서도 하나의 왕조를 넘어, 그리고 하나의 학파를 넘어 중국이라는 구획된 공간 안에서 전개된 학술에 대해 통시적으로 분석하는 방법이 도입되었다. 『지나철학사』 또한 이러한 역사적 고찰에서 비롯된 것이라고 할 수 있다. 그렇지만 왕조사를 넘어, 하나의 학파를 넘어 통시적으로 고찰하는 것은 전례가 없던 일이었으며, 더구나 '철학'이라는 외피를 걸치는 작업은 더욱 더 어려운 작업이었다. 우치다 스스로 중국에서 전개된 유파의 학술을 개괄하여 역사적으로 논의하는 서적이 없다고 하면서 "자신의 강의는 참으로 개창(開創)에 속하며 곤란한 점이 많다"[39]고 고백하면서 중국의 고대 학술을 '철학사'로 정리하고자 했다.

4. 우치다 슈헤이와 이노우에 데쓰지로의 성선론 논쟁

우치다 슈헤이는 도쿄대학을 졸업한 이래로 사설 교육기관이라고 할 수 있는 철학관에서 강의하면서 민간 교육에 힘을 쏟고 있었다. 의학 공부를 그만두고 동양철학으로 전향하여 동양철학 전문가로서의 삶을 시작했지만, 이 분야에서 정통의 자리를 차지하기는 쉽지 않았다. 1890년대 일본철학계의 권위자는 이노우에 데쓰지로였다. 그는 우치다보다 1살 어리지만 1877년 우치다가 도쿄대학 의학부에 입학했을 때 문학부 철학과에 입학했고, 우치다가 문학부 선과생으로 오기 전인 1880년에 이미 철학과를 졸업했다. 졸업 후 문부성 편집국에 취직해 동양철학사 편찬에 관여했고 1882년에는 도쿄대학 철학과의 조교수가 되었다. 그는 당시 도쿄대학에서 동양철학사를 강의했으며, 이노우에 엔료, 미야케 유지로(三宅雄二郞, 1860–1945), 히다카 마사네(日高眞實, 1864–1894), 다나하시 이치로(棚橋一郞, 1863–1942), 마쓰모토 겐타로(松本源太郞, 1859–1925) 등이 그의 수업에 참여했다고 한다.[40] 1884년 국비

39 위의 책, 2쪽.

40 「巽軒年譜」, 『井上哲次郞集』 第8卷. 三浦節夫, 「〈井上哲次郞口述 東洋哲學史〉の翻刻–井上圓了の東京大學文學部二年生の聽講ノート」, 『井上圓了センター年

유학생으로 선발되어 하이델베르크대학 등에 유학하고 1890년에 귀국하여 도쿄제국대학 철학과의 교수가 되었다.

이노우에 데쓰지로는 일본으로 귀국한 다음 해인 1891년 『철학회잡지』 1, 2호에 「성선악론」이라는 제목의 글을 연이어 발표했다.[41] 그는 이 논설의 첫 부분에 "이 글은 내가 1880년에 만국동양학회에서 독일어로 강연한 것이다. 그렇지만 동서양의 사람들에게 강연할 때는 약간 다르게 하지 않을 수 없다. 그래서 일의 상세하고 소략함, 문장의 길고 짧음, 이것과 저것 등이 반드시 동일하지는 않다"[42]라고 밝히고 있다. 이노우에가 인간의 본성에 관한 논의를 유럽의 학계에서 발표하게 된 것은 그의 '지나철학'에 대한 구상과 밀접한 관련을 맺고 있다. 그는 인간의 본성에 관한 논의가 중국철학에서 중요한 논점이라고 파악했다.

인간의 성(性)은 본래 선한 것인가 혹은 악한 것인가의 문제는 지나철학

報』 27, 2019에서 재인용.

41 井上哲次郎, 「性善惡論」, 『哲學會雜誌』 第4冊 第47號, 1891.1.
井上哲次郎, 「性善惡論(承前)」, 『哲學會雜誌』 第4冊 第48號, 1891.2.

42 井上哲次郎, 「性善惡論」. 1880년 만국동양학회에 참석했다는 이노우에의 기록은 검증이 필요해 보인다. The International Congress of Orientalists는 1873년 파리에서 제1회 대회가 개최되었으며 1880년에는 개최되지 않았다. 이노우에 데쓰지로가 독일에 체재하고 있던 기간 중 만국동양학회는 제7회(오스트리아 빈, 1886), 제8회(스웨덴 스톡홀름, 1889)가 개최되었다. 이노우에가 유럽에 유학하던 시기에 기록한 일기에 따르면, 그는 이들 두 만국박람회에 참가했다. 제7회 대회에 참가한 뒤 참관기에 해당하는 「만국동양학회경황(萬國東洋學會景況)」이 『철학회잡지』(제3호, 1887년 4월)에 실려 있다. 제8회 대회에는 일본정부의 대표로서 참가하여 '지나철학가의 성선악론을 읽다'라는 제목의 강연을 했다(「懷中雜記」, 1889년 9월 3일조, 福井純子 翻刻, 「井上哲次郎日記 1884-90」, 『東京大學史紀要』 第11號, 1993 참조). 大島晃, 「井上哲次郎の「性善惡論」の立場」, 『ソフィア: 西洋文化ならびに東西文化交流の研究』 42卷 4號, 上智大學, 1994 참조. 일본으로 귀국한 이후 그는 1897년 파리에서 열린 제11회 만국동양학회에 일본대표로서 참가했다.

> 에서 매우 중요한 논점이다. 맹자와 순자 시기부터 이후로 송나라 유학에 이르기까지 이에 대해 언급하지 않은 자가 거의 없었다. 왜냐하면 본래 지나철학은 주로 윤리도의(倫理道義)를 해설하는 것이며, 윤리도의는 본성의 선악 여하에 따라 가르침을 크게 달리해야 하기 때문이다.[43]

앞서 언급했듯이 이노우에 데쓰지로는 도쿄대학 문학부 철학과에서 서양철학을 공부했으며, 독일에 유학하여 유럽의 사상을 직접 보고 경험한 인물이다. 한편 그는 도쿄대학에서 동양철학사를 강의했고, 문부성에 들어가서는 동양철학사 편집에 관여했다. 그가 유럽학계로 가서 중국의 학술을 토대로 인간의 본성에 관한 주제를 발표하고, 일본에 돌아온 이후로도 이 문제에 관한 논의를 계속한 것은 서양철학의 지평 위에서 중국철학을 정립하기 위한 하나의 도전적 시도였다고 할 수 있다. 그는 서양철학적인 의미에서 '지나철학'을 발견하고 중국의 학술 속에 윤리학의 영역을 확보하고자 했다. 그는 서양철학의 언어를 사용하고 서양철학자의 주장을 대량으로 인용하는 방식으로 인간의 본성에 관한 논의를 전개하면서, 성선론의 도통을 이어받은 주자학의 이기심성론에 정면으로 이의를 제기했다. 이노우에가 논문의 제목을 '성선악론'이라고 설정한 것에서도 드러나듯이, 그는 인간의 본성에 선과 악이 혼재되어 있다고 주장했다. 이러한 견해는 주자학적 전통에 충실한 관점에서는 쉽게 동의하기 어려운 주장이었다.

이노우에 데쓰지로의 글을 직접적으로 비판하고 나선 것은 우치다 슈헤이와 무라카미 센쇼(村上專精, 1851-1929) 등 철학관에서 활동하던 인물들이었다. 무라카미는 1887년부터 철학관에서 강의하고 다음

43 井上哲次郎, 「性善惡論」.

해부터 도쿄대학 문과대학에서 인도철학을 강의하던 불교사 전문가였으며, 『불교강화집(佛敎講話集)』 제20호, 21호에 불교의 성설(性說)을 발표했다. 무라카미는 불교의 관점에서 성(性)을 논의한 것이다. 한편 우치다 슈헤이는 1891년 4월 이노우에의 성선악혼재론을 강하게 비판하는 글을 발표했다.[44] 이노우에는 무라카미의 비판을 "간략하고 명석하며, 독자에게 크게 도움이 된다"라고 긍정적으로 받아들였다.[45] 그렇지만 그는 같은 해 5월과 7월, 8월에 우치다의 견해를 강하게 반박하는 글을 연이어 발표했다.[46] 우치다는 이노우에의 반론에 대해 직접 비판하기보다는 첫 번째 논쟁이 있었던 다음 해, 즉 1892년에 『철학회잡지』에 송대 유학의 기(氣)에 관한 글을 연재하기 시작했다.[47] 이에 대해 이노우에는 우치다가 주자를 지나치게 숭배하고 있다고 비판하고 주자 또한 지동설을 믿었던 비과학적 사상가였다고 주장하는 글을 발표했다.[48]

『철학회잡지』에서 전개된 이노우에와 우치다의 논쟁은 1891년 초반에 반년 동안 진행되었고 간접적으로는 다음 해까지 이어졌지만, 이는 당시의 학술적 풍경을 보여 줄 뿐만 아니라 중국철학이 성립되

44 內田周平, 「井上文學士ノ性善惡論ヲ讀ム」, 『哲學會雜誌』 第5冊 第50號, 1891.4.

45 井上哲次郎, 「性善惡論」.

46 井上哲次郎, 「再ビ性善惡ヲ論ジ併セテ內田周平君ニ答フ」, 『哲學會雜誌』 第5冊 第51號, 1891.5; 井上哲次郎, 「再ビ性善惡ヲ論ジ併セテ內田周平君ニ答フ(承前)」, 『哲學會雜誌』 第5冊 第53號, 1891.7; 井上哲次郎, 「再ビ性善惡ヲ論ジ併セテ內田周平君ニ答フ(承前)」, 『哲學會雜誌』 第5冊 第54號, 1891.8.

47 「宋儒所謂氣 1回」, 『哲學會雜誌』, 第3卷 第30號, 1892.
「宋儒所謂氣 2回」, 『哲學會雜誌』, 第3卷 第36號, 1892.
「宋儒所謂氣 3回」, 『哲學會雜誌』, 第4卷 第41號, 1893.
「宋儒所謂氣 4回」, 『哲學會雜誌』, 第4卷 第45號, 1893.

48 井上哲次郎, 「朱子ノ窮理ヲ論ズ」, 『哲學會雜誌』 第6冊 第61號, 1892.

기 시작할 무렵에 발생한 최초의 논쟁이었다는 점에서 중국철학의 성립 과정에 나타나는 특징을 엿볼 수 있는 사건이라고 할 수 있다. 우선 두 사람은 경력으로 볼 때 대조적인 인물이다. 이노우에는 이미 『윤리신설』(1883), 『서양철학강의』(1883), 『철학자휘』(1883)를 간행한 서양철학자였으며, 우치다와 논쟁하던 해에는 교육칙어를 해설한 『칙어연의』(1891)를 간행했을 정도로 관학 아카데미즘을 대표하는 인물이었다. 이에 비해 우치다는 『지나철학사』라는 철학관의 강의록 한 권을 간행했을 뿐이며, 학술적 경력으로 볼 때 학계의 중심에 있지 않았다. 또한 이노우에는 독일 유학 등을 계기로 국제적으로 활약했던 학자였지만, 우치다는 철학관이라는 일본 내 민간 조직에서 활동하고 있던 국내파 지식인이었다.

이노우에 데쓰지로는 우치다의 비판을 받고 쓴 글에서 자신이 이 글을 발표하게 된 동기를 다음과 같이 밝힌다.

> 나의 「성선악론」은 원래 동양철학사 가운데 한 편으로서 처음부터 미완의 초고에 불과하지만, 이것을 공표하게 된 것은 일찍이 같은 글을 만국동양학회에서 강연한 적이 있기 때문이다. 내가 동양철학사 저작을 시작한 것은 지금부터 11년 전이다. 대략 3년간 종사했지만, 고래로 전례가 없고 온갖 곤란한 사정이 있어 생각한 대로 진척되지 않았다. 겨우 공맹노장 등의 부분은 완성했지만, 나머지는 아직 정리되지 않았다. 갑자기 유럽에 유학을 떠나게 되어 7년 동안 전적으로 서양학문에 종사하게 되면서 동양철학사 저작은 일단 중단하는 형태가 되었다. 그런데 지난해 10월 무사히 귀국한 이래로 다시 동양의 고서를 수집하여 점차로 동양철학사를 완성하여 다년간 품어 왔던 뜻을 완성하고자 했지만, 이를 탈고하여 세상에 공표하기에는 아직도 10여 년 뒤를 기약할 수밖에 없었다.

> …… 따라서 나는 동양철학에 관한 타인의 논설을 보고자 희망한다. 금번 우치다 선생과 같은 경우에도 역시 나에게 도움이 되기에 충분한 사람이다. 그렇지만 우치다 선생의 이번 논박은 그 가운데 탐구할 만한 것이 없지는 않지만, 많은 부분 논리가 맞지 않고 철학적 이론에 어긋나기 때문에 나의 의견을 충분히 서술하여 내가 말한 것이 오류가 아님을 밝히고자 한다.[49]

이노우에 데쓰지로의 반론을 통해 그가 독일로 유학을 떠나기 전에 문부성에서 요청받은 동양철학사 집필 계획이 유학을 마치고 귀국한 이후에도 여전히 지속되고 있다는 점, 철학사를 집필하는 일이 전례 없는 어려운 작업이라는 점, 공자와 맹자 그리고 노자와 장자 등 선진시대 사상에 대해서는 어느 정도 정리가 끝났다는 점을 확인할 수 있다. 나아가 이노우에는 자신이 서양철학을 학습하면서 익힌 논리학과 철학 이론에 비추어 볼 때, 우치다의 비판은 논리적이지 않고 철학적이지 못하다고 비판했다. 이노우에의 주장에 따르면, 근대적 학문의 수용과 함께 중국을 포함한 동양의 사상에 대해 '철학사'라는 형식으로 정리하는 일은 먼저 관학 아카데미즘에서 제시한 과제였다. 물론 이러한 작업은 최소한 동아시아 지역에서는 전례가 없는 작업이었다. 중국에서는『송명학안』혹은『명유학안』과 같이 특정 시대에 한정된 서술이나 유교와 같은 특정 사상 유파에 대한 서술은 있었지만, 중국 혹은 동양이라는 국가와 지역을 단위로, 그리고 고대에서 현재에 이르기까지를 시야에 넣은 통사적 서술은 지금까지 없었던 '근대적' 과제였다. 이노우에가 우치다의 비판이 비논리적이며 서양철학적 지식에 합당하지

---

49 井上哲次郎,「再ビ性善悪ヲ論ジ併セテ内田周平君ニ答フ」.

않다고 비판한 것은 우치다가 서양철학에 대해 조예가 없다는 비판이라기보다는 우치다가 한학의 울타리를 벗어나지 못한 점을 꼬집는 것이라고 할 수 있다. 이노우에는 우치다를 비판하는 첫 번째 글에서 다음과 같이 서술하고 있다.

> 아쉽게도 당신이 한학에 오랫동안 종사하여 마침내 전적으로 지나인의 함정에 빠져서 스스로 깨닫지 못하는 것이 마치 아편을 좋아하는 자가 점차 자각하는 힘을 잃고 다른 사람과 다른 세계를 보고서 그것을 유일하고 참된 세계로 간주하는 것과 같다.[50]

이노우에 데쓰지로는 서양철학의 관점에서 우치다의 한학을 비판하고 있다. 물론 여기에는 '지나인의 함정'이라는 표현에서도 드러나듯이 지나인(중국인)에 대한 비판도 동시에 포함되어 있다. 이는 일본의 지식인이 중국, 나아가 '한학'으로 표상되는 중국의 학문에 대해 비판적인 태도를 취하기 시작했다는 점을 보여 준다. 이노우에는 서양철학의 관점에서 중국의 주자학을 비판했다. 그는 서양철학이 과학을 기초로 하고 있다는 것을 강조했으며, 반대로 주자학을 비롯한 중국의 학문은 과학이 결여되어 있다고 간주했다.

> 유신 이래로 양학이 점차 동쪽으로 전래되면서 우리나라의 철학도 역시 일변하여 정확한 과학적 기초를 요구하게 되었다. [그래서] 다시 옛날 상태를 보존할 수 없게 된 것 같다. 그럼에도 오늘날까지 아직 주자를 숭앙하는 학자들이 있다는 것은 도저히 상상할 수 없다. 특히 양학의 일부분

---

50 위의 글.

을 배워서 알고 있으면서도 주자에 연연하는 듯한 태도는 내가 가장 이상하게 생각하는 것이다.[51]

이노우에 데쓰지로가 양학을 알고서도 주자학에 미련을 갖고 있다고 지적한 것은 바로 우치다 슈헤이를 두고 한 말이다. 이노우에는 중국에 대해 비판적이었고, 중국의 주자학에 대해서도 비판적이었으며, 일본의 한학에 대해서도 비판적으로 접근하고자 했다.

1880년대 도쿄대학에서 지나철학 강의를 담당한 것은 철학과의 이노우에 데쓰지로와 화한문학과(和漢文學科)의 시마다 고손이었다. 이노우에 데쓰지로가 도쿄대학에서 동양철학사를 강의했을 때 이노우에 엔료는 청강했지만, 우치다가 강의에 참가한 것 같지는 않다. 우치다는 주로 고전의 강독을 중시하는 시마다 고손을 통해 지나철학을 학습했다. 이노우에 데쓰지로는 중국철학자라기보다는 서양철학자의 관점에서 중국철학을 평가하는 연구자였다고 할 수 있다. 특히 그가 「성선악론」을 집필하고 발표한 것은 서양의 동양학자들이 모인 만국동양학회라는 지적 공간이었다. 그는 유럽의 아카데미즘 속에서 통할 수 있는 중국철학의 문제를 발견하고자 했다. 이러한 배경에서 제시된 것이 중국에서 전개된 인간의 본성에 관한 오래된 학술적 담론이었다.

이노우에는 일찍이 『윤리신설』을 집필하였고, 유럽에 유학하면서 인간의 윤리와 도의에 깊은 관심을 지니고 있었다. 그는 인간의 본성을 중심으로 하는 중국유교의 논의를 '도의철학(道義哲學)'으로 규정하고, 이를 서양철학이 다루는 주제와 동등한 것으로 보았다. 따라서 그는 「성선악론」에서 성(性)을 둘러싼 중국의 논의가 『이성의 한계 내에서

51 井上哲次郎, 「朱子ノ窮理ヲ論ズ」.

의 종교(*Die Religion innerhalb der Grenzen der blossen Vernunft*)』(1793)에서 칸트가 다루고 있는 주제에 대응할 수 있다고 보았다. 또한 맹자의 성선설과 같은 주장을 서양철학의 역사 속에서 찾아내기 위해 세네카의 『헤비암에게 보내는 위로문(*De Consolatione ad Helviam*)』과 루소의 『에밀』 원문을 그대로 인용하고 있다. 순자의 성악설에 대응하는 것으로서 "인간은 인간에게 늑대다(*homo homini lupus*)"라는 라틴어 속담을 인용하고, 또 홉스의 『정치체에 관하여(*De Corpore Politico*)』, 쇼펜하우어의 『행복론과 인생론(*Parerga und Paralipomena*)』의 원문을 나열하고 있다. 서양철학의 지식을 토대로 이노우에는 인간 본성에 관한 중국학자들의 논의에 대해 인간의 본성에 선 혹은 악 한 가지가 있다는 유일(唯一, *Monismus*), 선과 악을 모두 갖추고 있다는 구유(具有, *Dualismus*), 선과 악 아무 것도 없다는 구무(具無, *Nihilismus*)의 3가지로 분류하였다. 유일론 중에서도 성선설로는 공자와 맹자, 성악설로는 순자를 들고 있다. 구유설에는 동중서, 양웅, 사마광, 왕안석, 당나라 시대의 이고(李翺), 이정자(二程子), 주희를 들고 있다. 구무설에는 북송시기의 소동파와 남송시기의 호오봉(胡五峯)을 들고 있다.

오늘날 중국철학자의 관점에서 볼 때, 이노우에 데쓰지로의 글은 서양철학적인 언어로 장식된 현학적인 글이며 중국철학사 내에서 전개되어 온 본성에 관한 다양한 논의를 지나치게 개괄적으로 서술하고 있다. 특히 이정자로부터 주자에 이어지는 성선설을 동중서의 성양정음설(性陽情陰說), 양웅의 성선악혼재설과 동일한 것으로 파악하는 견해는 당시뿐만 아니라 오늘날의 중국철학 연구자들 사이에서도 쉽게 받아들이기 어려운 주장이다. 물론 이노우에가 주자의 성선설을 성선악혼재설로 파악한 것은 논리적으로 불가능한 주장은 아니다. 주자를 비롯한 성리학자들의 성 개념을 어떻게 해석할 것인가의 문제는 오늘날까지도 이어져 오는 중국철학의 오래된 주제다. 이는 성(性)을 악이 전혀 없는 완전한 선 그 자체인 본연지성(本然之性)과 기질의 영향을 받은 기질지성(氣質之性)으로 구분하는 성리학 자체에 내재된 문제이기도 하다. 서양철학의 원전과 어휘를 동원하여 주자의 성선설을 비판한 이노우에의 당돌한 주장에 대해 우치다의 비판은 온전히 유교적 언어로 구성되어 있다. 특히 정호와 정이, 즉 이정 형제의 주장을 조목조목 끌어와 성은 선이요 선악이 혼재하는 것이 아니라는 주장을 지지하는 방식은 성리학자로서의 면모를 그대로 유지하고 있다고 할 수 있다.

5. 한학은 철학인가

20세기 전환기는 동아시아에서 서양을 발견하고, 나아가 서양이 근대를 구축한 토대인 '철학'을 발견하고, 새로운 국가를 구상해야 하는 시대였다. 국가의 존위가 문제가 되는 위기의 시대였지만, 한편으로는 새로운 국가를 구상할 수 있는 철학을 모색하던 철학의 시대이기도 하였다. 우치다 슈헤이나 이노우에 데쓰지로는 모두 유교적 전통에서 성장하였지만, 내용과 강도의 차이가 있을지언정 모두 서양을 의식하고 서양을 적극적으로 학습한 지식인들이었다. 이러한 시대적 배경 속에서 그들에게 주어진 일차적 과업은 유학과 철학의 상관관계를 조정하는 작업이었다. 이들 두 지식인의 논쟁은 유교의 인성론을 둘러싼 주제에 한정되어 있는 것처럼 보이지만, 실제로는 유교와 철학, 유교적 언어와 근대적 언어, 한학과 과학을 둘러싼 문제이기도 하다.

이노우에 데쓰지로는 서양철학의 지식을 토대로 유교 속에서 철학적 문제를 발굴하고 철학사라는 관점에서 유교를 정리하는 작업을 시도했다. 우치다 슈헤이의 비판은 유교의 문제를 서양철학의 기준으로 재단할 때 발생할 수 있는 오류를 지적하는 것이었다. 우치다 또한 중국의 학술 속에서 철학에 비견할 수 있는 '형이상학'에 대한 관심을 버리지는 않았다. 주자의 성선론을 둘러싸고 이노우에와 우치다는 서로 다른 견해를 제시하고 있지만, 전통적 유교의 담론 속에서 철학을 발견하고 철학사적인 관점에서 '중국철학'을 수립하는 것은 그들 공통의 과제였다.

중국철학의 성립이라는 관점에서 인간의 본성을 둘러싼 이노우에 데쓰지로와 우치다 슈헤이 사이의 논쟁을 볼 때, 여전히 다음과 같은 몇 가지 과제가 남아 있다. 두 사람은 정도와 깊이의 차이가 있지만 서양철학에 대한 관심을 가지고 있었다. 이들이 유교의 성선론에 대해 서로 다른 관점에서 이해한 것은 일차적으로는 서양철학에 대한 이해의 차이라고 할 수 있다. 그렇지만 이러한 차이는 유교 자체에 대한 이해의 차이, 또는 이러한 차이를 야기한 것으로 상정할 수 있는 유교에 대한 교육 배경 등과도 연관지어 설명해야 할 것이다. 이러한 점은 에도시대 유학의 흐름과 관련하여 이들의 사승관계 등을 통해 새롭게 분석해야 할 과제다. 아울러 이들의 논쟁이 19세기 말 일본의 철학 담론에서 어떤 위상을 지니고 있는가의 문제도 함께 고찰할 필요가 있다. 이 점은 인간의 본성에 관한 철학적 논의뿐만 아니라 인간을 규정하는 당시의 사회적 논의와 함께 고찰되어야 할 것이다.

■ 참고: 우치다 슈헤이 철학 관련 논저[52]

「宋儒理氣ノ辨」,『東洋學會雜誌』第4號, 1887.3.
「宋儒理氣ノ辨(承前)」,『東洋學會雜誌』第7號, 1887.6.
「天理ノ解」,『東洋學會雜誌』第2篇 第5號, 1888.6.
「天理ノ解」(承前)」,『東洋學會雜誌』第2篇 第8號, 1888.7.
「井上文學士ノ性善悪論を読ム」,『哲學會雜誌』第5冊 第50號, 1891.
「宋儒所謂氣 1回」,『哲學會雜誌』第3冊 第30號, 1892.
「宋儒所謂氣 2回」,『哲學會雜誌』第3冊 第36號, 1892.
「宋儒所謂氣 3回」,『哲學會雜誌』第4冊 第41號, 1893.
「宋儒所謂氣 4回」,『哲學會雜誌』第4冊 第45號, 1893.
「人間と太極」,『東洋哲學』第1篇 第2號, 1894.
「孔子の性習說を探求して其教育原理を索む」,『哲學雜誌』第13卷 第136號, 1898.
「近思錄 解題: 序論」,『東洋哲學』第9篇 第1號, 1902.
「近思錄 解題: 1 編輯」,『東洋哲學』第9篇 第3號, 1902.3.
「近思錄 解題: 2 題號」,『東洋哲學』第9篇 第4號, 1902.4.
「近思錄 解題: 3 目次」,『東洋哲學』第9篇 第6號, 1902.6.
「近思錄 解題: 4 續輯, 5 註釋」,『東洋哲學』第9篇 第11號, 1902.12.
『儒學: 孔孟學·老莊學』, 哲學館講義録, 岡本監輔, 内田周平 述, 哲學館, 1888.
『活気之焔: 立志亀鑑』, 吉村弁次郎(공저), 吉岡書籍店, 1891.
『老莊學講義』, 哲學館講義録, 哲學館, 1894.
『名家文話』, 内田鉄三郎 編, 鉄華書院, 1899.
『國語改良異見』, 自治館編輯局 編, 自治館, 1900.
『周易講義』, 哲學館漢學専修科漢學講義, 哲學館, 1900.
『支那學: 儒學史』, 哲學館第13學年度高等學科講義録, 哲學館, 1901.
『明治文豪硯海録』, 自治館編輯局 編, 文明堂, 1902.
『来世之有無』, 新仏教徒同志會 編, 井冽堂, 1905.
「共讀書庫記」漢文,『東洋哲學』第14編 第1號, 1907.
『正閏断案國体之擁護』, 友声會 編, 松風書院, 1911.

52 우치다의 저술 목록은 藤井倫明, 앞의 글을 토대로 보충한 것이다.

「復楠本碩水先生書」漢文, 『東洋哲學』 第19篇 第4號, 1912.
『高山仲縄逸事』, 内田周平 編, 武孫平, 1913.
「讀大學」漢文, 『東洋哲學』 第21篇 第3號, 1914.
『孔子祭典會講演筆記 第10·11回』, 孔子祭典會, 1918.
『宕陰稿』 上中下, 塩谷宕陰(공저), 谷門精舎, 1931.
『寛政三博士の學勲』, 谷門精舎, 1931.
『遊濱名湖記』, 谷門精舎, 1931.
『矢口謙斎伝·鶯渓唱和集』, 谷門精舎, 1932.
『梅田雲濱先生: 勤王志士領袖安政大獄首魁』, 佐伯仲蔵(공저), 有朋堂書店, 1933.
『櫻田事變』, 谷門精舎, 1934.
『八代翁遺功碑』, 1935.
『晶笄集鈔』, 内田継子(공저), 谷門精舎, 1935.
『孝経刊誤合纂』, 内田周平 編, 谷門精舎, 1936.
『崎門の學風』, 思想叢書, 第20篇, 大阪府思想問題研究會, 1937.
『乃木家襲爵事件の回顧』, 谷門精舎, 1938.
『東洋學の神髄』, 國民評論社, 1938.
『南北朝正閏問題の回顧』, 谷門精舎, 1938.
『崎學闡明文略』, 谷門精舎, 1938.
『擬古楽府』, 秋山寒録(공저), 谷門精舎, 1941.
『三方原戰記』, 공저, 正誼塾, 1941.
『遠湖小品(乾坤)』, 正誼塾, 1942.

제4장

근대 학제 안으로 들어간 한학

다카세 다케지로의 지나철학 연구

이혜경

1. 일본의 동양과 동양학

지리적이자 문화적인 개념 '동양'은[1] 서양인의 'Orient'에 상응하는 것으로 사용되기 시작한 근대적 개념이다.[2] 그 동질성이 상상되면서 사용되었지만, 사용자에 따라 실제로 지시하는 지역이 다르다는 것은 각각의 '동양학'이 다루는 '동양'이 다르다는 사실로도 드러난다. 가령 프랑스인의 '동양학'은 인도차이나에 집중되어 있다.[3] 영국의 '동양학'은 중동에서부터 인도, 그리고 극동에 이르기까지 광대하다.[4] 아시아의 어디에 식민지를 갖고 있느냐가 '동양'의 구체적 내포를 결정한 결과다.

동양학의 수행이 제국의 식민지 경영의 일환이었고, 일본 역시 서구 제국의 동양학에 자극받아 동양학을 시작했다. 그러나 다른 제국과 달리 일본 자신이 '동양'의 일부였다는 사실은 일본과 '동양'의 관계를 특수하게 만들었으며, 일본의 동양학도 특수한 것으로 만들었다. 애초에 일본은 서양과 대등한 존재로서 자신을 규정하기 위해, '서양'의 대항항인 '동양'이라는 호칭으로 스스로를 가리켰었다. 서구에 대항하여

---

1 스테판 다나카 지음, 박영재·함동주 옮김, 『일본 동양학의 구조』, 문학과지성사, 2004, 19쪽.

2 난학자인 山村才助(1770-1807)가 『訂正增譯 采覽異言』(1802)에서 '동양'을 '오리엔트'라는 의미로 사용한 것이 현재 확인되는 첫 사례라고 한다. 미타니 히로시, 「'아시아'개념의 수용과 변용: 지리학에서 지정학으로」, 와타나베 히로시·박충석 공편, 『한국·일본·'서양'』, 아연출판부, 2008, 207-208쪽 참조.

3 후지하라 사다오는 그러한 상황을 "각국의 전문가는 각국의 형편에 적합한 동양 개념을 창출"했다고 묘사한다. 후지하라 사다오 지음, 임경택 옮김, 『앙코르와트』, 동아시아, 2014, 162쪽.

4 윤영휘, 「영국 및 일본 동양학의 특징과 경성제국대학 부속도서관 내 영문 동양학 장서」, 『아시아리뷰』 7-2, 2018 참조.

아시아의 연대를 주장했던 일본발 아시아주의 혹은 동양주의가 '연대'와 '침략'의 양면성을 가질 수밖에 없었던 것은 일본과 '동양'의 특수한 관계를 단적으로 보여 준다.

일본과 '동양'의 관계만이 문제가 아니었다. '동양' 가운데 '중국'은 간단하게 대상화되지 않는 존재였다. 중국에서 발생해 아시아에 퍼진 유학(儒學)은 일본의 문화이기도 했으며 여전히 유의미한 자산이었기 때문이다. 그리하여 근대일본은 유학을 자신의 역사로 서술하고 그것을 중국의 유학과 차별화하기 위해 중국의 역사와 현재를 특수하게 처리해야 했다.[5] 즉 문화의 보고인 중국에는 '지나'라는 호칭을 부여하여 "근대국가 일본과 대비하여 과거에 빠져 어려움을 겪고 있는 나라"로 처리하고, 유학을 중국이라는 특정 국가에서 분리해 내어 이른바 '동양'의 각 나라에서 역사적으로 변천해 간 역사적 산물로 정리한다.[6]

'동양철학'은 이른 시기부터 유학의 일본 전유라는 의도로 '동양'이라는 이름을 학제에 걸고 기존의 한학의 영역을 연구영역으로 삼았다.[7]

5 津田左右吉, 『支那思想と日本』, 112-113쪽. 스테판 다나카, 앞의 책, 20쪽에서 재인용. 쓰다는 다음과 같이 지적했다. "그들은 지나사상을 내세워 이른바 서양사상에 대항하려고 했지만, 그들 자신이 일본인이라는 사실과 대항 상대가 서양사상으로 칭했다는 사정 때문에 부득이 동양사상이라는 호칭을 빌려 사용하게 되었다."

6 스테판 다나카, 위의 책, 15-54쪽. 스테판 다나카는 '세계사'는 서양사일 뿐이라는 인식과 함께 서양과 대등한 동양의 역사를 구축하겠다는 의도에서 근대일본에서 '동양사'가 기획되고 수행되었음을 시라토리 구라키치(白鳥庫吉, 1865-1942)를 중심으로 논증했다. 그는 시라토리의 '동양사' 영역의 활동에 의해 유교가 보편적 이상이라는 위상에서 역사적인 것으로 되고, 중국에서는 정체된 유학이 일본이라는 환경에서 그 장점을 발휘하고 진보한 것으로 설명한다. 위의 책, 174쪽.

7 戸川芳郎에 의하면 "동양사의 탄생(즉 세계사에서의 분리)은 청일전쟁에서의 승리를 계기로 하며, 그 종언(즉 세계사에로의 흡수)은 태평양전쟁에서의 패배를 계기로 한다는 사실이 보여 주듯이, 동양사는 대륙정책의 전개와 밀착되어 있었다". 동양사 학제가 성립한 것은 1890년대 후반인데, 동양철학 학제는 이보다 이

1880년 도쿄대학[뒤의 도쿄제국대학] 철학과를 졸업한 이노우에 데쓰지로는 1882년 도쿄대학 조교수로 부임하여 이듬해부터 '동양철학사'를 강의했다.[8] 1884년부터 1890년까지에 걸친 독일 유학 생활 중에도 그는 '서양철학'에 맞먹는 '동양철학'을 세우고 발양해야 한다는 문제의식을 다진다.[9] 독일 유학을 마치고 귀국하자마자 도쿄제국대학 철학과 정교수가 된 그는 '효제충신(孝悌忠信)'과 '공동애국(共同愛國)'을 '국민도덕'으로 규정하고 유학을 통해 이를 교육하려 한 메이지정부와 행보를 같이 한다.

이노우에는 칸트를 위시한 독일철학을 소개하는 한편,[10] 일찍부터 자신의 과업으로 여겨 왔던 '동양철학사'를 엮는 일을 한다. 그리고 그가 '동양철학사'를 엮을 생각으로 실제로 내어놓은 결과물은 에도유학사였다. 철학이란 변화하는 현상 뒤에 변화하지 않는 실재를 탐구하는 것, 즉 형이상학이라고 여겼던 그는 유학 역시 철학 체계이며, 윤리학도 철학의 일부라고 생각했다.[11] 그는 메이지정부 초기에 실행되었던

른 1880년대에 성립한다. 戸川芳郎, 「漢學シナ學の沿革と問題点」, 『理想』 397, 1966, 15-16쪽. 이 장에서 인용문 안의 ( )는 모두 원주.

8 井上哲次郎, 『巽軒年譜』, 1954(『井上哲次郎集』, クレス出版, 2003, 제8권 수록), 74쪽: "1883년 9월, 처음으로 동양철학사강의를 열다. 청강자로는 井上圓了, 三宅雄三郎, 日高真実, 棚橋一郎, 松本源太郎 등 십수 명이 있었다."

9 이에 관해서는 그가 독일 유학을 위해 도쿄를 떠나 돌아올 때까지를 기록한 『懐中雜記』에서 확인할 수 있다. '동양철학' 혹은 '동양철학사'에 대한 이노우에의 문제의식과 『懐中雜記』에 관해서는 大島晃, 「井上哲次郎の「東洋哲學史」研究と『日本陽明學派之哲學』」, 『陽明學』 9, 1997 참조.

10 이노우에 데쓰지로는 "現象卽實在論"이라는 "일본형 관념론"을 전개한 사람이기도 하다. 이에 관해서는 船山信一, 『明治哲學史研究』, ミネルヴァ書房, 1959 참조.

11 井上哲次郎, 『西洋哲學講義』, 1883(『井上哲次郎集』, クレス出版, 2003, 제1권 수록), 2쪽: "철학은 諸과학이 資給하는 재료를 통합하고 그로써 천지가 유행하는 가운데서 스스로 변화하지 않는 것이 있음을 탐구하는 학이다. 즉 모든 변화가 의거해서 일어나는 본원을 탐구하는 학이다. 이처럼 넓게 총체와 관련된 철학을 순

서구문명 지향의 문교 정책에 동반되어 등장한 공리주의와 자유민권사상의 침투를 경계하면서, 그것을 막을 수 있는 것으로서 '국민도덕'의 필요성을 특필했다. 학자로서 그의 일생은 국민도덕의 정립을 위한 노력으로 점철되었다.[12] 그는 국민도덕의 원천으로서 유학을 생각했고, 일본근대의 전사로 서술된 '에도유학사'는 서양철학 전공자인 그의 필생의 대표작이 되었다. 그의 '에도유학사' 즉 '일본유학철학사'는 중국과 다른 전개를 보인 것으로서 일본 유학의 우수성을 드러내려는 것이었다.[13]

그리고 그가 구상한 "동양철학이라는 학문은 종교학, 신도학, 인도철학, 중국철학, 윤리학, 교육학, 철학 등 강좌 혹은 학파로 다양하게 분립되어 본격적인 훈련을 받은 젊은 문하생들이 짊어지고 가게 된다".[14] 한학과 출신의 다카세 다케지로(高瀨武次郞, 1869-1950)[15]는 그 문하생의 한 사람으로서, 이노우에가 특히 중요하게 생각한 양명학을 비롯해 이노우에가 제시한 중국철학 연구의 방향을 구체화하는 작업을

정철학(퓨어필로소피)이라고 하고, 일사일물에 나아가 철학법에 의해 진리를 탐구하는 학도 철학에 속한다. 심리, 윤리, 논리 등의 여러 학들이 그것이다."

12 山下龍二, 「明代思想研究はどう進められてきたか」, 『名古屋大學文學部研究論集·哲學』 12, 1964 이래의 평가다.

13 스테판 다나카, 앞의 책, 196쪽.

14 磯前順一, 『近代日本の宗教言説とその系譜』, 岩波書店, 2003, 95쪽. 나카무라 슌사쿠, 「근대일본의 學知와 유교의 재편: 근대 '知'로서의 '哲學史' 성립」, 『史林』 32, 2009, 74쪽에서 재인용.

15 다카세 다케지로: 1898년 7월 도쿄제국대학 문과대학 한학과를 졸업하고 동 대학원에 진학해 지나철학사를 연구, 1905년 11월 「先秦諸子哲學」으로 박사학위를 취득했다. 1907년 7월 교토제국대학 조교수가 되어 1928년 정년퇴직했다. 이후에도 여러 대학에서 강의했으나, 1946년 태평양전쟁 후 '포츠담선언'에 따라 시행된 '공직추방' 대상에 포함되었다. フリー百科事典『ウィキペディア(Wikipedia)』, 「高瀨武次郞」, ja.wikipedia.org/wiki/高瀨武次郞, 2020.05.23.

했다.

이 장은 한학과 출신 다카세 다케지로의 중국철학 관련 작업이 실제로 어떤 것이었는가를 밝히는 것을 우선의 과제로 한다. 이 시기 일본인 저자에 의해 근대학술의 형식으로서 '지나철학사' 즉 '중국철학사'는 지속적으로 양산되었다. 그중 상당수는 오늘날까지도 한국에서 참고문헌으로 등장한다.[16] 실증적인 방법에 의한 근대학문이라는 외피를 쓰고 있으나 실상은 명백한 의도를 가진 중국학이었고, 그들이 남긴 결과물은 식민성과 결합한 근대성으로서 여전히 현재적인 영향력을 갖고 있다. 다카세의 것을 비롯해 이 시기 간행된 철학사의 배경과 의도에 중점을 두면서 그 서술의 성격을 밝히는 일은 철학사를 독해하고 그 시대를 반성하기 위해 필수적으로 선행되어야 할 작업이다.

에도시대의 유학을 재구성함으로써 근대국가의 '국민'상을 그려낸, 메이지기 '일본사상사학'의 시조라는 이노우에의 위상과는 다르게, 일본에서조차 이노우에에 관한 연구는 활발하지 않았다. 이노우에가 정초한 근대 일본사상사학의 역사가 현대까지 이어지고 있다는 점에서, 그에 대한 고찰은 일본 내셔널리즘에 대한 자아비판적 성격을 갖기 때문이다.[17] 그래도 대략 10년 전부터 일본근대사의 객관화라는 관

16 대표적인 예를 들자면, 이노우에·다카세와 노선을 같이하는 당시 일본인학자 宇野哲人(1875-1974)의 '중국철학' 관련 서적은 현대 한국에서 두 권이나 번역되었다. 박희준 옮김, 『중국의 사상』, 대원사, 1991; 손영식 옮김, 『송대 성리학사』, 울산대학교출판부, 2005. 한편 다카세의 『支那哲學史』(1910)는 趙蘭坪(1892-1967)이라는 일본유학 경험이 있는 중국경제학 교수에 의해 1925년 중국어로 번역 출판되었다. 高瀨武次郎 著, (民國)趙蘭坪 編譯, 『中國哲學史』, 1925(서울대학교 중앙도서관 고문헌자료실 소장).

17 이노우에에 관한 연구가 많지 않았던 사정에 대해 다음을 참고할 수 있다. 나카무라 슌사쿠는 이노우에에 대해, "근대일본의 學知 형성사"에서 중요한 기원이면서도 "'사상적 깊이를 결여한 자'라는 평가를 내림으로써 재고"하지 않았다고 지적한

점에서 이노우에 연구는 늘어나고 있다. 그 가운데 다카세에 대한 연구는 거의 이루어지지 않았다.[18] 국민도덕의 현창을 위해 에도유학사를 구성하고 그를 위해 중국유학 이해의 틀을 만든 이노우에와 차별되는 독창성이 인정되지 않는 것이 가장 큰 이유일 것이다.

그러나 실제로 이노우에의 구상을 각 영역의 전문가들이 과연 충실하게 관철할 수 있었는지는 의문이다. 다카세의 경우, 그는 양주와 묵적을 '이단 비판'이라는 관점에서 접근할 정도로 유학자의 시각을 가졌던 사람이었다. 철학사가를 자처하며 객관적으로 철학사를 저술하겠다는 입장이었던 이노우에와 달리, 다카세는 유학을 진리 즉 '도(道)'로 받아들였다. 이노우에 사단으로서 다카세 역시 이노우에의 유학 구상을 기본적으로 받아들이고자 하나, 유학자로서 가졌던 신념 혹은 타성이 이노우에의 구상에 균열을 일으킨 것으로 보인다. 다카세를 통해, 근대일본이 시도했던 유학의 일본적 전유와 중국유학사 비하 구상에 일어난 균열을 보는 것이 이 장의 또 다른 목적이다. 이는 여전히 '한학'이라는 학제를 유지하면서 중국학으로 이행해 가던 시기의 상황을 보여 주는 것이기도 하다. 식민지연구라는 성격을 갖는 지역학의 의도를 가지면서도, 실제로 그 작업에 종사해야 하는 사람은 기존의 한학자였고, 그들은 다카세처럼 유학적 신념을 가지는 일이 드물지 않았

다. 그가 종사했던 일이 "역사적 과거로서 근대로 연속되는 '일본국민'의 참사상을 밝히고자 하는" 것이었으며, 그에 대한 비판은 근대 이래 일본의 내셔널리즘을 비판하는 자아비판적 성격을 갖는 것이므로, "'일본사상사학'의 역사적 성립에 대한 자성"이 선행되어야 이노우에를 객관화하여 연구하는 것도 가능할 것이라고 전망한다. 나카무라 슌사쿠, 앞의 글.

18 다음의 연구가 있음을 확인했다. 吉田公平, 「高瀬武次郎年譜稿 — 東洋大學の漢學者たち(その一)」, 『井上圓了センター年報』 15, 2006; 山村奨, 「井上哲次郎と高瀬武次郎の陽明學: 近代日本の陽明學における水戸學と大塩平八郎」, 『日本研究』 56, 2017.

다. 유학적 신념을 가진 한학자는 시대의 변화에 적응하면서, 스스로 의식하지 못하는 불협화음을 노정했으리라 생각한다. 이 당시 일본인에게 중국학으로서 중국철학이란 원리적으로 보편을 지향하는 유학을 국민국가의 이념으로 각색하는 일이었기 때문이다.

2. 이노우에 데쓰지로의 에도유학사

다카세의 중국철학 이해를 살펴보기 전에, 이 절에서는 다카세의 출발점이 되는 이노우에의 유학 이해를 검토한다. 구체적으로는 이노우에가 철학사로 불렀던 에도유학사의 구성방식과 서술에 대해 알아본다.

이노우에는 자신의 학문적 이력을 서양철학 전공으로 시작했지만, '동양철학'을 과제로 삼고 실현하려는 집념은 일찍부터 시작되었고 집요하게 지속되었다.[19] 대학에서 강의를 시작하며 서양철학 강의록을 엮을 때에도 서양철학 강의가 장차 '동양철학'의 서술을 위한 바탕으로 쓰이기를 바란다고 밝힌다.[20] 그리고 결국 1900년 일본양명학에 관한 책을 필두로 이른바 '에도삼부작'을 발표했다.[21] 유학 역시 철학이라고 생각한 이노우에는 에도시대 유학사를 '철학사'의 이름 아래 서술했고, 근대의 학문인 '철학'으로 설명된 에도유학은 '근대'를 여는 전사(前史)

---

19 이노우에는 『日本陽明學派之哲學』(1900년 초판), 「日本陽明學派之哲學序」에서 1880-81년 무렵부터 '동양철학사'를 편찬하려고 마음먹었다고 말한다.

20 井上哲次郎, 『西洋哲學講義』, 「緒言」.

21 구체적으로 '에도삼부작'은 『日本陽明學派之哲學』(1900), 『日本古學派之哲學』(1902), 『日本朱子學派之哲學』(1905)이다. 이노우에의 삼부작을 자세히 소개한 다음의 논문 참조. 이새봄, 「이노우에 데쓰지로(井上哲次郎)의 '유학 삼부작'-근대 일본 유학사의 시초」, 『한국사상사학』 61, 2019.

의 성격을 갖는 것이었다.[22]

중국에서 탄생한 유학은 이천여 년의 역사를 두고 전개되었다. 이노우에는 일찍이 유학이 "백제를 경유해" 일본에 들어왔지만, 일본에서 "철학적인 고찰"의 단서를 연 것은 주자학이라고 말한다. 『일본주자학파의 철학(日本朱子學派之哲學)』에서 그는 중국에서 유학이 어떻게 역사적으로 전개되었는지에 대해 다음과 같이 개관한다. 주말(周末)에 공맹을 비롯해 제자백가가 활동할 당시는 "철학적 고찰의 시대"였다. '철학적 고찰'이라고 평가할 수 있는 이유는 "제자백가가 자유롭게 의견을 말할 수 있어서" "사상이 아직 단조롭지 않았기" 때문이다. 이어 진시황이 사상을 통일한 이후부터 당에 이르기까지 중국에 철학적 고찰은 없었다. 즉 "한당은 철학적 고찰의 시대가 아니었고 훈고의 시대였다". 송에 이르러 "자신의 두뇌에서 철학적 고찰을 하고 바로 내부에서 성인의 영역으로 도달하고자 하는" "철학적 고찰"의 시대가 다시 왔다.[23] 그런데 이후 주자학이 과거(科擧)의 과목으로 정해지고 정통의 지위를 차지하게 되었다.[24]

이상이 이노우에가 정리한 중국철학사의 뼈대였다. 이 가운데 이노우에는 공자와 맹자, 주자학, 양명학만이 철학적 요소를 갖는 유학이라고 평가했다.[25] 이노우에의 에도유학사가 고학, 주자학, 양명학의 세 학파에 한정된 것은 이와 관련된다.

앞에서 언급했듯이 일본에서 주자학 이전의 유학은 "몰정신 몰취

22 양명학과 관련한 이노우에의 근대이행의 전망에 관해서는 이혜경, 「식민지근대에 복권된 양명학: 정인보의 『양명학연론』은 다카하시의 조선유학사에 대한 대항인가?」, 『인문논총』 76-3, 2019, 216-224쪽 참조.

23 井上哲次郎(1905년 초판), 『日本朱子學派之哲學』, 富山房, 1915, 4-6쪽.

24 위의 책, 6쪽.

25 위의 책, 1-6쪽.

미의 훈고학"에 불과했던 것으로 정리된다. 게다가 가마쿠라시대는 무사와 전쟁의 시대였다. 이노우에는 도쿠가와 이에야스(德川家康, 1543-1616)가 패권을 잡기 이전의 300년 가까운 시기가 일본의 "암흑시대"였으며, 주자학은 이 암흑시대를 뚫고 서광을 비추며 등장한 "문학부흥(르네상스)"[26]이었다고 평가한다. 그런데 이노우에에 의하면 주자학이 "도쿠가와 시대 철학을 일으킨 주동자"[27]기는 하지만, 진정한 근대는 양명학이 열었다.

이노우에는 주자학과 고학, 양명학에 대해 각각 장단점을 논한다. 그는 주자학과 양명학을 관(官) 대 민(民)의 구도로 대비했다. 주자학이 도쿠가와 정권에서 내내 관부의 교육주의로 채택되었지만, 양명학은 배척되고 위축된 가운데 민간의 학자에 의해 주장되어 '평민주의'처럼 되었다는 것이 그가 주자학과 양명학을 설명하는 기본 구도다.[28] 그에 의하면, 주자학의 도덕주의는 의심할 여지없이 인정할 만한 것이지만, 주자학의 한계는 근대적 관점에서 볼 때 치명적이다. 이노우에는 주자학이 "그 무리를 동일 모형에 넣어 찍어내고, 또한 개인으로 하여금 일종의 이채를 띠는 자유를 가지지 못하게 하는" 특성이 있으며, 그 특성은 일본 주자학이 "교육상으로 획일주의의 결과를 가져"오게 했다고 비평한다.[29] 그러한 비평은 "주자학을 하는 사람은 다만 충실하게 주자의 학설을 숭배하고 받들지 않을 수 없다. 다시 말하면 주자의 정신적 노예일 수밖에 없다"[30]라는 보다 직접적인 비판으로 변주되기도 한

26 위의 책, 2쪽.
27 같은 곳.
28 같은 곳.
29 위의 책, 599쪽.
30 같은 곳.

다.[31]

고학은 주자학의 영향권에서 벗어나 "대담하게도 그 오류를 갈파하여 일어난" 학파다. 이노우에는 이러한 고학을 일으킨 사람이 "지나인이 아니라 일본인"이라고 특기하고, 주자학의 "적정주의(寂靜主義)"를 반대하며 고학은 "활동주의를 주장"했는데, 그러한 성격은 "일본민족 특유의 정신"이라고 평가한다. 그러나 고학의 단점도 가볍지 않다.[32] "공자의 학설은 단순하여 궁행에 적절한 것은 분명하지만, 학으로서는 평이하고 명백한 명언, 명문이 있을 뿐, 심원하고 깊은 점에서는 노자에도 미치지 못한다"[33]는 문제가 있다. 무비판적으로 옛사람의 사상을 묵수하는 것은 철학적이지 않다. 그러나 그 무엇보다 공맹을 최고의 가치로 둔다면 현재 이노우에가 찾고자 하는 일본의 우수한 특성과는 멀어지는 것이 가장 큰 문제였을 것이다.

동양의 것이면서 일본적이고, 자유롭고 자발적인 평민의 정신이라는 점에서 근대적인 것, 그것을 이노우에는 양명학과 연결했다. 그것은 실제의 양명학이라기보다는 이노우에가 양명학에 부여한 성격이라고 보는 것이 적절할 것이다. 우선 이노우에는 자신이 논하는 양명학을 일본의 것으로 특정한다.

> 양명학의 기본을 말하면 명의 양명에게서 나왔지만, 일본에 들어오고 바로 일본화하여 저절로 일본적 성질을 띠게 되었다. 현저한 사적을 들어보면 신도와 합일하는 경향이 있다. 확충해서 말해 보면 국가적 정신을

---

31 위의 책, 598-599쪽.

32 井上哲次郎,『日本古學派之哲學』, 富山房, 1902, 4쪽.

33 위의 책, 121쪽.

근본으로 하는 추세가 있다.[34]

이노우에는 일본의 양명학에는 "신도와의 관계 외에도 저절로 일본적 취향이 있다"고 하면서 "일본인의 본성이 단순한 것을 좋아한다"는 점과 양명학의 "간이직절(簡易直切)"함이 서로 만나 "융해하여 하나가 되었다"고 말한다. 나아가 이노우에는 일본의 양명학이 "지나의 양명학보다 훨씬 뛰어나다"고 단언한다.[35] 즉 양명학파가 "성찰적 방면"과 "사공적(事功的) 방면"이라는 두 가지 "상반된 경향"을 갖는데, 중국은 "성찰적 방면"이 두드러진 반면 일본은 "사공적 방면"이 두드러지기 때문이라는 것이다. 성찰적 방면은 자기반성과 신독(愼獨)을 주로 하다가 "선승처럼 고담(枯淡)한 상태"에 빠지기도 한다. 그러나 사공적 방면은 "정치가, 경세가, 혹은 사회개량가"의 활동으로 드러난다. 그리하여 "설사 공리주의를 주장하지 않더라도 공리주의의 실행자"와 마찬가지[36]라고 평가한다.

일본적 양명학의 정립을 통해 이노우에는 자발적인 개인이라는 근대적 성격과 일본적 특성을 한 번에 해결한다. 그리하여 양명학적 성격과 합일하는 국민성을 가진 일본인은 옳은 것을 선택하고 실천하는, 자발성과 실천성을 가진 민족으로 설명된다. 나아가 이노우에는 유럽에서 들어온 공리주의가 "사람을 사욕으로 이끌어" "심덕을 더럽힌다"[37]고 비판하면서, 공리주의자와 달리 국가의 이익을 위해 헌신하는 "공리주의적 실행자"의 특징을 일본양명학의 특징으로 확보한다.

---

34 井上哲次郎, 『日本陽明學派之哲學』, 富山房, 1918, 573쪽.

35 위의 책, 574쪽.

36 井上哲次郎, 『日本朱子學派之哲學』, 599쪽.

37 井上哲次郎, 『日本陽明學派之哲學』, 2-4쪽.

이노우에는 양명학이 내부의 "심덕"을 함양하는 것과는 달리, 공리주의는 "타율적"인 도덕이론이라고 경계한다.[38] 그러나 공리주의와 같은 결과주의가 산출하는 결과는 확보하고 싶어 한다. 이노우에가 원하는 방법은 개인 내부의 '심덕'에 의해 국가의 이익이라는 결과를 내는 것이다. 즉 '공리주의적 실행자'는 심덕에 의해 국가의 이익이라는 결과를 산출하는 자이며, 그것이 바로 일본양명학자의 특징이 된다.

메이지 초기의 서양화 노선을 대표하는 후쿠자와 유키치는 일본인에게 서양 근대문명을 소개했다. 그 안에서 후쿠자와는 유럽문명과 다른 아시아의 상황을 '권력의 편중'이라는 관점에서 보았다. 자유로운 사고와 실천이 문명을 진보시킨다고 보았으므로 다양한 권력의 공존과 상호견제는 문명사회의 징표였다.[39] 유럽에 비교하면 아시아가 권력의 편중이 심하지만, 그래도 일본은 천황과 쇼군이라는 상이한 권력이 공존하는 데 비해, 중국은 전제군주의 권력이 독존하는 곳이라고 후쿠자와는 진단했다.[40] 그는 전제군주 "체제에 가장 적합하다는 이유에서 오직 공맹의 가르침만이 세상에 전해 내려"[41]온 것이라며, 유학은 근대에는 효용성이 없는 과거의 유산일 뿐이라고 자리매김했다.[42]

이노우에는 서양문명 수용의 대표적 학자인 후쿠자와를 공리주의의 대표로 지목하며 비판한다.[43] 그러면서도 후쿠자와의 유학 비판은 부분적으로 인정한다. 다만 그 비판의 대상은 주자학이 전담하게 한다. 이노우에는 주자학을 몰개성적이고 자유를 인정하지 않는 전근대

38 위의 책, 5쪽.

39 福澤諭吉, 『文明論之概略』, 『福澤諭吉全集』 第4卷, 岩波書店, 1956, 146-147쪽.

40 위의 책, 23-26쪽.

41 위의 책, 24-25쪽.

42 위의 책, 61-63쪽.

43 井上哲次郎, 『日本陽明學派之哲學』, 2-4쪽.

의 이념으로 정리하는 한편, 양명학은 평민적이고 실천적인, 그리하여 국민도덕의 원천이 될 것으로 규정한다. 도덕 발전의 역학은 여러 사상이 자유롭게 경쟁하는 것이고, 그 가운데 평민주의인 양명학이 두드러지게 되었다는 것이 그가 일본의 도덕 방면에서 근대를 설명하는 틀이었다. 이러한 설명을 통해 이노우에는 이 국민도덕의 구체적 내용이 "애국충군"임을 명시하고, 일본은 진작부터 개개인이 "충군애국"이 본성에 의거한 선함이라는 것을 자각하고 자발적으로 "충군애국"을 실천해 오고 있는[44] 나라였다는 것을 선전하고자 했다.

3. 다카세의 이단 비판이 의미하는 것

이노우에는 유학 가운데서도 특히 양명학을 일본적으로 전유했지만, 스스로는 철학사가의 시각에서 일본의 역사를 객관적으로 서술한다는 입장을 취하고 있었다.[45] 그렇다면 중국철학 전문가인 다카세의 중국 이해는 어떤 것이었을까?

다카세 다케지로가 60세 되는 해에 '문하' 30명은 『지나학논총』이라는 논문집을 헌정한다. 그들은 다카세를 "추노(鄒魯)의 도의 근원을 궁구하고 송명의 리의 근원을 탐구하며, 독실히 그리고 변함없이 요강치양지(姚江致良知)의 뜻을 믿고 굳게 지켰다"[46]고 묘사한다. 즉 다카세

44 "충군애국"과 "효제충신"은 井上哲次郎, 「勅語衍義序」, 『勅語衍義』, 敬業社, 1900, 1쪽 참조.

45 이노우에의 자평에 의하면, 자신의 삼부작은 형식 면에서 "철학사상의 사적 발전에 대한 기술과 평론을 주로" 한 것이었다. 井上哲次郎, 「凡例」, 『日本陽明學派之哲學』.

46 高瀨博士還曆記念會, 「序」, 『高瀨博士還曆記念支那學論叢』, 弘文堂, 1928.

는 자타공인 유학자였고, 특히 양명학도였다. 도쿄제국대학 한학과를 졸업한 해인 1898년에 간행한 그의 첫 번째 책은『일본의 양명학』[47]이었다. 다카세는 그 책의「범례」에서 "우리나라의 양명학을 상술"하고자 하는데, 의도는 "왕학(王學)의 답답함을 풀고 청년의 심술을 함양하는 데 있다"[48]고 밝힌다. 이는 이 책에「서」를 단 이노우에에 호응하는 서술방향이었다.「서」에서 이노우에는 에도시대가 주자학의 시대였다고 주장하며, 그 때문에 "양명학이 이단으로 배척"되었지만 "자유사상의 천지"가 된 오늘날 "답답함을 풀어 줘야 하지 않겠는가"[49]라고 말한다.

다카세는 책의 주제인 일본의 양명학을 논하기 전에 일본"문화의 연원"인 중국의 공맹학, 나아가 양명학에 이르기까지의 중국의 문화사를 개관한다. 그는 중국문화의 "단서를 연 사람으로 공자와 노자"[50]를 두 기둥으로 세운다. 그에 의하면, 노자는 "퇴보를 주의로 삼고 자연을 숭상하여 허무를 제창했으며"[51], 공자는 "효제충서를 미루어 인도(仁道)를 세상에 실현한 사람"[52]이다. 이후 한대 이래 송대 이전까지 중국은 글자의 뜻을 밝히는 "훈고에 급급했고", 송명에 이르러서 "형이상학"의 학술이 발흥했다고[53] 중국문화사를 개괄한다. 즉 중국사상사 개관 역

47 高瀨武次郎,『日本之陽明學』, 鐵華書院, 1898. 이노우에는 이 책에「序」를 붙였다.

48 高瀨武次郎,「例言」, 위의 책.
다카세는 한 페이지 안에서도 '陽明學'과 '王學'을 혼용한다. '陽明學'은 메이지시기 양명학을 발양하기 위해 간행된 잡지들에서 처음 사용되기 시작하여, 이후 일본을 비롯해 중국, 한국에 보급되었다. 그때까지는 통상 '王學'이라는 이름으로 불렸다. 이에 대해서는 요시다 코헤이 지음, 정지욱 옮김,『일본양명학』, 청계출판사, 2004, 26-28쪽, "양명학이라는 명칭" 참조.

49 井上哲次郎,「序」,『日本之陽明學』, 2-3쪽.

50 高瀨武次郎,『日本之陽明學』, 1쪽.

51 같은 곳.

52 같은 곳.

53 위의 책, 2쪽.

시 기본적으로 이노우에를 답습하고 있다.

다카세에 의하면 양지는 선천적이며 최고선이며 보편적이다.[54] 인류 보편의 양지 가운데 왕양명의 양지는 "가장 넓고 가장 깊기 때문에, 한 사람이 서양 여러 학파의 '양심설(良心說)'을 망라한다"[55]고 극찬한다. 나아가 다음처럼 양지에 근대적 의미를 부여한다. 이 역시 이노우에의 노선을 답습하는 것이다.

> 양명의 양지의 학은 곧바로 독립적인[獨立不羈] 정신을 고무한다. 심술(心術)을 수양하고 진취의 기상을 함양하는 일은 백성을 어리석게 만드는 정책과 맞지 않는다. 이것이 양명학이 오로지 [안일] 무사를 바라는 세상에 받아들여지지 않은 이유다.[56]

심술을 수양하는 사람은 자신의 의지에 의해 행동하고자 하는 자율적인 사람일 것이다. 위의 인용문에 의한다면, 양명학의 영향 속에서 수양을 하면 "독립적"이고 "진취"적인 "기상"을 가진 사람이 될 것이므로, 불합리한 속박에는 저항할 것이 예상된다. 양명학이 이러한 사람을 길러 낸다고 하니, 이노우에나 다카세가 주장하듯이 주자학처럼 획일적인 사람을 길러 내는 에도시대라면 양명학은 이단시되었을 것이다. 즉 양명학은 "자유의 시대"인 지금 적절한 '근대적'인 학문인 것이다. 다카세는 이노우에와 마찬가지로 양명학의 특성을 '고선적(枯禪的)'인 것과 '사업적(事業的)'인 것으로 꼽고, 중국은 사업적 성격을 잃고 '고선적'인 특징만 남겨 가진 탓에 "사직의 멸망"을 초래한 "망국학"

54 위의 책, 20-22쪽.

55 위의 책, 20쪽.

56 위의 책, 25쪽.

이 되었다고 평하며,[57] 이어서 다음과 같이 말한다.

> 이에 반해 우리나라 양명학은 그 특색으로 일종의 활동적 사업가를 배출했다. 도쥬(藤樹)의 대효, 반잔(蕃山)의 경륜, 싯사이(執齋)의 훈화, 쥬사이(中齋)의 헌신적 사업에서부터[58] 유신호걸들의 경천동지의 위업에 이르기까지[59] 모두 왕학의 선물이다. 저들 지나의 타락적 양명학파에 반해서 우리나라의 양명학은 늠름한 일종의 생기를 띠고, 겁쟁이도 뜻을 세우고 완고한 사람도 청렴해지는 풍조가 있다. 이는 다른 것이 아니다. 양 국민의 성질이 그렇게 만든 것이다. 일본국민의 성질은 저들에 비해 의열(義烈)하고 준민(俊敏)하며 더욱 현실적으로 기울고 실천적 성질이 풍부하다. …… 그리하여 깊고 오묘한 철리(哲理)도 일단 우리나라 학자의 두뇌를 통과하면, 일본화하고 일종의 천박화하여, 실행에 좋은 부분만이 발달하고 추상적이고 순정(純正)적이고 고상한 부분은 의심되거나 제거되어 발달하지 않는다.[60]

위의 글은 다카세가 양명학에 기대하는 것이 무엇인지 보여 준다. 그의 주장에 따른다면, 양명학은 "의열(義烈)하고 준민(俊敏)하며 더욱 현실적으로 기울고 실천적 성질이 풍부"한 일본인을 만들 것이다. 바

---

57 위의 책, 34쪽.

58 각각 中江藤樹(1608-1648), 熊沢蕃山(1619-1691), 三輪執齋(1669-1744), 大塩中齋(大塩平八郎, 1793-1837). 다카세가 『日本之陽明學』에서 양명학자로 중요하게 다루고 있는 인물들이다. 다카세는 이노우에의 『日本陽明學派之哲學』(1900)보다 먼저 『日本之陽明學』(1898)을 발간하고, '유신호걸'들을 양명학자로 포함하는 계보를 엮었다.

59 다카세가 '양명학자'면서 '유신호걸'로서 다루는 중요한 사람은 中江兆民, 春日潜庵, 西郷南洲 등이다.

60 高瀨武次郎, 『日本之陽明學』, 34쪽.

라건대 근대일본의 국민성일 것이다. 그리하여 유신의 호걸들이 근대 일본의 건국에 이바지했듯이, 양명학으로 수양한 일반 국민은 활동적인 사업에 종사할 것이다. 이노우에의 표현대로라면 "설사 공리주의를 주장하지 않더라도 공리주의의 실행자"[61]처럼 가시적인 활동을 할 것이다. 1900년에 출간된 『양명학계제(陽明學階梯)』[62]의 다음 문구는 '양지'에 기대하는 것을 보다 노골적으로 보여 준다.

> 이 세상에 자기 일신을 사랑하여 타인을 돌아보지 않고 육체적 쾌락에 빠진 자가 있다면, 양지의 영명함이 가려진 자다. 왕학은 양지의 영명함을 발휘하여 정신적인 쾌락을 얻으려고 한다. 요컨대, 자신의 사욕을 버리고 천리를 보존하며, 정심성의로써 사회의 공도(公道)를 밟으려고 할 뿐이다. 그러므로 이로써 이기주의를 삼는다면 크게 잘못된 것이다.[63]

그는 '이기주의'와 '사회의 공도'를 각각 육체적 쾌락과 정신적인 쾌락으로 대립시키면서, 양명학도는 '사회적 공도'에 따름으로써 얻는 정신적 쾌락을 추구해야 한다고 촉구한다. 양명학의 실천적 특징이 어디를 향해야 하는지 제시하는 것이다.

그가 신념으로 받아들인 양명학이 구체적으로 어떤 지향을 갖는 것이었는지는 뒤이어 간행된 『양묵철학(楊墨哲學)』[64]에서 보다 분명하게 보여 준다. 옛날 맹자가 양주와 묵적을 양 극단으로 놓고 비판함으

61 井上哲次郎, 『日本朱子學派之哲學』, 599쪽.

62 高瀨武次郎, 『陽明學階梯』, 鐵華書院, 1900.

63 위의 책, 4쪽.

64 高瀨武次郎, 『楊墨哲學』, 金港堂書籍株式會社, 1902. 한 책 안에 『楊子哲學』과 『墨子哲學』이 각각 독립된 채로 차례대로 묶여 있다. 한편, 이 책에도 이노우에 데쓰지로의 「序」가 붙어 있다.

로써 자신의 정체성을 정립했듯이, 다카세 역시 양주와 묵적을 다루는 그 책의 의도를 "삿된 것을 깨뜨림으로써 올바름을 드러냄"[破邪顯正]으로 내걸었다. "그러므로 단순히 [양주와 묵적] 두 사람의 학설을 시시비비할 뿐 아니라, 때때로 오늘날의 윤리를 논한다"[65]고 밝힌다. 다카세는 양주와 묵적을 비판하면서 "양지의 영명함"을 가지고 실천할 "사회적 공도"가 무엇인지 분명히 한다. 나아가 당대의 양주와 묵적, 즉 자신이 깨뜨려야 할 당대의 "삿된 것"이 누구인지도 지목한다.

다카세는 '국가와 개인'의 관계로 묵자와 양주의 특징을 변별한다. 그에 의하면, 묵자의 주장은 "나는 오히려 국가를 위해서 생존하고 항상 국가를 이익되게 하고 인류를 사랑해야 하며 천직을 가져야 한다고 생각"하는 입장이며, 양주의 철학은 "국가는 오히려 나를 위해 존재한다"는 입장이다.[66]

"충군애국은 우리의 대덕의(大德義)이며 가장 고상순결한 애타심"이라고 하는 말이 국가와의 관계로 이론의 성격을 파악하는 그의 의도를 보여 준다. 그가 말하는 '양심'은 '애타심'이며 그 '애타심'의 실상은 '충군애국'이다. 그러므로 '이기주의'를 종지로 하는 양주학설이 배척당하리라는 것은 예상 가능하다. 그는 "이기주의가 어떤 종이든 관계없이 반드시 충군애국에 유해하다"고 단언한다.[67]

그의 화살은 당대의 이기주의자인 가토 히로유키(加藤弘之, 1836-1916)를 겨냥한다. 그는 "박사의 이기설이 고래의 이기설보다 훨씬 유해한 것은 19세기의 학술계를 동요시킨 진화론을 기초로 하고 있기 때

65 高瀨武次郎, 「例言」, 『楊子哲學』.

66 위의 책, 28-29쪽.

67 위의 책, 78-79쪽.

문"[68]이라고 비판한다. 잘 알려져 있듯이 가토 히로유키는 인간을 다른 동물과 마찬가지로 이기적 동물로 간주했다. 그리고 이기심에 의한 국가주의를 고취하고자 했다.[69]

다카세도 "자기를 사랑하는 마음"[愛己心]을 인정한다. 그러나 자신은 동시에 "애타심의 고유를 인정한다"고 말한다.[70] "박사의 말대로 강한 이기심을 가진 인간이라면 무엇 때문에 목숨을 버리면서 애국 행위를 하겠는가?"라는 것이 그 비판의 근거다.[71] 그는 가토 히로유키의 이기주의뿐만 아니라 에피쿠로스를 비롯해 "동서고금의 모든 이기주의"는 "인류사회를 위해 심각히 배척해야 한다"고 주장한다.[72] "니체가 예수교의 구속을 비난하며 방종을 고취한 것" 역시 "양주의 설과 동일한 폐단"을 갖는 것으로, "니체 역시 도덕의 악마"라고 주저 없이 말한다. 그는 "악마를 퇴치하는 것은 누구의 임무인가!"[73]라고, 공자의 뒤를 자임하려는 맹자의 말투를[74] 따라 하며, 자신이 그 정통의 후계자임을 자처한다.

양주가 가토 히로유키의 대리였다면 묵자는 예수교의 대리였다. "묵적의 겸애는 예수교의 박애주의 부류"[75]라고 하면서, "묵자와 예수교는 근본사상과 [이론의] 조직방법이 대부분 서로 비슷"하다고 설명한

---

68 위의 책, 85쪽.

69 가토 히로유키는 "국가주의는 국가의 이기주의"라는 논리로 "국가주의와 이기주의를 통일시키고 있다". 船山信一, 앞의 책, 56–58쪽 참조.

70 高瀨武次郞, 『楊子哲學』, 90쪽.

71 위의 책, 95쪽.

72 위의 책, 29쪽.

73 위의 책, 60쪽.

74 『孟子』「公孫丑」下: "如欲平治天下, 當今之世, 舍我其誰也."

75 高瀨武次郞, 『墨子哲學』, 161쪽.

다.[76] 이어 예수교의 박애설은 "이른바 나쁜 평등[惡平等]의 사랑설"로 "도저히 인정에 적합한 설이 아니다"라고 비판한다. "친소에 따라 사랑이 후박을 띠는" 유교의 견해를[77] 가치판단의 표준으로 삼았기 때문에 나온 비판이다. "신의 뜻을 받들어 일시동인(一視同仁)"하는 "[사랑은] 무한히 광대하지만 오히려 실시하기 곤란하여 효과가 없다"[78]는, 효과 차원의 비판도 이어진다. 또한 "무한능력을 가진 조물자"의 관념과[79] "괴담을 곡해해 신의 상벌"[80]이라고 하는 등의 방식은 "우매한 인민을 깨우치는 방편에 불과"할 뿐 "개명인에게는 적합하지 않다"[81]는, 문명 차원의 비판도 있다.

그러나 더 근본적인 비난은 그가 종교를 정치에 종속된 것으로 보는 시각에서 나온다. 그는 "예수교의 무제한적 박애설이 묵자의 무차별적 겸애설보다도 훨씬 유해한 것은 예수교가 문명의 가면을 쓰고 강대국의 후광을 업고 있기 때문"[82]이라며 다음과 같이 그 현상을 묘사한다.

> 만약 예수교의 무차별적 박애설이 실행된다면 세계는 진실로 평화롭고 편안하여 완연 천국의 즐거움을 누릴 것이다. 그러나 안타깝다, 예수교의 성서는 완전히 쓸모없는 문장[空文反古]이 되었다. 유럽인이 입에 담는 박애주의는 다만 외면적 장식일 뿐, 그 실제는 전혀 이와 반대다. 유럽 여러 강국이 동양의 약소국 혹은 노대국(老大國)에서 하는 거동을 보

76 위의 책, 388쪽.
77 위의 책, 397쪽.
78 위의 책, 161쪽.
79 위의 책, 391쪽.
80 위의 책, 407쪽.
81 위의 책, 407쪽.
82 高瀨武次郎, 『楊子哲學』, 85쪽.

> 라! 그들은 인도(人道)를 완전히 무시한다. 인도(印度) 침략은 실로 악마도 오히려 하지 못할 잔혹함에 의해 수행되었다. 안남의 침략도 실로 잔혹하다. 근래 북청(北淸)에서 예수교 나라 즉 개명국의 군대가 침범한 죄악은[83] 듣는 자들로 하여금 견디지 못하고 떨게 만든다. 그들은 인면수심이다.[84]

"만약 예수교의 애설(愛說)이 실시되었다면 유럽예수교 국민은 지금처럼 금수적 강식약육의 침략을 하지 않았을 것"이라며 "그렇지 않은 증거는 세계 각지에 역연하다"고 다카세는 분개한다.[85] 즉 그는 유럽제국주의의 영토확장을 기독교와 연결하고 있다. 그는 예수교가 "국제 간에 인도를 무시할 뿐 아니라 개인 간에도 타인에 대해 조금도 가차 없으며, 또한 교활한 수단을 사용하는 자가 많다. 특히 박애가 행해지지 않을 뿐 아니라, 좁은 사랑도 행해지지 않는다"[86]고, 예수교의 핵심교설인 '사랑' 자체를 기만적인 것으로 본다.

맹자에게만 유학이 세계관이고 진리였던 것이 아니라, 20세기의 다카세에게도 유학은 세계관이고 진리였다. 그는 "논어와 맹자 등의 교의가 대단히 정확하여서 금후 점점 세력을 얻을 것"[87]이라고 교세의 확산을 예상한다.

그런데 맹자가 양주와 묵적을 비판하면서 지키고자 했던 것은 선한 본성에 의해 실현되는 인륜이었다. 맹자에 의하면, 묵자는 남의 아

83 의화단사건을 가리킨다.
84 高瀨武次郎, 『墨子哲學』, 396쪽.
85 위의 책, 161쪽.
86 위의 책, 397쪽.
87 위의 책, 408쪽.

버지보다 나의 아버지를 향한 사랑이 더 크다는 것을 부정했고, 양주는 군주로 상징되는 공동체의 가치를 부정했다.[88] 이를 비판하면서 맹자는 관계의 친소에 따라 차등이 있지만 세상 끝까지 미치는 사랑의 마음이 인간이 타고나는 본성이라는 유학의 입장을 확립한다. 즉 '자연적'으로 '사회적'인 인간의 본성을 유학적인 것으로 내세웠다. 양주가 자연만을 확보했다면 묵자는 사회만을 확보한 것이고, 맹자는 양쪽을 비판하면서 자연성과 사회성을 모두 유학의 특징으로 정립한 것이다. 자연적인 사회성을 가시적으로 보여 주는 것은 혈연에 대한 사랑이다. '효'가 유학에서 근원적인 덕으로 꼽히는 배경이다. 양명은 그 본성을 세상의 모든 부모가 편안한 것을 봐야 내 마음도 편안해지는 경지, "천지만물을 일체로 여기는"[89] 마음이라고 풀이했다.

다카세가 양주를 비판하면서 확보하는 입장이 '애국충군'이라는 점에서 맹자와 다르지 않게 보일 수도 있다. 그러나 묵자를 비판하면서 확보하는 입장은 맹자와 달라진다. 다카세는 내게 가까운 가족에 대한 차등적인 사랑을 강조하지 않는다. 그의 '양심'은 다만 '충군애국'으로 설명될 뿐이다. 다카세의 주장대로 양심은 인류 누구에게나 보편적인 것이고 그 양심의 실상이 '충군애국'이라면, 어떤 나라의 국민이든 '충군애국'을 위해 타국을 배척하는 것이 인지상정이 된다. 그렇다면 다카세가 예수교를 비판할 점은 인간의 본성을 잘못 파악하고 박애

88 『孟子』「藤文公」下: "楊氏爲我, 是無君也. 墨氏兼愛, 是無父也. 無父無君, 是禽獸也."

89 王守仁, 「大學問」, 『陽明全書』, 臺灣中華書局, 1970, 卷26: "是故親吾之父, 以及人之父, 以及天下人之父, 而後吾之仁, 實與吾之父, 人之父, 與天下人之父而爲一體矣. 實與之爲一體而後, 孝之明德始明矣. …… 君臣也, 夫婦也, 朋友也, 以至於山川鬼神鳥獸草木也, 莫不實有以親之以達吾一體之仁. 然後吾之明德, 始無不明, 而眞能以天地萬物爲一體矣. 夫是之謂明明德於天下."

를 부르짖는 어리석음 정도여야 할 것이다. 유럽 강대국을 비난할 점은 '충군애국'의 자연스러운 본성 대신 '박애'라는 자연적이지 않은 사랑을 표방하는 위선 정도여야 할 것이다.

묵자가 주장한 것은 유용성의 원리이고, 맹자는 그것이 인간의 본성에 맞지 않는다고 비판했다. 다카세 역시 인간의 본성을 내세우지만, 그것이 '충군애국'이라고 한정하면 실제로는 '충군애국'을 최고의 가치로 설정하는 유용성의 원리 체계를 가진 윤리설이 된다. 기독교에 대한 비판이 어떤 것이든, 사람의 선한 본성 즉 '양지'를 '충군애국'이라고 제한한다면, 본성의 발휘는 '평천하'가 아니라 각 국민의 '충군애국'이 충돌하는, 지속적인 전쟁상황으로 귀결할 것이다.

4. '실천적 윤리' 중심으로 서술된 『지나철학사』

다카세는 『지나철학사』라는 이름으로 중국철학사도 저술했다.[90] 1910년 출간된 것으로, 앞에서 다룬 『일본의 양명학』(1898)이나 『양묵철학』(1902)과는 시간 차가 있으나, 내용을 보면 공맹을 시조로 하여 양명학에서 정점을 찍은 유학을 정도로 삼고 여타 사상을 부정적으로 평가하는 자세는 변함이 없다.

우선 그는 '지나 선진 사상'을 각각 공자와 노자를 비조로 하는 두 계통으로 나눈다. 공자를 대표로 하는 '유교'는 '세간적 즉 경세적', '낙천적', '사회적', '진보적', '실천철학적'이라는 수식어로, 노자를 대표로 하는 '도교'는 '출세간적', '염세적', '개인적', '퇴보적', '자연철학적', '형

90 高瀨武次郎, 『支那哲學史』, 文盛堂書店, 1910.

이상' 등의 수식어로 각각을 특징짓는다.[91] 이 두 유파에 대한 평가가 객관적 시각에서 각각 사상의 발생 배경과 의의를 검토한 뒤에 나온 것이 아니라는 점은 그가 특성으로 꼽은 수식어가 간접적으로 전해 준다. 다카세는 중국에서 탄생한 사상만 다루는 것이 아니라 중국불교도 다루지 않을 수 없다고 서론에서 언급하며, 본론에서는 '한대불교,'[92] '육조불교사상의 전파,'[93] '[당대] 불교 사상의 현황'[94] 등의 장에서 불교를 다루지만 대단히 소략하다. 그리고 송대 이후에는 유학에 대해서만 논한다. '유불도' '삼교' 가운데 도교와 불교는 '출세간'[95]의 사상이기 때문이라는 것이 소략하게 다루는 이유다.

그는 중국철학사에서 도교 혹은 도가가 적지 않은 비중을 차지함에도 불구하고 "초사회적이고 형식적"이어서 여타 학파의 공격을 받아 자취가 끊어졌다고 하면서 제외하고, 중국학술의 특징을 "단순히 진리 연구를 목적으로 하는 일이 없이, 인간을 우주의 중심으로 삼아 윤리를 일체의 대본으로 삼는"[96] 것이라고 정리한다.

나아가 다카세는 실천적 윤리를 대본으로 삼는 것이 바로 '동양윤리학'의 특징이라고 일반화한다. 이와 대비해서 "서양윤리서에는 리(理)를 잘 파악하는 것을 중요하게 여기고 진리를 설명하면 일이 끝난다는 흔적이 있다"고 단정한다. 즉 서양윤리학은 단순한 지적 작업에 머무는 것이라고 일반화하고, '동양의 윤리'는 "리를 말하고 진리를 밝히는 것"을 넘어 "인심을 지배하고 사회를 유지하고 지도하는 가르침

91 위의 책, 234쪽.
92 위의 책, 466-468쪽.
93 위의 책, 500-509쪽.
94 위의 책, 576-578쪽.
95 위의 책, 509쪽.
96 위의 책, 2쪽.

을 중요하게 생각한다"고 구별한다.[97]

실제로 중국철학사에서 다카세가 중시한 것은 '실천적 윤리'였다. 즉 '충군애국'의 실천으로 드러나는 '양심'의 전개가 핵심이었다. 그러므로 도교와 불교를 주류에서 제외한 데 이어, 훈고학과 청조의 고증학 역시 철학 부진의 시대가 만들어 낸 결과로 처리한다.[98] 그처럼 출세간적인 불교와 도교를 젖히고, 또 비철학적인 훈고학과 고증학을 젖혀 놓으면, 남는 것은 선진시대의 사상과 송명리학뿐이다.

> 상하 4천 년 간의 사상계를 통관하면, 선진에서는 오로지 발흥의 기운이 우연히 일어났고, 제자백가가 병기하여 탁론고설을 발표하니, 광채가 찬란하여 봄과 같은 백화 찬란한 아름다운 모습을 보였다. 그 후 훈고주석 시대로 불리는 천여 년이 지났고, 송명에 이르러 이기심성(理氣心性)의 학이 일어났다. 송명철학은 선진철학처럼 백가가 서로 부딪히는 호탕하고 뛰어난 기상은 없지만 깊고 주도면밀한 사색을 넓혀 천지의 오묘함을 천명하고 인성의 미세한 부분을 고찰했다. …… 그러므로 고래 철학을 논하는 사람은 모두 선진과 송명을 들고 융성했다고 평했다.[99]

이러한 서술은 기본적으로는 이노우에의 중국철학사관을 답습하는 것이지만, '송명'이라고 '송'과 '명'을 병칭하는 점은 이노우에와 다르다. 다카세는 유교와 도교를 중국의 양대 사상으로 세우고 그 특징을 '세간'과 '출세간', '실천철학'과 '자연철학' 등으로 규정하며 대비했는데, 다음의 서술에 따르면 송학이 그 두 흐름을 종합했다고 보고 있다.

---

97 위의 책, 2-3쪽.

98 위의 책, 859쪽.

99 「自序」, 위의 책, 2-3쪽.

> 송학은 고래 지나에서 일어난 각종 철학에 비해 그 취지를 대단히 달리한다. 송학은 종래 이미 발달한 철학 위에서 더욱 몇 보를 나아가 수신·제가·치국·평천하의 길을 논하는 외에, 자연현상을 고구하는 데 이르렀다. 그러므로 그 사색은 종전보다 복잡하게 되었다. 가장 특징적인 것은 인성과 우주의 관계, 즉 이기심성의 설에 있다. 종래의 유학은 오로지 실천을 중시하고 교훈을 내리는 것을 주로 했는데, 송학은 여기에 그치지 않고 나아가 그 원리를 탐구하는 데 뜻을 두었다. …… 종래 유학은 단지 사회적인 것에 머물고 아직 자연적으로는 미칠 기틀이 없었는데, 송에 이르러 점점 고원한 자연철학을 연구하게 되었다.[100]

이러한 설명에 의하면, 송학이 윤리학의 핵심으로서 '이기심성'을 주로 논하지만, 다카세의 용어로는 '자연철학적'인 원리, 즉 형이상학도 포괄하게 되었다. 그때까지 별개로 전개되던 도가적 흐름을 수용했기 때문이다. 송학에 대한 이러한 평가는 양명학에 대한 높은 평가로 이어진다.

> 유교의 요지는 고유한 덕성을 충분히 발휘하여 사회에서 잘 활동하는 사람을 만드는 데 있다. 요컨대 인성은 선한 것이고 양심은 고유한 것이다. 양지는 고유한 것으로, 이것이 충분히 발달하면 천지와 덕을 함께하는 대덕(大德)의 사람이 된다. 그렇다면 왕양명의 양지설은 고래 유자가 모두 인정하는 양심설로서 양명이 다만 그것을 설한 것이라면, 사실은 양명의 설일 뿐 아니라 유교 전체에 통하는 설이다. …… 양명이 말하는 것은 양명의 설에 한정되지 않으며, 다만 공맹 이래의 설을 조술한 것일 뿐이다.

100 위의 책, 582쪽.

강학법에서는 주자학이라고 하고 양명학이라고 해도, 본래 작은 차이에 불과하다.[101]

이를 보면, 다카세에게 주자학이나 양명학이나 차이는 크지 않다. 다카세는 양심설이 양명에 의해 명대에 가장 성행한 것일 뿐, 유교 전체의 이론이라고 말한다. 그리고 "동양에서 양심을 설한 자는 유교를 두고 달리 구할 수 없기 때문"에 "유교의 양심설은 동양양심설"로 부를 수 있다고 한다.[102]

양명의 성설은 양지를 고유한 것이라고 주장하며 맹자의 양지양능설을 이은 점에서 생각해도, [양명의 성설이] 성선설이라는 것을(은) 말할 것도 없으며, 그 주장을 보아도 [성선설이라는 것을] 분명하게 알 수 있다. 만약 성선설을 취하지 않는다면 양명의 학설은 전혀 근거를 잃을 것이다. 양명에게도 역시 우주설이 없지는 않지만, 대단히 간략하여 요컨대 하나의 원기(元氣)가 있고 리(理)는 저절로 그 안에 있다는 것이다. 또 정치론, 병략론 등 논술할 것은 많지만, 지금은 다만 그 중요한 뜻을 적을 뿐이다. 양명은 도덕, 사공, 저술의 삼불후(三不朽)[103]를 겸비한 위인으로 그 활약의 언동은 깊이 후인을 분발하게 한다.[104]

다카세는 양명학을 주자학을 이은 유학의 정통이라고 생각한다. 다카세는 동양윤리학의 특징이 '실천적 윤리학'이라고 주장했는데, 위

101 위의 책, 853-858쪽.

102 위의 책, 828쪽.

103 "三不朽"는 '立德', '立功', '立言'을 가리킨다. 『左傳』「襄公二十四年」 참조.

104 高瀨武次郎, 『支那哲學史』, 807-808쪽.

의 인용문에서 그 윤리학의 핵심을 '성선설'로 생각하고 있음을 보여준다. 성선설이 동양윤리학의 특징이며, 왕수인은 주자와 마찬가지로 맹자의 성선설을 계승하고 발양한 사람이라고 생각하는 것이다.

그는 이노우에와 달리 주자학과 양명학을 특필해서 구분하지 않으며, 나아가 주자학을 비판하지도 않는다. 오히려 "송대학술의 집대성자"로서 "주자는 참으로 동양국민(東洋國民)의 대 은인"이라고 상찬한다.[105] 이노우에는 양명학파 학자들은 저서가 많지 않고 이론이 결핍되어 있다고 하며, 그들의 실행이 저서를 대신하여 사람들에게 교훈을 줄 것이므로 행장을 중시해야 한다고 평했는데,[106] 양명에 대한 다카세의 평가는 이노우에보다 훨씬 후하다. 다카세에 의해 양명은 '도덕'과 '사공'뿐만 아니라 '저술'까지 겸비한 사람으로 상찬된다.

다카세 역시 이노우에가 제시한 중국철학사 이해를 받아들여 선진유학과 송명유학만이 철학적으로 의미 있는 학술이라고 생각했다. 그러나 주자학과 양명학을 대비하여 주자학을 획일적인 '관'의 학문으로 폄하하고 양명학을 '평민주의'라고 평가하는 이노우에의 대비는 받아들이지 않았다. 그는 유학자를 자처하는 사람으로서 유학의 정통이 지켜지는 것을 중시했다. 그에게 유학의 핵심은 성선론에 기반한 실천윤리였고, 주자학과 양명학은 차례로 그 정통을 이은 학술이었다. 그리고 그러한 실천윤리만이 유의미한 철학이었다. 그 입장에서 유학 이외의 사상에 대해서는 '이단' 또는 '출세간'이라는, 비학술적인 평가를 내렸다.

105 위의 책, 713쪽.

106 井上哲次郎, 『日本陽明學派之哲學』, 574-575쪽.

5. 중국유학과 일본유학의 차이 찾기

유학을 향한 다카세의 애정이 이노우에와는 다른 종류의 것이었다고 해도, 다카세 역시 유학을 일본국민의 정신으로 전유하려고 하는 당시 일본사상계의 지형 안에 있었다. 다음은『지나철학사』「자서」다.

> 지나철학은 동양사상의 연원을 이루지만, 생명을 동양에서 품부받은 사람은 반드시 그 사상의 유래를 탐구해야 한다. 이 책은 아직 완전한 영역에 도달한 것은 아니지만, 그 본래의 뜻은 본래 동양사상 발휘의 단서가 되고자 하는 것이다. 근년 우리나라의 국운이 융성하여 대만을 취하고 한국을 병합하여 우월하게 동양의 맹주가 되었다. 국민된 자가 동양의 근본사상을 다 알지 못한다면, 아마도 정치, 교육, 종교에서 적당한 실시를 할 수 없을 것이다.[107]

"대만을 취하고 한국을 병합하"는 등 "국운이 융성하여" "동양의 맹주"가 된 일본의 국민성을 알기 위해, 자신들이 "연원"을 둔 "지나철학"을 연구할 필요가 있다고 말한다. 즉 '지나'는 문화의 보고지만, 현재는 일본이 '동양'과 거의 맞먹는 존재 의미를 가지며 '동양사상'의 주체라는 것이다. 나아가 다카세는 '동양사상'이 여전히 "정치, 교육, 종교"에서 적절하게 "실시"할 수 있는 현재적인 것이라고 생각한다.

왜 지나의 영화는 과거로 끝났고 일본이 동양의 대표가 되었는가? 기본적으로 일본이 전유한 유학적 특성에 대한 생각은 다카세와 이노우에가 분리되지 않는다. 앞에서도 언급했듯이 이노우에와 마찬가지로

107 高瀨武次郎,「自序」,『支那哲學史』, 5쪽.

다카세도 양명학에 '사업적'인 성격과 '고선적'인 성격 두 가지를 부여하고, 일본의 양명학이 '사업적'인 성격이 강했기 때문에 현재의 일본으로 이어져 왔다고 주장한다.

또 한 가지 다카세가 일본유학에 부여한 특성은 일본유학이 '효'보다 '충'을 중시했다는 것이다. 앞에서 보았듯이 다카세가 생각하는 중국철학의 '근본사상'은 양명이 '양지'로 특필한 '성선설'이다. 다카세는 성선설의 내용으로 '효'를 언급한다. 이는 "효제는 인의 근본"이라고 한 공자의 주장이기도 하다.[108]

그는 '공부자'의 '학설'을 다루면서 여러 항목 가운데 '충'과 '효' 항목을 나란히 세운다. '충'을 설명하는 항목에서는 "일신을 희생해서 군주에게 충성하라는 뜻은 보이지 않으며 단지 성심을 다하라는 말에 불과하다"고 지적한다.[109] 그런데 동시에 "오늘날 사용하는" 의미의 "충"은 "세상이 전란을 만났을 때 일어나는 것으로, 평온무사한 날에는 일어나지 않는 것"[110]이라는 말을 나란히 넣어, 마치 공자 때부터 그러한 의미가 있었던 것처럼 오해하기 쉽게 서술한다.

'효'를 다루면서는 "공자 교의의 많은 부분은 지나의 특수한 가족제에 의해 세워졌기 때문에 부모형제 등에 관한 것이 지극히 정밀하다"[111]는 말로 시작하여, 끝부분에서는 일본에서도 '효'를 '백행의 근본'으로 여기고 집집마다 『효경』을 구비해 반복해 읽고 깨우치게 했다는 대보(大寶) 원년(701)의 '조(詔)'를 언급한다. 즉 일본에서도 '효'가 중시되었다고 서술하는데, 그 절의 마지막은 다음의 문장으로 끝난다.

108 『논어』「학이」의 "孝弟也者, 其爲仁之本與"가 그러한 주장을 드러낸다.

109 高瀬武次郎, 『支那哲學史』, 118쪽.

110 위의 책, 119쪽.

111 위의 책, 123쪽.

충효 두 도는 공교의 정수이며 공자의 윤리설을 논하는 자는 반드시 충효에 미치지 않을 수 없다.[112]

처음 설명을 시작하면서는 '충'과 '효'가 각각의 항목으로 설명되었으므로, 서술상으로도 이처럼 '충효'로 이어질 이유는 없었다. 이 글에서도 '두 도(二道)'라고 밝혔으니, 아주 틀린 말이라고 할 수는 없지만, '충효'를 붙인 것은 순리적인 설명이라고 할 수 없다.

그러나 『지나철학사』의 앞부분에서 '유가철학'의 '총설'을 다루면서 "가장제도와 윤리의 특징"이라는 작은 제목 아래 다음과 같이 말한다.

지나의 가족제도는 우리나라의 가족제도에 비해 현저한 특징이 있다. …… 지나에서는 충보다 효를 중시하고 우리나라에서는 효보다 충을 중시한다. 이것이 둘의 국체가 다른 원인이다. 지나는 혁명의 기풍이 있고 왕조는 누누이 개변하였으므로 국가 혹은 왕실에 관계하는 관념은 우리나라 사람에 비해 크게 엷고, 이에 반해 가족제의 공고함은 우리나라를 훨씬 뛰어넘는다.[113]

이러한 주장을 뒷받침하는 근거를 다카세는 본문에서 제공하지 않았다. 오히려 앞에서 논했듯이 공자의 '충'에는 일신을 희생해서 군주에게 충성하라는 뜻이 없다고 지적했으며 '효'는 일본에서도 중요하게 생각한 것이었음을 밝혔다. 그런데도 이러한 결론을 내린 것은 다른 의도가 끼어 들어간 결과일 것이다. 앞에서 다카세가 묵자를 비판

112 위의 책, 128쪽.
113 위의 책, 15쪽.

하면서 맹자와 달리 근친에 대한 특별한 사랑을 강조하지는 않았다는 점을 지적했는데, 이 역시 '효'보다 '충'을 부각시키고자 했던 의도에서 나왔을 것이다.

중국이 효를 중시하고 일본이 충을 중시했다는 이 생각은 이후 이노우에에 의해 '개별가족제도'와 '종합가족제도'로 정리된다. 이노우에는 중국에서는 개개의 가족이 독립해 있는 '개별가족제도'가 성행했고, 일본에서는 '천황'을 가장으로 하는 '종합가족제도'가 성행했다고 구별한다.[114] '충효'라는 두 글자 숙어는 『효경』에 보이는 말이지만, 중국에서는 '효'에 치중했을 뿐, 실제로 충효가 실행된 적은 없다고 이노우에는 덧붙인다.[115] 이를 보면, 다카세가 '총설'에서 중국과 일본의 가족제도를 비교한 것은 이노우에의 '지도'에 의한 것이었다고 짐작된다.

그런데 다카세는 이처럼 이노우에의 요청에 응하면서도, 이노우에와 다른 자신의 특성을 드러낼 수밖에 없었다. 이노우에는 공자를 역사상의 한 인물로 생각했으며, 일본 고학파가 공자가 남긴 언행을 진리로 떠받드는 것에 대해 한정적인 의미만을 부여했다. 그러나 유학자 다카세는 공자를 그 누구보다 존숭한다. 그러한 다카세가 일본정신을 현창하는 방식은 독특하다.

> 공자의 위대함은 『논어』를 읽어 보면 알 수 있지만, 넓게 유가의 서를 읽으면 더욱 그 위대함을 알 수 있다. 또한 고금 제자백가의 서와 역대의

114 井上哲次郞, 「我が國體と家族制度」, 1911: "우리나라는 종합가족제도의 궁극적인 형태를 취하는 나라로, 그 가장이 바로 천황이다. 건국 이래 천황과 신민의 관계는 가족적인 성격을 띠고 있다." 스즈키 마사유키 지음, 류교열 옮김, 『근대일본의 천황제』, 이산, 1998, 90쪽에서 재인용.

115 井上哲次郞, 『國民道德槪論』, 三省堂, 1912, 274쪽.

사승 문학을 읽으면 더욱 그 위대함을 알 수 있다. 동아의 천지에서 이루어진 책은 어떤 종류라고 해도 모두 공자의 사상과 남긴 말을 포함하지 않은 것이 드물다. 공자를 찬양하거나 공자를 비방하는 자들은 온갖 방면에서 공자를 그리고 있다. 이는 부자의 감화력이 강대하여 동아 인민의 사상을 지배한다는 증거다. …… 공자는 오늘날까지 이미 칠십 여 세대에 전해졌다. 이로 생각하면 전 지구상 거의 이천오백 년에 이르기까지 혈통이 면연하게 끊임없는 것은 아마도 많아 봤자 우리 황실과 공부자의 가계 둘뿐일 것이다.[116]

일본을 포함해 동아시아의 사상은 공자가 연 유학에서 나온 것이라고 생각하는 다카세는 일본의 영광을 위하여 중국유학을 폄훼하는 대신, 일본황실의 혈통을 공자의 혈통과 동급으로 다루는 방식을 택한다.

이노우에가 주도하는 동양철학의 기획 속에서 중국철학사를 서술한 다카세는 이노우에보다 중국의 사료를 더 자세히 읽었다는 한편의 사정과, 그 자신이 유학의 도를 진리로 생각하는 유학자라는 또 한편의 사정 때문에, 이노우에의 의도에 그대로 부합하지는 않았다. 이노우에의 지도에 따라 '국가주의'를 사상을 평가하는 기준으로 삼았고 그 맥락에서 '실천적'인 성격뿐 아니라 '효'와 대비된 '충'을 일본의 특징으로 부각시켜야 했지만, 유학의 후계자를 자처했으므로 자신이 정통으로 엮는 중국의 유학자들을 구별하여 포폄할 이유는 없었다. 그는 주자에게나 양명에게나 똑같은 존경을 보였다.

116 高瀨武次郎, 『支那哲學史』, 69–70쪽.

6. 유학이 근대일본에서 맞이한 운명

유학을 진리의 기준으로 두고 양묵비판을 시도한 다카세는 '성선설'을 핵심으로 하여 양명학에서 정점을 찍는 것으로 유학의 도통을 세웠으며, 그 뒤를 잇는 역할을 자임했다고 생각된다. 중국철학사의 연장 위에 자신을 두는 듯한 다음의 서술을 보면 더욱 그렇게 느껴진다.

> 지나철학사를 보건대 사조가 한번 높아지면 한번 낮아져서, 선진철학의 발흥이 있고 난 뒤에 한당훈고의 학이 일어나고, 송명철학의 발흥이 있고 난 뒤에 청조고증학이 일어났다. 반동적 진행의 기운은 항상 한쪽 극단에서 다른 극단으로 달리는 것이다. 그렇다면 지금 청조고증학이 이미 극단으로 달렸다면 다음 열릴 새로운 면은 과연 무엇이어야 할까? 이미 당송시대부터 전래된 예수교 교리는 저처럼 단순하다. 그렇다면 이 자극에 의해 새로운 철학이 일어나지는 않을 것이다. 다만 바라야 할 것은 심원한 서양철학을 주입해서 침체한 사상계를 일신하는 데 있을 뿐이다.[117]

송명철학이라는 철학의 고조 뒤에 청조고증학이라는 저조가 뒤따랐고, 지금은 서양철학의 자극을 받아 송명철학을 잇는 유가철학을 펼치는 일을 자신의 임무로 삼고 있는 것으로 읽힌다. 이노우에가 유학의 밖에서 사상의 발전이라는 '철학사'의 관점으로 유학을 다뤘다면, 유학자 다카세는 도통론의 관점에서 유학의 역사 안에 자신을 앉힌 것이다. 도가와 요시오는 다카세가 "양학방법의 섭취와 고유의 중국사상연구의 결합에 부심"했다고 지적하며 그 노력은 크게 평가할 만하다

117 위의 책, 864쪽.

고 말한다.[118] 그러나 실제로 그가 서양철학의 방법론을 얼마나 받아들였는지는 의문이다. 도가와 역시 그 결과까지 평가하는 것은 아니어서 "서양철학사의 방법을 성급하게 도입함에 따라" 그의 중국사상사 연구가 "역사학에 비해 과학으로서의 독립이 방해되었다"[119]고 지적한다.

다카세의 중국학이 과학적이지 않은 것은 분명하나, 그것은 서양철학의 방법을 소화하지 못해서였던 것 같지는 않다. 그는 이노우에가 제시한 과제, 즉 유학의 정수를 현재는 '동양철학'의 주체로서 일본인이 잇고 있다는 서사 만들기에 가담했다. 이노우에가 그랬듯이 그 역시 유학의 성격을 실천적이라는 특성과 선정적이라는 특성으로 분화시키고, 각각의 특성을 일본과 중국이 각각 나눠 갖게 하는 방식으로 일본유학의 우수성을 확보하려 노력하였다.

그러나 이노우에가 주자학을 전근대로 처리하고 양명학을 근대의 유학으로 평가하려고 했던 것과 달리, 다카세는 '동양철학'의 정통성을 잇는 '유학자'로 자처하고자 했다. 즉 그는 과학적 방법으로 중국학을 할 생각이 없었다. 그에게 유학사는 진리의 전개이며, 거기에는 진보의 개념이 개입하지 않는다. 이노우에는 주자학을 전근대의 학술로 처리하면서 중국 또한 전근대에 정체되어 있는 나라로 처리했다. 그러나 다카세에게 중국의 과거는 전근대가 아니라 유학이라는 진리를 보존해 왔던 곳이었다. '동양철학'이라는 우산 아래 자신을 들어앉힌 그는 '선한 본성'으로 도통의 핵심을 이어 온 중국학자들 모두에게 존경을 표한다. 공자는 말할 것도 없고, 주자나 양명 모두 그 도를 지켜 온 자신의 선배들이었다.

118 戶川芳郎, 앞의 글, 14쪽.

119 같은 곳.

공자에서 시작된 그 도통을 다카세는 자신이 잇는다고 생각했지만, 그 도는 명백하게 '충군애국'으로 한정된 것이었다. 다카세가 양명의 마음을 닮으려는 사람이었다면, "천지만물을 일체로 여기는"[120] 마음을 지향했던 양명의 이상은 어떻게 외면할 수 있었는지 의문스럽기는 하다. 그는 유학자를 자처하면서, 그리고 도통의 계승자이기를 희구하면서 아카데미에서 학술 활동을 했다. 그가 '철학'이라는 이름을 걸고 출간한 '양명학'이나 '양주', '묵자', '중국철학사' 등은 실제로는 '철학사'라는 이름을 붙일 수 없는 것이었다. 보편의 지향이라는 유학의 성격이 왜곡되었다는 사실을 젖혀 두고 논하자면, 자신이 지키는 도의 전개를 서술했다는 점에서 '연원록(淵源錄)'이나 '학안(學案)'의 성격을 갖는 것이었다. 특정한 철학사관을 갖고 역사를 대상화한 뒤에나 가능한 '철학사 서술'은 유학자를 자임하는 그가 감당할 수 있는 일은 아니었다.[121]

유학은 일본을 포함하여 동아시아에서 긴 역사를 갖는 학문이다. 근대에 이르러 그 운명은 한 가지로 정해지지 않았다. 이노우에가 보여 주듯이, 민족적으로 전유되는 방식이 그중 하나의 존재방식이었다. 보편을 지향하는 유학이 민족적으로 전유되면서 왜곡을 겪었다면, 다카세가 보여 주는 것은 민족적으로 전유되면서 도통의 지속이 주장되는 이중의 왜곡을 겪은 유학이 아닐까?

120 王守仁, 「大學問」, 『陽明全書』 卷26, 臺灣中華書局, 1970.

121 '학안'과 '철학사'의 차이에 대해서는 김태년, 「학안에서 철학사로: 조선유학사 서술의 관점과 방식에 대한 검토」, 『한국학연구』 23, 2010 참조. 김태년에 따르면 학안의 가장 큰 특징은 유학을 정통으로 받아들인다는 점이고, 철학사의 가장 큰 특징은 대상을 객관화한다는 점이다.

제5장

중국을 멸시하는 중국학

쓰다 소키치의 도가 연구

이승율

1. 쓰다는 왜 도가사상을 연구했는가

이 장에서는 앞 장에서 살펴본 나카무라 마사나오나 다카세 다케지로 등과는 완전히 상반된 입장에 있었던 쓰다 소키치를 다루고자 한다. '완전히 상반된 입장'이란 나카무라가 '한학불가폐론'을 주창하고 다카세가 유학자로서의 자의식을 갖고 있었던 데 반해, 쓰다는 한학 부흥에 비판적·부정적인 입장에 있었다는 것을 가리킨다. 여기서는 이런 입장에 있던 쓰다가 동아시아에서 가장 먼저 근대화의 길을 걸은 일본과 타자인 '중국' 및 '동양'·'아시아'의 관계를 어떻게 설정하려고 했는지, 그의 도가 연구와 중국·아시아 멸시관을 중심으로 고찰할 것이다.

이 장에서 고찰 대상을 쓰다의 도가 연구에 한정한 것은 지면의 제약상 유교·불교 등에 관한 것을 모두 대상으로 삼기 어려운 이유도 있다. 하지만 그보다도 아시아에 속해 있지만 중국과 일본은 다르다는 생각과 중국에 대한 '멸시'가 도가사상에 대한 그의 인식에 잘 드러나 있기 때문이다.

그런데 여기에서 다루고자 하는 것은 쓰다가 도가사상을 어떻게 분석하고 논의했는지에 대해서가 아니다. 그가 도가 연구를 통해 그 성격이나 특색, 더 나아가 중국인·중국어·중국사상·중국문화의 특징을 어떻게 규정하고 평가하는지, 그 속에 어떤 심리가 작동하고 있는지 '중국'에 대한 그의 관점과 내면세계를 보려는 것이 목적이다. 다시 말하면 그의 연구의 세부 내용을 다루려는 것이 아니라, 그가 도가 및 그와 관련된 중국 연구를 통해 무엇을 말하려고 하는지를 보려고 하는 것이다.

쓰다는 20세기 초 일본 근대학문을 대표하는 지식인이자 실증사학자로 알려져 있다.[1] 또 후술하듯이 중국 침략을 정당화하기 위한 아시아주의의 유행을 비판한 저항자로 불리기도 한다.[2] 쓰다에 대한 이런 평가는 그가 "기기(記紀)는 역사 연구의 재료로 삼을 수 없다"거나,[3] "학문의 정신은 비판에 있다"고 역설해 온 점,[4] 일본 신대사(神代史)·상고사(上古史) 등 자국의 역사 연구를 둘러싸고 우익과의 사이에서 발생한 '쓰다 사건'이 보여 주는 상징성에서 기인하는 측면이 강할 것이다.[5]

---

1 栗田直躬, 『中國思想における自然と人間』, 岩波書店, 1996, 344쪽; 謝明珊, 「津田左右吉中國研究的原點: 以世界化爲基礎的本土化」, 『國家發展研究』 第7卷 第1期, 2007, 156쪽; 彭新勇, 「津田左右吉的中國觀」, 『重慶理工大學學報(社會科學)』 第29卷 第2期, 2015, 104쪽 등.

2 家永三郎, 『津田左右吉の思想史的研究』, 岩波書店, 1972, 363쪽.

3 津田左右吉, 『古事記及び日本書紀の新研究』, 洛陽堂, 1919; 『津田左右吉全集』 別卷 1, 岩波書店, 1966, 192쪽. 이하 전집을 인용할 때는 논저가 처음 나오는 것이거나 특별한 경우를 제외하고는 모두 본문에 '(권수.쪽수)'의 형식으로 표기했다. 단, 補卷의 경우는 '권수' 앞에 '보'를 표기하여 구분했다.

4 津田左右吉, 「支那思想研究の態度」, 『早稲田學報』 476, 1934; 『津田左右吉全集』 第21卷, 岩波書店, 1965, 347쪽.

5 '쓰다 사건'이란 1939년 극우 성향의 미노다 무네키(蓑田胸喜) 등이 쓰다의 기기(記紀) 연구를 신대(神代) 및 주아이(仲哀) 이전의 역대 일왕을 말살하는 대역(大逆) 행위로 규정하고, 그를 검사국(檢事局)에 불경죄로 고발한 사건을 가리킨다. 그로 인해 쓰다는 와세다대학 교수직에서 면직당하고, 재판을 통해 금고 3개월 집행유예 2년의 선고를 받게 된다. 또 그의 기기 관련 서적들은 출판법 위반(왕실 존엄 모독)으로 발매 금지 처분을 당하게 된다. '쓰다 사건'과 관련된 구체적인 사항에 관해서는 家永三郎, 앞의 책, 357–431쪽 참조. 쓰다에 대해서는 그를 메이지(明治) 민족주의의 잔영(殘映)으로 보거나 다이쇼(大正) 민주주의의 하나의 전형으로 평가하기도 한다. 최근에는 이성시(李成市)처럼 쓰다를 현재 일본의 부정적인 아시아 인식의 원형으로 보는 견해도 나와 있다. 원형이라는 언급은 없지만, 이성시 전에 旗田巍·增淵龍夫·石母田正·山尾幸久가 이미 쓰다의 중국멸시 문제를 다룬 바 있다. 위의 책, 3쪽; 上田正昭 編, 『人と思想 津田左右吉』, 三一書房, 1974, 54·243–245·247–248·395–396쪽; 大室幹雄, 『アジアンタム頌 津田左右吉の生と情調』, 新曜社, 1983, 2쪽; 李成市, 『闘爭の場としての古代史 東アジア史のゆくえ』, 岩波書店, 2018, 255–256쪽.

그러나 중국·한국 등 아시아에 관한 쓰다의 연구도 과연 실증적인가라고 한다면, 매우 회의적이다.[6] 이 장의 고찰 대상인 그의 중국도가 연구도 실증적인 연구로 보기는 어렵다. 그보다는 오히려 다음의 두 가지 명확한 목적의식하에 수행된 것이라고 생각된다. 하나는 20세기 전반기에 일본에서 학술적·정책적으로 논의되어 온 서양·동양이라는 이분법적·대립적 구분의 문제점을 비판하는 것이다. 또 하나는 그것을 통해 일본문화의 독자성과 세계성, 더 나아가 일본'민족'·일본'국민'의 우월성과 지도(指導)적 지위를 확립하는 것이다. 이것이 이 장에서 밝히고자 하는 바다.

6 쓰다사학이 실증주의와 다르다는 것을 지적한 연구로는 石母田正, 『歷史と民族の發見』, 東京大學出版會, 1952, 58-84쪽; 上田正昭, 「津田史學の本質と課題」, 歷史學硏究會·日本史硏究會 編, 『日本歷史講座』 第8卷, 東京大學出版會, 1957, 250-255쪽 등이 있다. 근대 역사학의 아버지라 불리는 독일 역사가 랑케(Leopold von Ranke, 1795-1886)에 의하면, 실증주의는 철저한 연구정신과 어느 특정한 정치 입장에도 서지 않는 순수하면서도 편견 없는 진리에 대한 사랑에 입각해 역사를 연구하는 것을 목적으로 한다. 잘 알려져 있듯이 쓰다도 이런 랑케학파·랑케사학의 영향을 받은 인물이다. 하지만 쓰다에게는 그런 연구정신과 함께 분명한 시대적 한계도 있었다. 시대적 한계란, 쓰다가 메이지시대를 "세계 문물을 널리 받아들여 일본문화를 발전시키는 일에 거국적으로 노력했던 시대"라는 의미에서 '행복한 시대', '행복한 삶'이라고 예찬하면서도, 그런 '행복한 시대'가 한국이나 중국을 예속하고 희생시킴으로써 만들어졌다는 상반된 측면에 대해서는 침묵하거나 인정하려고 하지 않았다는 한계를 말한다. '실증사학'이라 불리는 그의 학문이 그 본질에서 실증적이지 못했던 것은, 그가 젊은 시절부터 자신도 자각하지 못하는 사이에 후자와 같은 함정에 빠져 있었기 때문이다. 이 점에 관해서는 石母田正, 『歷史と民族の發見』, 75·81-82쪽 참조.

2. 도가의 주장은 무의미하다

쓰다가 중국의 도가사상을 연구하면서 얻은 결론은 '도가의 주장은 무의미하다'는 것이다. 이 절에서는 먼저 쓰다가 어떻게 해서 이런 결론에 도달하게 됐는지 그의 도가 연구의 궤적을 통해 살펴보고자 한다.

「편집후기」에 의하면 쓰다의 연구는 다이쇼(大正, 1912-1926) 중기 무렵부터 중국사상 방면에 중점을 두게 된다. 이 방면과 관련된 크고 작은 연구는 대체로 전전(戰前)에 이루어진다.[7] 그중 이 장에서 고찰 대상으로 삼은 것은 ① 1925년(52세)에 발표된 「유가와 도가의 교섭에 관해」[이하 「교섭」이라고 한다],[8] ② 1927년(54세)에 간행된 『도가 사상과 그 전개』[이하 『전개』라고 한다],[9] ③ 1938년(65세)에 간행된 『지나사상과 일본』[10]이다. ①은 쓰다 자신이 말하듯이 ②의 단서 및 기초가 된 것이다(13.3).

7 津田左右吉全集編集室, 「編集後記」, 『津田左右吉全集』 第13卷, 岩波書店, 1964, 591쪽.

8 津田左右吉, 「儒家と道家との交涉について」, 『東洋學報』 15卷 1號, 1925; 『津田左右吉全集』 第28卷, 岩波書店, 1966, 272-315쪽.

9 津田左右吉, 『道家の思想と其の開展』, 東洋文庫, 1927; 『津田左右吉全集』 第13卷, 이 책은 1927년에 출판된 뒤 오랫동안 절판되었다가 1939년에 岩波書店에서 再版하게 된다. 재판에서는 1933년에 『市村博士古稀記念東洋史論叢』에 게재했던 「『老子』の硏究法について」가 부록으로 추가되고, 책이름도 '開展'에서 '展開'로 변경됐다. 『전집』 13에 수록되어 있는 것은 재판본이다. 여기서는 재판본을 인용했다.

10 津田左右吉, 『シナ思想と日本』, 岩波書店, 1938; 『津田左右吉全集』 第20卷, 岩波書店, 1965, 195-335쪽. 1938년에 출판한 책은 1933년에 간행한 『日本に於ける支那思想移植史』(岩波講座哲學, 岩波書店)와 1936년에 간행한 『文化史上に於ける東洋の特殊性』(『岩波講座東洋思潮』, 岩波書店)이라는 두 논문의 제목을 변경한 뒤 한데 엮어 출판한 것이다. 舊版 「まへがき」는 『津田左右吉全集』 補卷 2, 岩波書店, 1989, 393-400쪽에 수록되어 있다. 참고로 구판은 戰前인 1938년에 岩波新書(岩波書店)로 출판됐고, 新版은 戰後인 1959년에 『歷史學と歷史教育』(岩波書店)에 수록되는 형태로 출판됐다. 신판의 한글 번역본으로는 쓰다 소키치 지음, 남기학 옮김, 『중국 사상과 일본 사상』, 소화, 1996이 있다.

②는 도가를 중심으로 하면서 고대사상 전반에 관해 체계적으로 연구한 저술이다(13.591). ③은 도가를 포함한 중국의 사상·문화와 일본에서의 수용 양상 및 '동양'에 관한 그의 관점을 알 수 있는 책이다. 이것들은 쓰다가 50대 초반에서 60대 중반에 쓴 글이므로, 그의 생각이 어느 정도 성숙된 단계에서 나온 저술이라고 할 수 있다. 아래에서는 이들 논저를 중심으로 서두에서 말한 문제들에 관해 살펴보기로 한다. 다만 ③은 도가를 포함한 중국사상 전반을 다루고 있고, 논의의 중점은 일본의 독자성이나 '동양'이라는 개념의 문제에 맞추어져 있기 때문에 절을 바꾸어 논급하기로 한다.

1) 「유가와 도가의 교섭에 관해」

쓰다는 이 논문의 전반에서 도가의 대표적인 문헌인 『노자』와 『장자』의 저자, 문헌의 성립연대, 사상의 출현 원인 등 문헌학적인 문제를 주로 다룬다. 이 부분이 중요하지 않은 것은 아니지만, 이 장에서 주목하고자 하는 문제와는 직접적으로는 관련이 없기 때문에 여기서는 언급하지 않기로 한다.

문제는 쓰다가 도가사상의 성격을 어떻게 규정하고 있고, 왜 그렇게 규정하느냐다. 먼저 『노자』에 대해서는 제18장의 "大道廢有仁義"[큰 도가 상실됐기 때문에 인의가 있게 됐다]나 제1장의 "道可道, 非常道"[도라고 할 수 있는 도는 항상 불변한 도가 아니다] 등의 예를 들면서, 그 본의나 근본사상은 사유를 사유로 다루는 '철학'이 아니라 '처세술'에 있다고 규정한다. 또 『노자』의 처세술이란, 사람은 과욕(寡欲)하고 스스로 억제하고 덜어 내며 지식으로 다투지 않고 부드러움(柔)으로 세상을 대하면 저절로 일이 성취된다는 것을 의미하며, 나라나 천하를 다스리는 것도 그와 같다고 한다. 이처럼 『노자』 사상의 근본을 처세술로 규정하는 것이 쓰다의 기본 관점일 뿐 아니라, 도가에 대한 이해의 본질에 해당한다(28.289·291).[11]

그 이유에 대해 제18장과 관련해서는 왜 '대도(大道)'가 상실되었는지에 대해서는 전혀 생각하고 있지 않다든가, 제1장과 관련해서는 그런 논리라면 '대도'도 '대도'가 아니라고 할 수 있고, '무위(無爲)'나 '허(虛)'도 진정한 '무위'·진정한 '허'가 아니라고 할 수 있기 때문이라는 등의 예를 든다. 눈여겨볼 점은 그가 이런 식의 반문을 통해 당시 중국인에게는 논리적 사상이 발달하지 않았다고 평가하는 점이다. 그렇기 때문에 『노자』의 핵심 개념인 '허'·'무'·'일(一)'도 결국은 처세술을 사유화(思惟化)한 것에 불과하다고 한다(28.289). 우주 만유(萬有)가 '무'에서 탄생한다는 것도 무위를 통해 이룬다는 처세관을 형이상학적 우주론의 형태로 전개한 것이라고 한다. 또 『노자』는 '천(天)'을 자연이라 하고 무위라고 했지만, '천'을 말하고 자연을 말해도 그 본의는 인간 생활에 있다고 한다(28.290).

쓰다가 더 중요하게 생각하는 문제는 이런 『노자』의 처세술이 과연 현실에서 실현되거나 실천할 수 있는가다. 이 문제와 관련해 그는 다음과 같이 말한다.

> 그 주지는 천하 만민으로 하여금 모두 문화로부터 탈각하고 자연으로 복귀하게 하려는 것이다. 그 방법으로는 성인이 무위하면 백성들은 저절로 변화된다는 것이다(제57장 등). 따라서 『노자』가 말하는 것은 일종의 정치

11 이 점에 관해서는 池田知久 著, 曹峰 譯, 「津田左右吉與中國、亞洲」, 『文史哲』 2011年 第3期, 2011, 91-92쪽도 함께 참조.

술이다. 그러나 그런 생각이 실현될 수 없는 것은 명백하기 때문에 그것은 처음부터 공언(空言)에 지나지 않는다.(28.292)

그는 『노자』의 정치술은 무위의 방법을 통해 모든 백성을 문화로부터 벗어나 자연으로 복귀하게 하려고 하지만, 그것은 실현 불가능한 일이기 때문에 애초에 '공언'이라고 평가한다. 이처럼 쓰다는 『노자』의 정치사상을 '공언'이라고 한 뒤, 그 실현 가능성을 개인의 처세술에서 찾는다.

만약 그 설에서 어느 정도 실행이 가능한 점이 있다면, 그것은 왕이나 성인이 아니라 어떤 개인이 사람이나 세상에 대한 태도로서다. 과욕하면 적어도 마음의 안정을 얻을 수 있고 몸이 위험에 빠지는 것을 피할 수 있을 뿐 아니라, 경우에 따라서는 스스로 덜어 내는 것이 오히려 몸에 유익한 결과를 가져오고, 스스로 굽히는 것이 오히려 스스로 펼치는 원인이 되기도 한다. …… 이것은 세상 그 자체에 존재하는 말하자면 일종의 패러독스를 간파한 데서 생긴 생각이다. 세상 물정에 밝은 자가 체험에서 얻은 교묘한 처세술이다. 그 근저에는 공리주의와 이기주의가 존재한다. 굽히는 것은 펼치기 위해, 덜어 내는 것은 더하기 위해, 무위는 성취를 기약하기 위해, 무욕은 무엇을 얻기 위한 것에 다름 아니다. 『노자』의 설의 본령이나 그 출발점은 바로 여기에 있다.(28.292)

쓰다는 개인의 처세술로서 『노자』의 정치술이 가진 실행 가능성은 인정한다. 하지만 '과욕'·'손(損)'·'굴(屈)'·'무위'·'무욕' 등 『노자』 특유의 패러독스는 '세상 물정에 밝은 자가 체험에서 얻은 교묘한 처세술'로 치부하면서, 그 처세술의 본질을 '공리주의'와 '이기주의'로 규정한다. 『노자』 사상의 본질을 이렇게 보는 그가 "『노자』의 대도는 실천적으로는 물론 사유로서도 가치가 매우 낮은 것임을 알 수 있을 것이다. 대부분 패러독스적인 표현법으로 되어 있는 그 격언의 절반은 언어유희다"(28.293)라고 하여, 『노자』 사상을 '가치가 매우 낮은 것', 특유의 역설적 표현법을 '언어유희' 즉 말장난으로 평가하는 것은 당연한 귀결일 것이다. 『노자』에 대한 이런 규정과 부정적 평가는 『장자』에도 그대로 이어진다.

> 『노자』의 이런 사상이 결국 처세술로서 말한 것이고 거기에만 가치가 있다고 한다면, 『장자』에서도 동일한 것을 알 수 있다. 이는 도처에서 보신술을 말하고 있는 것을 통해 증명할 수 있다. …… 그러나 그 보신술은 결국 살기 위해 사는 것에 불과하다. 그것을 위해 생활의 내용을 가능한 한 희박하게 하기를 요구한다는 것은 내가 일찍이 말한 바다. …… 그렇다면 그것은 …… 독선주의, 소극적 이기주의가 극단으로 치달은 것이라고 해야 한다.(28.301-302)

그는 『장자』 사상을 『노자』의 처세술보다 더 극단으로 치달은, 단지 '살기 위해 사는 것에 불과'한 '보신술'로 규정한다. 그렇기 때문에 그것은 비단 공리주의에 그치는 것이 아니라 '독선주의'·'소극적 이기주의'의 성격을 띤 것이라고 평가한다. 쓰다는 그 근거로 '망아(忘我)'와 같은 극도의 몰주관적 태도, '심(心)'을 위주로 하는 유심론적 경향, 『노자』에는 없는 은일(隱逸) 사상, 인의(仁義)·시비(是非)를 부정하는 도덕적으로 공허한 사상 등을 든다. 그가 『장자』의 본질을 이렇게 본 이상, "『장자』의 주된 사상은 먼저 외부로부터 주어지는 도덕적 규범을 배척한다. 다음으로 내부에 있는 도덕성까지도 거부한다. 더 나아가 나 자신까지도 버린다. 거기에서 일전(一轉)해 어떤 규제도 없는 외계를 향해 나의 삶을 내던져 버리고, 거기에서 삶의 유지를 도모하려고 하는 것이다"(28.302)라는 식으로 이해하는 것도 무리는 아닐 것이다.

그렇다면 이런 '『장자』적 인간'에게 남는 것은 결국 무엇일까? "모든 것을 없애도 없앨 수 없는 유일한 것은 생물로서의 본능으로 살아가는 것이고, 그것만이 남아 있다고 한다"(28.302)라고 하듯이, 생물적 '본능'만이 남아 있는 인간이다. 그는 그 근거로 『장자』가 말하는 '성(性)', '진성(眞性)', '성명지정(性命之情)'이 모두 본능을 가리키는 것이라고 한다. 그의 주장대로라면 『장자』가 지향하는 이상적인 인간은 결국 '생물적 본능에 충실한 인간'일 것이다.

쓰다는 『장자』 사상의 또 다른 특징으로 유가와 세상에 대한 반항사상인 점, 순자처럼 사회 전체에 질서를 부여함으로써 사회를 구제하는 것은 불가능하다고 하는 점, 인류 전체가 소극적으로 자신의 삶을 보전하는 것에 만족해 하고 한 발짝도 밖으로 나가지 않음으로써 투쟁이 없어진다고 하는 점 등등을 든다. 이런 특징들 때문에 『장자』 사상도 결국은 '자포자기적인 태도나 언설', '실천적으로 공허한 것'이라고 지적한다.(28.303) 이를 통해 보면 『장자』 사상에 대한 그의 평가는 『노자』보다 더 부정적이라고 할 수 있다.

더 나아가 쓰다는 도가의 이런 사상을 중국의 민족성과도 연결한다. 중국민중은 자기 생활의 안전을 희망할 뿐이다. 그리고 쓰다가 생각하기에 그들의 인생관은 주어진 운명에 만족해 하고 어떤 환경에도 순응하면서 삶의 유지를 도모하는 데에 있다. 그렇기 때문에 정치로서는 무위를 주장하고 개인에게는 교묘한 처세술을 말하는 한편, 이런 극도의 주관적 태도에서 일전해 자신을 바깥세상으로 내보내 사물과 함께 변화하라고 말한 것은, 이런 민족성이나 인생관에 잘 대응한 것이라고 한다(28.311-312).

2)『도가사상과 그 전개』

쓰다가 이 책에서 먼저 중점을 둔 것은 중국사상사 연구 중 중국 고적(古籍)에 관한 전설 및 설화에 대한 비판적 연구다. 또 인도인이나 그리스인과는 다른 중국인의 생활에서 탄생한 특수한 사상이 어떻게 형성됐는지, 중국인의 사상 그 자체 및 그들의 생활의 내면에서 관찰하는 것이다. 여기서 그가 특히 강조하는 것은 다른 민족과는 다른 중국인만의 '특수한 사상', '특수한 사고방식', '특수한 관점'은 무엇인가다(13.4). 이처럼 그가 도가사상이 중국인에게 '특수함'을 끊임없이 강조하는 것은 그가 나중에 일본과 중국의 사상·문화가 다르고 양자는 하나의 세계가 아님을 강조하려는 것과 관련이 있다.『도가사상과 그 전개』에서 주목하고 싶은 것은 바로 이 부분이다.

그렇다면 쓰다가 도가사상을 통해 본 중국인만의 '특수한 사상', '특수한 사고방식', '특수한 관점'은 무엇인가? 그것은「교섭」에서 그가 말한 것과 크게 다르지 않다. 우선 이 책에서도『노자』에는 철학적 사색이 거의 없다고 한다. "『노자』는 또 형이상학적 내지는 철학적 사색에서 대부분 관여하는 바가 없다. …… 요컨대『노자』는 그 사상의 근거를 말할 때 극히 애매하고 이것에 관한 사색이 거의 없다고 해도 좋다"(13.107-108)라고 하는 것이 그 예다. "『노자』가 지식을 배척하는 것은 …… 모두 실제 사회에서 문화에 대한 배척을 의미한다"(13.109)고 하는 것도 같은 맥락이다.

그가 "고대중국인의 사유방식은 대부분 연상으로 이루어져 있다. …… 도가사상 발달사의 적어도 절반은 연상으로 설명할 수 있다”(13.534)고 하거나, 사유에 “비유라고 할 수 있는 것”(13.535)이 있다고 하거나, 언설에 “비유도 많다”(13.536)고 하거나, “우언(寓言)도 결국 말장난에 불과한 경우가 적지 않다”(13.537)고 하거나, “중국어의 조합에서도 사상의 혼란이 생기기 쉽다”(13.537)라고 한 것도, 도가사상에는 철학 같은 논리적인 사색이 거의 없음을 지적한 것이다.

그는 이런 특색들로부터 ‘연상’으로 인해 그 사색 방법이 지나치게 제멋대로였고(13.534), ‘비유’는 근거와 논리가 없는 독단적·즉흥적·자의적인 설이며(13.536), ‘비유’로는 확실한 학설을 건설할 수 없었고(13.537), ‘우언’은 차분히 사색하고 실천적 준비를 하는 데 방해가 된다(13.537)는 둥 일련의 부정적 평가를 쏟아 낸다. 그리고 중국어 조합의 문제에 대해서는 그로 인해 관념의 혼동이 일어났다면서, 전체적으로 사상이 정밀하지 못한 것이 중국어의 성격과 관련이 있다(13.538)고 평가한다.

도가사상을 처세술과 정치술로만 보는 것도 「교섭」과 동일하다. “『노자』가 말하는 것은 천하를 다스리는 술과 세상에 처하는 법을 되풀이해서 말한 것에 불과하다”면서, ‘도’·‘덕’·‘허정(虛靜)’·‘득일(得一)’·‘무위’·‘무욕’·‘부쟁(不爭)’·‘자연’·‘유(柔)’·‘손(損)’ 등 『노자』의 주요 사상을 모두 정치술이자 성공법이며 보신하는 도라고 하는 것(13.83)이 그 예다. 그 외에도 역사적 견해, ‘도’에 관한 우주생성론적 해석, 천지(天地)의 성격에 관한 고찰이 있다고 한다(13.85). 그러나 ‘도’의 우주생성론적 해석 또한 정치술이나 처세법의 사상적 근거로 본다. 천지만물의 ‘도’는 곧 ‘자연’이고 그 내용은 ‘무욕’인데, 그것이 곧 사람의 ‘도’로서의 ‘무욕’의 근거가 된다는 것이다(13.93). 그가 이렇게 주장하는 이유는 『노자』의 ‘도’를 “자연에 존재하거나 사람이 따라야 할 이법이나 준칙”(13.88)으로 이해하고 있기 때문이다. 이를 통해 쓰다는 『노자』가 말하는 '도'는 고원유묘(高遠幽妙)한 이치가 있는 것이 아니라 완전히 '세간적인 의미'라고 한다. 그리고 이것을 모든 학파에 공통된 중국사상의 특색이라고 한다(13.97).

그렇다면 이 책에서는 처세술을 어떤 의미로 쓰고 있는가? 그는 "처세술은 적극적으로는 공명이익(功名利益)을 얻으려는 것이고, 소극적으로는 몸의 안전을 도모하려는 것이다. 어쨌든 자기를 위해 하는 것"(13.543)이라고 한다. 그런데 이런 처세술은 당시의 세태와 문화, 특히 그동안 논의되어 왔던 정치술·도덕·성공법에 대한 일종의 반항적 태도에서 나온 것이라고 한다(13.99). 그러면서 그 특징을 다음과 같이 말한다.

> 그 언설에 대해 말하면 과장과 기벽(奇僻)이 있다. 그 심리에 대해 말하면 의지를 버리고 유위의 기운을 없애는 데 일종의 퇴폐적인 기분이 있다. 그 사상 내용에 대해 말하면 지식을 배척하고 사업을 배척하고 하려고 하는 의지를 배척한다. 태초의 혼돈을 도라 하고 자연을 도라 하며 명(名)·지(智)도 없었던 태고에 도가 있었다고 한다. 이런 점에 문화에 대한 절망과 그 가치의 부정이 있다.(13.100)

여기서 그가 『노자』의 처세술을 '과장'·'기벽'·'퇴폐'·'문화에 대한 절망과 그 가치의 부정'으로 인식하고 있는 것을 보면, 이 책에서도 그가 『노자』 사상을 얼마나 부정적으로 보고 있는지 바로 알 수 있다. 심지어 『노자』의 '역설적인 표현법'도 『노자』 자신이 자신의 언설에 나타난 모순을 속이기 위한 방편으로 쓰는 것이며, 일종의 '자기기만'이라고 한다. 이것은 궤변가의 태도와도 유사하지만, 이런 표현법을 쓰는 것은 대체로 중국인의 버릇이라고까지 한다(13.101-102). 『노자』의 역설적인 표현법을 자기기만이라 하고 그것을 중국인의 버릇으로 일반화하는 데서 우리는 도가사상을 비하하고 그 가치를 폄훼하려는 쓰다의 의도뿐 아니라, 중국인 자체를 멸시하는 그의 심리세계도 엿볼 수 있다.

『노자』 사상을 '공허'한 것, 따라서 실현 불가능한 것으로 보는 태도도 동일하다. "『노자』 사상이 형성되는 데 이런 사정이 있었다고 한다면, 그것이 실천적으로 공허한 것은 당연하다. 정치술로서도 말과 이름을 완전히 버리고, 글자 그대로 무위를 통해 천하에 임할 수 없다는 것은 말할 것도 없다. 백성을 무지하게 하는 것도 사실상 불가능하다"(13.103)고 한다. 『노자』만 그런 것이 아니다. 『노자』 이후의 도가사상에서 말하는 '도'도 '공허'한 것이고 구설(口舌)과 문자로 장난친 것에 불과하다고 한다(13.400). 정치술로서 실현 불가능한 것일 뿐 아니라 개인의 처세술로서도 적절한 사상이 아니라고 한다.

> (柔·弱·屈 같은) 처세법이라 해도 …… 실천적으로는 결코 적절한 교훈이 아니라고 해야 한다. …… 실천적으로 공허하거나 처음부터 실현될 수 없는 것이라고 한다면, 『노자』는 결국 말하기 위해 말하고 설명하기 위해 설명한 데 불과한 것이 된다. …… 세상을 바꾸고 백성을 구제하는 실행적 수단을 생각하지 않는 점에서 세상이 바뀔 수 없고 백성이 구제될 수 없음을 인정한 것이다. 따라서 그것은 당시의 추악한 사회 상태를 불가항력적이라고 여겨 그 앞에서 위축되어 납작 엎드려 있는 것이라고 해야 한다. ……『노자』는 …… 사상 그 자체는 어디까지나 소극적이고 퇴영적이고 퇴폐적이다. 무위를 말하는 것이 만약 위에서 말한 의미라고 한다면, 그것은 자기 외의 모든 인류를 명예와 이익의 노예로 보고, 각자 자신의 욕망을 채우기 위해 서로 다투고 서로 배격하는 것으로 여기는 것이다. …… 따라서 만약 그 설에 실제적인 효과가 조금이라도 있다고 한

> 다면, 그것은 …… 단지 개인으로서 세상에 처하는 점에서다. …… 특히 그 심리의 근저에 일종의 퇴폐적인 기분이 있다고 한다면 그것을 통해 사업을 하는 것은 불안해지기 마련이다. 처세법이라 해도 결국은 '죽을 때까지 위험에 빠지려 하지 않는' 보신술에 그치는 것이며, 자신의 삶을 간신히 보전할 수 있을 뿐이다. 그렇다면 『노자』 사상은 사실상 결국 자아주의, 일종의 개인주의, 소극적인 이기주의로 끝나는 것이라고 해야 한다.(13.104-106)

『노자』가 '무위'를 말하지만 정치를 통해 세상을 바꾸고 백성을 구제할 실행적 수단을 전혀 생각하지 않고 있다는 점에서 실천적으로는 '공허'한 사상이라고 한다. 또 『노자』의 '무위'는 모든 인류를 명예와 이익의 노예로 여기는 것이기 때문에 소극적이고 퇴영적이며 퇴폐적인 것이라고 한다. 그리하여 『노자』는 자신의 삶을 보전하는 보신술에 불과한 것이라며, 그 사상의 성격을 '자아주의', '개인주의', '소극적인 이기주의'로 규정한다. 물론 『노자』의 처세술과 정치술이 '공리주의'라는 말도 빼놓지 않는다(13.106).

쓰다는 『노자』가 '무위'를 말하고 이를 계승한 『장자』 등의 도가가 '허정염담(虛靜恬淡)'·'허정무위(虛靜無爲)' 등을 말하는 것도 모두 실생활에서는 실현 불가능한 '공언(空言)'이라고 한다. 그 근거로 ① 『노자』의 '무위'의 처세술은 '자기를 위한 것'이기 때문에 거기에 윤리적인 의미가 전혀 없는 점(13.107), ② 이를 계승한 『장자』에서 말하는 '무위'·'허정(虛靜)'·'고고사회(枯槁死灰)' 같은 삶은 죽음과 같은 삶, 살아 있다는 것 외에 의미가 없는 수용(受用)만이 있는 삶이기 때문에, 그것은 일종의 '향락주의'인 점(13.329-330), ③ '소박'은 도가사상에서는 허정염담의 삶을 의미하지만, 그것은 단지 형체뿐인 삶, 살기 위해 사는 삶에 불과한 점(13.330-331), ④ 후대의 도가는 허정무위의 심경에 도달해야 한다고 하지만, 그것도 결국은 환경에 순응하여 삶을 보전하는 것, 즉 살기 위해 살아가는 것을 가르치는 것에 불과한 점(13.343), ⑤ 인도의 '선정(禪定)'이나 불가(佛家)의 '무아(無我)'·'인공(人空)'의 설과 같은 생각이 그 근저에 있는 것도 아닌 점(13.342) 등을 든다.

물론 「교섭」에는 보이지 않는 새로운 관점도 있다. 도가적 인생관의 근본을 '자연주의'로 규정하는 것이 그것이다.

> 『노자』에서는 지식과 의지의 배척이 단순히 상식이나 처세술로서 주창되고 있었지만, 여기에 이르러 그것이 사상으로서의 기초를 부여했다고 해도 좋다. 하지만 이렇게 사람의 의욕을 포기하고 가치를 포기한 인생, 단순한 존재로서의 인생은 결국 자연으로서의, 자세히 말하면 자연계의 하나의 현상으로 본 생물로서의 존재에 불과한 것이 아닌가? 옳고 그름도 없고 지식도 없고 선악도 없는 경지는 곧 자연적인 상태다. 도가가 주장하는 삶이 단지 살아간다는 것뿐이고, 그 인생관의 근본이 이런 의미에서 일종의 자연주의라고 부를 수도 있는 것은 이것으로 가장 분명해 보인다고 해야 한다.(13.365)

쓰다가 위의 문장에서 '여기에 이르러'라고 한 것은, 『장자』「제물론」편 등에 보이는 '제물설(齊物說)'을 가리킨다. 그는 이 설에서 의욕과 가치를 포기하라는 것은 인간이기를 포기하라는 것이 아닌가라는 의문을 제기한다. 그러고 나서 시비·지식·선악도 없는 경지를 말하는 것은 그저 단지 살기 때문에 살아간다는 '자연계의 하나의 현상으로 본 생물로서의 존재'에 불과한 것으로 간주하고 '자연주의'로 규정한다. 인생에서 사업·의욕·감정·지식 등 모든 것을 없애도 없앨 수 없는 궁극적인 존재는 삶 그 자체다. 하지만 그 삶은 인간이 추구하거나 원한다고 해서 얻을 수 있는 것이 아니다. 그것은 마치 해와 달이 하늘에 있고, 산과 강이 땅에 있고, 봄과 가을이 번갈아 오고, 새와 짐승이 날고뛰는 것과 같은 자연계의 하나의 현상이라고 한다(13.367). 쓰다가 말하는 '자연주의'는 이런 것이다.

도가의 인생관을 자연주의로 규정한 쓰다는 문화의 가치를 부정하는 것이 곧 도가의 문화 관념이라는 쪽으로 논리를 전개해 간다.[12] 『노자』가 지식과 명예를 배척하고 이것이 없었던 태고를 숭상했듯이, 후대의 도가도 '허정'과 '무지'를 사람의 성(性)으로 여기는 심성론(心性論)과 혼돈(渾沌)을 '도'로 여기는 우주론을 통해 그런 관념을 한층 더 발전시켰다는 것이다(13.403). 그러면서 그는 후대의 도가가 '지덕지세(至德之世)'를 말하는 것은 짐승을 사람의 본성으로 여기고 이상으로 삼은 것이라고 한다.

> 짐승과 동거하고 짐승과 동일한 자연적 생활을 한 시대가 지덕(至德)의 세상이며, 그런 생활이 사람의 본성을 얻은 것이라는 말이다. 따라서 직설적으로 말하면 짐승과 같은 것이 인간의 본성이기도 하고 이상이기도 하다는 것이다. …… 이것은 한편으로는 짐승을 무지무욕(無知無欲)하고 소박한 것으로 보고, 앞에서 말한 허정염담·무지무려(無知無慮)한 심경이 짐승에게서 실현되고 있다고 본 것이다. 또 한편으로는 고대에는 사람이 짐승 같은 생활을 하고 있었다고 생각한 것이다. …… 짐승 같았던 백성을 가르쳐 사람답게 했다는 유가의 성인을 배척하고, 인의를 부정하고 예

12 이 점은 다음의 문장에 잘 나타나 있다. "도가의 '도'가 사람을 자연적인 존재로 보고 생물로 취급하고 있다는 것은 그들이 문화의 가치를 부정한 것을 통해 분명히 알 수 있다."(13.403)

> 악을 배척하는 것으로부터 나온 도가는 역으로 짐승을 사람의 이상으로 삼고, 무지몽매한 태고의 백성을 '도'가 이루어진 것이라며 찬미하게 되었던 것이다.(13.403·406)

이것은 쓰다가 『장자』「마제」편에 보이는 "同與禽獸居"[금수와 함께 산다] 전후의 문장을 예로 들면서 이렇게 해석한 것이다. 그는 또 『장자』「거협」편에서 '지치(至治)'의 세상을 묘사하는 것도 짐승과 같은 '고립주의'·'자아주의'의 생활 상태를 말하는 것이라고 한다(13.407).

그런데 '무위'의 왕자(王者)가 위에 있고, 사람들은 모두 짐승과 같이 자기 삶만을 보전하려고 생활한다는 '지덕'·'지치'의 정치관은 실은 당시의 현실을 이상화한 것일 뿐이라고 한다(13.424).

> 그러나 이런 왕자를 어떻게 출현시킬 것인가를 생각하지 않는 이상, 이것은 결국 공허한 말장난에 불과하다. 따라서 현실의 짐승 세계는 여전히 영구히 존재해야 한다. 그렇기 때문에 그동안 삶을 온전히 하기 위해 처세술이 필요하게 된다. …… 처세술은 자기를 위해 하는 것이지 세상이나 천하를 위해 하는 것이 아니다. 자아주의이고 이기주의다. 은둔사상이 도가에 수용된 것도 결국 이 때문이라고 해야 한다.(13.424-425)

쓰다는 도가가 '지덕'·'지치'를 현실에서 실현할 구체적인 방안을 전혀 제시하지 않고 있다는 점에서 이 역시도 실행 불가능한 '공허한 말장난'에 불과한 것으로 평가한다. 구체적인 방안이 없는 이상, 도가가 말하는 것은 처세술에 불과하고, 처세술은 자기를 위한 것이기 때문에 후대의 도가의 정치사상도 결국 '자아주의'이고 '이기주의'라는 것이 그의 주장이다. 그는 후대의 도가가 "세상으로부터 회피해 자기에게 숨고 우주에 숨고 사색에 숨은 것이었다"면서 이러한 경향을 표현한다. 그 근거로 후대의 도가가 개인의 심술(心術)에 중점을 두어 양생설을 채용하고 은둔사상을 결합한 것을 든다(13.427).

이처럼 쓰다는 「교섭」과 『전개』에서 도가사상에 대해 줄곧 부정적인 시각으로 일관했다. 그렇다면 그에게 도가사상은 결국 무엇인가?

> 도가는 인위를 자연을 어기고 손상하는 것으로 본다. 자연을 보완하고 개조해 가는 것으로 보지는 않는다. 인위를 없애고 자연으로 복귀한 곳에 생물로서의 삶이 있다고 한다. 하지만 지식이나 기교나 욕망도 실은 이런 삶으로부터 또는 이런 삶을 위해 발생한 것이라고는 생각하지 못했다. 그런데 생물로서의 삶을 살기 위해 지식이나 기교나 욕망을 버리게 하려고 해도 지식이나 기교나 욕망은 여전히 생기거나 존재하기 마련이다. 그것을 부인하는 결과는 단지 그것을 발달시키지 않고 저급한 상태에 그치게 할 뿐이다. 욕망이나 지식이나 기교를 정련하고 순화함으로써 삶을 높여 가는 것을 생각하지 않는 도가로서는 당연한 귀결이다. 그런 의미에서 지나인의 삶에는 가장 잘 어울리는 사상이었다. 이렇게 보면 지식을 버리고 감정과 의지를 버리라는 도가의 주장이 무의미하다는 것은 이미 설명한 것보다 훨씬 분명히 알 수 있다.(13.542)

쓰다의 결론은 지식을 버리고 감정과 의지를 버리라는 도가의 주장은 '무의미하다'는 것이다. 그 이유로 지식이나 기교나 욕망과 같은 인위는 없애려 해도 없어지는 것이 아닌 점, 도가의 인위 부정은 지식이나 기교나 욕망을 발달시키지 않고 저급한 상태에 머물게 하는 점을 든다. 이는 내용적으로는 인위를 부정하고 무위를 주장하는 도가는 무의미하다는 것과 같은 의미일 것이다. 다시 말하면 도가의 핵심인 인위 부정=무위를 들면서 '무의미하다'고 했기 때문에, 곧 무위를 기반으로 하는 도가사상 전체가 결국은 '무의미'할 것이다. 문제는 지식이나 기교나 욕망을 정련하고 순화함으로써 이런 삶을 높여 가는 것을 생각하지 않고 저급한 상태에 머물게 하는 도가사상을 '지나인의 삶에는 가장 잘 어울리는 사상'이라고 지적하고 있는 점이다. 그러나 그가 무슨 근거로 '지나인의 삶'을 운운하는지는 전혀 알 수 없다. 이런 표현이 그의 내면세계에서 우러나오는 어떤 주관적인 의도에서 비롯되었을 것이라는 점은 어느 정도 추측할 수 있다. 그것은 후술하듯이 아시아에 대한 '멸시'다.[13]

13 관련 내용은「結語」에 집중적으로 보인다. "삶의 근본이나 그 모든 것이 자기 자신을 위한 것도 지나인 일반의 常態다."(13.545); "고금을 통해 사람들은 모두 이 극단적인 개인주의·자아주의나 이기주의의 무리였다는 것은 역사가 보여 주고 현재 상태가 보여 주는 명백한 사실이다."(13.545); "공공생활·사회생활이 거의 없고, 자기 주위에는 단지 다수인의 군거가 있는 데 불과한 지나인"(13.545); "그들에게는 사회라는 관념이 없으므로 그런 관념을 표현하는 말도 없고, 사회적·공공적 생활에 수반되는 도덕적 情操도 길러지지 않았다."(13.545); "다수인의 행동은 군집심리에 의한 일시적인 부화뇌동이나 권위로 다수에게 군림하는 수장의 지휘에 복종하는 것 외에 없었다."(13.546); "지나에는 현대적 의미에서의 국민이라는 개념이 없고, 그런 개념을 표현하는 말도 없었다."(13.546); "지나인의 정치사상에서 군주가 백성을 교화한다는 것처럼 하나의 가족이나 師弟 관계 같은 극히 협소한 범위에서만 실현 가능한 것을 넓은 천하에 적용하려는 것도, 다수인을 하나의 집단으로 다룬 적이 없고 실제로도 그런 경험이 없었기 때문이다."(13.546-547); "도가의 특색은 그 처세술이 柔와 弱으로 자기를 버리고 세상에 순응하는 점에 있다. 이것도 권력에 아부하고 대세에 추종함으로써 이익을 영위하고 명예를 이루려고 하는 지나인의 다수가 항상 실행해 온 것이다."(13.547); "자기의 생명과 재산의 안전을 도모하고 세상도 사람도 나라도 돌아보지 않는 것이 그들의 일반적인 태도다. 도가의 설은 단지 그것을 思想化한 것일 뿐이다."(13.548); "바라는 것은 …… 권세를 떨치고 부를 갖고 생명을 갖는 쾌락을 향수하는 데에 있다. 보신의 도가 가장 문제가 되는 것은 이 때문이다."(13.548); "권력과 운명에 쉽게 복종하고, …… 때와 운을 절대 권위로 여겨 감히 반항을 시도하지 않는 것이 그들이다."(13.549); "그 근본은 …… 실리주의이기 때문에 도가사상은 이런 의미에서

3. 중국사상은 일본인의 실생활과 무관하다

『지나사상과 일본』은 「교섭」·『전개』와 달리 도가사상만을 전문적으로 다루거나 새롭게 연구한 것은 아니다. 중국사상에 관한 쓰다 자신의 기존 연구를 바탕으로 하면서 그것이 일본에 어떻게 수용되고, 또 당시의 유행어였던 '동양'이라는 개념이 어떤 문제를 안고 있는지를 밝히려 한 책이다. 주된 내용은 크게 세 가지다. 첫째는 일본인은 일본인으로서의 독자적인 생활을 발전시키고 독자적인 문화를 창조해 왔기 때문에 중국이나 인도와는 다르다는 것이다. 둘째는 그렇기 때문에 중국·인도·일본 등을 포함하는 하나의 '동양'이라는 세계는 없다는 것이다. 셋째는 현대 일본인의 문화적 활동은 곧 서양에서 발원하는 현대의 세계문화·과학문화에서의 활동이라는 것이다.

아래의 몇 가지 예를 통해 알 수 있듯이, 쓰다는 이 책에서도 중국의 도가사상을 「교섭」·『전개』에서와 거의 동일하게 규정하고 평가한다.

> 유가나 도가의 주장에는 현실에서 동떨어진 공상적인 것이 많다. 그런 공상적인 생각 자체가 실은 현실 생활에서 비롯된 것이며 중국 지식사회의 특수한 사변에 의해 형성된 것이다. …… 그것은 다른 민족에 적용할 수 없을 뿐 아니라, 중국 외의 다른 민족이 사상으로서 이해하기조차 어려운 것이다.(20.203)

> 이런 욕구와 향수는 전부 자신과 관련된 것이기 때문에 신선설과 양생설은 물론 은둔사상, 보신의 도인 은일사상도 …… 도가의 보신의 도도 결

지나인의 사상의 가장 본질적인 것이다."(13.555)

국 자기 본위의 사고방식이며 일종의 이기주의다. …… 그것은 주로 사회조직이 산만하고 인간생활에서 사회적 연대 관념이 없어서 사회의식이 발달하지 못했던 데에 유래가 있을 것이다. 집단생활과 그 의식을 갖지 못했던 것은 말할 것도 없다.(20.207–208)

그들[역자주: 중국인]은 사색에 능하지 않고 반성과 내관을 좋아하지 않는다. …… 논리학은 겨우 싹만 보이다가 성장하지 못한 채 시들어 버렸다. 오히려 변자(辯者)의 변(辯)과 같이 진위 시비를 몰각한 궤변술이 발달했다. …… 다소 형이상학적 사색을 시도했던 도가의 설도 절반은 궤변에 빠져 있다.(20.214)

그들[역자주: 중국인]에게 비판적인 정신과 능력이 없는 중요한 이유도 논리적인 두뇌가 없고 현실을 직시하여 사물의 본질을 구명하지 못하는 데에 있다. 그런데 이것은 …… 지나어의 성격과도 관계가 있다. …… 노자 책에서 역설적인 표현법을 사용하거나 궤변을 늘어놓기 쉬운 것도 이런 언어의 성격에서 유래하는 바가 크다. 요컨대 지나어는 논리적인 사색에는 적합하지 않으며 오히려 그것을 방해하는 것이다.(20.216)

이것은 쓰다가 중국사상이 일본민족과는 무관한 특수한 사상이라는 것을 강조하기 위해 도가사상을 하나의 사례로 이용했음을 보여 준다. 그러면서 그는 도가를 비롯한 중국사상 및 인도사상이 일본인의 실생활과는 무관했다는 것을, 이들 사상의 일본에서의 수용 양상이라는 관점에서 논술한다. 그 근거로 중국사상은 중국에서도 실생활을 벗어난 사변에 그치고 문자상의 지식에 불과했기 때문에 일반 민중의 생활과는 아무런 관련이 없었던 점,[14] 일본인의 생활 상태는 중국과 달랐기 때문에 중국사상 관련 지식은 일본인의 실생활과 교섭도 없었고 지도를 받은 적도 없었던 점을 든다(20.250). 그는 자신의 이런 생각을 결어에서 다음과 같이 정리한다.

> 일본문화의 발달은 지나문물에 힘입은 바가 크다. 이것은 의심할 수 없는 사실이다. …… 그러나 일본의 지세와 풍토는 지나와 완전히 다르다. 일본인은 인종·언어·풍속·습관에서도 지나인과 전혀 다르다. 가족제도·사회조직·정치형태에서도 전혀 공통점이 없다. 뿐만 아니라 지나와는 멀리 떨어져 있어 서로 관계가 밀접하지 않았기 때문에 현실의 지나 및 지나인과는 거의 교섭이 없었다. …… 요컨대 일본인의 생활에 맞는 것이나 맞도록 할 수 있는 것과 그렇지 않은 것이 오랫동안 분별된 상태에서 취급되게 됐다. 이렇듯 지나문물을 수용하면서도 일본인의 독자적인 생활과 독자적인 역사를 전개했으며, 시간이 지남에 따라 점차로 독자적인 문화를 창조해 왔다. …… 하지만 서양문물을 접하는 데 이르러 지식사회에서도 비로소 지나문물이나 지나사상에 의문을 품는 자가 나오게 됐다. …… 에도시대 난학자나 국학자의 생각에는 이미 그런 부분이 있었다. 최근에 일본인이 이른바 서양을 중심으로 하는 현대문화 속에 들어가게 됐다. 옛 지나서적에 의해 지나의 지식과 지나의 사상만을 배우고 알았던 것과는

14 쓰다의 중국연구는 중국인, 특히 일반 민중의 '생활'과 관련이 있는 것이 '국민사상'이라는 관점에서 중국사상을 이해하려고 하는 데에 특징이 있다. 따라서 유교는 민중에 대해 전혀 관심이 없었기 때문에 민중과는 무관하다고 한다. 노자·장자로 대표되는 도가사상도 국민사상과는 거리가 멀다는 것이 쓰다의 관점이다. 다시 말하면 서적을 통해 배운 유교·불교·도가에 관한 '지식'(교설)과 그것들이 실제 민중 '생활'에 얼마나 융해되어 있는가는 분리해서 보아야 한다는 것이 쓰다의 관점의 특징이다. 그의 이런 관점은 19세기 초 독일 랑케학파의 실증사학과 國民史의 영향을 받아 형성된 것이다. 이 점에 관해서는 池田知久, 「津田左右吉の中國思想史研究」, 『人文科學』 第15號, 2010, 24-42쪽 참조.

달리, 생활 그 자체가 현대문화에 의해 큰 변화를 받게 됐다. 그러자 이렇게 변화된 일본인의 현실 생활과 지나사상의 모순은 더욱 더 분명해졌다. 지나사상이 이 시대에 권위를 잃은 것은 당연하다. 그것은 이른바 서양 심취 때문이 아니다. 지나사상이 현실 생활에 부적합하다는 것이 생활 그 자체에서 통절히 체험됐기 때문이다.(20.266·268)[15]

일본은 현실의 중국과 교섭 없이 독자적인 생활·역사·문화를 전개하고 창조해 왔다는 것을 말하고 나서, 그다음으로 문제 삼는 것은 '동양'·'동양문화'·'동양정신' 등의 표현이다. 이 문제에 대해 그는 "동양이라는 명칭이 적용되는 지역을 어떻게 설정하든 문화적 의미에서는 그것이 하나의 세계로서 과거로부터 성립되어 있었던 적이 없고, 동양사라는 하나의 역사도 존재하지 않았다. 따라서 동양문화라는 하나의 문화가 있다는 것은 본래 생각할 수 없는 것이다"(20.319)라고 한다.[16] 그리고 '하나의 세계로서의 동양'은 없다는 그의 사상은 전후(戰後)가 되면 '반(反)아시아주의'·'아시아 비일체(非一體)' 사상으로 전개된다.[17]

---

15 쓰다는 구판 서문에서 "일본과 지나, 일본인과 지나인의 생활은 모든 점에서 완전히 다르다는 것이 내 생각이다. 이 생각은 오래전부터 갖고 있었던 것이다. 20년 전에 쓴 「문학에 나타난 우리 국민사상의 연구」에도 대략적으로 서술되어 있다. 그 뒤 이런 생각이 점점 더 확고해졌다"고 한다(보2.394).

16 참고로 "일본과 지나와 인도를 포함하는 이른바 동양"(20.275)이라고 하듯이, 쓰다가 '동양'을 말할 때 한국은 아예 거론 대상에조차 포함시키지 않고 있는 점은 주의할 필요가 있다.

17 당시 아시아주의와 관련된 단체에는, 최초의 아시아주의 단체인 興亞會(1880–1900, 나중에 亞細亞協會로 개칭·東亞同文會에 합류), 東邦協會(1891–?, 나중에 東亞同文會에 합류), 흥아회에서 분리되면서 설립된 善隣協會(나중에 일부는 東亞同文會에 합류), 東亞會(1897–1898, 나중에 東亞同文會로 합병), 同文會(1898, 나중에 東亞同文會로 합병), 東亞同文會(1898–1946) 등이 있었다. 福澤諭吉는 흥아회의 고문으로 있었고 김옥균·박영효도 회원으로 있었다. 일본의 저

> 일본과 지나와 인도 및 그들 각각의 민족은 풍토·인종·언어도 다르고 민족 간의 왕래조차 드물었다. 따라서 완전히 다른 역사를 갖고 있음은 물론 모든 생활양식, 즉 의식주·가족제도·사회조직·정치형태에서도, 그것들에 의해 저절로 배양된 생활감정·생활의욕·생활태도에서도, 사물에 대한 사고방식에서도, 도덕관에서도, 인생관·세계관에서도 같은 것은 거의 없다. 그것은 곧 문화도 사상도 공통적이지 않음을 보여 주는 것이다. …… 따라서 조선과 달리 지나문화의 세계에 포섭된 것은 아니다. 일본인은 지나와는 전혀 별개로 독자적인 역사를 전개함과 동시에 …… 독자적인 문화를 창조했고, 지나와는 다른 문화 세계를 독자적으로 형성해 왔다.[18]

쓰다는 '하나의 세계로서의 동양'은 없다는 것은, 하나의 세계를 이루고 하나의 역사적 움직임에 의해 움직여 온 서양사·서양문화와는 대조적이라고 한다. 서양을 '하나의 세계'로 보는 근거로는 서양이 중세 유럽으로부터 르네상스와 종교개혁을 거쳐 근대로 진입했고, 프랑스혁명과 산업혁명을 통해 현대 유럽이 출현했으며, 클래식 문화와 기독교가 로마시대부터 지금까지 유럽인들의 사상과 생활에 침윤하여 유럽의 문예와 철학의 기조를 이루고 있는 점을 든다. 그렇기 때문에 서양사에 대한 동양사라는 것은 성립하지 않고, 서양문화·서양사상에 대한 동양문화·동양사상은 존재하지 않는다고 한다(20.299-300). 그러면서 다음과 같이 말한다.

명한 동양사학자인 内藤湖南이 동아동문회 회원이었다.

18 津田左右吉, 「アジアは一つではない」, 『心』 8巻 1號, 1955; 『津田左右吉全集』 第28巻, 424-426쪽.

> 오늘날 일본은 많은 점에서 이른바 서양에서 발원하는 현대의 세계문화, 그 주된 특색으로 말하면 과학문화라고도 할 수 있는 것을 잘 알고 있다. 다방면의 민족생활이 그것을 통해 영위되고 있음은 말할 것도 없다. …… 과거에 일본인은 지나로부터 문물을 수용하고 배웠다. 하지만 지나문화 그 자체 속에 들어간 것은 아니었다. 오늘날 우리는 서양에서 발원하는 현대 세계문화 속에서 생활하고 있다. …… 그러므로 오늘날 일본문화는 하나의 의미에서는 이 현대문화·세계문화가 일본에서 나타난 것이라고 해도 좋다. …… 오늘날 현대문화·세계문화 즉 이른바 서양문화는 일본문화와 대립하는 것이 아니다. 일본문화에 내재한 것이며 일본문화 그 자체의 일면인 것은 의심할 여지가 없다. 그런 의미에서 일본과 이른바 서양은 문화적으로 하나의 세계를 이루고 있으며, 일본인의 문화적 활동은 세계문화에서의 활동이다.(20.320)

이 문장을 통해 우리는 쓰다가 일본문화·동양문화·서양문화의 관계를 구조적으로 어떻게 인식하고 있는지 알 수 있다. 일본을 중심에 놓고 봤을 때, 중국·인도 등의 문화는 과거에도 현재에도 외재적인 문화였기 때문에 '하나의 세계로서의 동양문화'는 없다는 것이다. 반면 서양에서 발원한 현대의 세계문화·과학문화는 현대일본의 민족생활 속에 내재해 있기 때문에 서양은 현대의 일본문화와 대립되는 것이 아니라 오히려 '문화적으로 하나의 세계를 형성'하고 있다는 것이다. 그렇기 때문에 현대 일본인의 문화적 활동은 곧 '세계문화에서의 활동'이라고 한다. 그래서 그는 "현대 일본인의 생활에서 중요한 것이 이른바 서양문화 즉 현대의 세계문화인 것은 명백한 사실이다"(20.330)라고 한다.

반면 유교를 현대 일본인에게 강제했을 경우에는 다음과 같이 부정적인 결과를 초래하게 될 것이라고 한다.

만약 유교의 가족도덕의 가르침을 현대 일본인에게 강제할 수 있었다면 현대의 일본사회는 곧바로 활동이 멈춰 버렸을 것이다. 그 정치사상을 적용한다면 일본국가는 곧바로 파괴되고 일본민족은 생존의 근거를 잃을 것이다. 유교의 가족도덕은 가장(家長) 본위이고, 가장에 봉사하는 것이 인간 생활의 전체이며 기본이자 궁극적 목적이라고도 한다. 가족 하나하나에 독립적인 인격을 부여하지 않고 독립된 사람으로서 활동하는 것을 인정하지 않는다. 또 그 정치사상에는 현대적 의미에서의 국가나 국민이라는 관념이 전혀 없다. 군주가 민중을 복종시키는 것이 곧 치국평천하이며, 그것이 정치의 전체이자 궁극적 목적이다. 국민 전체로서의 생활을 충실하게 한다든가 발전시킨다는 현대정치의 정신과 그것과는 근본적으로 모순되는 것이기 때문이다. …… 그런 의미에서 인도나 지나문화를 우리가 그대로 보전할 필요가 없음도 알 수 있을 것이다.(20.326·332)

그리하여 쓰다는 일본문화는 일본인의 문화이고 일본문화가 세계화되어야 하며 세계문화가 일본에서 독자적으로 나타나야 한다는 것을 다음과 같이 주장한다. 물론 이것이 곧 그가 이 책을 통해 말하고 싶어 하는 것이다.

일본문화는 일본의 일본문화임과 동시에 현대에는 세계의 일본문화다. 동시에 세계문화가 일본에서의 세계문화이기도 하다. 구차하게 동양이라는 작은 울타리를 만들어 놓고, 그 속에 칩거하여 억지로 서양에 대항할 필요가 어디에 있겠는가? 일본문화가 세계화되어야 비로소 일본문화의 일본적 특수성이 나타나는 것이다. 동시에 그것이 세계문화를 높여 가는 것이 되기도 하는 것이다. 앞으로의 일본문화는 …… 세계문화가 일본에서 독자적으로 나타나는 것이어야 한다.(20.334)

한편 중국사상의 일본적 수용 양상이나 '동양' 개념을 문제 삼을 때 쓰다에게는 일종의 '위기의식'이 있었다. 예를 들어 "지식사회의 한 구석에는 여전히 지나사상 앞에서 무릎 꿇고 절하는 과거의 인습이 남아 있다"(20.268), "동양문화라는 공허한 관념을 만들고 그것이 이른바 서양문화, 실은 일본인 스스로의 생활에 내재한 것에 대항하는 문화인 것처럼 망상을 품고 있는 자"(20.268), "이런 선전가가 지나의 문자와 문장을 존중하고 있는 것도 그것을 증명한다"(20.269), "일본에서 동양문화나 동양정신이라는 말이 여러 의미에서 선전을 통해 세상에 널리 퍼진 것은 오래전부터의 일이고, 최근에는 특히 그것이 심해지고 있다"(20.269), "이런 선전을 하는 자의 적어도 절반은 지나사상의 숭배자이며, 그들이 말하는 동양은 지나를 중심으로 한 것이다"(20.274), "그들은 지나사상을 통해 이른바 서양사상에 대항하려고 하는 것이다"(20.274), "과거의 지나사상 따위의 힘을 빌려야 한다고 생각하는 것은 스스로를 지나치게 경시하는 것이다"(20.333), "동양문화라는 명칭을 만든 것은 지나에 대한 사상적 사대주의에 중요한 유래가 있다"(20.333) 등등이 그것이다. 또는 "서양문화는 물질적이고 동양문화는 정신적이라는 기묘한 선전을 하는" 형태로 현대에 새롭게 부활했다(20.274)고도 한다.

그 위기의식의 본질은 서양을 중심으로 하는 현대문화 속에서 이미 권위를 잃고 현실 생활에 부적합한 중국사상 앞에 무릎을 꿇고 그것을 존중하거나 숭배하는 '사상적 사대주의'의 마음을 갖는 것, 그로 인해 일본인이 자기 스스로를 경시하는 것, 동양문화로 서양문화에 대항하게 하는 것, 그런 '선전'이 보편화되는 것, '우월한 중국과 열등한 일본'이라는 과거의 인습적 관계, 즉 후술하듯이 '중화의식'을 재현하는 것은 매우 위험한 일이라는 데에 있다.

그가 이런 위기의식을 갖고 있었다는 것은 『지나사상과 일본』 구판 서문에 잘 나타나 있다. 그런데 위기의식의 문제를 다루기 전에 이 책의 구판 서문과 신판 서문의 관계 문제를 살펴볼 필요가 있다. 왜냐하면 이시모다 쇼가 지적하듯이, 쓰다가 신판을 낼 때 구판 서문의 내용을 대폭 정정했기 때문이다. 여기서 중요한 것은 다음의 두 가지다. 하나는 이 책의 간행 목적과 쓰다의 생각의 본질은 구판 서문에 보다 더 분명히 나타나 있는 점이다.[19] 또 하나는 신판 서문은 구판 서문의 내용을 대폭 삭제해 절반 이하의 분량으로 돼 있는데, 그중 일본 당국이 검열을 통해 삭제를 지시한 부분이 있는 점이다. 검열을 통해 삭제된 부분은 아래와 같이 (a)의 밑줄 친 부분과 (b) 전체다.

> (a) 아울러 세간에서는 지금부터 일본이 지나에 대해 정치적·경제적·문화적으로 활동하거나 그런 방면에서 두 민족이 제휴해야 한다는 것과, 일본의 과거 문화와 지나의 그것을 동일한 하나의 동양문화로 보는 것을 혼동하고 있는 것은 아닌가 생각된다. 하지만 이 둘은 원래 전혀 별개의 것이다. 일본과 지나의 문화가 과거에 어떤 관계가 있었다 해도, 그럼에도 불구하고 앞으로는 일본이 지나에 대해 여러 면에서 활동하는 것이 절대적으로 필요해졌다. 일본은 지금 지나인의 항일(抗日)사상을 쳐부수고, 두 민족이 지나에서 서로 손을 잡고 활동할 수 있는 새로운 정세를 만들려고 목숨을 건 노력을 하고 있다. 그러나 이를 위해서는 일본인과 위에서 말했듯이 지나인이 별개의 문화를 형성하고 별개의 민족성을 길러 온 전혀 다른 두 민족이라는 것을 충분히 알고 상대해야 한다. 일본인 스스

19 石母田正, 「歴史観について」, 『社會科教育大系』 第3巻, 三一書房, 1963; 『石母田正著作集』 第15巻, 岩波書店, 1990, 307쪽.

로 그것을 분명히 깨달아야 함은 물론, 지나인에게도 그것을 잘 납득시켜야 한다. 특히 오늘날 일본은 긴 과거의 역사가 점차로 길러 온 독자적인 정신과 그를 통해 창조해 온 독자적인 문화의 힘에 의해 현대의 세계문화를 새롭게 자신의 것으로 만들었고, 일본 스스로의 문화에 세계성을 갖게 했다. 그 점에서 지금까지의 지나와는 전혀 다르다는 것을 지나인에게 분명히 알려 줘야 한다. 문화적인 제휴라 해도 실은 현대의 세계문화를 자신의 것으로 만들고 있는 일본이 아직 그렇지 못한 지나를 지도하는 의미여야 한다. 그것을 지도하는 것은 이 차이를 밝히고 나서의 일이다. 일본인과 지나인, 일본문화와 지나문화를 막연히 혼동하여 생각하고, 그를 통해 동양인이나 동양문화라는 말을 만들어 본들, 그것이 지나인에게 아무런 느낌도 주지 않는다는 것은 이미 오래전에 끝난 시험이 아닌가?(보 2.395)

(b) 일본은 지금 지나에 대해 행하고 있는 커다란 활동을 향해 모든 힘을 집중하고 있다. 이 활동은 모든 방면에서 충분히 또 철저히 수행해야 한다. 그것을 수행할 수 있는 것은 위에서 말했듯이 역사적으로 발달해 온 일본인에게 독자적인 정신과 세계성을 갖춘 현대문화, 그 근본인 현대과학 및 그를 통해 새롭게 배양된 정신의 작용이 하나로 융합한 데서 생기는 강한 힘 때문이다. 그러나 이런 일본의 상태와 정반대인 것이 오늘날 지나의 현실의 모습이다. 이번 사변이야말로 지금까지의 일본과 지나의 문화, 일본인과 지나인의 생활이 전혀 다른 것이었으며 이 두 민족이 전혀 다른 세계의 주민이었다는 것, 그와 함께 일본인에게 독자적인 정신과 현대문화·현대과학 및 그 정신이 결코 서로 어긋나는 것이 아님을 가장 잘 보여 주는 것이라고 해야 한다. 현재 지나의 모든 방면에서 활동하고 여러 의미·방법으로 지나인과 접촉하고 있는 일본인에게는 그것이 분명

히 알려져 있을 것이다. 이 책에 수록된 두 편은 요컨대 이런 분명한 현재 사실의 역사적 유래를 생각한 것에 불과하다.(보2.400)

이 부분이 당국에 의해 삭제됐다는 것은, 전후 검열에서 수집된 '출판물 검열자료'에 대한 최근의 조사를 통해 밝혀진 것이다. 그것은 곧 구판 서문 중 이 부분을 삭제한 것은 쓰다의 자의가 아니라 타의에 의한 강제였음을 의미한다.[20]

그런데 쓰다 연구의 전문가인 이에나가 사부로는, 쓰다가 이 책에서 역설하고자 했던 것은 중국과의 전쟁이 확대됨에 따라 일본주의와 결탁해 유력해진 일종의 '아시아주의'나 '동아신질서(東亞新秩序)' 사상을 논파하는 것이고, 또 당시 유행하고 있던 사상에 대한 적극적인 도전의 결의를 나타낸 것이라고 한다.[21] 이어서 다음과 같이 말한다.

일본과 중국을 안이하게 동문동종(同文同種)의 나라로 칭하고 일·만·지(日·滿·支)를 일체화함으로써 미영 배격을 부르짖으며 침략전쟁을 찬양하는 공허한 선전이 횡행하는 것에 대해 의분(義憤)의 마음을 생생히 읽을 수 있다. 그 점에 한해 쓰다는 중국 침략을 정당화하기 위한 비과학적인 아시아주의의 유행을 신랄하게 비판한 저항자로서 적극적인 역할을 했다.[22]

20 李成市, 앞의 책, 272-273쪽.

21 家永三郎, 앞의 책, 362쪽.

22 위의 책, 363쪽. 李成市에 의하면 『지나사상과 일본』은 1930년대에 발발한 중일전쟁을 합리화·정당화하기 위해 주장된 대동아공영권이나 중일 두 민족의 운명공동체론 등에 대한 비판으로 간주되어 높이 평가되고 전후에도 계속 읽혔다고 한다. 李成市, 앞의 책, 262쪽.

이것은 이에나가가 구판 서문의 일부를 인용하면서 해석한 것이다. 그런데 쓰다의 구판 서문에서 정말로 이런 '의분의 마음'을 읽어 낼 수 있을까? 본격적인 논의에 앞서 위에서 인용한 구판 서문 (a) 중 밑줄 친 부분과 (b)의 요지를 정리해 보면 다음과 같다.

(a)의 경우 첫째로 쓰다는 일본제국이 중일전쟁 후 '지나인의 항일사상을 쳐부수고' 정치적·경제적·문화적으로 침략행위를 수행하고 있는 것을 인정하고 있다. 둘째로 일본과 중국이 전혀 다른 민족이라는 것을 일본인 스스로도 알아야 할 뿐 아니라 중국인도 알게 해야 한다고 한다. 셋째로 일본과 중국의 관계를 '지도-피지도'의 관계로 설정하고 있다.

(b)의 경우 첫째로 쓰다는 여기서는 일본의 중국 침략행위에 당위성을 부여함과 동시에, 독자적 정신과 세계성을 갖춘 현대문화 및 그 근저에 있는 현대과학과 정신이 융합된 일본의 강한 힘이 있다고 하면서 그 행위에 적극적인 지지를 보내고 있다. 둘째로 이런 일본과 정반대의 상황에 놓여 있는 것이 중국이라고 한다.

아울러 쓰다는 이 책의 본론에서 "이런 선전에는 국책이나 국제정책에서의 어떤 주장과 사상적으로 관련이 있을 것이다"(20.324)라고 한다. '이런 선전'이란 동양은 하나라는 선전을 가리킨다. '국책'·'국제정책'이란 그가 서문에서 말하고 있는 일본제국의 '활동'과 관련이 있다. 그 활동의 구체적인 내용은 이렇다. 이 책이 간행(1938.11.)되기 3개월쯤 전인 1938년 7월 19일에 고노에 후미마로(近衛文麿) 내각은 '지나정권내면지도대강(支那政權內面指導大綱)'을 발표한다. 그 내용은 중국에서 항일적 풍조를 일소(一掃)하고, 일반 한민족(漢民族)의 자발적 협력을 촉진하기 위한 세 가지 방책으로 구성되어 있다. ① '위력(威力)'을 배경으로 한 강압적 수단, ② '국민경제'의 향상을 통한 인심수람(人心收攬), ③

'동양문화'의 부활을 통한 지도정신의 확립이 그것이다. 그중 ③과 관련해서는 "한민족 고유의 문화, 특히 일본과 지나의 공통의 문화를 존중하고 동양 정신문명을 부활시켜 항일적 언론을 철저히 금지하고 일본과 지나의 제휴를 촉진한다"라고 되어 있다. 즉 일본제국이 당시 '동양문화'의 부활을 정책의 하나로 수립한 것은, 항일적 언론을 금지해 중국침략의 발판을 마련하고 중국에 대한 일본의 지도정신을 확립하려는 데 목적이 있었던 것이다.[23]

쓰다가 구판 서문의 첫머리에서 "일본인이 일본인 자신의 문화와 지나인의 문화에 대해, 지나인이 지나인 자신의 문화와 일본인의 문화에 대해 올바른 견해를 가져야 할 필요를 오늘날만큼 절실히 느낀 적은 없다. 만약 그 견해에 잘못된 부분이 있고 잘못된 견해에 근거하여 뭔가 일을 계획하고 있다고 한다면, 무서운 결과가 있을 것임을 알 수 있기 때문이다"(보2.393)라고 하여 위기의식을 표명한 배경에는 바로 이런 것이 있었다.

그렇다면 그가 말하는 '무서운 결과'란 무엇인가? 그것은 바로 '동양문화'의 부활로, 과거에 중국인의 우월감을 상징했던 '중화의식'이 재현되는 것이다. 구판 서문의 아래 문장들과 함께 보면 그 점을 더욱 분명히 알 수 있다.

> 일본문화로서의 독자성이 갖추어져 있음에 대한 충분한 자각 없이 그것을 단순한 서양문화의 모방처럼 선전하는 자가 있는 것은 지나인의 이런 잘못된 일본관을 조성하는 것과 같다. 또 일본에 대해서는 오늘날에도 여전히 완전히 없앨 수 없는 지나인의 중화의식·우월감에 영합하는 것과

23 李成市, 위의 책, 278-279쪽.

갈다.(보2.396-397)

동양문화라는 이름으로 지나의 과거 문화를 숭배하고 그것에 집착하는 잘못된 느낌을 그들에게 들게 하는 것은, 앞에서 말한 것과는 다른 의미에서 일본이 지나의 젊은 지식인의 경멸이나 반감을 불러일으키고, 그들의 마음을 유럽이나 미국으로 향하게 한다는 것도 일본인은 생각해야 한다.(보2.397)

일본인이 지나에 대한 효과적인 작용을 하기 위해서는 세계성을 갖춘 현대의 일본문화를 더욱 고양하여, 유럽이나 미국보다 더 뛰어나게 만들어야 함을 저절로 알 수 있을 것이다. 일본문화가 그렇게 되어야, 그리고 지나인이 일본문화보다 유럽이나 미국 쪽이 더 뛰어나다고 생각하지 않아야 지나에 일본문화의 힘을 충분히 작용시켜 지나인에게 진정으로 일본을 이해시키고 일본을 존경하게 할 수 있는 것이다.(보2.398)

일본인이 지나에 대한 진정한 활동을 하기 위해서는 지나의 모든 것에 대해 정밀한 학문적 연구, 특히 문화에 대해서는 그런 연구와 함께 엄정한 비판을 해서 상대해야 한다. …… 이런 연구가 다방면으로 진행되는 것은 학문 세계에서 저절로 지나인을 지도해 가게 되기도 하고, 일본 현대문화의 힘을 지나인에게 보여 주는 것이 된다.(보2.399-400)

위 문장들의 요지를 정리해 보면 다음과 같다. 첫째로 '일본문화의 독자성'을 자각하지 못한 채 서양문화의 모방으로 선전하는 것은 중국인의 '중화의식'과 '우월감'에 영합하는 것이라는 점이다. 둘째로 '동양문화'를 말하는 것은 일본이 중국의 젊은 지식인들의 경멸이나 반감을 불러일으켜 그들의 마음을 유럽이나 미국으로 향하게 하는 것이라는 점이다. 셋째로 일본의 현대문화를 더욱 고양하여 중국인이 유럽·미국이 아니라 일본을 존경하게 만들어야 한다는 점이다. 넷째로 중국인을 지도하기 위해 중국의 모든 것을 연구하고 비판해야 한다는 점이다.

서문에서 '관계'(보2.395)라는 말을 사용하고 있듯이, 쓰다에게는 타자인 아시아 속의 중국과 자아인 일본, 그리고 보편적 기준인 서구, 이 삼자의 관계를 어떻게 설정하느냐가 일본에서의 일본학과 중국학의 의의를 정립하는 데 가장 본질이 되는 문제였다. 왜냐하면 일본사상이 더 이상 중국의 모방·종속이나 서양의 추종이 아니라 독자적인 사상이고, 중일을 포함하는 동양이나 아시아는 존재하지 않는다고 규정한 이상, '아시아주의'나 '동아신질서', 더 나아가 이 책이 출판된 뒤에 거론되기 시작한 중일 운명공동체나 대동아공영권과 같은 관계 설정은 쓰다에게서 당연히 성립할 수 없게 되기 때문이다.

그렇다면 제국주의적 침략에 의한 적대적 관계라는 당시의 현실 상황 속에서 타자와 어떤 새로운 관계 설정이 가능한가는 당연히 쓰다에게 요구되는 문제일 것이다. 쓰다가 내놓은 해답은 일본과 중국을 평등관계나 공존관계로 설정하는 것이 아니다.[24] '우월과 열등', '지도와 피지도'의 관계로 설정하는 것이다.

이시모다는 쓰다의 구판 서문에서 읽을 수 있는 것은, 일본인이 중국을 연구하는 것은 과거와 현대의 역사에서 배우기 위한 것이 아니라, '중국인에 대한 앞으로의 지도방침', 즉 중국민족을 지배하는 정책을 결정하는 데 필요한 것에 한해서라고 한다. 또 이 책의 과제는 중일전쟁에 즈음해 일본 제국주의 침략 및 중국민족 지배의 역사적 기초를

24 위의 책, 264쪽.

제공하기 위한 논리를 전개하는 데 있었다고 한다.[25]

이런 입장을 취하고 있는 쓰다가 일본·중국·인도를 하나로 보려는 동양·동양사·동양사상·동양문화의 존재뿐 아니라, 그것을 선전하는 쪽을 비판하는 것은 당연하다. 왜냐하면 "일본인은 동양문화라는 이름으로 지나의 과거 문화를 숭배하고 그것에 집착하는 잘못된 느낌을 그들에게 들게 하는 것은 …… 일본이 지나의 젊은 지식인의 경멸이나 반감을 불러일으키고, 그들의 마음을 유럽이나 미국으로 향하게" 하는 것이기 때문이다. 그렇다면 '침략전쟁 선전에 대한 의분의 마음'보다는, 이에나가가 이렇게 말하고 나서 뒤이어 "쓰다가 항상 배척하는 시국편승의 아시아주의와 결론에 도달하는 전제만 다를 뿐 실제로는 기본적으로 큰 차이가 없는 중국에 대한 일본의 우월의식을 강조하는 잘못에 빠지고 말았다"고 한 것이 오히려 쓰다의 생각에 더 가깝다.[26]

따라서 이 책에서 일본과 중국·인도가 하나의 세계라는 '동양'을 부정하고 일본의 독자성과 세계성을 강조하는 목적은, 과거 중국인이 일본에 대해 갖고 있던 '중화의식'·'우월감'을 없애고, 유럽이나 미국보다 일본을 존경하게 만들어 일본이 중국을 '지도'해야 한다는 데 있다고 할 수 있다. 이것이 곧 쓰다 사상의 본질이다.[27] 하지만 그 배경에

---

25 石母田正, 『石母田正著作集』 第15巻, 岩波書店, 308쪽. 참고로 스테판 다나카는 쓰다가 일본의 제국주의적 정책에 대해 비판적이었다고 하지만 동의하기 어렵다. 스테판 다나카 지음, 박영재·함동주 옮김, 『일본 동양학의 구조』, 문학과지성사, 2004, 364쪽.

26 家永三郎, 앞의 책, 363쪽.

27 「アジアは一つではない」에서도 이런 '중화의식'은 일본 지식인들의 열등의식에서 기인하는 것이고, 일본을 문화적으로 중국에 종속시키는 시각이라며 비판한다(28.428).

중국에 대한 쓰다의 멸시·우월감뿐 아니라, 중국의 젊은 지식인들이 일본에 대해 우월감을 갖거나 멸시하는 사태가 벌어져서는 안 된다는 위기감이 동시에 작용하고 있었던 것은 간과할 수 없는 사실이다.

4. 일본은 우월하고 아시아는 열등하다

지금까지 살펴본 중국·중국인·중국사상·중국문화에 대한 쓰다의 부정적인 시각은 자신의 외부에서 벌어지고 있는 여러 상황들에 대한 그의 '위기의식'에서만 기인하는 것은 아니다. 그의 내면세계에서 기인하는 것도 있다. 어쩌면 그것이 더 본질적일 수도 있다. 그렇기 때문에 일기나 편지를 통해 그 위기의식 속에 깊숙이 자리 잡고 있는 그의 심층의식을 들여다볼 필요가 있다.

사실 쓰다의 젊은 시절 가장 큰 관심사는 메이지유신에 관한 것이었다.[28] 그러했던 쓰다가 중국사상 연구의 필요성을 절실히 느끼게 된 까닭에는 외부 요인과 함께 내부 요인이 있었다.

외부 요인은 1907–1913년 만철만선지리역사조사실(滿鐵滿鮮地理歷史調査室, 이하 '만선조사실')에서 시라토리 구라키치(白鳥庫吉)의 조수로 근무했을 때 중국과 한국에 대해 연구·집필 활동을 한 경험이다. 만선조사실 활동이 중단된 뒤 와세다대학 철학과에서 중국철학 강좌를 맡게 되는데, 그때 자신의 전공이 중국철학이 됐을 만큼 중국사상에 가장 공을 들였다고 한다. 그 뒤 다이쇼 말기부터 낸 논저의 대부분도 중국

28 津田左右吉, 『津田左右吉全集』第24卷, 岩波書店, 1965, 90쪽; 增淵龍夫, 「歷史認識と國際感覺–日本の近代史學史における中國と日本(I)」, 上田正昭 編, 『人と思想 津田左右吉』, 232쪽.

사상에 관한 것이었다.[29]

내부 요인은 그가 이미 1900년대 초 즉 20대 중후반 때부터 메이지유신과 일본 국민사상에 대해 관심을 갖고 있었던 점이다. 그 무렵부터 메이지유신과 일본 국민사상에 대한 구상이 거의 마무리된 1910년대 초반까지 쓰다는 『고사기(古事記)』·『일본서기(日本書紀)』 등 일본 고대에서 메이지유신에 이르기까지 주요 문헌들을 섭렵하게 된다. 그러던 중 만선조사실이나 와세다대학에서 일하게 되면서 중국과 한국 연구에 몰두하게 된다. 이를 계기로 "일본의 역사를 알기 위해 지나와 조선의 사적(史籍)을 이용해야 한다는 것을 그 전보다도 통절히 느꼈"고, "『국민사상의 연구』를 집필하던 중에도 지나사상을 더 잘 알아야겠다고 생각했다"고 한다.[30] 이렇듯 쓰다의 연구에서 중국·한국이 차지하는 비중이 컸던 것은 사실이다. 그러나 그것은 어디까지나 그가 가장 관심을 갖고 있던 일본 국민사상의 문제와 관련된 범위 내에서의 일이었다.

앞서 말한 외부 요인은 일본이 흑선내항·불평등조약·굴욕적 개항의 충격을 받아 메이지유신을 단행한 뒤 서양을 모방해 근대 국민국가를 형성하고 서구열강과 식민지 경쟁에 뛰어들면서 아시아 특히 중국과 조선을 침탈했던 시기와 맞물린다. 서양이 등장하기 전, 전근대 동아시아 세계에서는 중국이 맹주이자 중심이며 선진국이었고 또 보편적인 기준이었다. 따라서 중국의 입장에서 한국과 일본은 특수이자 주변이었다. 그런데 일본에 대한 서구열강의 군사적·경제적 진출은 일본이 정치·경제·군사·외교·금융·법률·제도·교육·종교·사상·문화 등 모든

29 『津田左右吉全集』第24巻, 96-99쪽.

30 위의 책, 89-99쪽; 增淵龍夫, 「歷史認識と國際感覺-日本の近代史學史における中國と日本(I)-」, 245쪽.

분야에서 서양에 뒤떨어져 있다는 열등감을 갖게 만들었다. 그리고 이 열등감은 메이지 일본에 전근대를 상징하는 아시아가 '특수'이고, 근대를 상징하는 서구가 '보편'이라는 패러다임의 전환을 가져왔다.

이런 패러다임의 전환이 일본의 근대화를 가속화하는 한편, '후진 세계인 아시아에서 벗어나 유럽열강의 일원이 되자', 즉 특수인 아시아로부터 벗어나야 한다는 탈아사상이 등장하게 된다. 세계화의 보편적인 기준이 서양으로 바뀐 것이다. 여기에 청일전쟁(1894-1895)·러일전쟁(1904-1905)·중일전쟁(1937-1945)에서의 승리, 한국과 만주의 식민지배는 중국과 한국에 대한 일본의 우위를 확인하는 일련의 사건이었다. 이는 서양에 대한 일본의 열등감이 아시아에 대한 우월감으로 변질되어 분출되고 해소되는 과정이었다고 할 수 있다.

아시아에 대한 우월감은 다시 아시아에 대한 멸시로 나타나게 된다. 당시 일본인이 중국을 '지나'로 부르거나 중국인을 '창코로(チャンコロ)'로 부르고, 한국인을 '요보(ヨボ)'로 불렀던 것은 그 전형적인 예다. '창코로'는 당시 중국인에 대한 멸칭(蔑称)이었다. '요보'는 한국어의 '여보'에서 온 말로 당시 한국인에 대한 멸칭이었다.[31] 둘 다 메이지시기에 민간에서 중국인과 한국인에 대해 썼던 차별 용어다. 쓰다는 이런 시대적 상황 속에서 중국과 한국에 대한 연구를 본격적으로 시작했던 것이다. 앞 절에서 살펴본 쓰다의 중국 도가 관련 저술들은 이런 시대 배경하에서 집필됐다.

쓰다는 자신을 둘러싼 이런 역사적 조건에 대항하거나 초극하려고 했던 사람이 아니다. 오히려 그것을 충실히 반영하고 있는 인물 중

31 '요보'와 관련해서는 今村鞆, 『歷史民俗朝鮮漫談』, 南山吟社, 1930, 390-391쪽 참조.

한 사람이다. 1911년(38세) 5월 23일 자 「쥐 일기(鼠日記)」에서는 전날 극장에서 본 햄릿 연극 중 햄릿의 대사나 오필리아의 노래가 환청처럼 들리는 듯하여 예술의 세계가 그립다고 한다. 그런 생각을 하면 백제든 신라든 자신의 내면생활(inner life)에 전혀 영향을 미치지 않는 문제에 머리를 쓰는 것이 바보 같아 견딜 수 없다고 토로한다.[32]

같은 해 6월 2일에 쓴 일기에서는 모리스 마테를링크(Maurice Maeterlinck)의 『기적』을 극화한 것은 '예술적인 공기'로 묘사한다. 반면 조선본(朝鮮本)이나 당본(唐本)은 '역겨운 구린내'로 비유한다. 8월 9일 자 일기에 의하면, 그날 쓰다는 헛간 네 벽에 높이 쌓여 있는 만가(萬架)의 서책들 안에 있었다. 그는 안에 서 있으면 머리가 썩어 들어가는 것 같다고 쓰고 있다. 그 이유에 대해 그 책들이 '창'과 '요보'의 과거가 기록되어 있기 때문이라고 한다. '창'은 '창코로'에서 온 말이다. 그러고 나서 그는 "그것들이 내뿜는 독기(毒氣)에 몸과 마음이 얼마나 상했는지 알 수 없다. …… 지나인의 머리에서 나와 지나인 손으로 쓴 이 서책들에서 나오는 더러운 공기에 내 머리가 짓눌려 견딜 수 없을 정도로 불쾌해지는 것은 무리도 아닐 것이다"라고 쓰고 있다(26.481).

후쿠이 후미마사는 언뜻 보기에 경멸적 언사로 보이는 표현들은 쓰다가 중국사상을 오랫동안 연구한 결과 내린 '사실인정'이지 '가치판단'이 아니라고 한다. 또 그의 이런 솔직한 말투는 중국뿐 아니라 일본이나 서양에 대해서도 쓰는 일종의 버릇이라고 한다.[33] 하지만 필자는 이런 견해에 동의하지 않는다. 위의 일기에 의하면 쓰다의 중국·한국 멸시는 젊은 시절부터 그의 심층의식 속에 내재해 있었다고 할 수 있다.

32 津田左右吉, 『津田左右吉全集』 第26巻, 岩波書店, 1965, 475쪽.

33 福井文雅, 「福永教授の反論について」, 『東方宗教』 第62號, 1983, 64-65쪽.

이 일기는 쓰다가 만선조사실에서 근무하고 있었을 때 쓴 것이다. 중국이나 한국에 대해서는 혐오하고 멸시하고 있었다고 한다면[혐중·혐한], 그가 늘 관심을 갖고 있었던 것은 일본의 국민사상이었고, 동경하고 있었던 것은 서양문화였다.[34] 그렇다면 그토록 혐오스러운 중국과 한국을 그는 왜 연구했는가? 1926년 5월 25일에 쓴 24일 자 편지(수신인은 鈴木拾五郎 부부)에 의하면, 쓰다가 와세대대학 교수로 재직할 때 누군가가 똑같은 질문을 했던 것 같다. 그에 대해 쓰다는 다음과 같이 답변했다고 쓰고 있다.

> 어떤 사람이 와서 "자네는 지나를 싫어한다면서 지나에 관한 것을 하고 있는데, 이상하지 않나?"라고 한다. 그래서 내가 설명해 주었다. 똥이나 오줌을 맛있다거나 향기가 좋다고 하는 사람은 없지만, 그래도 매일 그것을 실험관 안에 넣거나 현미경으로 보는 학자가 있다. 나의 지나연구에도 첫째로 그런 게 있다고 생각해라. 이것은 어떤 사물이든 그 본질, 그 진상을 알려고 하는 순수한 학문적 흥미 때문이다. 다음으로는 우리 사상이나 생각에도 일본문화의 오랜 역사의 결과로서 지나적인 요소가 많이 포함되어 있다. 따라서 일본문화, 좀 더 절실히 말하면 자기 자신의 사상을 밝히기 위해서는 그 지나적인 요소, 지나문화의 본질을 밝혀야 한다. 이것이 두 번째다. 또 아무리 싫어도 지나인도 인간이다. 지나사상도 인간이 낳은 것이다. 따라서 지나사상의 연구는 결국 인간의 연구다. 인간의 연구는 인간정신이 드러난 것이다. 여기서 단순한 학문적 흥미를 초월한 인간으로서의 흥미가 생겨난다. 이것이 세 번째다. 아울러 지나인이라고 해서 나쁜 것만 있는 것이 아니다. 어딘가에 인간다운 인간으로서 존중해

34 大室幹雄, 앞의 책, 184-193쪽.

야 할 부분이 없다면 저 정도의 문화는 발달하지 못했다. 싫어하는 것 속에서 좋은 것을 찾아내고, 먼지 속에서 주옥을 발견하려는 흥미도 거기에서 솟아나온다. 이것이 네 번째다.[35]

1926년이라면 「교섭」 발표 뒤, 『전개』 출판 전에 쓴 것이다. 그가 말하는 이유는 네 가지다. 첫째는 순수한 학문적 흥미에서다. 둘째는 일본문화 즉 자기 자신의 사상을 밝히기 위해서다. 셋째는 인간으로서의 흥미 때문이다. 넷째는 먼지 속에서 주옥을 발견하려는 흥미 때문이다. 그의 순수한 학문적 흥미와는 별도로, 그가 중국을 똥오줌이나 먼지로 비유하고 있는 것은 그의 혐중 심리를 적나라하게 보여 준다.

5. 일본이 세계학문을 이끌어야 한다

그런데 쓰다의 중국에 대한 혐오와 멸시는 단순히 심리 차원에 그치는 것이 아니었다. 1934년(61세)에 발표한 「지나사상 연구의 태도」에서도 중국사상 연구의 필요성에 관해, 첫째는 순수한 학문적 견지 때문이라고 하고, 둘째는 중국사상이 일본인의 생활에 얼마나 부적합한지 밝히기 위해서라고 한다. 이것은 일본사상은 중국사상과 다르다는 자의식과 관련된 것이다. 셋째는 중국의 학문은 일본보다 훨씬 유치하기 때문에 일본이 중국학계를 지도해 가야 한다는 것이다. 넷째는 유럽의 중국사상 연구도 유치하기 때문에 일본이 유럽의 연구를 지도해 가야 한다는 것이다. 그러고 나서 쓰다는 “지금까지 일본인은 유럽으

35 津田左右吉, 『津田左右吉全集』 第27巻, 岩波書店, 1965, 270쪽.

로부터 여러 학문을 배웠다. 앞으로는 유럽을 가르치고 유럽을 지도해야 한다"고 한다(21.354-355).

여기서 우리는 쓰다가 오래전부터 중국에 대해 갖고 있던 멸시의 심리가 유럽으로 확장되고 있고, 그것이 중국과 유럽의 학문을 일본이 지도해야 한다는 정당성의 근거 및 중국·유럽에 대한 일본의 자신감·자부심·우월감으로 작용하고 있음을 확인할 수 있다. 이것은 일본이 학문을 통해 중국은 물론 세계를 선도하고 지배해야 한다는 '학문의 제국주의' 논리나 다름없다.[36] 이런 학문의 제국주의는 그가 1939년(66세)에 발표한 「일본에서 지나학의 사명」에도 그대로 드러나 있다.

> 탁월한 지나연구가 일본인에 의해 제공된다는 것은 지나인이 일본학술·일본문화를 존중하게 하는 데 큰 역할을 한다(반대로 일본의 지나학이 지나의 학문을 추종하는 것이라면 지나인의 경멸을 초래하는 것 외에 효과는 없다). 다만 그러기 위해서는 문화·과학 등 모든 면에서 일본이 지나보다 뛰어나다는 실증을 보여 줄 필요가 있다. 이 점에서는 일본학자 스스로도 지나인보다 뛰어나다는 자신감을 가져야 한다. 일본인이 지나인에 대해 막연한 인종적 우월감을 갖고 임하는 것은 물론 피해야 한다. 하지만 사실상 우월한 것에 대해서는 그만큼 자신감을 갖는 것이 필요하다. 지나인에게 일본인에 대한 우월감을 갖게 하는 일이 있어서는 안 된다는 것은 말할 것도 없다. 일본문화가 지나문화의 도움을 빌려야 하는 상태는 지금 절대로 없기 때문이다.[37]

---

36 家永三郎도 쓰다에게 안으로는 민주주의, 밖으로는 제국주의라는 양면이 있음을 지적한다. 上田正昭 編, 『人と思想 津田左右吉』, 31쪽.

37 津田左右吉, 「日本における支那學の使命」, 『中央公論』 618, 1939; 『津田左右吉全集』 第21卷, 375쪽.

그가 여기서 말하고자 하는 것은 탁월한 중국연구를 수행하는 것이 일본 중국학의 사명이라는 것이다. 하지만 그 목적은 일본이 문화·과학 등 모든 면에서 중국보다 우월하다는 것을 보여 주어야 하고 또 실제로 우월한 것에 대해서는 자신감을 가져야 한다는 것이다. 즉 중국연구의 목적과 필요성을 일본의 자신감과 우월감 '보여주기'에 두고 있는 것이다. 하지만 그 이면에는 "지나인에게 일본인에 대한 우월감을 갖게 하는 일이 있어서는 안 된다"는 위기감이 여기서도 동시에 작용하고 있다. 왜냐하면 그렇게 될 경우 지나인으로부터 경멸받을 것이기 때문이다.

6. 존황·국체야말로 일본 국민주의의 핵심이다

쓰다의 주장과 같은 '일본 국민주의'가 성립하기 위해서는 부정적인 타자를 절대 필요로 한다. 근대일본의 국민주의를 정립하기 위해서는 중국·한국과의 차별화가 필수였고, 그를 위해서는 열등한 이웃을 필요로 했기 때문이다. 민족으로서의 중국인을 '질이 나쁜 것들'이라 하고(27.442), 중국문화를 정체되어 있다고 하며(20.414), 한국인은 문화적인 독립성이 결여되어 있는 민족(27.311-312)이라고 하는 것은 모두 그 단적인 예다. 그것을 통해 일본국민을 규정하는 경계를 만들고 그것을 지키는 것이야말로 근대일본의 주체를 성립시킬 수 있는 방법이었다. '동양' 및 '서양'과의 관계에서 국민주체를 만들기 위해서는 열등한 타자를 필요로 했던 것이다.[38]

---

38 李成市, 앞의 책, 277-278쪽.

2천여 년 이래 우리 국민이 세계에 비할 데 없는 이 황실 아래에서 어떻게 활동했고, 이 금구무결(金甌無缺)한 국체(國體)를 어떻게 유지하고 옹호하고 발양했는지 사실에 입각해 절실히 깨닫게 해야 한다. 국민에 대한 역대 황실의 따뜻한 애정과 이 황실을 중심으로 우리 조상들이 점차로 길러 온 열렬한 국민적 정신의 내용을 충분히 터득하게 해야 한다. 단순한 민족적 결합·민족적 정신이 어떻게 공고한 국민적 조직·왕성한 국민적 정신으로 발달해 왔는지, 영토의 확대, 이민족의 정복과 함께 어떻게 우리 야마토(大和)민족이 그 세력을 발전시키고 이민족을 동화하고 본래의 민족적 국가조직을 더욱 더 확고하게 했는지 그 사실을 일일이 이해시켜야 한다. …… 또 국체관념을 밝히기 위해서는 오늘날 입헌정체(立憲政體)가 국체를 가장 잘 살리고, 입헌정체여야 비로소 국체의 진정한 정신을 잘 발휘할 수 있다는 것을 이해시켜야 한다. …… 특히 헌법 전문(前文)의 주요 부분과 공표된 고문(告文) 및 칙어는 그 글자에 관해 자세히 설명해야 한다. 이 칙어에는 입헌정치의 정신과 우리 고유의 국체·국민적 정신이 가장 잘 설명되어 있다. 우리 국민이 밤낮으로 배송(拜誦)하여 잊어서는 안 되는 칙어다. …… 대일본제국의 국체는 이 칙어에 찬란하면서도 분명히 나타나 있다. 그 장엄하면서도 절절한 마음, 우리는 이것을 삼가 읽을 때마다 저절로 감격의 눈물이 줄줄 흐르게 된다. 이것을 학생들에게 꼭 숙독하고 완미하게 하고 싶다. 초학급부터 가르쳐야 한다.[39]

이 글은 쓰다가 1906-1907년(33-34세)쯤에 쓴 것으로 추정되는 「역사교수법(歷史教授法)」이라는 미완성 원고의 한 대목이다. 30대 전반기에 작성된 글이기는 하지만, '국체'와 '국민정신'과의 관계에 관한 그

39 『津田左右吉全集』 第28卷, 506-507쪽.

의 견해는 그 뒤로도 한결같다.[40] 예를 들어 일본 국민생활의 심적 측면을 가리키는 '국민사상'이나 '국민성'과 관련해 '존황의 정(情)'·'존황의 마음'은 고금을 통해 일관되어 있다고 한다.[41] 또 신대사에 보이는 왕실과 국민과의 관계와 관련해서는 다음과 같이 말한다.

> 황실은 국민 내부에 있고 민족적 결합의 중심점·국민적 단결의 핵심이 되어 있다. …… 그 사이의 관계는 혈연으로 이어진 일가(一家)의 친근함이다. …… 황실이 만세일계(萬世一系)인 근본 이유는 여기에 있다. …… 황실과 많은 씨족 즉 국민은 동일한 부모에서 태어난 동포다. 황실은 그 동포의 종가이므로 황실과 국민은 본래 일체다. …… 이것이 우리 신대사의 국체사상이다. …… 황실과 일반 씨족 사이가 친애의 정으로 이어져 있기 때문이다.[42]

그 외에도 "'우리의 천황'은 우리가 사랑해야 한다. …… 국민은 황실을 사랑한다. 사랑하는 곳에 민주주의의 철저한 모습이 있다. …… 이렇게 황실을 사랑하는 것은 저절로 세계에 통하는 인도적 정신의 큰

40 謝明珊은 쓰다가 메이지 후반기에 이르러 '국체 관념'에 기초한 국민도덕을 밖에서 자신을 억압하는 도덕으로 비평했다고 한다. 하지만 위의 문장을 보면 그와는 반대로 쓰다는 입헌정체를 통해 金甌無缺한 '국체'를 잘 발휘해야 하는 것으로 생각하고 있었다. 그가 비판한 것은 '유교 관념'에 기초한 도덕이다. 謝明珊, 『津田左右吉認識中國的起點』, 國立臺灣大學政治學系中國大陸暨兩岸關係教學與研究中心, 2008, 49쪽.

41 津田左右吉, 『文學に現はれたる我が國民思想の研究』, 洛陽堂, 1916; 『津田左右吉全集』 別巻 2, 岩波書店, 1966, 9쪽.

42 津田左右吉, 『神代史の新しい研究』, 二松堂, 1913; 『津田左右吉全集』 別巻 1, 122−124쪽.

발로이기도 하다"라고 한다.[43] 「교육칙어」에서 말하는 '충(忠)'은 왕실과 국체에 관한 것이고, 왕실은 일본국가와 국민통합의 상징이라고도 한다.[44]

쓰다가 일생을 바쳐 밝히고자 했던 것은 일본의 독자적인 사상과 정신이다. 그가 말하는 일본의 독자적인 사상·정신이란 일본의 국민사상·국민정신을 가리킨다. 따라서 '쓰다사학(津田史學)'으로 불리는 그의 역사의식에서 '국민'은 가장 중요한 키워드로 작용하고 있다. 중국의 도가사상 연구는 그가 일본의 국민사상·국민정신을 연구하는 일련의 과정 속에서 필요에 의해, 방법으로서 수행한 것에 불과하며 중국의 도가사상에 특별히 깊은 관심이 있어서 한 것이 아니었다.

그는 일본의 국민사상·국민정신을 추출해 내기 위해 일본 고대에서 메이지까지 역사와 사상을 연구했다. 쓰다가 말하는 일본의 국민정신·국민사상이란 '존황'사상을 가리킨다. '존황'사상의 핵심은 바로 '국체'다. 우에다 마사아키는 쓰다의 학문을 국부적으로 파악하여 국체호지파(國體護持派)였다든가 반권력적이었다든가 하는 평가로는 그의 학문을 판별할 수 없다고 한다.[45] 그러나 일본의 '존황'과 '국체'라는 관념이 전전은 물론 전후에도 그의 내면생활을 일관되게 규정하고 지배하고 있었다고 생각한다.

---

43 津田左右吉, 「建國の事情と皇室の萬世一系の思想の由來」, 『世界』 4, 1946; 『津田左右吉全集』 第3卷(「日本の國家形成の過程と皇室の恒久性に關する思想の由來」로 改題), 岩波書店, 1963, 473쪽.

44 津田左右吉, 「ニホン人の生活の反省」, 『ロゴス』 1-3, 1946(후반 부분은 「教育に關する勅語について」라는 제목으로 『日本の皇室』에 수록); 『津田左右吉全集』 第21卷, 236·241쪽.

45 이렇게 말하는 上田도 전후의 쓰다는 학문연구보다 오히려 象徵天皇制 護持라는 의미에서의 정치적 발언이 많아지고 있었다고 지적한다. 上田正昭 編, 『人と思想 津田左右吉』, 53·55쪽.

7. 혐중 · 혐한의 원형

쓰다에 관해서는 '쓰다사학'이라는 말이 대변하듯이 일본을 대표하는 저명한 실증사학자로 소개되고 또 알려져 있는 것이 일반적이다. 그가 이룩한 방대한 학술적 성과를 보면 이런 평가는 타당한 듯이 보인다. 그러나 이 장에서 살펴본 중국 도가사상 관련 학문성과에 관한한, 그의 연구가 '실증적'이었다고 보기는 어려운 측면이 많다. 물론 이 장에서는 그의 도가연구의 내용 자체를 검토한 것이 아니기 때문에 여기서 이 문제에 대한 결론을 내리기는 적절하지 않다. 그러나 그런 학문적 검토 이전에 그가 지니고 있던 목적의식이나 내면세계가 오히려 그 대상에 대한 연구를 방해한 측면이 있음을 부정할 수는 없을 것이다. 쓰다 자신이 이런 목적의식이나 내면세계 그 자체를 학문적으로 반성한 적이 있는지의 여부는 앞으로의 검토대상이다. 특히 그가 중국과 한국을 연구하고 있었을 당시 혐중·혐한 의식이 그의 내면세계를 강하게 지배하고 있었다는 것은 앞에서 살펴본 대로다. 이성시가 지적했듯이 아시아인, 특히 현재 일본의 일부 언론·방송·SNS·극우세력에서 볼 수 있는 중국과 한국에 대한 혐오·멸시·헤이트 스피치(hate speech), 즉 포스트콜로니얼리즘적인 상황의 원형은 쓰다에서도 발견할 수 있다.[46]

앞에서 언급했듯이 쓰다의 중국도가 연구에도 이런 부정적인 아시아 인식의 그늘이 짙게 드리워 있었다. 이런 부정적인 인식은 마스부치 다쓰오가 지적했듯이 메이지시대 이후 일본 특유의 문화구조와 외국인식에서 유래하는 것이다. '근대'일본에 의식된 동양은, 서양

46 李成市, 앞의 책, 255–256·280쪽.

을 스승으로 삼아 일찍부터 '근대화'에 힘써 왔던 일본이 서양을 모방해 지배·영도하는 지역이었고, '서양에 대한 열등감'과 그 반사로서 '동양에 대한 우월감'이 일본의 국제감각에서 중핵을 구성하고 있었다. 바로 그런 국제감각을 낳은 일본의 문화구조가 일본에서의 동서양 연구의 시각을 규정해 왔다는 특질이 있다. 이 같은 '동양에 대한 우월감'에서 유래하는 아시아멸시, 특히 중국멸시의 시각은 청일전쟁 이래 일본의 일반적인 국제감각과 대칭하는 관계에 있었다.[47] 그런 점에서 쓰다의 도가연구는 순수한 실증적 연구로 보기는 어렵다고 생각한다. 그의 경우 중국도가는 근대일본이라는 자아와 동양·아시아라는 타자의 새로운 관계설정이라는 목적을 이루기 위한 하나의 자료 및 방법으로 이용된 것으로 보인다.

이처럼 쓰다의 학문사상이 형성되어 갔던 개인의 역사는 일본이 아시아에서 가장 먼저 서양문물과 사상을 수용하면서 추진했던 중심과제와 떼려야 뗄 수 없는 관계에 있었다. 중심과제란 근대일본 국민국가의 형성과 제국주의 식민지 정책의 추진 및 그것에 이론과 정당성을 부여하기 위해 수행됐던 황국사관·식민사관의 확립이라는 시대정신을 가리킨다.

물론 일본의 국민사상이나 일본 상고사·신대사·왕실관 및 중국사상 특히 유교에 대한 그의 인식은 미노다 무네키[48]의 계통을 잇는 극

47 增淵龍夫, 앞의 글, 219·248쪽.

48 미노다 무네키(蓑田胸喜, 1894-1946): 1920-30년대에 활동했던 일본의 대표적인 우익활동가다. 1925년에 三井甲之와 함께 우익단체인 原理日本社를 설립했으며, 그 이듬해부터 도쿄제국대학 법학부 교수들을 공격 목표로 삼아 대학 肅正운동을 벌였다. 이들의 공격에 의해 도쿄제국대학 법학부의 전현직 교수들이었던 美濃部達吉·末弘嚴太郎·横田喜三郎 등이 탄압을 당했는데, 당시 그 핵심적인 역할을 했던 것이 바로 미노다다. 앞에서 언급한 '쓰다 사건'을 주도했던 인물도 역

우세력과는 달랐다. 그것은 '쓰다 사건'만 봐도 알 수 있다. 하지만 아래의 글을 보면 쓰다가 본질적인 부분에서 그들과 무엇이 다를까 하는 회의를 갖게 한다.

> 나는 일본인이 역사적으로 배양된 훌륭한 자질을 갖고 있고, 과거에 오랫동안 세계에 대해 부끄럽지 않은 일을 했으며, 도덕적으로도 아름다운 데가 있다는 것을 역사적 사실로 인정한다. 그것을 새로운 시대의 생활에 걸맞은 새로운 형태로 살려 나가고, 정련하고 발달시켜 나갈 수 있다고 믿는다. …… 그리하여 황실의 존재에 국민적·민족적 통일의 상징으로서의 큰 의미가 있었던 것도 역사적 사실로 인정하며, 그 상태를 언제까지나 지속시켜 나가야 한다고 믿는다. …… 이것만은 신조라고 해도 좋을지 모른다.[49]

이 문장은 쓰다가 1950년 77세 때 쓴 「나의 신조」의 결론 부분이다. 세계대전이 끝난 지 채 5년밖에 지나지 않은 때다. 일본이 전쟁 가해자로서 아시아 국가들에 결코 씻을 수 없는 막대한 피해를 입혔다는 것을 그가 모를 리 없다. 그런 그가 일본이 자행한 과거 역사에 대해 부끄러워 하기는커녕 '도덕적으로 아름다운 일'이었으며 그것이 곧 '역사적 사실'이라는 표현까지 쓰고 있다. 또 그것을 미래에 살려 나가야 한다고까지 하고 있다. 더 나아가 전쟁책임의 정점이 아니라 국민통합의 상징으로서의 왕실의 존재를 인정하고 존속시켜 나가야 한다고 한다. 그가 이것을 자신의 '신조'라고 한 이유는 그것이 곧 자신이 일생을

시 미노다다. 家永三郎, 앞의 책, 373쪽 참조.

49 津田左右吉, 「わたくしの信條」, 『世界』 59, 1950; 『津田左右吉全集』 第21卷, 292-293쪽.

바쳐 연구해 온 '일본 국민주의 만들기'이기 때문이다. 그 바탕에는 '국체'에 대한 신봉이 있었다.

쓰다는 자신의 연구방법과 그 결과는 통설과 많이 다르기 때문에 중국 얘기를 하면 한학자의 비위를 상하게 하고, 불교 얘기를 하면 불교가로부터, 일본 얘기를 하면 국학자나 신도 선생으로부터 비난받거나 이상한 말만 한다고 여겨졌다고 한다(24.100). 쓰다의 이런 말만 들으면 그가 마치 국학자나 신도 선생과는 다른 얘기를 하고 있는 듯하다.

그러나 그가 말하는 일본 국민주의는 이른바 우익세력의 주장과 세부적인 차이만 있을 뿐이다.[50] 자학사관을 부정하고 일본인의 자부심을 북돋아야 한다는 명분으로 과거의 침략전쟁을 부정하고 식민지지배를 미화하는 현 일본정부나 우익의 주장과 본질적으로는 다르지 않다. 쓰다는 1927년 3월 29일에 쓴 편지에서 난징대학살을 언어도단이라면서 학살한 것이 아니라 약탈한 것이라고 한다. 그러면서 "지나인이 상등(上等)의 인간이 아닌 것만은 나날이 분명해져 간다. 실은 3천년 전부터 똑같다"고 한다(27.444-445). 이런 쓰다의 아시아 멸시관 내지 그와 유사한 심리는 우익뿐 아니라 일부 일본인의 마음 어느 한구석에 자리 잡고 있을지 모른다.

50 쓰다는 1926년 5월 11일 자 편지에서 자신이 『국민사상의 연구』의 自敍에서 쓴 '황실중심주의'는 왕실을 보수주의의 本尊으로 만들려고 하는 '오아리가타야(おありがたや)'(일본 왕실에 무조건 감사해 하는 것) 무리들의 神國主義적인 '황실중심'과 전혀 다르다고 한다(27.260-261).

제6장

오카쿠라 덴신의 중국문명론과 메이지시대 일본의 중국학

김용철

1. 중국, 철학의 나라

오카쿠라 덴신(岡倉天心, 1863-1913)은 그의 대표적인 영문저서 *The Ideals of the East* (1903)[이하 『동양의 이상』]에서 중국을 철학의 나라로 규정하였다. 유교와 도교를 철학으로 규정한 위에 이루어진 그의 중국문명론은 일견 간명하고 매우 매력적인 것으로 보이지만, 인도의 종교 그리고 일본의 예술과 함께 중국의 철학이 동양의 이상을 구현하였다는 도식에 맞추기 위한 것이었음은 두말할 나위도 없다.[1] '강한 타자'인 서양에 맞서기 위해 동양, 즉 아시아를 새롭게 규정하고 동양의 이상이 구현된 아시아문명이 서양의 물질문명보다 우월하다는 것을 주장한 그의 입장이 이후 아시아주의로 분류되고 대동아공영권 이데올로기로 활용되기도 한 사실은 주지하는 바와 같다.[2]

덴신이 중국과 인도를 각각 철학의 나라, 종교의 나라로 규정한 것은 미술을 중심으로 한 일본의 예술이야말로 동양의 이상을 구현한 최상위의 가치를 지닌 것이라는 결론을 도출하기 위한 전제의 일부였다. 그것을 통하여 과학기술의 물질문명으로 대표되는 서양에 맞서기 위한 중요한 전략을 제시함과 동시에 예술에서 동양문명의 정수를 구

1 후일 天心은 1912년에 쓴 "Exibition of Recent Acqusitions in Chinese and Japanese Art"(*Museum of Fine Arts Bulletin*, Vol.X, No.60)에서 철학과 종교를 논하며 양자를 구별하는 동양과 서양의 기준이 동일하지 않음을 지적하고, 서양의 경우 신의 개념이나 예배 형식에 비중을 두고 있으나 동양의 경우 그렇지 않아서 불가지론자도 종교적이고 속세를 초월한 신념도 종교로 이해한다고 밝힌 바 있다. 『동양의 이상』에서도 서양인을 의식한 좁은 의미의 종교를 규정함으로써 중국의 유교나 도교를 철학으로 규정한 측면을 유추해 볼 수 있다. 岡倉天心, "Exibition of Recent Acqusitions in Chinese and Japanese Art"(橋川文三 譯, 「東アジア美術における宗教」, 『岡倉天心全集』 第2巻, 平凡社, 1979, 151쪽에서 재인용).

2 松本三之介, 『近代日本の中國認識』, 以文社, 2011, 217-243쪽.

현한 일본이 아시아문명의 박물관이며 동양의 대표선수라는 주장을 제시한 것이다. 그의 주장에 따르면 불교에서 보듯이 복잡한 아시아의 이상주의가 일본에서 통일되었고, 일본의 예술이야말로 일본 민족성의 가장 고귀한 표현이며 일본예술의 역사는 곧 아시아 이상의 역사를 구현한 것이었다.

이 장에서는 중국을 철학의 나라로 규정한 오카쿠라 덴신의 중국문명론이 동시대 일본의 중국학연구와 어떠한 관련을 갖고 있는지를 살펴보고, 그의 중국문명론이 가진 특징을 부각해 보고자 한다. 중국을 철학의 나라로 규정한 것은 아시아문명 안에서 중국의 위상을 정하려는 의도에 따른 결과다. 그와 같은 규정은 인도를 불교나 힌두교와 같은 종교의 발상지로 규정한 그의 견해와 모순되지 않으면서 영혼의 세계를 인정하지 않는 중국의 유교나 도교의 성격을 고려한 것으로도 읽힌다.

중국을 철학의 나라로 규정한 덴신의 입장에서 또 한 가지 간과하지 말아야 할 점은 그가 중심에 두고자 한 일본의 위치와 중국의 위상에 관한 것이다. 즉, 인도와 중국, 일본, 세 나라의 문명을 통하여 아시아문명 전체를 논한 덴신은 일본, 혹은 일본문명과의 관계 속에서 중국문명이 차지하는 위상을 논한 것이다. 따라서 이하 본론에서는 그의 중국문명론이 형성된 과정과 그 배경을 이룬 당대 일본의 대표적인 중국학 연구자들, 즉 나카무라 마사나오(中村正直)나 우치다 슈헤이(内田周平), 그리고 도쿄대학 동기생이기도 한 이노우에 데쓰지로(井上哲次郎)나 마쓰모토 분자부로(松本文三郎) 등의 주요 견해를 살펴보고, 『동양의 이상』이나 *The Book of Tea*(이하 『차책』)과 같은 덴신의 주요 저술들에서 미술과 문학, 철학, 차 문화 등의 분야와 관련하여 피력한 중국문명론의 내용을 살펴보고자 한다. 이를 통하여 근대일본의 아시아주의에서는 빼놓을 수 없는 존재인 덴신의 중국문명론이 가진 성격을 한층 구체적으로 규명해 낼 수 있을 것이다.

2. 덴신의 중국문명론 형성과정과 메이지시대 일본의 중국학

도쿄대학 1회 졸업생인 오카쿠라 덴신은 5세 때부터 2년여 기간 동안 불교사찰에 맡겨져 한문을 익혔고, 도쿄외국어학교를 졸업한 다음 1875년 도쿄대학의 전신인 개성학교에 입학하였다. 1877년 도쿄대학의 설치에 따라 재학시절에는 문학부 제1과 소속으로 정치학, 경제학 등 사회과학 분야와 철학, 논리학, 영문학을 수강하는 한편 화한문학(和漢文學)이라는 과목명으로 일본 및 중국의 문학과 역사를 3년 동안 수강하였다.[3] 당시 모리 슌토(森春涛)에게서 한시를 배웠고 나카무라 마사나오, 미시마 다케시(三島毅), 시마다 고손(島田篁村) 등의 과목을 수강하며 중국에 대한 인식을 형성해 갔다.[4] 1879년 한시집 『삼궤당시초(三凧堂詩草)』를 펴낼 정도의 한문 실력을 갖춘 그는 도쿄제국대학 문학부 제1과가 철학 정치학 및 이재학(理財學)과로 명칭이 변경된 이듬해인 1880년 졸업하였다. 재학 당시 동기생이었던 이노우에 데쓰지로의 회고에 따르면 『사기(史記)』나 『좌전(左傳)』 등을 교재로 하여 진행된 나카무라 마사나오의 수업은 한문 문장표현이 뛰어난 부분을 학생들에게 해석하도록 하고 그 해석의 내용을 수정해 가며 진행되었다.[5]

---

3 東京大學百年史編纂委員會 編, 『東京大學百年史 通史一』, 東京大學, 1984, 686쪽.

4 위의 책, 714–747쪽.

5 당시의 문헌학습에 관련된 경험은 중국의 역사와 관련한 문헌의 내용보다 조형물

1881년 문부성 관료가 되어 사회생활을 시작한 덴신은 그 이듬해부터 대학 재학시절 스승이던 미국인 초빙교수 어니스트 페놀로사와 함께 고미술조사사업에 참여하였고, 1886년부터 시작된 국립미술학교 설립을 위한 준비과정에서는 유럽과 미국 출장을 통해 서양의 미술교육을 조사하는 한편 영국과 프랑스, 이탈리아의 주요 박물관을 방문하여 고대 인도 및 중국과 관련된 지리서적과 유적사진 등을 구입하였다.[6] 1889년 도쿄미술학교가 개교하자 '일본미술사' 과목을 담당하며 고대 중국문명이나 중국미술사에 관련된 내용에도 큰 비중을 두고 가르쳤다.[7]

1893년 5월에 시작된 시카고만국박람회에서 일본 측 사무국 감사관을 맡은 그는 일본관의 전시를 기획하여 성공을 거두었다. 그 결과 쟈포니즘, 즉 일본애호주의가 서유럽에서 미국으로 옮겨 가는 중요한 계기가 되었고, 미국의 교양인들 사이에 그의 존재 역시 널리 알려지게 되었다. 또한 그는 같은 해 7월부터 5개월에 걸쳐 이루어진 중국방문을 통해 각지의 사찰을 비롯한 주요 문화유적을 조사하고 중국문명에 대한 인식을 새롭게 확립했다.[8] 이후에도 그는 미국 보스턴미술관에 근무하던 1906년과 1908년, 1912년 세 차례 더 중국을 방문하여 중국문명에 대한 이전의 인식을 부분적으로 수정하였다. 1906년 중국방

이나 유적을 통해 밝혀낸 내용을 더욱 신뢰하는 방향으로 발전했을 가능성도 배제할 수 없다. 井上哲次郎 外, 「第三回「岡倉天心先生を語る」座談會」, 『五浦論叢』 第7號(2000), 52쪽.

6 東京藝術大學百年史編纂委員會 編, 『東京藝術大學百年史 東京美術學校篇 第1卷』, ぎょうせい, 1987, 91-94쪽.

7 岡倉天心, 「日本美術史」, 『岡倉天心全集』 第4卷, 平凡社, 1980, 8-38쪽.

8 김용철, 「오카쿠라 덴신(岡倉天心)의 중국 여행과 중국 미술 인식」, 『안휘준교수정년퇴임기념논총』, 사회평론, 2006, 722-735쪽.

문 당시에는 북경의 도관인 백운관(白雲觀) 관주 고운계(高雲溪)와 만남을 가지며 도교에 각별한 관심을 보였다.

사실 덴신의 생애에서 1893년은 그의 중국문명론에 큰 변화를 초래했을 뿐 아니라 중요한 전환기였다. 그해 열린 시카고만국박람회와 시카고만국종교회의 이후 아시아문명에 대해 깊은 관심을 갖게 된 미국 여성 조세핀 매클라우드(Josephine McLeod)와 하이드(Hyde), 그리고 영국 출신으로 힌두교에서는 Sister Nivedita라는 이름으로도 알려진 마거릿 노블(Margaret Noble) 등 서양 여성들과도 친밀한 관계를 형성하는 계기를 맞이했던 것이다. 1902년에는 그들을 일본으로 초청하여 약 4개월 동안 일본미술사를 강의했고, 강의내용은 후일 영문저서 『동양의 이상』의 토대가 되었다. 또한 그들의 권유로 인도를 방문하여 힌두교 승려 스와미 비베카난다(Swami Vivekananda)를 만나게 되었다. 대학 재학시절 스승이었던 페놀로사와의 교유에 더하여 이 시기에 이루어진 매클라우드, 하이드 등 서양 지식인들과의 교류가 덴신으로 하여금 중국문명뿐만 아니라 아시아문명 전체에 대한 시야를 유지하고 충실해지도록 자극한 것으로 추측된다.

이와 같은 과정을 거쳐 형성된 덴신의 중국문명론에 가장 큰 기반이 된 것은 당시 일본의 중국학이다. 도쿄대학 재학시절부터 본격적으로 접하게 된 메이지시대 일본 중국학의 내용에는 시마다 고손을 비롯한 여러 학자들의 견해가 반영되어 있다. 1883년부터 도쿄제국대학 철학과 찬과(撰科)에서 수학한 다카미네 산키치(高嶺三吉)가 필기한 강의노트에서 시마다 고손의 강의로 추정되는 부분, 즉 '노장 도덕과 유교 도덕의 이동(異同)'에 따르면, 수업에서 도교와 유교는 각각 퇴보주의와 진취주의로 큰 차이가 있으며 빙탄불사용 관계에 있으나 낙천파 철학으로 분류되는 점은 공통되는 것으로 가르쳤다.[9] 또한 두 가르침이 사물의 외형에 현혹된 결과 목적과 수단을 혼동한 점을 유폐(流弊)로 지적하였다. 이러한 예는 메이지시대 초기 일본에서 중국의 유교나 도교 경전을 중심으로 한 문헌을 학습하고 그 내용을 내면화하던 한학에서 점차 중국의 학문적 성과를 대상화하고 비판적으로 검토하는 중국학의 단계로 나아가고 있었음을 말해 준다. 바로 그 시기가 덴신의 학습기였던 사실에 주목할 필요가 있다.

같은 시기 우치다 슈헤이의 유학이나 노장철학에 관한 강의 역시 메이지시대 중국학에서는 작지 않은 비중을 가진다. 전통적인 주자학자였던 그는 철학자 이노우에 엔료(井上圓了)가 설립한 교육기관인 철학관(哲學館)에서 지나철학, 즉 중국철학을 강의하였다. 이노우에 엔료는 페놀로사나 이노우에 데쓰지로를 통하여 오카쿠라 덴신과도 교유가 있었을 것으로 추정되는 만큼 덴신과 우치다 또한 아는 사이였을 가능성이 크고, 따라서 우치다의 강의내용을 덴신이 알고 있었을 가능성을 배제할 수 없다.

우치다는 철학관에서 가르친 '지나학(儒學史)'에서 공자의 가르침을 다룬 '공자의 교수(敎授)' 등의 주제로 유학의 역사를 개관하였다.[10] 공자의 가르침이 육례(六禮)를 중심으로 이루어졌음을 밝힌 그는 공자와 제자들 사이에서 이루어진 교육의 주제에 관한 내용을 소개하고, 주자(朱子)나 정자(程子) 등 후대 유학자들의 해석에 대해서도 자신의 견해를 밝혔다. 또한 「주역강의(周易講義)」에서는 『주역』의 문헌성립 과정을 전설이나 문헌의 내용에 의거하여 설명하며 복희씨(伏羲氏), 문왕(文王), 공자에 이르는 계보를 중심으로 설명하였다.

9 早川千吉郎 編, 『高嶺君遺稿』, 早川千吉郎, 1888, 56-60쪽.

10 內田周平, 『支那學(儒學史)』, 哲學館, 1902, 1-11쪽.

메이지시대 일본의 중국학에서 유가철학에 대한 인식과 관련해서는 덴신의 동기생으로 1882년 도쿄제국대학 교수가 된 이노우에 데쓰지로의 견해도 빼놓을 수 없다. 이노우에는 중국의 도덕적 결함을 논하며 원래 중국인의 사회결합 관념이 부족한 점을 지적하고 공맹(孔孟)의 도덕을 언급한 대목에서도 공자와 맹자가 사회에 관해 말하긴 했지만 매우 적었고, 그 시대에는 문제가 없었다는 정도로만 언급하고 있다.[11]

우치다 슈헤이의 『노장학강의』는 사마천의 『사기』를 비롯한 여러 문헌에 의거하여 노장철학을 다루었고 도가의 본원이나 노자의 이력 등으로 세부내용을 구성하였다.[12] 강의의 서론에 해당하는 도가의 본원에서는 도가에서 만유의 근본이 되는 무형적 묘리(妙理)를 도라고 부른다며 유가의 태극과 같은 부류의 것임을 지적하고, 노자의 이력에서는 황제(黃帝)와 노자 사이의 관계에 대해 논하였다. 그의 강의는 문헌내용을 소개하는 것이 큰 비중을 차지하고 있으나 '형이상학'이나 '진화' 등 서양학문을 학습한 경력을 짐작하게 하는 용어사용도 주목된다.

도교를 불교와 연관지어 이해한 메이지시대 일본의 철학자로는 마쓰모토 분자부로(松本文三郎)의 예도 매우 중요하다. 1893년 도쿄제국대학 철학과 출신으로 1905년 도쿄전문학교의 강의 '지나철학사(支那哲學史)'에서 유가철학을 추로학파(鄒魯學派), 노장철학을 형초학파(荊楚學派)로 구별하고, 특히 노장철학이 불교와 통하는 점은 소위 퇴은주의(退隱主義)이며 노장철학이 유행한 남방중국은 인도에서 가까운 관계로 그 영향을 받았다고 주장하였다.[13] 영국의 불교학자 에드워드 포셋(Edward

11 井上哲次郎, 『巽軒講話集初編』, 博文館, 1902, 130-131쪽.

12 内田周平, 『老莊學講義』, 哲學館, 1902, 1-10쪽.

13 松本文三郎, 『支那哲學史』, 東京專門學校出版部, 1905, 29-220쪽.

D. Fawcett)의 견해를 소개하며 밝힌 그의 견해는 당시 일본에서 논의된 중국철학에 관한 다양한 소스를 알게 해준다.

메이지시대 일본의 중국학이 19세기 서양의 중국학에 관한 정보를 부분적으로 접하고 있었던 사실도 간과할 수 없다.[14] 그리고 덴신의 중국문명론 역시 19세기 서양의 중국학과 깊은 연관이 있다. 18세기까지는 주로 선교사들이 중심을 이루었던 유럽의 중국학 연구는 그 내용에서도 선교를 위한 중국어나 지리와 관련된 지식에 집중되어 있었지만, 19세기 들어 프랑스, 영국, 독일 등의 국가로 확산되고 내용적으로도 발전을 거듭하였다. 유럽의 발전을 위한 '무진장의 사실과 관찰의 보고'로 간주되었던 중국의 지적 유산은 프랑스의 콜레주 드 프랑스(Collège de France)에서 이루어진 중국 관련 연구 및 교육과 번역, 그리고 영국의 런던 아시아학회(The Royal Asiatic Society of Great Britain and Ireland) 등의 활동에 의해 유럽에 수용되고 확산되었다. 콜레주 드 프랑스의 장 피에르 아벨 레뮤자(Jean-Pierre Abel-Rémusat)나 스타니슬라스 쥘리앵(Stanislas Aignan Julien), 에두아르 비오(Édouardo Biot) 등에 의해 추진된 중국연구는 여타 유럽국가에서 이루어진 중국연구의 기반을 이루었다. 특히 1851년 에두아르 비오에 의해 이루어진 『주례(周禮)』의 프랑스어 번역이 2월 혁명 이후 사회개량의 논의와 연관되어 인식된 사실에서 보듯이 당시 서양에서 이루어진 중국연구는 사회진화론적 관점에서 수용되기도 하였다.[15] 그리고 이는 덴신이 노장의 가르침에 드러난 개인주의 사상을 인도에서 기원한 것으로 파악한 레뮤자의 견해를 언급한 사실이나 『주례』나 『효경』이 사회에 대한 개인의 의무를 강조하고 공자

14 石田幹之助, 『歐米に於ける支那硏究』, 創之社, 1942, 39-45쪽.

15 森賀一惠, 「エドゥアール·ビオとその業績」, 『富山大學人文學部紀要』 63(2015), 125-175쪽.

의 가르침 속에 나타난 궁극의 가치가 조화라고 주장한 사실과도 무관하지 않다.[16]

3. 덴신의 중국문명론

오카쿠라 덴신의 중국문명론이 어렴풋하게나마 그 윤곽을 드러낸 이른 예는 1890년 도쿄미술학교의 강의 '일본미술사'에서다. 그는 강의에서 중국의 미술을 일본미술의 원류로 규정하고 고대로부터 항상 새로운 조형적 경향이 대륙, 즉 중국으로부터 도래했음을 강조하였다.[17] 일본미술의 역사가 일본의 민족성이라는 바닷가에 대륙으로부터 밀려온 파도가 남긴 흔적이라고 했던 그는 중국의 미술이 일본미술의 원류이며 나아가서는 중국문화를 일본문화의 원류로 규정하고 견당사(遣唐使)나 견명사(遣明使)와 같은 사절단의 존재나 정창원(正倉院) 보물, 일본에 소장된 중국회화, 중국도자기 등을 그 증거로 들었다. 강의 일본미술사에 언급된 중국 관련 문헌들로는 장언원(張彦遠)의 『역대명화기(歷代名畵記)』와 같은 미술 관련 문헌을 비롯하여 『후한서(後漢書)』, 『북서(北書)』 등의 역사문헌과 『장자(莊子)』, 『한비자(韓非子)』 등 철학 관련 문헌들이 포함되어 있다. 그리고 같은 시기 『국화(國華)』에 게재한 「중국 고대의 미술(支那古代の美術)」에서도 한나라와 위진남북조 시대의 중국미술이 일본미술의 원류임을 밝히고 신화 속에 등장하는 한자의 기원이나

16 岡倉天心 著, 橋川文爪 譯, 「孔子の時代と老子の時代」, 『岡倉天心全集』 第2卷, 278쪽.

17 岡倉天心, 「日本美術史」, 8-9쪽.

서화동원설 등을 언급하며 중국미술의 전개과정을 개괄하였다.[18] 사실 이 시기는 도쿄대학 재학시기를 포함한 학습기를 통하여 형성된 그의 중국인식이 중국문명론이라고 하기에는 아직 미숙한 상태였고, 어디까지나 문화 분야에서 일본에 영향을 준 중국의 위치를 강조하였던 것이다.

중국문명에 대한 덴신의 초기 인식이 크게 바뀐 것은 1893년 처음으로 중국여행을 경험한 이후였다. 귀국 후 개최된 강연에서 그는 중국에는 중국이 없다고 주장하며 중국의 강남과 화북 사이에 존재하는 풍토상의 차이가 매우 큰 점에 주목했다.[19] 당시의 귀국보고는 전근대 중국과 일본 사이의 연관에 비중을 두고 있고, 소위 자민족우월주의라고 할 만한 경향이 두드러진다. 과거 일본이 멀리 떨어져 있는 중국에 대해 오직 문헌으로만 이해하며 과대평가하고, 중국에 다가가고자 노력한 결과 중국보다 더 훌륭한 조형물들을 제작해 내었다고 주장한 것이다. 말하자면 일본의 미술이 중국의 영향을 받으며 발달했으나 중국을 넘어선 청출어람의 경지에 도달했다는 것이었다.[20] 그의 주장 속에는 일본에 수용되어 일본의 전통, 그 일부가 된 전근대중국의 문물과 소위 '안에 있는 타자'인 중국에 대한 인식의 단면이 드러나 있다. 이는 메이지시대 들어 재편된 중국학을 배경으로 조형물을 중심으로 한 덴신의 중국문명론이 새롭게 대두된 사정을 말해 준다. 물론 국수주의에 바탕을 둔 덴신의 중국미술 인식은 이후 중국방문의 횟수가 늘어남에 비례하여 변화를 보였고, 1910년의 '태동교예사(泰東巧藝史)' 강의내용에

18 岡倉天心, 「支那古代の美術」, 『岡倉天心全集』 第3巻, 平凡社, 1980, 75-80쪽.

19 「支那南北の区別」, 위의 책, 97-100쪽.

20 김용철, 「오카쿠라 텐신(岡倉天心)의 중국 여행과 중국 미술 인식」, 안휘준교수정년퇴임기념논촌간행위원회 편, 『미술사학의 정립과 확산』, 사회평론, 2006, 722-735쪽.

드러나 있듯이 중국미술의 다양성, 그리고 일본미술에 대한 우월성 등을 인정하며 객관적 인식에 접근해 갔다.

1893년 중국방문 후 덴신의 저술에서 간과하지 말아야 할 점은 중국을 하나의 단일한 국가이자 균일한 문화적 단위로 인식하던 단계에서 화북과 강남이라는 이중구조에 주목함으로써 변화해 간 사실이다. 1894년에 발표한 「중국 남북의 구별(支那南北の区別)」을 비롯하여 「공자의 시대와 노자의 시대(孔子の時代と老子の時代)(The Confucian Age and The Laoist Age)」(1899), 『동양의 이상』(1903) 등의 저술에 드러나 있는 바와 같이 지역적인 구별과 시기적인 전후관계를 적용한 그의 통찰은 유교사상과 노장사상을 대비하며 하나의 고정된 시각으로 자리잡았다.[21]

중국을 처음 방문한 1893년부터 본격적으로 제기되기 시작하여 1903년 『동양의 이상』에서 완성된 덴신의 중국문명론에는 몇 가지 전제가 있다. 먼저, 중국인의 형성에 대한 인식이다. 그는 중국인의 기원을 농민화한 타타르인으로 규정하였다.[22] 이와 같은 인식은 이전까지 일본에 전해진 중국문헌보다는 *The Babylonian and Oriental Record*와 같은 서양의 학술지 내용에 의존한 견해로 보인다. 프랑스 출신으로 영국에 귀화한 테리앵 드 라쿠페리(Terrien de Lacouperie) 등이 편집하여 발행한 이 문헌은 아시리아의 설형문자와 같은 문자체계를 중심으로 중국문명의 기원이 서아시아와 밀접한 연관이 있음을 밝혔다.[23] 특히 라쿠페리는 고대 중국문화가 서아시아 아시리아지역으로부터 강한 영향을 받은 것으로 파악했고 중국의 황제(黃帝)에 관한 신화와 그리스

21 岡倉天心 著, 橋川文爪 譯, 앞의 글, 271–313쪽.

22 岡倉天心, 「東洋の理想」, 『岡倉天心全集』 第1巻, 22–38쪽.

23 T. de Lacouperie et al. eds, *The Babylonian and Oriental Record*, London: D. Nutt, 1887–1901.

카르디아어를 연관지어 해석하는 등 과감한 견해를 제시한 학자였다. 덴신은 라쿠페리를 극단적인 견해를 가진 학자로 평가하였으나 중국문명의 초기단계에 있었던 두 지역 사이의 영향관계에 대해서는 그의 견해를 인정하였다.[24] 이는 덴신이 중국에 관한 19세기 후반 서양의 연구성과를 일정 부분 수용했다는 것을 말해 준다.

중국인의 기원에 관해 서양의 연구성과를 수용한 덴신은 중국의 신화에 등장하는 내용도 그와 같은 전제 위에서 해석하고 유목집단에서 농경민으로 이어진 초기 중국의 역사는 곧 복희씨로 대표되는 유목집단이 신농씨(神農氏)로 대표되는 농경집단으로 교체된 것이라고 주장하였다.[25] 아울러 본격적인 철학이 등장한 시대로 농경시대인 주나라 시대를 들었다. 주 문왕에 의해 쓰였다는 『주역(周易)』에 대해서도 그 책은 농경시대 자연의 질서를 문헌으로 기록한 것이며, 공자에 의해 체계화된 유가철학 역시 『주역』의 세계에 바탕을 둔 철학으로 파악하였다.

철학 분야는 중국문명에 대한 덴신의 인식에서 가장 비중이 큰 분야다. 아시아의 문명 전체를 논한 『동양의 이상』에서 그는 중국의 유가철학을 공산주의(communism) 혹은, 사회주의(socialism)로 규정하고 불교를 중심으로 한 인도의 종교에 드러난 개인주의와 대비했다.[26] 이미 1899년에 작성한 것으로 추측되는 영문원고 「공자의 시대와 노자의 시대」에 등장한 바 있는 그와 같은 인식이 이후 고정되어 뿌리를 내린 것이다. 그리고 일본과 중국, 인도 각각의 예술과 철학, 종교를 동양의 이상을 실현한 세 가지 분야로 규정한 것은 고대일본에서부터 존재했던 소위 삼국사상을 토대로 한 것인 동시에 헤겔이 절대정신의 구현과

24 岡倉天心, 「泰東巧藝史」, 『岡倉天心全集』 第4卷, 平凡社, 1980, 257-278쪽.

25 岡倉天心, 「日本美術史」, 22-30쪽.

26 岡倉天心, 「東洋の理想」, 22-38쪽.

정에서 등장한 예술과 종교, 철학을 논한 사실을 의식한 것으로 보인다.[27] 직각적이며 논리적인 비약도 불사한 텐신이 중국을 철학의 나라로 규정한 점 역시 그의 도식적인 사고경향을 유감없이 말해 준다.

중국문명에 대한 텐신의 인식에서 한 가지 주목할 사실은 그의 도쿄대학 스승인 페놀로사와 유사한 인식을 갖고 있었던 점이다. 페놀로사는 1912년 발표한 저서 *Epochs of Chinese and Japanese Art*(『東洋美術史綱』)에서 공자의 철학을 가리켜 공동의 목적을 향한 철저한 사회주의(a thorough-going Socialism)로 규정하고 노자의 철학은 철저한 개인주의(a thorough-going Individualism)로 규정하였다.[28] 미술 분야에 초점을 맞춘 페놀로사의 서술과 중국문명 전체를 논한 텐신의 저술 사이에 큰 차이가 있는 것은 사실이지만, 공자의 철학을 사회주의로, 그리고 노자의 철학을 개인주의로 규정한 사실은 양자 사이의 영향관계를 충분히 설명해 준다.[29]

텐신이 중국문화의 제일단계로 파악한 공자의 시대와 그에 이은 노자의 시대는 앞서 언급한 그의 영문원고 「공자의 시대와 노자의 시대」에 구체적으로 다루어졌다. 그리고 일찍이 지적된 바와 같이 도쿄제국대학 후배에 해당하는 마쓰모토 분자부로가 공자학파를 추로학파

---

27 김용철, 「오카쿠라 텐신의 인도 인식」, 『日本思想』 22, 한국일본사상사학회, 2016, 27-38쪽.

28 E. F. Fenollosa 著, 森東吾 譯, 『東洋美術史綱(上)』, 東京美術, 1979, 59-60쪽 및 E. F. Fenollosa, *Epochs of Chinese and Japanese Art* (New and Rev. ed.), Stone Bridge Press, 2007, 19쪽.

29 중국문명의 시원에서부터 중국인의 형성과 같은 중요한 문제에 대해 텐신과 페놀로사는 견해를 달리하였다. 페놀로사는 중국문명이 태평양 지역의 영향을 받아 출발한 것으로 파악하고, 그다음 시기 메소포타미아문명으로부터의 영향, 또 그다음 시기에는 인도로부터의 영향 등 세 가지 단계를 거쳐 발전한 것으로 보았다. E. F. Fenollosa 著, 森東吾 譯, 위의 책, 20-31쪽.

로, 노장학파를 형초학파로 분류한 사실, 그리고 나카노우치 기이치(中內義一)가 『지나철학사(支那哲學史)』(博文館, 1903)에서 유가를 북방사상, 도가를 남방사상으로 분류한 점과도 무관하지 않은 것으로 생각되는 이 글에서, 그는 각각의 시대에 대한 역사적인 해석을 가하고 관련 문헌들의 성격을 규정하였다.[30] 먼저 공자의 시대는 화북, 즉 황하 유역의 광대한 평야와 호수와 산악으로 이루어진 신비한 분위기에서 출발하여 '조화를 요구하는 장대한 사회주의'를 낳았고, 『주역』의 일부인 「연산(連山)」, 「귀장(歸藏)」은 각각 하늘의 법칙인 정신세계와 땅의 법칙인 자연세계를 논한 것이며, 문왕은 우주의 작용 속에서 이것들과 인간의 조화를 추출하려 하였다고 주장하였다.

우주의 변화에 중요성을 부여한 일 자체가 원시적인 농경을 시작한 유목민의 불안을 반영한 것으로 해석한 덴신은 이후 한나라 시대에도 악천후나 황하의 범람이 천자에 대한 징벌로 해석된 사실을 들어 농경과 우주변화의 밀접한 관계를 강조하였다. 이어 『주례』나 『효경』 등에서도 인간 개인의 의무를 추구한 것이며, 공자의 가르침에 나타난 궁극적인 가치는 조화라고 주장하였다. 이와 같은 덴신의 주장은 그가 접한 중국문헌의 내용과 함께 중국여행에서 얻은 중국의 자연환경과 풍토에 대한 이해를 통해 중국역사를 재해석함으로써 도달한 견해로 보인다.[31]

한편 「공자의 시대와 노자의 시대」나 「노자의 시대」와 같은 원고나 『동양의 이상』, 『차책』과 같은 저술에 드러나 있는 덴신의 견해는 시간이 경과함에 따라 도교의 비중이 커져 갔고, 그 사실은 덴신이 점차 도

30 坂出嘉伸, 『道家·道教の思想とその方術の研究』, 汲古書院, 2009, 388쪽.

31 岡倉天心, 「支那南北の区別」, 『國華』 54.(『岡倉天心全集』 第3卷, 97-101쪽에서 재인용).

교에 대한 애착을 키워 갔다는 사실을 말해 준다. 특히 중국의 불교미술 관련 유적이 중심을 이룬 첫 번째 중국방문과는 달리 보스턴미술관에 재직하던 1906년 두 번째 중국방문 당시에는 북경의 도관인 백운관의 관주 고운계, 서안(西安) 팔선궁(八仙宮)의 방장 이종양(李宗陽)과의 교유 등을 통해 중국도교에 대한 각별한 관심을 보였고, 도사 복장의 사진(도판 1)을 남겨 이채를 띠었다.[32]

도판 1. 1906년 중국 북경 백운관에서 도사 복장의 덴신

덴신은 중국문화의 제이단계로 규정한 노자의 시대가 주 왕조 말기 이후 중국 강남에서 시작되어 중국의 공자교와 인도의 이상주의를 대표하는 불교 사이에서 양자를 함께 발현할 지반을 준비한 것으로 파악하였다. 거칠고 자유를 좋아하며 공상력이 풍부한 양자강 주변의 중국인을 노자와 장자로 대표되는 개인주의와 이상주의를 추구한 집단으로 규정하고, 도교는 노자교에 종교적 제의(祭儀)를 접목한 것으로 보았다. 뿐만 아니라, 노자와 장자로 대표되는 양자강 유역의 철학적 전통이 강남 지역에서 자생적으로 형성된 것으로 파악한 덴신은 그들의 가르침이 인도에서 기인한 것으로 주장한 프랑스의 중국학자 레뮤자의 견해를 비판함으로써 덴신 특유의 중국문명론을 확립해 갔다.[33]

32 岡倉天心, 「支那旅行日誌(明治39−40年)」, 『岡倉天心全集』 第5卷, 平凡社, 1979, 175−216쪽.

33 岡倉天心 著, 橋川文爪 譯, 앞의 글, 278쪽. 天心이 레뮤자의 견해에 대한 입장을 밝힌 사실에 대해서는 레뮤자의 글이 실린 *Journal Asiatique*를 읽었을 가능성이 제기된 바 있다. 坂出嘉伸, 앞의 책, 400쪽.

일련의 저술에서 덴신은 노자의 사상이 선종불교의 토대가 되었다는 점을 강조하였다. 3세기 초에 본격적으로 시작되어 4세기 초에 끝난 노자의 시대는 불교가 번성함에 따라 그 세력이 약화되었으나 이후 당나라 시대 선종(禪宗)의 기초가 되었다는 것이다. 특히 노자시대의 영향을 받아 순수와 추상을 특징으로 하고 의례적인 형태에 대한 항의나 관료주의로부터의 자유를 추구한 학자들의 태도는 죽림칠현의 예에 드러나 있고, 후일 선종 담론의 기원이 되었다고 주장하였다. 또한 동진(東晋)의 승려 혜원(慧遠)의 예에서 보듯이 초기 불교는 노장의 가르침에 의해 불교교리를 강화할 수 있는 점을 발견하였고, 많은 불교도가 그들의 관점에서 『도덕경(道德經)』의 주석서를 썼다고 주장하며 노장철학과 불교의 유사성 및 상호의존성을 강조하였다.[34] 이는 결과론적인 관점이라고도 하겠으나 도교, 혹은 노장사상에 비중을 두고 양자의 유사성에 주목한 덴신의 입장을 명확히 보여 주는 예다

『동양의 이상』에 드러나 있는 도교나 선종불교에 대한 인식이 더욱 진전된 저술은 『차책』에서다. 1906년 뉴욕에서 영문으로 출판된 이 책은 소위 덴신의 영문저작 삼부작의 마지막 편으로 일본의 다도를 선전하기 위해 쓰였다.[35] 다도를 심미주의의 종교로 규정한 덴신은 남아시아를 원산지로 한 차나무가 중국 각지로 퍼져 차 문화의 확산을 가져왔음을 환기하며, 차 문화의 역사를 세 시기로 구분하여 각각의 시기에 대해 서술하고 도교와의 연관을 강조하였다. 첫 시기는 당대(唐代)가 중심이며 차를 약으로 사용한 '단차(團茶)의 시대'로 규정하고, 『다경(茶經)』을 지은 육우(陸羽)가, 만유를 지배하는 조화와 질서를 다도(茶の

34 岡倉天心 著, 橋川文爪 譯, 위의 글, 278-279쪽.

35 「解題」, 『岡倉天心全集』 第1卷, 487-493쪽.

湯)에서 찾았으며 다도에는 도교상징주의가 숨어 있다고 주장하였다. 이어 두 번째 시기인 송대(宋代)는 '말차(末茶)의 시대'로, 신유교의 정신이 지배한 시기이며 도교의 관념이 송대인들의 모든 사고방식에 침투했다고 주장했다. 이제 차는 음료가 되었으며 차를 가리켜 직언과 같이 영혼을 윤택하게 한다고 말했던 왕우칭(王禹偁), 부패를 물리치는 차의 청정무구한 힘에 대해 실로 유덕한 인간과 같다고 말한 소동파(蘇東坡) 등의 예를 들며 송나라 시대에 이르러 차가 시적인 기분풀이가 아니라 인간 자기실현의 한 가지 방법이 되었다고 주장하였다. 세 번째 시기인 명대(明代)는 원대(明代)를 지나며 차의 이상과 관련된 전통은 파괴된 '전차(煎茶)의 시대'로, 차는 오락의 일부가 되었을 뿐이라고 하였다.

차가 등장한 초기부터 차를 불로약의 중요한 원료로 간주했던 도교의 인식이나 노자의 제자 관이(關伊)가 함곡관에서 스승에게 차를 대접한 점을 언급한 덴신은 육우의 『다경』이 도교상징주의를 강하게 드러내고 있으며, 다도는 변장한 도교라는 극단적인 주장도 서슴지 않았다. 또한 도교의 종교적 의식을 수용한 중국의 남방 선종불교가 달마의 초상화 앞에 모여 성찬 형식으로 차를 마신 사실 등을 가리켜 도교와 선종불교가 두 가지, 즉 남방 중국의 개인주의 및 다도와 밀접하게 관련되었음을 강조하였다. 하지만 도교가 심미적 이상의 기초를 마련하고 선종불교는 그 이상을 실제적인 것으로 만들었다는 덴신의 주장은 논리적으로 다음 단계의 결론을 위한 도출하기 위한 전제였음을 부인할 수 없다. 그 결론은 바로 센노 리큐(千利休)의 다실(도판 2)에서 보는 공간구성이나 장식원리, 그리고 거기서 이루어지는 꽃꽂이나 서화, 도자기 등의 예술품 감상에서 보듯이 다도의 이상이 일본에서 꽃피었다는 것이다. 말하자면 다도라는 분야의 정점에 센노 리큐가 집대성한 일본의 다도가 있고, 그 전통의 일부가 된 '안에 있는 타자' 중국의 위상을 설정한 것이다.

사실 일본에서 센노 리큐에 의해 완성된 와비차(侘び茶)의 세계를 서양에 소개하기 위해 덴신이 영어로 집필한 『차책』에는 그의 전략이 숨어 있었음을 간과할 수 없다. 그 전략은 와비차에 선종불교의 정신을 담은 와비, 즉 간소함의 세계가 담겨 있는 만큼 인도와 중국, 그리고 일본이 연결된 사실과 직결되어 있다. 『차책』에서 덴신은 선종불교의 역사에서 보자면 석가모니가 마지막 시기에 그 중요성을 역설한 명상이 제자인 가섭(迦葉)에게 전해져 선종 종파가 시작되었고, 이후 제28대 달마(達磨) 때 중국에 전해져 중국선종의 제6대 혜능(慧能)에서 시작된 소위 남방선(南方禪)의 경우는 인도의 이상주의와는 대조적으로 중국 고유의 정신, 즉 양자강 연안을 중심으로 한 노자나 도교의 가르침과 유사한 점을 지적하였다.[36] 덴신이 심미주의의 종교로 규정한 다도에서 일본다도, 즉 와비차의 세계는 소위 동양적 신비주의가 숨 쉬고 있고, 그것이 꽃을 피운 세계였던 것이다. 그의 인식 속에서 중국은 단순한 경유지가 아니라 남방선의 중심지이며, 와비차에 담긴 선종불교의 정신이야말로 개인주의를 기반으로 한 도교의 정통계승자라는 측면을 가진다. 아울러 역사적인 선후관계나 지역적인 확산 상황을 감안

도판 2. 센노 리큐의 다실 묘키앙(妙喜庵)의 다이앙(待庵), 16세기 후반

36 岡倉天心 著, 桶谷秀昭 譯, 「茶の本」, 『岡倉天心全集』 第1卷, 261−321쪽.

하여 유교의 절대성에 맞서 상대성을 숭배하는 도교적 세계관이 선종불교에 의해 강조된 점이나 남방선과 장자(莊子), 굴원(屈原)과 같은 도교 청담가들의 가르침이 유사한 점을 지적한 그는 다도를 '변장한 도교'로 규정하며 다도와 도교의 친연성을 강조하였다. 그와 같은 태도에는 서양 과학기술의 절대성과 대비를 이루는 동양적 신비주의에 대한 강조와 함께 도교적 세계관을 동경한 그 자신의 정신적 지향이 드러나 있다.[37]

도교가 일본다도에 구현된 이상의 토대를 제공하고 선종불교가 그것을 구현했다고 주장한 덴신의 입장은 『차책』이 출판된 수년 후 그가 밝힌 '철학적 도교'와 밀접하게 연관된 것이다. 그는 1912년 보스턴미술관 학술잡지인 *Museum of Fine Arts Bulletin*, Vol.X, No.60에 "Exibition of Recent Acqusitions in Chinese and Japanese Art"라는 제목의 글을 싣고 도교를 철학적 도교와 유물적 도교 두 종류로 구별하였다.[38] 예배나 의식에 치중하고 불로불사를 꿈꾼 유물적 도교에 비해 철학적 도교는 노자의 가르침을 정통으로 계승하여 사소한 것에서 우주의 원리를 발견해 내고 다도에서 보듯이 차를 대접하는 세속적인 행위에 큰 의의를 부여한 것이었다. 차실의 조화를 깨는 몸의 움직임 하나 없고 주위의 통일을 깨는 말 한마디 없이 모든 것을 단순히 자연스럽게 행동하는 동작 하나하나가 차모임의 목적이었다는 것이다. 다도를 변장한 도교라고까지 규정한 덴신은 철학적 도교의 목적이 독립과 개성이며 우주와 함께 노는 것을 바란다고 주장하기에 이르렀다. 말하자면 도교야말로 인간이 추구할 수 있는 지고의 가치체계로 규정

37 福永光司, 「岡倉天心と道教」, 『岡倉天心全集』 第8卷, 平凡社, 1980, 479–494쪽.

38 岡倉天心, "Exibition of Recent Acqusitions in Chinese and Japanese Art"(『岡倉天心全集』 第2卷, 151쪽에서 재인용).

지은 것이다. 이는 중국을 철학의 나라로 규정한 덴신의 중국문명론이 다도에 구현된 도교의 이상을 통해 진화해 간 것으로도 이해할 수 있는 대목이다.

1910년 도쿄제국대학의 강의 '태동공예사'에서도 덴신의 중국문명론은 부분적인 변화를 보였다.[39] 이전 시기의 일본우월론에서 한 발 후퇴하였다고 할 그와 같은 변화는 때로 일본미술보다 우월했던 중국미술의 수준을 인정함으로써 보다 객관적인 인식으로 접근해 갔다고 평가할 수 있다. 하지만 그 강의 속에서도 황제(黃帝)가 메소포타미아 칼데아(Chaldea)의 국왕 나크훈테(Nakhunte)를 가리킨다는 등 중국문화가 바빌로니아에서 유래했다고 주장한 라쿠페리나 해마포도경(海馬葡萄鏡)과 같은 고대중국의 조형물을 통해 한대중국이 페르시아로부터 영향을 받았다고 주장한 프리드리히 히르트(Friedrich Hirth, 프리드리히 허스)의 견해에 대한 문제점을 지적해 가며 그들과는 다른 자신의 입장을 숨기지 않았다. 아마도 그는 자신만의 중국문명론을 견지하면서 구체적인 문제에 대해서도 분명한 확신을 갖고 있었던 것으로 보인다.

4. 아시아문명의 중심인 일본을 빛내기 위한 나라, 중국

이상에서 살펴본 바와 같이 중국문명에 대한 덴신의 인식은 중국미술을 일본미술의 원류로 인식하던 시기에서부터 중국을 철학의 나라로 규정한 『동양의 이상』, 그리고 『차책』에서의 인식에 이르기까지 변

39 岡倉天心, 「泰東巧藝史」, 257–278쪽; 김용철, 「오카쿠라 텐신(岡倉天心)의 중국 여행과 중국 미술 인식」, 722–735쪽.

화를 겪었다. 그와 같은 변화는 덴신의 학습과정과 중국여행, 메이지 시대 일본에서 이전까지 유교 경전을 중심으로 이루어진 한학이 중국학으로 재편되고 중국을 대상화한 사정을 배경으로 한 것이었다. 당시 일본의 중국학에서 논의된 내용에 비추어 보면, 마쓰모토 분자부로가 『지나철학사』에서 불교와 도교의 유사성을 지적한 점이나 우치다 슈헤이가 「주역강의」에서 유가철학의 계보를 따져 이해한 점 등 분명히 덴신과 그들의 견해 사이 유사한 점이 있다. 말하자면 한학이 중국학으로 재편되던 시기 일본에서 이루어진 중국 관련 인식의 변화와 무관하지 않다. 하지만 이와 함께 주목해야 할 점은 덴신이 성격규정에 더 큰 비중을 두고 중국의 풍토나 역사를 해석함으로써 마쓰모토, 우치다와는 일정한 거리를 두었던 사실이다. 이는 문헌을 중심으로 하여 이루어진 메이지시대 일본의 중국학에 자신이 중국여행에서 직접 보고 들은 바를 더하고, 특히 조형물을 통해 유추한 내용을 덧붙여 확립한 것으로 해석할 수 있을 것이다. 뿐만 아니라, 서양의 중국학에서 축적된 연구성과들을 부분적으로 수용함으로써 실증적이고 객관적인 측면을 보완하였다. 바로 그러한 과정을 통해 전체로서는 덴신 특유의 중국문명론에 도달한 것이다. 다만, 중국을 철학의 나라로 규정함으로써 인도의 종교, 일본의 예술과 함께 아시아문명의 세 가지 축을 구성하는 일부로 그 위상을 정하는 일은 훌륭하게 이루어졌다고 말할 수 있을지 모르나 아시아문명에 대한 도식적인 인식의 틀을 벗어날 수 없었다.

또 한 가지 간과하지 말아야 할 점은 그의 아시아문명론에서 중국의 철학이나 인도의 종교가 일본의 예술과 대등한 위치에 있는 것이 아니라 어디까지나 일본의 예술을 우위에 두고, 그것을 빛내기 위한 조연의 위치에 있었다는 점이다. 불교에 구현된 다양한 이상주의가 일본의 미술에 표현된 사실을 강조하고, 중국의 도교가 불교와 융합됨으로써 강화된 선종불교가 일본의 수묵화나 다도에 강한 영향을 준 사실 또한 강조하였다. 이는 그가 중국의 도교나 그 영향을 받은 선종불교에 각별한 애정을 갖고 있었던 점을 웅변한다. 그럼에도 불구하고 중국의 철학을 그와 같은 위치에 둔 근본적인 의도는 서양의 지식인들을 대상으로 미술을 중심으로 한 일본의 예술과 다도를 찬양하기 위해 중국의 도교나 선종불교의 세계관을 환기하고 활용하는 것, 바로 그것이었다.

참고문헌

제1장

加藤弘之, 『天則百話』, 博文館, 1899.
舊事諮問會 編, 『舊事諮問録 下』, 岩波文庫, 1986.
大久保利謙 編, 『明治文學全集 3 明治啓蒙思想集』, 筑摩書房, 1967.
徳富蘇峰, 『明治文學全集 34 徳富蘇峰集』, 筑摩書房, 1974.
『東京曙新聞(復刻版)』 五三巻, 柏書房, 2008.
松平直亮, 『西村茂樹先生論説集』, 松平直亮, 1894.
中村正直, 『敬宇文集』 16巻, 吉川弘文館, 1903.
清水市次郎, 『東京流行細見記』, 1885.

박훈, 『메이지 유신은 어떻게 가능했는가』, 민음사, 2014.
사이토 마레시, 『근대어의 탄생과 한문–한문맥과 근대일본』, 현실문화, 2010.
이새봄, 「『경천애인설』에 나타난 나카무라 마사나오의 사상적 전환」, 『일본비평』 제16호, 2017.
이종찬, 『난학의 세계사』, 알마, 2014.
渡邊浩, 『東アジアの王権と思想 増補新装版』, 東京大學出版會, 2016.
牧野謙次郎, 『日本漢學史』, 世界堂書店, 1938.
三浦叶, 『明治の漢學』, 汲古書院, 1998.
生馬寛信 編, 『幕末維新期漢學塾の研究』, 渓水社, 2003.
歴史學研究會·日本史研究會 編, 『日本史講座 8 近代の成立』, 東京大學出版會, 2005.
齋藤希史 編, 『UTCP Booklet24 近代日本の國學と漢學 東京大學古典講習科をめぐって』, 東京大學グローバルCOE, 2012.
天野郁夫, 『帝國大學一近代日本のエリート育成裝置』, 中公新書, 2017.
黒住真, 『近世日本社會と儒教』, ぺりかん社, 2003.
Mehl, Margaret, *Private Academies of Chinese Learning in Meiji Japan-The Decline and Transformation of the Kangaku Juku*, Copenhagen: NIAS Press, 2003.

제2장

국립국어원 『표준국어대사전』, https://stdict.korean.go.kr/main/main.do
『승정원일기』, 국사편찬위원회 홈페이지, http://sjw.history.go.kr/intro/intro.do
『조선왕조실록』. 『중종실록』, 『고종실록』, http://sillok.history.go.kr/main/main.do
范仲淹, 「岳陽樓記」, 『范文正集』 卷7, https://fanti.dugushici.com/ancient_proses/47517
伊藤仁齋, 『論語古義』(林本), 東京大學文學部漢籍コーナー所蔵.
______, 『童子問』(寶永4年 丁亥夏五月 刊本), 東京大學文學部漢籍コーナー所蔵.
朱熹, 『論語集注』『四書章句集注』, 北京: 中華書局, 1983.
脫脫等 撰, 『宋史』 卷314, 北京: 中華書局, 2007.

강지은, 『새로 쓰는 17세기 조선 유학사』, 푸른역사, 2021.
김경태, 『근대한국의 민족운동과 그 사상』, 이화여자대학교출판부, 1994.
김성근, 「후쿠자와 유키치의 궁리인식과 과학제국주의」, 『동서철학연구』 76호, 한국동서철학회, 2015.
박훈, 『메이지 유신은 어떻게 가능했는가』, 민음사, 2014.
사토 코에츠, 「후쿠자와 유키치의 儒教觀과 脫亞論의 사상적 지평」, 『日本思想』 10, 한국일본사상사학회, 2006.
宋炳基, 『近代韓中關係史研究: 19世紀末의聯美論과朝清交涉』, 檀大出版部, 1985.
宋惠敬, 「식민지기 계몽지식인의 후쿠자와 유키치 인식과 수용: 최남선과 이광수를 중심으로」, 『한국일본학회 제95회 한국일본연구단체 제6회 국제학술대회 논문집』, 2017.
양승태 외, 『보편주의: 새로운 세계를 위한 정치사상사적 성찰』, 책세상, 2016.

와타나베 히로시 지음, 김선희·박홍규 옮김, 『일본정치사상사: 17-19세기』, 고려대학교출판문화원, 2017.
월러스틴, 이매뉴얼 지음, 김재오 옮김, 『유럽적 보편주의: 권력의 레토릭』, 창비, 2017.
이예안, 「메이지일본의 계몽개념: '啓蒙'과 'Aufklärung'의 교차」, 『용봉인문논총』 52호, 전남대학교 인문학연구소, 2018.
조경달 지음, 최덕수 옮김, 『근대 조선과 일본』, 열린책들, 2015.
한상일, 『일본 지식인과 한국-한국관의 원형과 변형』, 오름, 2002.
후쿠자와 유키치 지음, 허호 옮김, 『후쿠자와 유키치 자서전』, 이산, 2013.
高山大毅, 『近世日本の「禮樂」と「修辭」: 荻生徂徠以後の「接人」の制度構想』, 東京大學出版會, 2016.
橋本昭彦, 「江戸幕府學問吟味受験者の學習歴」, 『日本の教育史學』 32, 教育史學會, 1989.
渡邊廣, 「明治初期の思想界と徂徠學」, 『學藝研究: 人文科學』 1, 和歌山大學學藝學部, 1950.
渡邊浩, 「「明治維新」論と福澤諭吉」, 『近代日本研究』 24, 慶応義塾福澤研究center, 2007.
藤田友治, 「福澤諭吉の教育思想」, 『大阪經大論集』 53, 大阪經大, 2002.
尾藤正英 校注, 「藤樹先生年譜」, 山井湧 外 校注, 『中江藤樹』, 『日本思想大系』 29卷, 岩波書店, 1974.
______, 『江戸時代とはなにか』, 岩波書店, 2006.
______, 『日本の國家主義: 國體思想の形成』, 岩波書店, 2015.
福澤諭吉, 『福澤諭吉全集』 3, 5, 8, 9, 10, 17卷, 岩波書店, 1958-1962.
西園寺公望, 『明治教育史要』, 『開國五十年史』 上, 明治四十年史發行所, 1907.
小泉信三, 『福澤諭吉』, 岩波新書青版, 岩波書店, 1996.
月脚達彦, 『福澤諭吉と朝鮮問題: 「朝鮮改造論」の展開と蹉跌』, 東京大學出版會, 2014.
荻生茂博, 「幕末·明治の陽明學と明淸思想史」, 源了圓·嚴紹璗 編, 日中文化交流史叢書三 『思想』, 大修館書店, 1995.
澤井啓一, 『記號としての儒學』, 光芒社, 2000.
坂野潤治, 『近代日本とアジア: 明治·思想の實像』, 筑摩書房, 2013.
平石直昭, 「丸山眞男に於ける福澤觀の轉回-「福澤に於ける「實學」の轉回」について」,

『福澤諭吉年鑑』29, 福澤諭吉協會, 2002.
______, 『日本政治思想史－近世を中心に』, 放送大學教育振興會, 2003.
丸山真男, 『日本政治思想史研究』, 東京大學出版會, 2011.
______, 『丸山眞男集』2, 3巻, 岩波書店, 2014.
黒住真, 『近世日本社會と儒教』, ぺりかん社, 2003.

제3장

도쿄대학문서관 디지털 아카이브, https://uta.u-tokyo.ac.jp/uta/s/da/document/1252962e51fb8e2216792800d2dde37e
『國民之友』48, 1889.
内田周平, 『支那哲學史』, 간행지불명, 1888.
大久保利謙 編, 『西周全集』, 宗高書房, 1960.
西祝 編譯, 『哲學變遷史』, 民友社, 1894.
松本三之介 ほか 編, 『中江兆民全集』10, 岩波書店, 1983.
田島象二, 『哲學問答』, 東雲堂, 1888.
井上圓了, 『哲學要領』, 哲學書院, 1887.
『哲學會雜誌』7－69, 1892.

미야카와 도루·아라카와 이쿠오 엮음, 이수정 옮김, 『일본근대철학사』, 생각의 나무, 2001.
양일모, 「한학에서 철학으로－20세기 전환기 일본의 유교 연구」, 『한국학연구』 제49집, 2018.
大島晃, 「井上哲次郎の「性善悪論」の立場」, 『ソフィア: 西洋文化ならびに東西文化交流の研究』42巻 4號, 上智大學, 1994.
大西祝 編譯, 『哲學變遷史』, 民友社, 1894.
島根県立大學西周研究會 編, 『西周と日本の近代』, ペリカン社, 2005.
東洋大學創立100周年記念論文集編輯委員會, 『井上圓了の教育理念－新しい建學の精神を求めて』, 東洋大學, 1988.
藤田正勝, 「日本における「哲學」の受容」, 飯田隆 外, 『哲學史の哲學』, 岩波講座哲學

14, 岩波講座哲學, 2009.

藤井倫,「被遺忘的漢學者: 近代日本崎門朱子學者内田周平學思探析」,『中正大學中文學術年刊』, 2011年 第一期, 總第十七期.

尾佐竹猛 編,『明治文化の新研究』, 亞細亞書房, 1944.

福井純子 翻刻,「井上哲次郎日記 1884-90」,『東京大學史紀要』第11號, 1993.

三浦節夫,「〈井上哲次郎口述 東洋哲學史〉の翻刻-井上圓了の東京大學文學部二年生の聽講ノート」,『井上圓了センター年報』27, 2019.

森下直貴,「井上哲次郎の<同=情>の形而上學-近代「日本哲學」のパラダイム」,『濱松医科大學紀要一般教育』第29號, 2015.

小坂國繼,『明治哲學研究 - 西周·大西祝』, 岩波書店, 2013.

松本文三郎,『支那哲學史』, 早稻田大學出版部, 1898.

田島象二,『哲學問答』, 東雲堂, 1888.

井上哲次郎,「性善惡論」,『哲學會雜誌』第4冊 第47號, 1891.1.

______,「性善惡論(承前)」,『哲學會雜誌』第4冊 第48號, 1891.2.

______,「再ビ性善惡ヲ論ジ併セテ内田周平君ニ答フ」,『哲學會雜誌』第5冊 第51號, 1891.5.

______,「再ビ性善惡ヲ論ジ併セテ内田周平君ニ答フ(承前)」,『哲學會雜誌』第5冊 第53號, 1891.7.

______,「再ビ性善惡ヲ論ジ併セテ内田周平君ニ答フ(承前)」,『哲學會雜誌』第5冊 第54號, 1891.8.

______,「朱子ノ窮理ヲ論ズ」,『哲學會雜誌』第6冊 第61號, 1892.

町泉壽郎,「幕末明治期における學術教學の形成と漢學」,『日本漢文學研究』11, 2016.

曹峰,「對内田周平的重新認識」,『臺灣東亞文明研究學刊』第13卷 第2期(總第26期), 2016.

竹山道雄,「最後の儒者-内田周平」,『心』6卷 11號, 1953.

제4장

高瀨武次郎,『日本之陽明學』, 鐵華書院, 1898.

______,『陽明學階梯』, 鐵華書院, 1900.

______,『楊墨哲學』, 金港堂書籍株式會社, 1900.

______,『支那哲學史』, 文盛堂書店, 1910.

______ 著, (民國)趙蘭坪 編譯,『中國哲學史』, 1925.

福澤諭吉(1875),『文明論之概略』, 慶応義塾 編輯,『福澤諭吉全集』第4卷, 岩波書店, 1956.

井上哲次郎(1883),『西洋哲學講義』,『井上哲次郎集』第1卷, クレス出版, 2003.

______,「萬國東洋學會景況」,『哲學會雜誌』第三號, 1887.

______(1900 초판),『日本陽明學派之哲學』, 富山房, 1918.

______,『日本古學派之哲學』, 富山房, 1902.

______(1905 초판),『日本朱子學派之哲學』, 富山房, 1915.

______,『國民道德概論』, 三省堂, 1912.

______(1954),『巽軒年譜』,『井上哲次郎集』第8卷, クレス出版, 2003.

김태년,「학안에서 철학사로: 조선유학사 서술의 관점과 방식에 대한 검토」,『한국학연구』23, 2010.

나카무라 슌사쿠,「근대일본의 學知와 유교의 재편: 근대 '知'로서의 '哲學史' 성립」,『史林』32, 2009.

다나카, 스테판 지음, 박영재·함동주 옮김,『일본 동양학의 구조』, 문학과지성사, 2004.

미타니 히로시,「'아시아'개념의 수용과 변용: 지리학에서 지정학으로」, 와타나베 히로시·박충석 공편,『한국·일본·'서양'』, 아연출판부, 2008.

스즈키 마사유키 지음, 류교열 옮김,『근대일본의 천황제』, 이산, 1998.

요시다 코헤이 지음, 정지욱 옮김,『일본양명학』, 청계출판사, 2004.

윤영휘,「영국 및 일본 동양학의 특징과 경성제국대학 부속도서관 내 영문 동양학 장서」,『아시아리뷰』, 2018.

이새봄,「이노우에 데쓰지로(井上哲次郎)의 '유학 삼부작'—근대 일본 유학사의 시초」,『한국사상사학』61, 2019.

이혜경, 「식민지근대에 복권된 양명학: 정인보의 『양명학연론』은 다카하시의 조선유학사에 대한 대항인가?」, 『인문논총』 76-3, 2019.
후지하라 사다오 지음, 임경택 옮김, 『앙코르와트』, 동아시아, 2014.
高瀨博士還曆記念會, 『高瀨博士還曆記念支那學論叢』, 弘文堂, 1928.
吉田公平, 「高瀬武次郎年譜稿: 東洋大學の漢學者たち(その一)」, 『井上圓了センター年報』 15, 2006.
大橋健二, 『良心と至誠の精神史』, 勉誠出版, 1999.
大島康正, 「井上哲次郎」, 『日本の思想家2』, 朝日新聞社, 1963.
大島晃, 「井上哲次郎の「東洋哲學史」研究と『日本陽明學派之哲學』」, 『陽明學』 9, 1997.
山村奨, 「井上哲次郎と高瀬武次郎の陽明學一近代日本の陽明學における水戸學と大塩平八郎」, 『日本研究』 56, 2017.
山下龍二, 「明代思想研究はどう進められてきたか」, 『名古屋大學文學部研究論集.哲學』 12, 1964.
船山信一, 『明治哲學史研究』, ミネルヴァ書房, 1959.
戸川芳郎, 「漢學シナ學の沿革と問題点」, 『理想』 397, 1966.

제5장

津田左右吉, 『神代史の新しい研究』, 二松堂, 1913.
______, 『文學に現はれたる我が國民思想の研究』, 洛陽堂, 1916.
______, 『古事記及び日本書紀の新研究』, 洛陽堂, 1919.
______, 「儒家と道家との交渉について」, 『東洋學報』 15卷 1號, 1925.
______, 『道家の思想と其の開展』, 東洋文庫, 1927.
______, 『日本に於ける支那思想移植史』, 『岩波講座哲學』, 岩波書店, 1933.
______, 「支那思想研究の態度」, 『早稲田學報』 476, 1934.
______, 『文化史上に於ける東洋の特殊性』, 『岩波講座東洋思潮』, 岩波書店, 1936.
______, 『シナ思想と日本』, 岩波書店, 1938.
______, 「日本における支那學の使命」, 『中央公論』 618, 1939.
______, 「建國の事情と皇室の萬世一系の思想の由來」, 『世界』 4, 1946.

______, 「ニホン人の生活の反省」, 『ロゴス』 1−3, 1946.
______, 「わたくしの信條」, 『世界』 59, 1950.
______, 「アジアは一つではない」, 『心』 8−1, 1955.
______, 『歷史學と歷史教育』, 岩波書店, 1959.
______, 『津田左右吉全集』 第3巻·第13巻·第20巻·第21巻·第24巻·第26巻·第27巻·第28巻·別巻 1·別巻 2·補巻 2, 岩波書店, 1963−1989.

다나카, 스테판 지음, 박영재·함동주 옮김, 『일본 동양학의 구조』, 문학과지성사, 2004.
쓰다 소키치 지음, 남기학 옮김, 『중국 사상과 일본 사상』, 소화, 1996.
家永三郎, 『津田左右吉の思想史的研究』, 岩波書店, 1972.
今村鞆, 『歷史民俗朝鮮漫談』, 南山吟社, 1930.
大室幹雄, 『アジアンタム頌 津田左右吉の生と情調』, 新曜社, 1983.
福井文雅, 「福永教授の反論について」, 『東方宗教』 第62號, 1983.
謝明珊, 「津田左右吉中國研究的原點: 以世界化爲基礎的本土化」, 『國家發展研究』 第7卷 第1期, 2007.
______, 『津田左右吉認識中國的起點』, 國立臺灣大學政治學系中國大陸暨兩岸關係教學與研究中心, 2008.
上田正昭, 「津田史學の本質と課題」, 歷史學研究會·日本史研究會 編, 『日本歷史講座』 第8巻, 東京大學出版會, 1957.
______ 編, 『人と思想 津田左右吉』, 三一書房, 1974.
石母田正, 『歷史と民族の發見』, 東京大學出版會, 1952.
______, 「歷史觀について」, 『社會科教育大系』 第3巻, 三一書房, 1963.
______, 『石母田正著作集』 15, 岩波書店, 1990.
栗田直躬, 『中國思想における自然と人間』, 岩波書店, 1996.
李成市, 『闘争の場としての古代史 東アジア史のゆくえ』, 岩波書店, 2018.
増淵龍夫, 「歷史認識と國際感覺−日本の近代史學史における中國と日本(I)」, 上田正昭 編, 『人と思想 津田左右吉』, 三一書房, 1974.
池田知久, 「津田左右吉の中國思想史研究」, 『人文科學』 第15號, 2010.
______ 著, 曹峰 譯, 「津田左右吉與中國、亞洲」, 『文史哲』 2011年 第3期, 2011.
彭新勇, 「津田左右吉的中國觀」, 『重慶理工大學學報(社會科學)』 29−2, 2015.

제6장

岡倉天心, 「日本美術史」, 『岡倉天心全集』 第4卷, 平凡社, 1980.
______, 「東洋の理想」, 『岡倉天心全集』, 第1卷, 平凡社, 1980.
______ 著, 橋川文爪 譯, 「孔子の時代と老子の時代」, 『岡倉天心全集』 第2卷, 平凡社, 1980.
______ 著, 橋川文爪 譯, 「東アジアの美術に於ける宗教」, 『岡倉天心全集』 第2卷, 平凡社, 1980.
______, 「泰東巧藝史」, 『岡倉天心全集』 第4卷, 平凡社, 1980.
______, 「支那南北の区別」, 『國華』 54(『岡倉天心全集』 第3卷, 平凡社, 1980).

김용철, 「오카쿠라 텐신(岡倉天心)의 중국 여행과 중국 미술 인식」, 『안휘준교수정년퇴임기념논총』, 사회평론, 2006.
______, 「오카쿠라 텐신의 인도 인식」, 『日本思想』 22, 한국일본사상사학회, 2016.
內田周平, 『支那學(儒學史)』, 哲學館, 1902.
______, 『老莊學講義』, 哲學館, 1902.
東京大學百年史編纂委員會 編, 『東京大學百年史 通史一』, 東京大學, 1984.
東京藝術大學百年史編纂委員會 編, 『東京藝術大學百年史 東京美術學校篇 第1卷』, ぎょうせい, 1987.
木下長宏, 「解題」, 『岡倉天心全集』 第1卷·第2卷, 平凡社, 1980.
森賀一惠, 「エドゥアール·ビオとその業績」, 『富山大學人文學部紀要』 63, 2015.
石田幹之助, 『歐米に於ける支那研究』, 創之社, 1942.
松本文三郎, 『支那哲學史』, 東京專門學校出版部, 1905.
______, 『近代日本の中國認識』, 以文社, 2011.
井上哲次郎, 『巽軒講話集初編』, 博文館, 1902.
______ 外, 「第三回「岡倉天心先生を語る」座談會」, 『五浦論叢』 第7號, 2000.
早川千吉郎 編, 『高嶺君遺稿』, 早川千吉郎, 1888.
坂出嘉伸, 『道家·道教の思想とその方術の研究』, 汲古書院, 2009.
De Lacouperie, T. et al. eds., *The Babylonian and Oriental Record*, London: D. Nutt, 1887-1901.
Fenollosa, E.F. 著, 森東吾 譯, 『東洋美術史綱(上)』, 東京美術, 1979.

부록

원전 읽기

한학불가폐론

나카무라 마사나오 지음, 이새봄 옮김

해제

「한학불가폐론(漢學不可廢論)」은 1887년 5월 8일, 나카무라 마사나오(中村正直, 1832–1891)가 도쿄학사회원(東京學士會院)에서 발표한 강연문으로, 『도쿄학사회원잡지(東京學士會院雜誌)』 제9편 제4책에 실렸다. 1879년에 창설된 도쿄학사회원은 기존의 민간 지식인 단체였던 메이로쿠샤(明六社)의 회원 중 학자들을 대부분 그대로 계승하여 구성된 관립 아카데미였다. 메이로쿠샤에는 실업가나 외교관 등 학자 이외의 인물들도 포함되어 있었다면, 도쿄학사회원은 학자 위주로 구성된 순수 학술단체로서의 성격이 강했다. 물론 여기서 학문의 주류는 양학(洋學)이었다. 회원 대부분이 당대 최고의 양학자인 도쿄학사회원에서 나카무라는 '한학불가폐론'이라는 주제로 강연을 진행한 것이다. 그런데 제목이 말하고 있듯이, 이 글은 한학을 폐지해서는 안 되고, 폐지할 수도 없다는 주장을 펼치고 있다. 어째서 이러한 주장이 등장하게 된 것일까?

메이지시대로 접어든 지 20년차가 된 1887년은 제국대학의 설립으로 국가 운영에 필요한 인재를 양성하는 체계적인 교육체제가 확실하게 자리를 잡은 시점이다. 당시 문부대신이었던 모리 아리노리(森有禮, 1847–1889)의 주도하에 메이지정부의 교육정책은 신속한 서양학문의 이식을 위한 개혁이 계속되고 있었다. 나카무라는 메이지정부의 이와 같은 방향성 자체에 근본적인 이의를 제기하지는 않는다. 양학의 대가였던 그에게 양학의 유효성은 당연한 전제였다.

나카무라는 서양의 학문이 지향하고 있는 바가 무엇인지를 유학이 설정한 보편성의 틀을 통해 이해했던 인물이다. 그에 따르면 서양의 종교, 즉 '야소교(耶蘇敎)'의 가르침을 근본으로 하는 그들의 '문명(civilization)'이 지향하는 바는 보편적으로 타당하다. 이는 서양의 문명이 우월하다는 의미가 아니다. 유학의 가르침이 저들의 문명에서는 다른 형태로 체현되고 있음을 깨달았기 때문에 도출되는 결론인 것이다. '천(天)'과 God은 호환 가능하고, 이들을 기원으로 하는 인류보편의 가르침(敎)은 분명 존재한다.

「한학불가폐론」은 이와 같은 전제에 대한 설명에서 시작한다. 야소교, 불교 등의 종교는 물론 유학의 가르침조차도 완벽하지 않다. 어느 가르침에나 '진리와 망상'은 뒤섞여 있으며, 그렇기 때문에 어느 가르침도 절대적으로 올바르지 않다. '종교(敎法)'가 온통 '망상' 덩어리가 아니듯, '학문(學術)'도 오로지 '진리'만을 체현하지 않는다. 공자의 가르침이 전하는 진리를 서양의 종교도 설파하고 있으며, 마찬가지로 유학에도 야소교에도 망상의 요소는 포함되어 있다(① 진리와 망상). 양학자들과의 경쟁에서 점차 영향력을 잃어 가던 한학자들이 아무리 한학만을 유일한 '진리' 체현의 학문이라고 주장하더라도, 그것은 이미 시대착오적인 발상일 뿐인 것이다. '성현대학(聖賢大學)의 도'는 어디에나 있다는 사실은 이미 유교 경서 속에도, 청나라 지식인들의 논의 속에서도 확인된 바다(② 한학자의 폐단을 논하다).

한편으로는 메이지유신으로 서양식 제도 개혁에 박차를 가하던 일본에서 오랜 이웃이자 한학의 본거지인 청조 중국과 조선을 멸시하는 풍조가 확산되어 가자, 나카무라는 그 경박함을 지적한다. 오로지 '격치(格致)'의 학문만이 부족한 중국이 서양의 방법론을 통해 이를 보완하면 갖게 될 힘을 보아야 한다는 것이다(③ 지나의 역사를 무용하게 여기는 생각의 잘못을 논하고 지나의 최근 일을 논하다). 무엇보다도 일본인의 오랜 지적 전통이 한학에 기초한 만큼, 한학은 양학의 발전을 위한 밑거름이 될 수밖에 없다(④ 한학의 기초가 있는 자는 양학으로 나아감에 비상한 효력을 나타낸다).

나카무라는 1887년 일본에서 한학이 처한 현실을 직시했다. 학문의 주류는 이미 양학으로 넘어간 지 오래였다. 그러나 한학이라는 토대 없이 서양화만을 추구하는 개혁정책에 일본의 미래를 맡길 수는 없음을 그는 확신했다. 「한학불가폐론」에서 나카무라는 자신의 모든 학문적 축적과 교육경험을 동원해 그 확신을 주장한 것이다.

원문번역

① 진리와 망상

이 논제에 들어가기 전에 우선 진리와 망상의 관계를 설명하지 않을 수 없다. 대저 진리와 망상은 반대이므로 양립할 수 없다. 하지만 왕왕 서로 뒤섞여 차지하는 부분이 있는 법이다. 이를 비유하자면 모래 속에 황금을 포함하는 것과 같은 것으로, 망상 속에 어느 정도의 진리가 포함된 일이 있는 것이다. 또한 진리를 포함하지 않더라도 진리의 그림자로 볼 만한 것이 있다. 이는 철학에서 가장 활안(活眼)을 갖고 봐야 하는 부분이다.

대저 망상 속에 진리가 포함되어 있으니, 만일 철학자가 그 망상을 배척하고자 한 나머지 그 안에 포함된 진리가 있음을 살피지 못하고 이를 한꺼번에 쓸어버리고자 한다면, 이는 마치 돌 안에 옥이 있고 모래 속에 금이 있음을 모르고 오히려 평범한 모래나 돌과 동일시함을 면치 못하는 바다. 이러한 경우 물체에 들어 있는 진리는 발견해야 하고 망상설은 폐기해야 하지만, 사람의 마음속에 존재하는 진리가 망상설로 오인받아 배척되게 됨을 나는 크게 두려워한다.

어떤 사람은 학술은 진리이고 종교[1]는 망상이라고 생각할 것이다. 진리를 학술로 치부하고, 망상을 종교라고 치부하는 것이다. 내가 보기에 특별히 그렇지는 않다. 왜냐하면 진리면서 망상 속에 섞여 있는 것이 있고, 망상이면서 진리를 어느 정도 포함하는 것이 있기 때문이다. 그렇기 때문에 학술에 있어서도 진리와 망상이 함께 뒤섞여 있을 수 있고, 종교에 있어서도 진리와 망상이 함께 뒤섞여 있을 수 있다. 오늘날 학술이 날로 새로워지는 세상이라고 하더라도, 아직 제반 학술이 극치에 다다랐다고 할 수는 없기 때문에, 아직 학술로써 망상을 탈각한 것이라고 할 수 없다. 오늘날 여러 나라에서 행해지고 있는 가장 야만적인 종교라고 하더라도 진리의 그림자를 나타내지 않는 것이 없다고 말할 수는 없다.

진리는 영어에서 '트루쓰'라고 하며 일상에서도 학문상에서도 종교상에서도 사용하는 말이다. '아이 텔 더 트루쓰'라고 하면, '정직한 이야기를 한다'라거나, '나는 진실을 말한다'라고 번역할 수 있다. 이런 경우에는 진리라고 말할 만한 정도로 깊은 뜻은 없다. 학문상으로 진리라고 말하면 일정불변(一定不變)의 것을 가리킨다. 비유컨대 흡수관은 3장(丈) 3척(尺)의 물을 빨아올리는 데에 그친다. 이보다 길면 흡입력이

1 메이지시대 초기까지 religion의 번역어로 교법, 종문(宗門), 종지(宗旨), 법교(法敎), 종교 등이 사용되었고, 최종적으로 '종교'가 살아남아 오늘날까지 사용되고 있다. 이 번역문에서는 독자들의 편의를 위해 '교법' 대신 '종교'를 사용한다.

미치지 못한다. 이는 진리다. 그렇지만 아직 이를 발견하지 못했을 경우에는 3장은 물론이고 5장이나 6장 깊이의 물도 빨아올릴 수 있다는 망상이 있을 수 있다. 반대로 망상의 실패에 의해 기압의 이치를 깨달을 수도 있다. 이러한 경우는 처음에 망상이 없었다면 진리를 발견할 수 없었을 것이다. 망상이 다하는 곳에 즉 진(眞)이 있고, 아직 진에 도달하지 못하면 즉 이것이 망(妄)이다. 산술(算術)이나 측량술처럼 일정불변의 규칙을 발견할 수 있는 바로 그것이 진리다. 물리학에서도 역학(力學)에서도 경험에 의해, 비교에 의해, 추측에 의해 실증을 얻는 것은 모두 진리다. 내가 보기에 종교에 이르러서는 동서고금의 구별 없이 진리와 망상이 섞여 있다. 종교의 진리 부분은 사람의 마음의 근원(根元)이자 치도(治道)의 근본이며, 사람과 짐승을 구분하는 근거이자 문명과 야만이 이로 인해 달라진다. 그 진리의 부분은 인심(人心)과 세도(世道)를 이롭게 하는 가장 중요한 것이다. 이를 먹을 것에 비유하자면, 종교의 진리 부분이란 마치 곡식이나 고기와 같고, 학문의 진리는 채소나 향료다. 이를 인체에 비유하자면 종교의 진리 부분은 마치 눈과 같고, 학문의 진리는 손발이며 손톱발톱이다. 이를 우주에 비유하자면, 종교의 진리 부분이란 마치 해와 달, 별들과 같고, 학문의 진리는 초목이나 곤충이다. 종교가 갖추고 있는 진리는 이처럼 지극히 귀하고 중요한 것으로 인심과 세도를 유지할 수 있는 근거이지만, 허다한 망상설이 진리의 상하사방을 에워싸고 있다. 하지만 만일 그 진리를 인식할 수 있고 근본이 되는 첫째 의의를 짐작한다면, 이를 에워싸고 있는 망상설은 깨뜨릴 수 있고, 이를 이용할 수도 있으며, 이를 삼켜버릴 수도 이를 뱉어낼 수도 있다.

"학문은 진리이며, 종교는 망상이다"라고 함은, 비유하건대 반딧불은 진정한 빛(眞光)이며 해와 달은 헛된 불꽃(妄焰)이라고 말하는 것과 같다. 또한 "학문과 종교는 원수 사이다"라고 말함은, "학문의 진리 부분과 종교 속의 망상 부분은 원수"라는 의미로, "갈릴레오와 로마교황은 원수다"라는 옛날 이야기에서 비롯된 것이다. 이런 말들에 마음을 뺏겨 동서고금의 종교를 대략 망상이라고 치부함은, 위가 아픈 사람이 진수성찬을 맛없다고 하고, 눈이 아픈 자가 청천백일(靑天白日)에도 항상 공화(空花)가 어른거림을 보는 것과 무엇이 다르다고 할 수 있겠는가.

학문과 종교가 원수(讎敵) 사이라고 함은 어떤 철학자의 일방적인 논의에 불과하다고 할 수 있지만, 로마교황 시대에는 실로 이와 같은 사례가 있었던 것이다. 오늘날에도 종교의 어떤 부분은 망상설임을 면치 못하지만, 그 안에 갖춰진 진리에 이르러서는 흔들리지 않고 분명한 바가 있다. 학문이 점점 더 진보함에 따라 종교의 진리 또한 더욱 증명될 것이다.

야소교(耶蘇敎)[2]가 기괴한 설을 말하고, 더군다나 개화하지 못한 유대국으로부터 일어났는데, 지금 여러 문명국들에 퍼지고 전신 철도의 시대에 만연함은 어째서인가. 대략 두 가지 요인이 있다. 하나는 상제(上帝), 진신(眞神), 조물주, 진군(眞君), 진원(眞元), 지나(支那)[3]에서 이른

2 야소교: Christianity 전반을 가리키는 것으로 개신교와 천주교 등을 모두 아우른다. 본 번역문에서는 혼동을 피하기 위해 '기독교'가 아닌 원문 그대로 '야소교'를 사용한다.

3 지나: 중국을 가리키는 표현으로 고대 인도에서 중국을 가리킬 때 Cina-staana로 부르던 것이 한역 불경에서 '지나'로 표기되었다고 한다. 일반적으로 일본에서는 18세기 후반 네덜란드의 학문을 배운 난학(蘭學)자들 사이에서 문명의 중심을 가리키는 '중국'이나 '중화' 대신 사용되었고 도쿠가와 사회에서도 통용되어 메이지 일본까지 계승되었다. 다만 19세기 후반 이후 1945년까지 '지나'는 중국에 대한 멸시를 내포한 정치적인 의미에서 사용되었다는 역사적 맥락이 있기에 오늘날 중국에서는 사용하지 않는다. 나카무라는 메이지시대 이전에도 중국을 지칭할 때 '지나'를 사용하고 있으며, 이는 특별히 멸시의 의미를 담고 있는 것이 아니라 중국을 문명의 중심이 아닌 세계 여러 나라 중의 하나로 의식하고자 하는 세계관의 반영

바 하늘(天)이라고 하는 바를 가르침의 근본으로 삼았다는 점에 있다. 다른 하나는 [야소교의] 영혼을 구제하는 설이 살기를 좋아하고 죽기를 싫어하는 인간의 성정에 적합하기 때문이다. 생각건대 무형의 묘유(妙有)한 일대 주재자, 크기는 우주 밖으로 넘어가고, 작기는 미미하여 깃들지 않은 바가 없는, 무소불능이자 모르는 바가 없는 묘체(妙體)가 있다는 것은 진리다. 사람의 마음에 이러한 대주재자가 있음을 아는 본성이 있음은 진리다. 사람에게 살기를 좋아하고 죽기를 싫어하는 성정이 있음은 진리다. 〈영혼구제의 설은 내가 의심나는 바가 있으므로 잠시 제쳐 두고 이에 관해 말하는 것을 삼가겠다.〉 그러므로 기괴한 설이 있다고 하더라도, 진리의 큰 부분을 포함하며 사람에게 건강한 정신을 부여함으로써 세상을 선량한 영역으로 인도한다. 설령 망상설과 뒤섞인 바가 있더라도 이처럼 좋은 결과를 얻을 수 있는 것이라면, 그 망상설은 뛰어난 방편이라고 말해야 한다. 더군다나 그 안에 갖춘 절대(絶大)의 진리가 있음을 없애 버리고 모두 망상설이라고 한다면 어찌 말이 되겠는가.

오랑캐의 나라에는 목석(木石)이나 짐승을 신으로 여기고, 이를 숭배하는 일이 고금에 예가 많았다. 반개(半開)의 나라에서도 혹은 해를 신으로 여기고, 혹은 우상을 신으로 여겼다. 이 모두가 망상에서 나온 것임은 의심할 여지가 없다. 그렇지만 그 숭배하고자 하는 뜻이 있음은 사람들이 구유(具有)한 진리의 그림자가 살짝 빛을 발한 것이라고 할 수 있다. 여기서부터 단서를 끌어내 보면, 진신 즉 조화주(造化主)를 찾아내는 쪽으로 나아갈 수 있다. 지나의 경우, 『서경』「순전(舜典)」에 '상

으로 보아야 한다. 이 번역문에서는 이러한 나카무라의 관점을 반영한 역사적 자료로서의 특징을 살리기 위해 원문 그대로 '지나'를 사용한다.

제에게 유(類) 제사를 지내다[肆類于上帝]'라는 말이 있다. '유'는 상제를 모시는 제사의 이름이다. 이를 통해 지나에서는 삼천 년 전인 그 옛날부터 이미 나라의 군주가 하늘을 공경하는 일을 알았고, 하늘을 모시는 제전이 있었음을 알 수 있다. 특히 일본은 신국(神國)이라고 불릴 정도로 신명(神明)을 존경하는 일이 예로부터 관습이었다. 신학자의 설이란 망상에서 나온 것들이 많지만, 나는 이를 일괄적으로 망상설로 처리하고 싶지 않다. 왜냐하면 사람 위에 신이 있음을 알고 이를 공경하는 것은 사람 마음에 갖춰진 진리를 발견하는 것이기 때문이다. 진신을 아는 데까지 도달하지는 못했더라도 이를 알 수 있는 실마리를 얻었다고 할 수 있다. 귀중한 원소로 삼고 논해야 한다.

여기에 진리가 밝게 빛나고 있음을 볼 수 있다. 지나의 당우삼대(唐虞三代) 시기 사람들은 곧잘 황천(皇天), 상제(上帝), 천(天), 천도(天道)를 말했으니 이삼천 년 전 옛날에는 이러한 단어를 입버릇처럼 얘기했던 것으로 보인다. 오늘날과 같은 기차와 전신(電信)의 세상에서, 구미 문명국의 사람들은 걸핏하면 입버릇처럼 갓(God)[眞神], 헤븐(heaven)[天], 디바인 윌(divine will)[神慮], 프로비던스(providence)[天命]를 말한다. 시간적 거리가 이삼천 년, 지리적 거리가 수만 리인데 이처럼 서로 비슷하다는 점에 마땅히 주목해야 한다. 우주를 죽은 것으로 여기는 과학자라면 이를 일괄적으로 망상이라고 치부할 것이다. 나는 그 안에서 진리를 발견한다. 애초에 망상이 섞여 있지 않다고 하는 것이 아니다. 하지만 진리의 명확함은 불을 보는 것과 같다. 이러한 진리가 고금에 걸쳐 우주에 골고루 가득 차 있는데 이를 보지 못한다면 눈이 있으면서 해와 달을 보지 못하는 것과 같다. 보물의 산에 올라가 빈손으로 돌아오는 자라고 할 수 있다.

구미의 인민은 지력(智力) 경쟁 속에 있으면서 집안의 안락을 누리며, 어린아이에 대한 가르침을 돈독히 하고, 아침에 일어나 세수와 양치질을 마치고 의복을 갖춘 뒤 식사 전에 일가 단란하게 상제를 향해 예배와 기도를 한다. 또한 식사에 임하여서는 조용히 기도문을 읊는데, 훌륭하고 아름다운 풍속이 빈부를 막론하고 이와 같다. 생각건대 사람에게 명리(名利)를 따지는 마음이 있는 것도 사실이고, 경건함을 가진 것 또한 사실이다. 두 가지는 나란히 행해지고 위배됨이 없다. 구미의 부강의 원천은 여기에서 발한다.

지나에서 송유(宋儒)에 이르러 도통(道統)을 전한다고 하는 것이 시작되었다. 여기에 대해서는 여러 가지 논의가 있지만, 나는 대우모(大禹謨)의 "인심은 위태하고 도심은 은미하니, 오직 정밀하고 일관되게 하여 그 중도(中道)를 진실로 잡아야 한다"라는 열여섯 자는[4] 요(堯)·순(舜)·우(禹)가 전수한 심법(心法)이라는 점을 믿어 의심치 않는다. 이야기가 나왔으니 장황해지는 것을 피할 수 없지만, 여기에 대해 말해 보겠다. 대우모에 제(帝)가 우를 오라고 하고, "인심은 위태하고 도심은 은미하니, 오직 정밀하고 일관되게 하여 그 중도를 진실로 잡아야 한다"라고 말했다. 인심(人心)이란 사람의 육체로부터 생기는 정욕이다. 도심(道心)이란 사람의 영혼으로부터 생기는 옳고 그름을 가리는 타고난 마음이다. 인심은 성하기 쉽고, 도심은 숨기기 쉽다. 유정(惟精)이란 이 둘 사이를 나누어 명확하고 면밀하게 아는 것이다. 유일(惟一)이란 전념하여 도심을 주로 하고, 인심의 위태로움에 맡기지 않음이다. 이렇게 하면 일심(一心)의 작용이 모두 도심으로부터 나오고, 인심은 도심의 명령에 따른다. "윤집궐중(允執厥中)"이란, 인심의 작용이 모두 과유불급

4 "人心惟危, 道心惟微, 惟精惟一, 允執厥中." 『서경』의 이 대목은 위작(僞作) 논란이 있다.

의 허물이 없는 것을 말한다. 비유하자면 술과 음식을 좋아함은 인심이고, 과음과식을 하지 말아야 한다고 생각함은 도심이다. 인심에 맡기면 위의(威儀)를 잃고, 위장이 상한다. 이 둘을 자세하게 분별하여 오로지 도심에 전념하여 주로 하고, 인심이 탐하고 좋아하는 욕망을 억눌러 과유불급이 없게끔 해야 한다. 이렇게 하면 술과 음식은 사람의 몸을 양생하는 큰 쓰임을 다하게 될 것이다. 이에 말하길, 인심은 영어의 animal spirit[血氣], carnal desire[情慾] 등의 말에 해당할 것이며, 도심은 conscience[良心, 天良, 是非之心, 自知之心]에 해당한다.

콜턴[5]이 말하기를, "conscience[良心]에 따르고 사람과 말할 때에는 God[神]이 앞에 있는 것처럼 하라, 양심에 따르며 신과 말할 때는 사람 앞에 있는 것처럼 하라"고 하고, 또 "선인(善人)의 마음은 지상에 있는 소천(小天)[little heaven]이다. 상제가 비할 데 없는 위엄으로써 [그 마음에] 자리(位)를 정하여 여러 정욕의 풍파를 진정시킨다"고 말했다. 바이런은, "사람의 양심은 신의 계시라, 명리에 빠지려고 할 때 귓가에서 속삭인다"고 말했다. 프루레르는 "당신이 만일 상제가 당신의 일에 관해 천상에 기록해 두고자 한 바를 알고자 한다면, 당신 자신의 마음속을 보라. 그러면 당신의 마음에 적혀 있음을 볼 수 있을 것이다"라고 말했고, 사우스는 "양심은 진신(眞神)의 뜻을 분명하게 나에게 고하고 있다"고 했다. 양심은 사람이 자신의 생각과 행동을 살피는 지식이다. 그래서 이를 상제의 법률에 비교한다면, 혹은 스스로 만족하고, 혹은 스스로 책망할 것이다. 이 지식, 즉 양심은 원고이면서 재판관이라 할 수

5 나카무라의 서양서 소장 목록을 확인한 결과, 콜턴은 Joseph Hutchins Colton (1800–1893)을 지칭하는 듯하며, 프루레르는 Thomas Fowler(1832–1904), 바이런은 George Gordon Byron(1788–1824)을 가리킨다. 사우스는 누구인지 특정할 수 없다.

있다.

이상 서양철학에 의하면, 양심은 천명(天命)의 성(性)에 근거하여 태어난 것이다. 즉, 『중용』에 “천명을 성이라고 한다(天命之謂性)”는 말의 성을 갖춘 것이다. 또한 양심은 상제의 법률에 비할 수 있는 것이기에, 즉 대우모의 도심이기도 하다. 이 도심이라는 것을 주로 하여 혈기의 성을 복종시켜 사체(四體)의 욕(欲)을 절제하는 일은 수신(修身)을 위해서 가장 공부해야 할 부분이다. 그런데도 이 모두가 사람들이 자기 혼자만 알고 다른 사람은 알 수 없는 것이기 때문에, 이를 극기신독(克己愼獨)의 공부라고 이름 붙인다. 서양의 현인은 “진정한 영위(榮威)는 어두운 곳에서 자신의 사사로움을 극복하는 데에서 나온다”고 말했다. 설령 적국을 정복하고 승리한다 하더라도 별것 아니다. 그저 사사로운 욕망의 노예일 뿐이다. 생각건대 정일집중(精一執中)의 뜻과 극기신독의 공부는 혈기와 정욕을 복종시켜 양심을 늘려 나가는 것이므로 동서고금에 걸쳐 움직일 수 없는 진리다.

공자의 가르침이란 날마다 쓰는 이륜(彝倫)의 도(道)를 밝히는 것인데, 그 도의 본원은 하늘로부터 나온다. 그렇기 때문에 공자의 머리와 가슴속에는 항상 하늘이 있어 잠시도 잊지 않고, “하늘에 죄를 지으면 기도할 곳이 없다”, “천명을 두려워하고, 대인을 두려워하며, 성인의 말을 두려워한다”, “하늘이 사문을 없애려 하지 않으시는 바에야 운운”,[6] “하늘이 나에게 이런 덕을 주셨으니, 환퇴가 나를 어찌할 수 있겠는가”, “내가 만약 잘못된 짓을 하였다면 하늘이 나를 버리시리라”[7] 라고 말했다. 공자의 손자인 자사(子思)가 저술한 『중용』 제1권에 “천명

6 “獲罪於天, 無所禱也”(『論語』「八佾」), “畏天命, 畏大人, 畏聖人之言”(『論語』「季氏」), “天之未喪斯文也”(『論語』「子罕」).

7 “天生德於予, 桓魋其如予何”(『論語』「述而」), “予所否者, 天厭之”(『論語』「雍也」).

을 성이라 한다"라고 하며 첫머리부터 논해 왔고, 주자가 마침내 그 장의 뜻을 요약하여, "도의 본원(本原)이 하늘에서 나와 바뀔 수 없으며, 그 실체가 자기 몸에 갖추어져 떠날 수 없다"라고 말했다.[8] 정이천(程伊川)은 말하기를, "『서경』에서 천서(天敍)와 천질(天秩)을 말했는데, 하늘에 이러한 리(理)가 있으므로 성인이 이를 따라서 행하니, 이것이 이른바 도라고 하는 것이다. 이처럼 성인은 하늘에 근본을 두는 데 반하여, 석씨(불교)는 마음에 근본을 둔다"[9]라고 했다. 송유(宋儒)가 유교와 불교의 이동(異同)을 논한 바는 항상 이 점에 있는 듯하다. 내가 생각하기에 송유에게도 망상설이 섞인 바가 없지 않다. 단지 성도(聖道)가 천(天)에서 말미암는다는 진리를 획득한 것은 그 공이 적지 않다고 할 수 있다.

중고시대 영국의 석학 베이컨(Francis Bacon, 1561–1626)이 말하기를, "얕고 작은 철학(理學)은 인심으로 하여금 상제를 믿지 않게 하고, 깊고 넓은 철학은 인심으로 하여금 천도에 귀의하게 한다"고 했다. 아메리카 합중국을 독립시킨 워싱턴(George Washington, 1732–1799)은 "대저 국가를 복과 상서로움으로 이끄는 요인에는 여러 성정이나 관습이 있겠지만, 종교와 도덕학, 이 두 가지를 없어서는 안 될 요점으로 삼는다"라고 말했다. 이 두 가지[즉 인생 행복의 기둥과 주춧돌]를 전복시키고서 애국심이 있다고 하는 자는 망령된 것이다. 또한 종교에 기원을 두지 않는 도덕학으로써 인민이 직분에 힘쓰도록 독려할 수 있다고 보는 것을 나는 도리(道理)와 경험에 의거해서 결코 믿지 않는다.

시험 삼아 어떤 철학자의 말에 따라서, 예로부터 내려오는 지나 성현의 설이든, 야소의 종교이든, 서양철학자의 설이든, 그 안에는 소

8 『中庸』 第1章: "道之本原出於天而不可易, 其實體備於已而不可離."

9 "書言天敍天秩, 天有是理, 聖人循而行之, 所謂道也. 儒敎本天, 釋氏本心." 『이정유서(二程遺書)』 권21에는 "聖人本天 釋氏本心"이라고 되어 있다.

위 황천(皇天), 상제(上帝), 천명(天命), 천도(天道), 천계(天啓), 진신(眞神), 조물주, 화공(化工), 신은(神恩), 신명(神命), 신의(神意), 신지(神旨), 신도(神道), 천리(天理), 천공(天工), 신공(神工), 천직(天職), 천의(天意), 천덕(天德), 천위(天位), 천위(天威), 천망(天網) 등의 글자를 망상적이라고 여겨, 이를 책에서 떨쳐 내어 제거하고, 인위의 도덕학을 만들었다면 어떻게 인생을 행복으로 인도하는 좋은 결과를 얻을 수 있겠는가. 그렇지 않다. 내가 생각해 보니 그 인위의 도덕학은 담백하고 차갑고 고요하여 마치 향이 빠져 버린 향목과 같고, 맛이 빠져 버린 먹거리와 같이 될 것이라고 믿는다.

이상에서 논한 바로써 보자면, 지나의 경서 안에는 수많은 진리가 있다. 사람에게 가르치기를, 천(天)을 공경하고, 양심으로 직분을 다하며, 자기 몸을 잘 다스리는 것을 통해 나라를 개선하고자 하는 것이다. 옛날부터 오늘날에 이르기까지 억만의 인류를 깨우쳐 주고 암흑의 땅에서 벗어나 상천의 빛을 받게 하는 것이다. 간간히 망상설이 있기는 하지만 새하얀 벽의 작은 흠일 뿐이다. 그 어찌 폐할 수 있겠는가.

이 논의를 끝내는 자리에 임하여 참고로 한마디 더 해야 하겠다. 요, 순, 우, 탕, 문, 무, 주공의 치적은 경천애민(敬天愛民)의 성심에 기초한 것이지, 권모술수의 거짓과 위선에서 나온 것이 아니다. 공맹의 학문은 천리와 인심이 바로 나온 것으로, 치국안민의 요지를 포함한다. 정주(程朱)의 이학(理學)은 성현의 심체(心體)에 통하고, 도리의 본원을 찾는다. 생각건대 공자가 말하는 바를 세분하자면, 종교 부분이 있고, 도덕학 부분이 있고, 정치학 부분이 있다. 『대학』, 『중용』, 『논어』 세 권이 말하는 바는 대체로 보아 금과옥조다. 정주의 이학에는 그 속에 망상설이 없다고 할 수는 없다. 귀신, 이기(理氣), 음양오행을 논하는 데에 이르러서는 황당무계함 속에 왕왕 진리가 빛나는 것이 보인다. 요컨대 내가 한학에서 취할 바라고 생각하는 주요한 지점은 공자의 종교 부분이다. 지나 사람들로 하여금 금수가 되지 않게 할 수 있었던 것은 이 때문이다.

건륭제는 『일지회설』[10]에서 말하기를, "임금이 경천(敬天)으로 마음을 삼는다면 감히 그 신하를 업신여기지 못할 것이고, 신하가 경천으로 마음을 삼는다면 감히 그 임금을 속이지 못할 것이다. 임금과 신하가 한결같은 덕이 있으면 하늘의 조화(天功)가 밝아지고, 하늘의 조화가 밝아지면 어진 정치로 백성을 잘 다스리게 된다. 그런 연후에 하늘이 백성을 위하여 임금을 정해 주고, 임금은 백성을 위하여 신하에게 명령을 내리니, 모두 부끄러움이 없게 된다"고 했다. 또 말하기를, "하늘과 백성은 서로 호흡하는 관계로 조금의 간격도 없다. 기가 화합하면 상서롭게 되고 어그러지면 재난이 온다. 그래서 성왕이 하늘을 공경하면, 백성으로 하여금 농사를 중시하고 과부와 홀아비가 은혜를 입도록 권면하니, 만민을 정성으로 대함으로써 천감(天鑒)을 움직인다"라고 했다.

육부정[11]은 『사변록』에서, "사람은 반드시 상제를 대하고 있는 것 같은 이 마음을 잡고 있어야 한다"고 말했고, 또 "매번 생각이 '상제가 너에게 임하였으니, 너의 마음에 의심을 두지 말라'[12]는 말에 미치면, 온몸이 스스로 두려워하는 것을 바로 깨닫게 되어, 하나의 일이나 한 가지 생각이 다시는 흐트러짐이 없도록 한다"고 말했다. 또 "'하늘은 밝으므로 네가 어딜 가든 함께하시고, 하늘은 훤히 아는지라 네가

10 『어제일지회설(御制日知薈說)』: 전체 4권으로 된 청(淸) 고종(高宗)의 저서다.

11 육부정(陸桴亭): 명(明)말 청(淸)초의 이학가(理學家) 육세의(陸世儀, 1611–1672). 호는 부정(桴亭)이다.

12 『詩經』「大雅」: "上帝臨汝 無貳爾心."

노닐 적에도 살펴보신다'[13]는 뜻을 알게 되면, 어두운 방이나 사람이 보지 않는 구석에서뿐 아니라 집안의 평상에 있을 때에도 모두 하늘이 있게 된다"고 말했다. 또 말하기를, "옛사람은 사서오경을 읽고 어느 때 무슨 일이라도 하늘을 말하지 않은 적이 없다. 공자는, '내가 그 하늘을 알고,[14] 하늘이 나에게 이런 덕을 주셨으니,[15] 하늘에 죄를 지으면'[16]이라고 말했고, 맹자는, '하늘을 알고,[17] 하늘을 섬기며,[18] 하늘을 따르는 자는 남고, 하늘을 거스르는 자는 망한다'[19]고 했다. 『춘추』에서는 천명(天命)과 천토(天討)를 말했고, 『예기』에서는 천칙(天則)을 말했으며, 심지어 『역경』, 『시경』, 『서경』의 삼경에서도 하늘에 대해 말한 것이 매우 많아서 아래 다 언급할 수 없다. 모두 정중하고 엄밀하게 설득하여, 사람으로 하여금 떨리고 공손하게 하는 뜻이 있다. 그러므로 옛사람의 학문에서는 공경하려고 하지 않아도 저절로 공경하게 되었는데, 지금 사람은 천(天) 자(字)를 대부분 모르고 다만 경(敬) 자만 말한다. 많은 학자들이 어둡고 혼란스러워하고 게으르다 하니 어떻게 큰 깨달음을 얻을 수 있으리오"라고 했다.

여기서 육부정이 말하는 이른바 "지금 사람은 천 자를 대부분 모

13 『詩經』「大雅」: "昊天曰明, 及爾出王, 昊天曰旦, 及爾游衍."

14 『論語』「憲問」: "知我其天."

15 『論語』「雍也」: "하늘이 나에게 이런 덕을 주셨으니, 환퇴가 나를 어찌할 수 있겠는가(天生德於予 桓魋其如予何)."

16 『論語』「八佾」: "하늘에 죄를 지으면 기도할 곳이 없다(獲罪於天, 無所禱也)."

17 『孟子』「盡心」上: "맹자께서 말씀하였다. '그 마음을 다하는 자는 그 성(性)을 아니, 그 성을 알면 하늘을 알게 된다'(孟子曰, 盡其心者, 知其性也, 知其性, 則知天矣)."

18 『孟子』「盡心」上: "그 마음을 보존하여 그 성(性)을 기름은 하늘을 섬기는 것이다(存其心 養其性 所以事天也)."

19 『孟子』「離婁」上: "順天者存逆天者亡."

른다"고 했을 때, 이 '지금 사람'도 분명히 천이나 신(神)이라는 것을 망상으로 여기고, 스스로 고상한 철학의 지위에 있다고 억측하는 자일 것이다. 그렇지만 누가 헤아리겠는가. 육부정의 눈으로 보기에는 도리어 천박하다고 우습게 보일 것을! 만일 천이나 신이라는 것을 망상설로 치부하고자 하면, 우리나라를 칭하여 신국(神國)이라고 하는 일도, 국군(國君)을 가리켜 천자(天子)라고 하는 일도 모두 망상에서 나온 헛된 호칭이리라. 뭐라고 고치고자 하겠는가. 신국을 고쳐서 인국(人國)이라고 부르겠는가, 천자를 고쳐서 인자(人子)라고 부르고자 하겠는가.

② 한학자의 폐단을 논하다

어떤 한학자는 스스로 믿는 바가 극심하여 세상에 공자의 학문보다 올바른 것은 없다거나, 공자의 학문 이외는 모두 이단이자 삿된 논의라고 여긴다. 이처럼 편협한 식견은 스스로 한쪽으로 치우쳐서 공자의 진의와 모순됨을 모르는 것이다. "천명을 일컬어 성(性)이라고 한다", "도(道)는 잠시라도 떠나서는 안 된다",[20] "부부(夫婦)의 어리석음으로도 참여하여 알 수 있다"[21]에서 천명지성(天命之性)이라거나, 도라거나, 부부라는 것은 원래 지나에 사는 사람들에 한정된 얘기가 아니다. 세상 안에 모두 그렇지 않은 바가 없다. 어찌 지나 한 나라, 공자 일가만이 사사롭게 하는 바이겠는가. 서양 여러 나라의 정황을 보라. 그 풍속과 예의가 서로 다른 바가 없지 않지만, 강상윤리(綱常倫理)의 큰 조목에 이르러서는 동서고금이 같지 않은 바가 없다. 그렇다면 일찍이 공자로부터 어떤 가르침을 받은 것인가? 공자의 학문으로부터 수수(授

20 『易經』 56 '旅': "도(道)는 있지 않은 곳이 없으므로 스스로 정도(正道)가 있는 것이니, 도는 잠시라도 떠나서는 안 된다(道無不在, 故自有其正, 不可須臾離也)."

21 『中庸』 第12章: "夫婦之愚可以與知焉."

受)한 것은 아니지만 천성적으로 옳고 그름을 아는 마음의 설에 있어서 모르는 사이에 일치하는 것도 있고 지나의 설보다도 한층 더 정미(精微)한 것도 있고, 또한 겉에서 보면 황당한 것 같지만, 그 안에 숨어 있는 진리가 한 세상을 행복으로 이끌 수 있는 커다란 힘을 가진 야소교 같은 것도 있다. 그런데도 한학자는 왕왕 이를 살피지 못하여 한데 묶어서 사교(邪敎)라 여기고, 또 지나인의 유폐를 답습하여 과거를 귀히 여기고 지금을 천히 여기며, 옛것을 지키고 미천한 것에 편안해 하며, 진보가 무엇인지를 알지 못한다. 『중서관계론(中西關繫論)』[22]에서 말하기를, "중국과 외국이 서로 반대되는 일에는 큰 이유가 하나 있다. 외국은 옛날 보기를 어린아이 보듯이 하지만, 중국은 옛날이란 더할 것이 하나도 없다고 여기고, 지금이 거기에 미치지 못한다고 여긴다. 그러므로 서양국가는 성하여 쇠하지 않는다. 중국은 자주 쇠퇴하여 떨치질 못한다. 서양국가는 만사에서 앞을 다투고 뒤처지는 것을 감수하지 않는다. 중국은 기존의 규정을 지키며, 좋은 변화가 있음은 모른다. (중국이) 가난하고 힘이 없는 것은 여기서 비롯된다.……"고 했다. 이 얘기는 십여 년 전에 서양사람들이 지나를 논한 것이라서 오늘날의 지나를 논하는 것이 아니다. 그렇지만 우리나라 한학자가 과거에 집착하고 지금을 잘못이라 여기는 폐단은 크게 이와 닮아 있음을 면하지 못한다. 이것이 한학이 날로 쇠락하는 까닭이다.

『중서관계론』에서 또 말하기를, "고금의 큰 학문에는 셋이 있다. 하나는 천도의 학으로 만물의 본원을 말한다. 하나는 인생의 마땅한 이치로 성의·정심·수신·제가·치국·평천하를 말한다. 하나는 물리의 학으로 치지격물을 말한다. 세 가지가 나란히 행해지면 서로 방해하지

---

22 林樂知(Young John Allen), 『中西關繫略論』, 上海格致書室, 1892.

않으니, 하나라도 결여되어 있으면 선비가 되기에 부족하다. 지금 중국의 선비는 천도는 본래 몰랐고, 격치 역시 이름만 유지하고 있을 뿐이다. 이른바 아는 것이라고는 성의·정심·수신·제가·치국·평천하일 뿐이다. [그마저도] 말이 크고 과장되어 어떻게 성의·정심하고 어떻게 수신·제가하고 어떻게 치국·평천하할 것인지 물으면 망연히 이해하지 못하는 것이 배우지 못한 사람들과 다르지 않으니, 선비라고 해도 믿을 수 있겠는가. 중국은 과거제로 선비를 선발했는데, 그 뜻은 매우 좋으나 문장과 시험 과목만을 장기로 삼았으며 책론은 공허하고 흐지부지하다. 선비의 수족을 묶은 것이 아닌데도 움직일 수 없고, 선비의 심사를 막은 것이 아닌데도 영특하지 못하고, 선비의 눈귀를 막은 것이 아닌데도 보고 듣는 것이 없다. 만약 시문과 책론 외에, 요·순·우·탕의 경세지학과 문왕, 무왕과 주공이 전수한 것을 강구했다면, 중국이 세계에서 홀로 서서 어느 나라도 따라오지 못하는 나라가 되지 않았겠는가"라고 했다.

여기서 말하는 것과 같이 우리나라 한학자도 많은 경우 요·순·우·탕의 경제, 문·무·주공이 전해 준 바를 연구하지 않는다. 천도를 흠모하고 숭배하는 일을 모른다. 격물치지의 학문은 오로지 이름만 있을 뿐이다. 소위 경학가(經學家)는 대저 문자와 장구의 논의에 머물러 옛 물건을 가지고 노는 것과 같고, 소위 시문가(詩文家)는 대체로 실속 없는 화려함으로 빠져서 실제에 소홀하다. 이 둘은 어느 쪽도 성현대학(聖賢大學)의 도가 열리지 않고, 프로그레스[日進][進益]라는 것을 깨치지 못했다. 양학이 더 상위에 있는 까닭이 바로 이것이다. 또한 더 심한 경우에는 '충효인의'의 명목 외에 자주자유, 권리의무, 군민동치(君民同治), 공화정치 등의 명칭이 있음을 듣고 놀라서 이를 삿된 가르침이라 여기며 개명한 여러 나라들을 오랑캐로 보기에 이르렀다. 이러한 우물 안 개구리의 식견을 품고 있기 때문에 한학은 점점 더 세상에서 우습게 여겨지는 것이다. 자초한 것이 아니고 무엇이겠는가.

③ 지나의 역사를 무용하게 여기는 생각의 잘못을 논하고 지나의 최근 일을 논하다

프랑스의 나폴레옹 3세가 저술한 유명한 책인『히스토리 오브 줄리어스 시저』의 서문에는, "역사나 전기의 진실이 성스러울 필요가 있음은 종교의 성스러움보다 덜해서는 안 된다. 종교의 명령은 사람의 정신을 두들겨 깨워 이 세계 밖으로 마음을 높이 이끌어 올리지만, 역사나 전기의 교훈은 이와 별개다. 독자를 감동시키고 선미(善美)를 사랑하고 공의(公義)를 아끼게 하며, 또한 인류의 진보를 방해하는 자를 미워하게끔 하는 것이다. 대저 역사서는 교훈이 될 만한 보익이 있기 때문에, 이를 엮을 때 대충해서는 안 된다. 첫째로 기록한 바의 사실은 엄밀하고 정확해야 할 필요가 있다. 다음으로는 정치상 혹은 인륜상에 생기는 변화는 이학(理學)에 근거해 해석해야 한다. 다음으로는 높은 관직에 있는 사람의 일을 적을 때에는 그 '전정(前定, 프로비덴셜)의 사명(使命, 미션)'과 천명의 직분으로써 그 일을 수행하고 있음을 잊지 말아야 한다"는 말이 있다. 몽테스키외가 말하기를, "이 세계를 통치하는 자는 우연[즉 눈먼 행운(盲運)]이 아니다. 나라의 흥폐존망에는 반드시 그 원인이 있다. 비유하자면, 딱 한 번의 전투로 나라를 망하게 하는 것은 우연인 듯 보이지만, 그 원인을 미루어 궁구해 보면 반드시 망해야 하는 이유가 있는 법이다. 운운. 하략(下略)"이라고 했다.

역사서를 읽어 보면 나라의 흥폐존망에는 반드시 그 원인이 있으며 우연이 아님을 알 수 있다. 대인, 군자, 영웅, 호걸의 전기를 읽어 보면, 이들이 '프로비덴셜의 사명'인 '천명의 직분'을 갖고 이 세상에 태

어난 자로 우연이 아님을 알 수 있다. 부처가 소위 "오직 일대사(一大事)의 인연 때문에 이 세상에 출현하였다"[23]라고 함은 부처 한 사람에게만 해당되는 일이 아닐 것이다. 사람들은 마땅히 스스로 가볍게 여기지 말아야 한다. 나폴레옹 3세가 말하는 소위 전정의 사명(프로비덴셜 미션), 부처가 말하는 소위 일대사의 인연이 있음을 스스로 믿을 수 있어야 한다. 생각건대 사람이 이 세상에 태어남은 결코 우연이 아니다. 각자에게 천명의 직분이 부여된 것은 오직 대인 호걸만이 그러한 것이 아니다. 이러한 이치는 고금을 통틀어 천하만국에 통하는 바다. 세상에 역사란 큰 상관이 없는 것이라 여기며 특히 지나의 역사를 무용한 것처럼 여기는 자가 있음은 이를 살피지 못함이다.

우리나라가 지나의 이웃나라이고, 인종도 같고, 문자도 같으며, 천 년 이상 옛날부터 중고(中古)시대에 이르기까지 예악문물, 공예기구(工藝器具)를 대체로 지나와 조선에서 수입해 들여오지 않은 것이 없다. 유교와 불교의 두 가르침 모두 이 두 나라에서 전래된 것이다. 그러므로 막부시대에는 조선인이 내빙(來聘)한다고 하면 그 의식은 매우 은근(慇懃)히 하였고, 또 접대하는 사람은 학사문인으로 선발하고 학사문인도 선발되는 일을 영예로 여겨, 필담문답, 시문을 주고받는 일이 매우 성행하였다. 나가사키에 온 상선의 지나인 중에 때마침 학문이 있는 사람이 있으면, 당시의 한학자는 이를 공경하여 소중히 여기고, 혹은 함께 필담을 나누고 혹은 시문의 비정(批正)을 청하여 한마디의 칭찬도 금옥과 같이 여겼다. 그런데 구미와 외교를 하게 되자 우리나라에서는 모든 일에 저들을 스승으로 삼게 되었는데, 어떤 사람들은 스스

23 『法華經』「方便品」: "제불 세존께서는 오직 일대사의 인연 때문에 이 세상에 출현하였다(諸佛世尊 惟以一大事因緣故出現於世)."

로가 지나인보다 위에 있다고 환상을 품어 지나인을 깔보는 폐단이 생겨나게 되었다. 대저 다른 사람을 천시하는 자는 그 사람 스스로가 비천한 법이다. 군자는 사내아이 종이라도 정중하게 대하는 법이다. 하물며 다른 사람에 대해서는 어떻겠는가. 설령 자기보다 작은 나라라고 하더라도 이를 깔보는 마음을 없애지 않는 동안에는 그 자신은 문명과는 거리가 먼 것이다.

우리나라와 지나·조선은 동종일가(同宗一家)다. 옛사람이 말하기를, "인자(仁者)와 친하고 이웃과 사이좋게 지내는 것은 나라의 보배다"[24]라고 했다. 지금 청나라는 강희·건륭의 깊고 두터운 인택(仁澤)을 계승하여 인민의 힘을 기른 지 오래다. 정부는 가난하다 하더라도 인민은 넉넉하다. 천하를 천하에 감추고 있는 경황이다.[25] 누군가에게 벼슬을 시키려면, 가장 중요한 것은 경의(經義)를 제일로 여기고, 사람을 해외로 보내고 기예를 배우게 하여 이홍장(李鴻章, 1823-1901)과 같은 학자이자 영웅인 자를 정승의 자리에 두고, 서양의 방법을 사용하여 느리더라도 한 치 앞으로 나아가도 왕의 한 치이고, 한 척 나아가도 왕의 한 척이라고 하듯이 오래가는 방법을 얻는 것과 같다.

『중서관계론』의 「논각대신주고절략(論各大臣奏稿節略)」에서 말하기를, "일은 반드시 중의에 맞아야 이루어지고 행은 반드시 모든 것에 맞아야 오래간다. 빨리 시도하나 도리어 달성하지 못하느니 오히려 늦게 실행하더라도 근본이 단단한 것이 어떻겠는가. 일찍이 일본[東洋]에서 이상한 일을 보았다. 일마다 모두 서양법을 본받고, 또 나라의 임금이 신하처럼 의복과 장식까지 서인을 따라하며 다만 너무 빠르게 변할까

24 『春秋左氏傳』 隱公 6: "親仁善隣, 國之寶也."

25 『莊子』「大宗師」: "藏天下於天下."

두려워하는 것이 오래가는 것은 타당하지 않다고 생각하는 것 같았다. 눈을 비비며 기다리니 기쁨을 이길 수가 없다. 일전에 북경 주재 영국 특명전권공사인 얼콕경(Sir Rutherford Alcock)이 문중당에게 말하기를, 중국이 구제를 없애고 새로운 것을 세우는 것이 어찌 이리 느린가라고 하자, 문중당이 말하기를 '중국인은 일을 처리하지 않는다면 모를까, 처리한다면 반드시 처음부터 끝까지 살피며 시작을 도모하여 끝을 생각한다. 즉 민첩하게 나아가서 재빠르게 물러나는 것과 다르다. 훗날 일을 처리할 때 당신은 중국의 일처리는 어찌 이렇게 빠르냐고 할지도 모르겠다'라고 했다". 이것은 지나에 있는 서양사람의 이야기로 일본처럼 빨리 나아가는 것보다 지나처럼 천천히 나아가는 것이 좋다고 보는 것과 유사하다. 최근 신문에서 증기택[26]이 일본을 평한 말이 있다. 그 대략을 보면, 서양방법을 사용해서 재원을 고갈시켰고, 그 하는 바를 보면 장단이 맞지 않는 음악을 연주하고 있는 듯하다라는 등의 이야기다. 다른 산의 나쁜 돌로 내 옥을 갈 수 있으니, 우리는 지나인이 우리를 평가한 말을 묵묵히 듣고 경계로 삼아야 한다. 결코 옳고 그름을 따져서는 안 된다.

미국의 전 대통령인 그랜트(Ulysses Simpson Grant)[27]는 이미 세계유람을 마치고 돌아가 기쁘게 말하기를, "이번 여행에서 나는 네 명의 호걸을 만날 수 있었다. 소위 네 호걸이란, 하나는 영국의 디즈레일리, 하나는 프로이센의 비스마르크, 하나는 프랑스의 감베타(Gambetta), 하나는 지나의 이홍장이다"라고 했다. 이홍장이 타고난 호걸임은 물론이

26 증기택(曾紀澤, 1839-1890): 증국번의 아들이다.

27 제18대 미국 대통령인 그랜트는 대통령직 퇴임 후인 1877년부터 약 2년간 세계일주를 했고, 그 과정에서 이홍장과도 만났다. 그랜트는 1879년에 일본을 방문했고, 당시 류큐병합 문제로 갈등 중이었던 청나라와 일본 사이의 중재를 시도했다.

지만 그가 갖춘 학문과 식견은 공자, 증자, 자사, 맹자의 철학을 근저에 두면서 실제 업무로 단련하고 권세를 오랫동안 사용해서 그 혼백이 강해진 것 외에는 없다. 그렇지만 이홍장을 증국번(曾國藩, 1811-1872)에 비한다면 증국번은 한층 더 위에 있다. 증국번은 사마광[28]의 도덕, 제갈공명(諸葛孔明)의 공적, 육지[29]의 문장을 합쳐서 한 사람이 된 사람이라고 할 수 있으니, 그의 혼백이 얼마나 강하겠는가. 아쉬운 바는 그랜트로 하여금 그를 만나게 할 수 없었다는 점이다.

지나의 폐단을 논하며 정부가 팔고문[30]으로 천하의 선비들을 옭아맨다고 하고, 학자의 폐단을 논하며 과거를 되새김질하여 변하지 않는 것이라고 할 수 있지만, 선비를 취하는 방법이 없는 것보다는 훨씬 낫다고 여겨진다. 그러므로 그중에서 고금을 짐작하여 견식을 늘리고, 천하를 잘 다스릴 수 있는 재주를 완성하는 자가 왕성하게 배출되어 셀 수 없을 정도다. 지나에서 결여된 부분은 대학 팔조목 중에서 격치의 학(學)뿐이다. 그렇지만 지금은 서양의 방법으로써 그 결점을 보완한다. 그러나 대본령에 있어서는 원래 결핍된 바가 없다. 위에서 인용한 건륭제의 말을 보아도 근저가 얼마나 견고한지 알 수 있다.

그렇지만 만일 건륭제 시대에 야소교를 접했다면 "우리에게는 공자의 도(道)가 있다. 본질적인 차원에 있어서 애초에 결함이 없는데 어찌 저들의 가르침을 빌리겠는가?"라고 말하면서 들여오기를 거부했을까? 건륭제가 오늘날 태어났다면 반드시 서교(西教)를 거부하지 않았을

28 사마광(司馬光, 1019-1086): 북송의 유학자로 구법(舊法)과 신법(新法)의 논쟁에서 구법파의 영수로서 왕안석과 대립했다.

29 육지(陸贄, 754-805): 당나라의 명신으로 그의 상소문 모음집인 『육선공주의(陸宣公奏議)』는 조선에서도 반복하여 간행되었을 정도로 명성이 높았다.

30 팔고문(八股文): 14세기 초에서 1902년까지 명·청 과거시험의 답안 작성에 사용하도록 규정된 특수한 문체를 가리킨다.

것이다. 어떻게 이를 알 수 있는가?『다여객화(茶餘客話)』에 실린 이야기 하나로써 이를 알 수 있다.

『다여객화』에 「어제시(御製詩)」[31]라는 다음과 같은 글이 있다. "불교(僧道)를 쫓아내자는 청원을 한 어사(御使)가 있었다. 짐이, 쫓아내는 것은 무엇이 어려운가? 바로 쫓아낼 수 있다. 불과 종이 한 장만 반포하면 천하에 따르지 않을 자가 있겠는가? 다만 지금의 불교는 실로 예전의 제멋대로였던 상태에 비할 수는 없다. 유교가 타이르고 물리쳤기 때문에 저들의 교는 이미 쇠퇴했다. 또 유랑민을 부양한다고 밭을 나누어주는 제도는 이미 시행할 수 없으니, 이 수많은 먹을 것 입을 것 없이 한가하게 노는 사람들을 장차 어디에 둘 것인가? 그러므로 시를 지어 그 뜻을 말했다."

頹波日下詎能回 날로 기울어지는 세를 어찌 능히 되돌리리오
二氏於今亦可哀 오늘날에 이씨(二氏: 유교와 불교) 또한 가여우네
何必避邪猶泥古 삿된 것 피하는 것을 어찌 꼭 옛것에 얽매이리
留資畫景與詩材 그림 속 경치와 시재(詩材) 속에 남았네

정말로 왕의 말은 대단하다. 바야흐로 지금 두 가지 교(教)는 혹세무민하기에 충분하지 못하다. 『법원주림(法苑珠林)』[32]과 시인의 아름다운 문장에 쓰일 뿐이다.

---

31 「어제시」: 청나라 고종, 건륭제의 시다.

32 『법원주림』: 당(唐)나라의 승려 도세(道世)가 편찬한 총 100권의 불교 백과사전. 경(經)과 논(論)에 나오는 여러 가지 사항을 분류하여 기록하였으며 각 편마다 많은 세목으로 나누었다.

④ 한학의 기초가 있는 자는 양학으로 나아감에 비상한 효력을 나타낸다

오늘날 양학을 배우는 학생이면서 삼연히 두각을 나타내어 앞길이 만리인 촉망받는 젊은이를 보면 모두 한학의 바탕이 있는 자들이다. 한학에 능하고, 시문을 잘 하는 자는 영학(英學)에 있어서도 또한 장족의 발전을 하고 영어문장을 능히 다루어 동년배를 압도한다. 모 철학사의 경우나, 모 문학사의 경우 내가 대학교수였을 때 그들의 시나 혹은 문장을 보고 그 탁월한 재주에 감탄했었는데, 지금은 철학서를 저술하거나, 정치학서 혹은 소설을 저술하여 훌륭하게 각각 일가를 이루었다. 그 당시 이들 제군과 동급생이었던 사람들도 한학의 바탕에 따라 모두 등급이 달랐었다. 한학을 전혀 못하는 사람은 원래 철학과나 문학과에 들어갈 수 없었다. 최근에 영어책을 통해 범어(梵語) 문장을 깨친 것으로 큰 명성을 얻은 모씨의 경우, 만든 시가 지극히 빼어났고, 특히 장편 대작을 쓸 때 험운(險韻)을 다루는 법이 넉넉하고 여유로웠다. 또한 최근에 외국에서 돌아와 갑자기 두드러지게 높은 지위에 등용된 모씨의 경우, 철학서 저술과 병행하여 시초(詩鈔)를 발행하여 신문에 이 두 종류의 책이 나란히 광고로 나왔다. 두 사람의 경우 독서하는 종자(種子)라고 부를 만한 젊은 재주꾼들이다. 이렇게 한학의 기초가 있기 때문에 양학으로 나아감에 대단히 좋은 결과가 나타나는 것이다. 앞으로 이 둘 같은 사람이 사회를 이롭게 하는 것을 어떻게 이루 헤아릴 수 있겠는가.

내가 런던에서 돌아오고 나서 처음에는 아이들로 하여금 한학을 공부하지 말고 오로지 영학만을 공부하게끔 했다. 그런데 아이들의 영학공부가 초기에는 잘 나아가지만, [일정 이상의 수준이 되어] 나아가기 힘든 지점에 다다르면 멈춰 버렸다. 나는 여기에 이르러 한학을 폐지한 것을 후회했다. 후회하기를, 어째서 한학을 공부하게 해서 조금이라도

아이들의 혼백(魂魄)을 강하게 만드는 일을 하지 않았을까 하는 점이다. 또한 나는 어려서부터 서양에 건너가 중년에 귀국한 사람 한두 명을 보았다. 어학만 늘었을 뿐이지 모두 나아가기 힘든 부분에서 멈춰 버린 것 같았다. 한학의 기초가 있으면서 서양에 유학한 사람에 비하자면 천지차이 정도가 아니다.

한학은 어렵고 글자 수가 많은 것만 생각하기 마련이고, 머리만 써야 하고 득실을 따져 봐도 좋을 게 없다고 서양사람들이 종종 말하긴 하지만, 일본인이 영학을 하려면 서양사람처럼 어려서부터 자연스럽게 어학이 되는 것과는 달리, 한 단어씩 스펠링을 외우고 한 단어씩 그 발음을 외우지 않으면 안 된다. 역시 머리를 쓰지 않으면 할 수 없는 일이다. 또한 지나 글자와 같이 그 글자를 조합한 말의 형태와 획을 눈으로 익혀야 한다. 예를 들어, 'NIGHT 나이트(밤)'와 'KNIGHT 나이트(용사, 巴圖魯)'[33] 'BUT 밧트(그러나)'와 'BAT 밧트(박쥐)'와 같은 경우, 소리는 같으면서 철자는 다르다. 이는 모두 귀로는 똑같이 들리지만, 눈으로는 구분하고 손으로는 구별해서 쓰지 않으면 안 된다. 결코 쉬운 일이 아니다.

한자는 가와다(川田) 선생의 연설에도 있는 것처럼 3천 자만 알면 충분히 쓸 수 있다. 서양인이 『강희자전』을 보고 놀라며, 이것을 암기하는 것은 매우 어려운 일이라고 생각한 것은 당연하다. 『강희자전』에 있는 글자 중 열에 아홉은 쓰지 않는 글자로 책에서 사용되지 않는 글자이며, 지나의 책을 읽는다고 해도 한계가 있다. 오늘날의 서생은 앞으로 해야 할 과업이 많다고 하지만, 그 여가에 한학을 공부하고자 한다면 사서를 읽고, 『시경』, 『서경』, 『역경』을 읽고 또한 스승을 찾아 강

33 巴圖魯: 만주어로 영웅 또는 용사라는 의미다.

석(講釋)을 듣고 그 대강의 뜻을 파악해야 한다. 또한 『춘추좌씨전』, 『사기』를 읽어야 한다. 그 이상은 자기가 읽고자 하는 책을 고르면 된다. 혹자는 말하기를, 위의 책들을 읽는 것만으로는 대단히 부족하다고 한다. 내가 말하기를, 소라이 선생[34]은 난소(南總)[35]에 있을 때 『대학언해』 일부를 숙독하여 이것에 의거해 이후 학문의 기초를 세웠다고 했다. 독서란 쓸데없이 많이 읽는 것이 중요한 게 아니다. 촌철살인이라는 말이 있다. 잘 닦으면 한 치의 쇠붙이로도 사람을 죽일 수 있다. 무딘 창칼을 이기는 일은 많이 있다.

지나의 책을 영어로 번역한 것은 많지만, 그중에 영국인 메드허스트(W. H. Medhurst)가 번역한 『서경』을 나는 30년 전에 손에 넣었다. 영국인 레그(James Legge)는 13경(經)을 번역할 뜻을 일으켰는데, 지금 어디까지 성취했는가? 나는 『사서』, 『서경』, 『시경』, 『춘추』를 메이지 12년에 구입했다. 그 『춘추』에다가 『좌씨전』을 더했다. 레그 씨는 *The Chinese Classics*[支那經典]의 서문에서, "지나인은 인류 최대의 가족이다. 그러므로 사려 깊은 사람은 억만의 인민이 있고, 수천 년이 된 오래된 시간을 거친 이 나라의 일을 알고 싶어 한다. 그러므로 나는 지나의 경전을 번역하는 것을 임무로 삼는다"고 말했다. 레그 씨의 『시경』에는 두 가지 번역이 있다. 그중 하나는 『지나경전(支那經典)』에 들어 있는데, 원문에 의거해 감히 자기 멋대로 풀이하지 않았다. 다른 하나는 영국 시의 체재를 본떠서 자유롭게 번역한 것이다. 나는 근자에 『장자』의 영어 번역

34 오규 소라이(荻生徂徠, 1666–1728): 도쿠가와 중기의 유학자로, 주자학을 비판하며 독자적인 경서 해석의 체계를 확립했다.

35 난소: 上總國를 가리킨다. 현재 지바(千葉)현 일대로, 부친의 유배로 인해 소라이가 청소년기를 보낸 시골이다. 새로운 책을 구하기 어려운 상황에서, 좋은 책을 반복하여 읽는 방법으로 공부를 했다는 이야기가 유명하다.

을 구입했다. 만일 한학자가 영학을 공부하고자 한다면, 위와 같은 여러 책들의 한영(漢英)판을 비교해서 읽으면 서로 발견하는 바가 있어 유용할 것임은 말할 필요도 없을 것이다.

나는 아이들에게 한동안 한학을 그만두게 한 일에 관해 뉘우친 바가 있었다. 그래서 이런 논의를 펼쳐 학사 제군에게 묻는 바다.

유교주의

후쿠자와 유키치 지음, 강지은 옮김

해제

이 글은 후쿠자와 유키치(福澤諭吉, 1835-1901)의 「유교주의(儒教主義)」를 번역한 것이다. 저본은 이와나미서점에서 1960년에 발행된 『후쿠자와전집』 제9권 수록본이다. 제9권에는 '시사신보논집(時事新報論集) 2'라는 제목하에 메이지 16년 6월부터 12월까지의 논고와 메이지 17년 1월부터 7월까지의 논고가 두 부분으로 나뉘어 실려 있다. 「유교주의」는 268-277쪽에 위치하며, 후쿠자와 유키치가 메이지 1883년 11월 19일에서 21일까지 3일에 걸쳐 『시사신보』에 게재한 논고다. 후쿠자와에 의하면, 당시 일본에서는 양학이 유행하여 청년자제들이 불손해졌으며 이를 유교 도덕으로써 교정해야 한다는 주장이 있었는데, 그는 이러한 주장을 반박하기 위해 이 글을 썼다.

후쿠자와는 먼저 유교주의가 결코 순수한 도덕학이 아니라 정치와 도덕이 혼합된 것이며 그중 정치 비중이 더욱 높다는 논리로써 반론을 펼치고 있다. 유교주의는 정치와 도덕이 불가분의 형태로 결합되어 있기 때문에, 도덕에 관한 가르침만 선별하여 채용하자는 주장은 실현 가능성이 없다고 주장한다. 도덕과 정치의 단순 혼합물이 아니라 화학반응을 통해 새롭게 생성된 화합물 같은 존재이므로 분리하기 어렵다는 것이다. 그러므로 청년들에게 한서를 읽혀서 그들의 정치 열기를 진정시키려는 시도는 성공할 리 없으며 오히려 역효과를 가져올 것이라고 한다.

후쿠자와는 또한 고대중국의 상황과 당시 일본의 상황이 판이하게 다르다는 점을 강조하였다. 주나라 때 수신·제가·치국·평천하라는 네 단계로 순서를 둔 것은 당시 중국사회에서 부득이한 것이었다. 당시 사회의 성쇠는 중앙 기내(畿內)의 충실함과 밀접하게 연관되었기 때문에 중앙부를 가장 견고하게 구축해야만 하였다. 그러므로 중앙부의 사람이 자기 몸을 닦고 집안을 바르게 하여 각기 그 본분을 지키게 하는 것은 긴요한 일이었으며, 이렇게 하여 충분히 당시 사회를 지배할 수 있었다. 그러나 주공공맹의 시대와 판이한 후쿠자와 당시의 사회에서는 다른 나라와의 외교가 관건이 된다. 그리고 겉보기에는 매우 친밀한 것처럼 보이는 외교 관계의 이면에는 남의 나라를 빼앗고 재산을 약탈하려고 하는 경우도 많다.

이 글은 후쿠자와가 마치 유학을 부분적으로 긍정하고 다만 근대 초기 일본의 상황에 맞지 않는다는 점만을 문제 삼은 것처럼 해석될 가능성이 있고, 실제로 이 글을 근거로 그러한 주장을 펼친 선행연구도 적지 않다. 그러나 이 글의 유일하고도 핵심적인 주장은 정치나 도덕 어떠한 방면에서도 유학을 채택해서는 안 된다는 점에 있다. 고대 중국사회에서 긍정적 기능을 한 적도 있다는 예는, 지금의 일본 나아가서는 지금의 아시아 세계에서는 긍정적인 기능을 절대 발휘할 수 없다는 점을 강조하기 위한 레토릭으로 파악하는 것이 적절하다고 생각된다.

원문번역

양학이 유행하여 청년자제들이 매우 불손해졌다. 이를 교정하려면 도덕에 전념하는 유교주의에 의존할 수밖에 없다는 것은 때때로 우리 귀에 들리는 말이다. 그러나 유교주의의 실제를 유심히 살펴보면 결코 순수한 도덕학이 아니고 대부분이 정치학과 뒤섞여 있다. 우선 유교주의의 『육도(六韜)·삼략(三略)』[1]이라 할 수 있는 경서를 펼쳐보면 책 첫머리 첫장에 수신제가를 말하지 않고 바로 치국평천하의 비결로 시작하는 책도 있고, 대체로 모두 정치담이며 수신도덕 부분은 그 속에 약간 포함되어 있는 것에 지나지 않는다. 그러므로 유교주의란 정치와 도덕을 혼합한 일파의 일종의 학풍이며, 만약 이를 분석한다면, 그 성분의 7할은 치국평천하를 점하고, 나머지 3할 정도까지가 도덕 부분임은 말할 것도 없이 명백한 사실이다. 이미 이런 사실이 있는 이상, 아무리 유교를 수신 전문의 학파라고 말하더라도 사실의 거울은 가려지지 않을 것이다. 나는 이와 같이 확신하여 의심하지 않는 바다. 혹, 유교는 본래 정치와 도덕이 혼합된 것이기는 하지만, 오늘에 이용할 바는 다만 도덕을 가르친 부분으로만 하고, 가령 정론 7할 덕론 3할인 것이라고 한다면, 자, 그 3할을 이용하면 된다고 하는 설도 있을 수 있지만, 본래 가르침이라는 것은 유형의 실물이 아니므로 깨뜨려서 나눌 수는 없는 것이다. 『사서오경』의 매 장 매 구는 그 문자는 다르지만 주의는 하나로 관통하여, 정론(政論)과 덕론(德論)이 혼합된 것이다. 이를 화학론에 비유하여 말한다면, 정덕의 혼합물이 아니라 화합물[2]이

1 『육도·삼략』: 중국 고대 병서(兵書)인 '무경칠서(武經七書)' 중의 2서다.

2 원문은 "親和體"로 되어 있는데, 요소들이 단순히 혼합된 것이 아니라 화학반응을 일으켜 다른 물질로 변화한 것을 의미하므로 화합물로 번역하였다. '親和'는 '화합' 혹은 '화학변화' 등으로 문맥에 맞추어 번역하였다.

다. 모래와 쌀이 섞이고 소금과 물이 섞인 것이라면, 이 물질들의 성질을 변화시키는 일이 없다. 기계적으로 그것들을 나누거나 또는 온기를 이용하여 각기 다른 본질로 환원시키기가 매우 쉽지만, 염산과 소다(탄산나트륨)가 서로 만났을 때는 화학적 변화를 일으켜 일종의 화합물을 생성하는데, 그 물질은 염산도 아니고 소다도 아니며, 두 물질 본래의 성질을 변화시켜 바로 그 중간의 물질이 된다. 즉 보통의 식염이 바로 그것이다. 식염은 이렇게 화학변화의 작용으로써 이루어지는 것이기 때문에 대단한 힘을 사용하지 않으면 분리하기 어렵다. 지금 유교 중에 함유된 정론과 덕론, 그것들이 뒤섞인 정황이 어떠한가를 살펴보니, 과연 모래와 쌀이 섞인 것과 같이 간단한 혼합이 아니다. 염산과 소다가 화학변화를 일으킨 것과 같이 그 원소끼리의 밀착이 매우 견고하다. 그러니 이를 순연한 정론이라고도 부를 수 없고 또 순연한 덕론이라고 하기도 어렵다. 정론과 덕론 두 가지의 본래 성질을 변화시켜, 그야말로 그 중간이 되는 하나의 주의를 생성하여, 이것에 유교주의라는 이름을 붙인 것이다. 염산과 소다가 화학변화를 일으킨 것을 식염이라고 부르고, 정론과 덕론이 화학변화를 일으킨 것을 유교주의라고 부른다. 모두 분리하기 어려운 것이다. 그러므로 만일 유교에 들어가는 자가 덕을 말하면 반드시 정치를 말하지 않을 수 없고, 정치를 말하면 반드시 덕을 언급하지 않을 수 없다. 원래 경서를 읽을 때는 한 자 한 구의 뜻을 말하기보다 한 장의 의미를 풀이하는 것이 긴요하다. 또한 장을 풀이하기보다 전편을 이해해 나의 흉중에 간직하고 전후가 연관됨을 보는 것이 가장 중요하다. 이러한 연관에 주의하지 않는 자는 진정으로 경의에 통달한 사람이라고 할 수 없다. 대개 연관이란 무엇인가. 성현의 말은 하나로써 관통되는 것으로서, 도덕은 정부에 연결되고 정치는 도덕에 접하여, 사슬이 계속 이어져서 나누려고 해도 나눌 수 없는 것과 같다. 경의의 맛은 여기에 이르러서 비로소 흥미로운 국면에 접어든다고 할 수 있다. 시험 삼아 인(仁)이라는 글자를 가지고 유가류의 주해를 하면, 이 덕의는 과연 한 개인의 사적 영역에 그치는 것인가, 아니면 바깥 사회의 정치에 관한 것인가. 한 개인의 사적 영역에 그치지 않고, 바깥 정치에만 그치지 않고, 사적으로 작게 이루고 공적으로 크게 이루는 것이다. 설령 자신이 직접 천하의 정권을 잡지 않더라도 정신의 지위는 치국평천하에 안주하여야 비로소 인을 얻은 것이라고 하는 것이 아닌가. 이 비결은 단지 경서의 면으로만 볼 것이 아니라, 역사, 제자백가의 책, 혹은 고금의 가언선행록(嘉言善行錄), 혹은 사소한 시문장에 이르기까지도, 만일 인사와 세태에 관하여 소위 이단이 아닌 다른 것이라면, 수천만언의 논의라고 하더라도 그 전말은 모두 유교주의로 끝맺어진다. 예를 들어 『좌전』·『국어』·『사기』·『한서』, 그 밖의 언행록 등에 있어서 그 기록자의 논의 또는 후세의 일본과 중국에서 그 본문에 주석을 붙이거나 인물을 품평한 자의 평론을 보아도 알 수 있는 것이다. 이러한 점에서부터 관찰한다면, 수천만 권의 한적(漢籍)이 전부 유교주의의 책이라고 하여도 옳을 것이다. 그 취지는 불가의 모든 경을 다 불경이라고 부르는 것과 다르지 않다. 그러므로 유가가 존숭하는 경서가 뿌리가 되고 역사, 제자백가의 책은 가지와 같아서, 뿌리와 가지가 연속된 한 나무의 성질은 성현의 도덕론과 성현의 정치론이 서로 섞이어 특히 정론이 격심한 것이라고 하지 않을 수 없다. 그 실증을 찾아내려면 일본과 중국의 고금의 역사를 보면 된다. 그 시대의 정부 모습을 보고 분개하여 정치적인 행동을 일으키고, 또 정치적인 행동을 일으키려고 하여 성공하거나 실패한 것은 그 수를 이루 다 헤아릴 수가 없다. 그리하여 일의 시비정사(是非正邪)는 지금 잠시 놓아 두고 그 당국자가 어떠한 유형의 인물인가를 알아보면 반드시 독서인 아닌 사람이 없다. 드물게는 글자를 모르는 영웅호걸도 있을 수 있지만, 나라의 행보가 어렵고 국민이 난을 일으키려는 세상에서 어떤 자가 지위는 바로 정치적인 행동을 일으키기에 적당한데도 그가 다만 독서를 잘하여 경사(經史)의 깊은 뜻을 잘 이해했기 때문에 묵묵히 시세를 방관한 예를 나는 알지 못한다. 실제는 그 반대가 되어, 책을 깊이 읽은 자는 정치적인 행동을 일으키기 좋아하는 마음도 더욱 깊어진다. 한서를 읽어서 정치의 열기를 진정시키기에 부족할 뿐 아니라, 오히려 재촉한다고 해야 할 것이다. 그래서 지금 청년자제를 불손하다고 비난하고, 그 불손함이 특히 정담(政談) 방면이 소란스러운 것을 우려하면서 바로 정담의 근원이라고 할 수 있는 유교주의로써 이를 공격하려고 한다. 불을 끄려고 하면서 땔나무를 집어넣는 것과 같다. 혹 세간의 유학자류는 열중한 나머지 이런 부분에 주의하지 못하는 일도 있겠지만, 마음을 새로이 다지어 스스로 반성하면 반드시 크게 깨닫는 바가 있을 것이다. 그렇다면 저 유서 중 덕교의 부분만을 끄집어내어 이용하려고 하는 생각은 불학자(不學者)류의 두뇌에 왕래하는 망상이며, 하잘것없는 것이다.(11월 19일)

유교주의의 구조를 자세히 관찰하여 지금 사람이 이해하고 있는 줄거리를 말하자면 수신·제가·치국·평천하로 부르는 네 가지 원칙이 있어서, 우선 첫째로 사람 된 자는 그 몸을 닦고, 그런 뒤에 일가를 조화시키고, 그로부터 나라 일을 처리하고, 끝으로는 천하사회를 안전태평하게 한다는 의미이며, 그 이유도 실로 명명백백한 가장 뛰어난 신조라고 할 것에 다름 아니다. 즉 이 네 가지 원칙에서 성립하여, 그중에도 그 7할을 점하는 것은 치국평천하의 비결이며, 이로써 순수한 도덕학이라고 주창하는 것은 어쩌면 유교주의에 해당하지 않는 듯하다. 나는 국외자로서 불민하여 크게 유학을 연구한 적도 없기는 하지만,

그 본의를 이해하여 잘못 알지 않도록 하는 것은 감히 스스로 부지런히 한 바다. 유(儒)의 본의를 말하자면 수신제가는 진실로 도덕이고, 치국평천하는 진실로 정치다. 7할과 3할이라는 비율로 화합되는 것은 곧 유교의 본질이며, 주공공맹의 뜻도 이 한 점을 넘지 않을 것이다.

이와 같이 지나국에서 주나라 때에 수신·제가·치국·평천하라는 네 단계로 나누어, 수신을 첫 번째로 하고 제가가 그다음이고, 그다음이 치국이 되고 마지막에 평천하를 두는 것은 실로 당시 사회에서 부득이한 자연스러운 결과이며, 일률적으로 배척하기 어려운 이유가 없지 않다. 그 경위가 어떠한가 하면, 원래 주대 사회의 치안은 안에서 이루어져 바깥에 미치고, 마치 수면의 물결과 같이 내부에서부터 층층이 원을 이루어 차례로 사방으로 넓어지지만, 넓어짐에 따라서 차례로 희박하게 된다. 그리하여 마침내 물결이 구별되지 않게 균등하게 사방의 끝에 도달하여, 소위 왕의 교화가 미치지 않는 이적 땅에 이르러 그쳐서, 우환이 밖에 있지 않고 안위(安危)가 안에 있는 것이며, 당우 이하 주 시대에 사회의 견고함과 견고하지 못함은 전부 중앙의 기내(畿內)[3]에 관계된다. 이 기내에 충성스럽고 선량한 신민이 많으면 정부도 안전하게 이루어지고, 만약 불손한 무리가 많으면 왕실이 곧 쇠멸하게 되기 때문에, 이 중앙부를 가장 견고하게 구축해야 한다. 그리고 이를 견고하게 하려면 이 중앙부의 사람이 자기 몸을 닦고 집안을 바르게 하여 각기 그 본분을 지키게 하는 것을 제일 긴요한 일로 삼는 것은 실로 부득이하다고 할 만하다. 예를 들면, 주나라 왕실의 재상 중에 영리하고 총명함이 지금의 독일 수상 비스마르크와 같고, 뛰어나고 용맹함은 옛날 영국 장군 웰링턴과 같은 인물이 있다고 해도, [그가 만일] 일

3 기내: 중국 천자가 직접 다스리는 땅으로, 천자의 성에서 500리 이내의 지역이다.

신의 개인적 덕을 닦지 않고 그 가정 내의 행동에 흠잡을 데가 있다면, 백성을 교화하여 국가를 유지하기에 부족하다[고 여겨진다]. 지나의 정치는 나라를 나라가 아닌 가(家)로 여기고 그 일가의 바깥에는 가가 없는 것이니, 수신제가와 치국평천하의 사이에 거의 구분이 없는 것도 이유가 있다. 그렇다면 그 시대의 사회는 기내라고 할 큰 중심의 바깥층 안에, 제후가 첫 번째 원을 이루고 이 원 바깥에는 별도로 내부에서 멀어지는 군민의 한 원이 있고 이 한 원 바깥은 또 다시 이적이 거주하는 한 층이 있고 층 외의 한 층에는 또 극히 야만적인 종족의 거주지가 있어서 그것을 오복이라고 부른다. 이들은 모두 중앙정부에 복종하는 자인데, 특히 중앙에 가까운 부분은 국가존망이 걸려 있는 중요한 장소이고, 중심에서 멀어질수록 점차 국가와 관계가 없는 군민의 거주지가 되어, 최후의 한두 층은 설령 중국에 속하지 않거나 속하거나 간에 모두 본국에 영향이 없다. 그러므로 그 정치풍으로서 소위 동이·남만·북적·서융 등으로 불리는 외층부의 인민은, 순종하면 어루만지고 도망하면 따지지 않고 일체 내버려 두어도 본국에는 어떠한 영향도 없다. 만약 중앙내부의 인민이 조금이라도 변동이 있으면 그 여세의 반동이 국가를 전복시킬 것이라는 우려가 눈앞에 있으므로, 첫째로 내부를 견고하게 하기 위해 우선 수신제가의 수단을 빌려 사람들을 질서 있게 인도하고, 용이한 변동을 제지하여 사회에 해가 미치지 않게 하지 않으면 안 된다. 그 뒤에 나라를 다스려야 한다. 나라라는 것은 천하 중의 작은 부분으로서, 즉 중앙내부의 중요한 장소에 다름 아니다. 이 중요한 부분이 이미 잘 다스려지고 나면 멀리 동서남북의 이적을 모두 어루만져 편히 하고, 그런 뒤에 천하를 평화롭게 한다고 한다. 그렇다면 아직 내부의 중심에 밀접한 나라들도 잘 다스려지지 않고 있는데 멀리 있는 이적들을 정벌하려고 한다면, 이것은 성공할 수 없는 계책일 우려가 있을 뿐만 아니라 때로는 국가가 위급한 지경에 이를 수 있다. 그러므로 치국은 반드시 평천하의 앞에 두지 않는 경우가 없지만, 치국의 앞에는 또 반드시 수신제가의 도덕학이 있어서 그 기초를 단단히 해야 한다. 그러므로 수신·제가·치국·평천하라는 순서에 따라 네 층으로 진행하면서 도덕에 정치를 배합한 유교주의는 참으로 주공공맹의 시대에 적합한 가르침으로서, 그 시대에는 이 주의가 없어서는 안 되었다. 이 주의가 있어서 그 시대를 잘 다스릴 수 있었다. 주공공맹이 그 시대에 태어나서 이 주의를 찬성한 것도 전적으로 당시의 사회에 시야를 두었기 때문이다. 사람에 따라서는 유교주의를 배척하고 치국평천하의 정치론은 철저하게 무용한 쓸데없는 말이라고 하는 이도 있으나 주나라 때에는 꽤 합당한 정론(政論)이었으며, 수신에서 평천하에 이르는 간단함 속에 절로 규칙이 있었다. 이러한 법으로써 충분히 당시 사회를 지배할 수 있었을 것이다. 나도 크게 불복을 주장하는 것은 아니다. 그렇기는 하지만 여기에 오히려 간과해서는 안 되는 한 가지는, 본래 주공공맹의 고대와 지금의 사회는 구조와 표리가 완전히 반대기 때문에 고대의 유교주의가 지금 시대의 사회에 적합할 이유가 없다는 점이다. 주대에는 다만 오로지 중앙내부를 탄탄히 하여 사방의 만이들에 대해서는 조금도 두려워할 것이 없기 때문에 순종하든 도망하여 배반하든 일체 따지지 않았지만 오늘날의 사회에는 외국과의 사귐이라고 하는, 저 옛날 주대에는 생각지도 못했던 진기한 일이 생겨서 외국의 정부나 외국의 인민과 평등·균일하게 왕래하니 평상시에는 무역으로 교통하여 서로 매우 친밀한 것처럼 보이나, 그 이면에는 늘 한 줄기 원수의 도랑으로 구획되어 대치하는 각 나라 중 무비병력이 가장 강하고 야심과 번뇌가 가장 뜨겁다. 때로는 사소한 사고로 남의 나라를 빼앗고 남의 재산을 약탈하려고 하는 자도 없지 않다. 그러므로 이제 국가의 존망은 나라의 중앙내부에 말미암지 않고 멀리 천만리 밖 외국과의 왕래와 관계된다. 또한 옛날의 이적만융이 아니면, 주공 소백의 덕의는 종종 백성을 자식처럼 여기지만 지금의 외국인은 어린아이처럼 여겨서는 안 된다. 반드시 비스마르크의 재주, 웰링턴의 용기를 기다려야만 비로소 사방의 이웃나라와 왕래를 유지할 수 있다. 고금에 있어서의 각 사회는 바로 그 구조를 반대로 하고 있다고 해야 할 것이다. 구조가 다르므로 사회를 다스리는 방법에도 전후의 구별이 없을 수 없다. 주공공맹은 옛날의 세상에 태어났으므로 수신부터 차례로 평천하까지 정해진 대로 하고자 했으나, 만약 옛 성현으로 하여금 지금 시대에 다시 태어나게 하여 각국 외교의 현상을 한번 보여 주고 나라의 존망도 중앙내부에 있지 않고 외국에서 오는 이치를 이해한다면, 치국평천하 외에 반드시 외국과의 사귐이라는 한 개 조를 더할 것이 틀림없다. 아니 이것을 더하지 않으면 대단한 주공공맹이라도 이 세상에서 그 도를 유지할 수 없을 것이다.(11월 20일)

나는 불민하지만 유교주의의 본의를 알고자 노력하였다. 주공공맹의 시대에 수신제가로부터 치국평천하에 미치게 하는 학문도 당시의 사정에 견주어 보면 중요하여 일률적으로 배척해서는 안 되긴 하지만, 내가 이 주의를 논하는 논점은 주나라 시대에 적합한가 아닌가를 따지는 고물론(古物論)이 아니다. 단지 이 주의가 오늘날의 세상에 적합한가 아닌가를 논하고자 하는 것이다. 그리고 지금의 새로운 세상은 외국과의 사귐이 가장 번잡한 시대이고, 나라의 존망도 외국과의 경쟁에 달린 긴박한 때이기 때문에 주대와 같이 전적으로 내부만을 탄탄히 하고 외부를 소홀히 하는 치국평천하주의를 이런 다망한 세상에 수립할 수 있겠는가. 외국과의 무역은 내지의 상업보다 수십 배 더 활발하고 성대하며, 외국과 정치적으로 왕래하는 것은 국내에서의 왕래보다 수십 배 더 번잡하고 곤란하다. 이러한 무역시장·외교의 전쟁터에 매우 다망함과 동시에 학문기예의 경쟁도 있어서, 잠깐이라도 방심하여 눈앞의 안일만을 도모한다면 자그마한 좋은 일에 나쁜 일이 더 많은 것처럼 갑자기 나라 성립의 기회를 놓칠 수밖에 없으니, 이에 대처하는 방법은 어떠해야 하는가. 또 외국과 어느 날 어느 때에 개전하여 전쟁할 것인가도 알기 어려우므로, 미리 육해군을 엄중히 하여 예상치 못한 사태에 대비하여야 하니, 미리 대비하는 방법이 어떠해야 하는가의 문제이다. 그렇다면 이렇게 외교라는 다단한 새로운 세상에 임할 때는, 설령 주공공자가 다시 온다고 하더라도 수신·제가·치국·평천하의 한 제목만으로 이 세상에 대처하기가 어렵다는 것은 성현도 스스로 깨닫는 바일 텐데, 별도로 새로운 안을 내어 외교라는 한 조목을 그 제목 안에 더할 것임은 의심할 여지가 없다. 즉 이 수정증보한 경서를 펼치면 수신·제가·치국·평천하·외교·국권 확장이라는 글자를 보게 될 것이다. 사람으로서 몸을 닦고 가를 가지런히 해야 하는 것은 본디 도덕상의 책임이고, 이러한 도리는 천고만고에 결코 변함이 있을 수 없다. 치국평천하도 사회에 매우 중요한 것이며 내가 이것을 모르지 않지만, 유독 지금 세상에 처하여 치국평천하의 밖으로는 아무것도 없는 유교주의는 과연 실제로 행해야만 하는 것인가. 매우 미덥지 못하다고 하지 않을 수 없다. 가령 상상으로 이 주의를 지금의 실제에 실행할 수 있는 것으로 한다면, 우리 일본의 인민은 우리나라에 오는 외국인을 보고 이는 황국의 덕을 사모하여 오는 자들이라고 생각하고, 우리나라와 왕래하는 외국정부는 3중의 통역을 통하여 조공하는 나라라고 우쭐대는 것 같은 황당무계한 꼴을 드러내게 될 것이다. 성현은 결코 황당무계하지 않고, 반드시 이를 대비하는 바가 있어야 할 것이다. 지금 사람의 눈으로 보면 치국평천하의 논의가 물정에 어두운 듯하고 주공공맹도 별로 대단한 인물이 아닌 듯 보이겠지만 이것은 주공공맹과 같은 이들은 3천 년 이전에 일찍 나와서 치국평천하 외에 중요한 외교라는 한 조항이 있다는 것을 알아차리지 못한 불운 때문이라고 해야 할 것이며, 시대가 그렇게 만든 것이라고 탓할 수밖에 없다. 성현이 본래 잘못이 있는 것은 아니다.

그리하여 오늘날 위와 같은 유교주의를 신봉하여 주공공자의 지류를 견지하는 사람들은, 바로 외교에 한창 바쁘고 극적인 때를 만나 보고 듣는 것이 모두 사회의 사물이 단지 외교라는 한 점에 주목하는 현상에 접하면서도, 여전히 3천여 년 전의 치국평천하주의로써 지금의 새로운 세상을 조정하기에 충분하다고 믿고, 조금도 부족함을 보충하는 방법을 구하지 않는 자와 같다. 주공공맹이라는 여러 선생은 주나라라고 하는 외교가 없는 나라에 태어났기 때문에 수신제가에서 치국평천하로 정한 것도 바로 당시 사회에는 일리 있는 신조이며 나는 전적으로 그 실정을 참작하기는 하지만, 지금의 일본은 반은 외교로 성립되는 나라인데 이 나라에서 일찍이 치국평천하 외에 아무것도 모른다고 하면 우활 중에도 심한 우활이라고 하겠다. 혹은 일본의 인민은 부덕하므로 절박한 속에도 우선 그 덕을 바로잡는 것이 중요하다고 하는 사람도 있겠지만, 인민들의 사적인 덕을 보면 일반적으로 몸을 닦는 자라고 하지 않을 수 없다. 이를 실제 자취로 증명하자면, 죄인의 수가 매우 많지 않고 사기의 수단이 일본에는 왕성하지 않을 뿐만 아니라 반대로 조야가 모두 뇌물이나 부정한 일도 적고 신분이 낮은 자들에 이르기까지도 염치가 당당하여 내외 사람으로 하여금 감탄하게 하는 자가 있는 것을 보면, 일본은 특히 도덕의 나라라고 말하는 것도 불가한 건 아닌 듯하다. 또 그 공적인 덕에 있어서는, 먼 옛날부터 하나의 계통으로 만대를 계승한 군주를 모셔서 배신을 시도하는 자가 없을 뿐 아니라 배신하려는 생각을 하는 자도 없고, 금후 천만세에도 이런 일이 없을 것이다. 공적인 덕의 기본이 견고하다고 할 수 있다(이에 대해서는 다시 다른 글에서 서술할 것이다). 한 몸에 공사(公私)의 덕 방면으로 부족함이 없다. 다음으로 국사는 어떠한가 하면, 세상에 병란이나 무장봉기가 없어 관이나 민의 아래 계층에서 작은 파란이 때때로 그 형적을 나타내기는 하지만, 전체적으로 말하자면 나라가 이미 다스려지고 천하가 이미 평화롭다. 수신·제가·치국·평천하에 있어서는 조금도 불만을 말할 것이 없다. 다만 외교라는 한 사건에 이르러서는 나라의 물산제조도 성대하지 않고 무역시장이 날로 쇠퇴함을 보이고 해육군의 대비도 충분하지 않고 국권확장도 순조롭지 않고 학문기예상의 경쟁도 지지부진하여 마치 배고픈 느린 말과 같다. 외교에 관련한 모든 것이 매우 불충분하다. 이와 같이 쇠미하고 쓸쓸한 오늘날에, 주공공맹이 다시 와서 (우리가) 그 지계(智計)를 빌린다면 우선 외교의 요점을 설하지 않고 여전히 치국평천하의 큰 도를 한담하겠는가. 나는 필시 그렇지 않을 것이라고 믿는다. 그래서 세상의 유교선생은 3천여 년 전의 학파를 계승한다고 하면서 때와 장소를 바꾸어 옛성인의 본의를 살필 줄을 모르고, 다만 수신에 대해 운운하는 한 제목을 사수하여 그것을 이 활발히 움직이는 세상에 응용하려고 시도하니, 어찌 진정 착실한 업이라고 할 수 있겠는가. 지금의 유교선생이 과연 주공 이래의 유지를 계승하려고 한다면, 치국평천하 외에 별도로 외교의 한 항목을 논술하여 옛 성인의 부족함을 보충하는 것이 진정한 본분이며, 이렇게 해야만 비로소 옛 성인의 충신이라고도 할 수 있을 것이다. 이런 본분이 있다면 유교주의에서 외교의 한 항목은 어떠한 곳에 삽입할 것인가. 치국의 앞인가 평천하의 뒤인가. 혹 치국평천하 외에 아무것도 필요하지 않다고 한다면 그 이유는 이러저러하다고 청천백일 밝은 땅에 논술하는 것이 유교를 위해 제일 중요할 것이다. 나 국외자는 유교에 있어서 외교를 어떻게 논해야 한다고 이쪽에서부터 지시할 권리는 없지만, 다만 저들이 사람들 면전에서는 시종 묵묵히 있다가 뒷면에서 슬그머니 불만을 터뜨리는 그런 행위를 하는 것에 대해서는, 나는 한편에서 조금 충고를 하지 않을 수 없다. 막부 말기에 난학이 유행할 때, 오하시 도쓰안[4]이란 유학선생이 『벽사소언(闢邪小言)』이란 제목의 책을 저술하여, 크게 서양의 새로운 주의를 공격한 적이 있다. 이 책의 논의가 좋은지 나쁜지는 어찌되었든 간에, 자기 생각을 힘껏 서술하여 유교를 보호하는 열성에 대해서는 나와 상관없는 일이긴 해도 그에게 진심으로 탄복하지만, 지금의 유학선생에게 전혀 그런 일이 없는 것은 어떠한 이유인가. 수신제가라는 도덕론과 치국평천하라는 정치론으로 이루어진 유교주의에 별도로 외교라는 한 항목을 더하지 않아도 실제의 일에 지장이 없을 것인가. 노유석학은 그 도를 지키기 위해서라도 이에 대해 크게 논할 바가 있을 것이다. 나는 삼가 가르침을 듣고자 하는 사람이다.(11월 21일)

4 오하시 도쓰안(大橋訥庵, 1816-1862): 에도시대 후기의 유학자. 이름은 正順이고 訥庵은 호다. 막부 말기의 존왕양이운동에 큰 영향을 미쳤다.

이노우에 문학사의 성선악론을 읽다

우치다 슈헤이 지음, 양일모 옮김

해제

이 글은 우치다 슈헤이(内田周平, 1854-1944)가 『철학회잡지』 제5책 제50호(1891년 4월)에 게재한 글을 번역한 것이다.[1] 『철학회잡지』는 이노우에 데쓰지로(井上哲次郎), 이노우에 엔료(井上圓了) 등 도쿄대학 철학과 출신들이 주축이 되어 1884년에 창립한 '철학회'의 기관지였으며, 1887년 2월부터 매달 간행되어, 1892년 6월까지 63호를 간행하였다.

우치다는 그동안 학계에 잘 알려지지 않은 인물이지만, 중국의 고대학문을 '철학사'라는 이름을 붙여 서술한 『지나철학사』(1888)로 인해 최근 주목을 받고 있다. 그는 젊은 시절 독일어를 학습하고 의학교육을 받았지만 중도에 중국철학으로 전공을 바꾼 개명된 유학자였다.

「이노우에 문학사의 성선악론을 읽다」에서 우치다가 '이노우에 문학사'라고 지칭한 것은 당시 일본의 철학계에서 최고의 권위를 지닌 이노우에 데쓰지로다. 이노우에 데쓰지로는 도쿄대학 문학부 철학과의 첫 번째 입학생이었고 도쿄대학 철학과 최초의 일본인 교수가 되었다.

이노우에 데쓰지로는 1891년 『철학회잡지』 제1, 2호에 「성선악론」

1 内田周平, 「井上文學士ノ性善惡論ヲ讀ム」, 『哲學會雜誌』 第5冊 第50號, 1891年 4月.

이라는 제목의 글을 연이어 발표했다.[2] 그는 이 글이 만국동양학회에서 독일어로 발표한 글을 수정한 것이라고 밝히고 있다. 이노우에의 논문은 중국철학의 핵심 내용에 해당하는 인간의 본성을 다루고 있으며, 또한 성선론을 지지하는 주자학의 견해를 비판하면서 인간의 본성에 선과 악이 혼재한다는 주장을 제시했다.

「이노우에 문학사의 성선악론을 읽다」는 바로 이노우에의 「성선악론」에 대한 비판이다. 이노우에는 우치다의 비판을 보고 곧장 반박하는 글을 발표하면서 논쟁을 이어 가고자 했다.[3] 그렇지만 이들의 논쟁은 이어지지 않았고, 각자 송대 유학의 기본 범주에 관한 자신의 의견을 발표하였다. 이노우에와 우치다의 논쟁은 당시의 학술적 풍경을 보여 줄 뿐만 아니라, 중국철학이 성립되기 시작할 무렵에 발생한 최초의 논쟁이었다는 점에서 일본에서 중국철학이 성립하는 과정에 나타난 특징을 엿볼 수 있는 사건이라 할 수 있다.

원문번역

최근에 나는 이노우에 데쓰지로 문학사가 『철학회잡지』 제47호와 제48호에 게재한 성(性)의 선악에 관해 서술한 글을 다 읽어 보았다. 자료를 수집하고 동서양에 걸쳐 논의를 전개하는 것이 조리가 정연하다. 옛날부터 논란이 많았던 본성에 관한 논의에 대해 요점을 정리해서 사람들이 일목요연하게 이해할 수 있도록 했고, 마지막 부분에는 자신의

2 井上哲次郎, 「性善惡論」, 『哲學會雜誌』 第4冊 第47號, 1891年 1月, 第48號, 1891年 2月.

3 井上哲次郎, 「再ビ性善惡ヲ論ジ併セテ内田周平君ニ答フ」, 『哲學會雜誌』 第5冊 第51號, 1891年 5月, 第53號, 1891年 7月.

의견을 붙여 두었다. 학식이 매우 풍부한 사람이 아니라면 어찌 이렇게 할 수 있을까? 사람은 각각 자기의 견해가 있으며, 집을 나서지 않고서도 천하를 안다는 것은 나로서는 불가능한 일이다. 그렇지만 대롱으로 바라보는 하늘이 넓고 푸른 하늘이 아니라고 말할 수는 없다. 그의 해설에 부당한 점을 발견하고 그의 주장에 동의하지 못하는 점이 있어, 대략을 말하여 질정을 구한다. 이는 역시 함께 공부한다는 여택(麗澤) 강습의 뜻이 예의에 어긋나지 않기 때문이다.

이노우에 선생의 논의가 공자에서 시작하여 맹자, 순자, 동중서, 양웅으로부터 이고, 한유에 이르기까지 각각 평론하는 점에 대해서는, 맹자의 '반기본(反其本)'[4]을 복성설(復性說)[5]로 보는 것 외에는 대체로 타당하므로, 나는 이러한 부분에 관해서는 비판할 점이 없다. 다만 타당하지 않다고 생각하는 것은 후반에 정주(程朱)가 말한 본연(本然)과 기질(氣質)을 해설하는 부분이다. 본연지성(本然之性)과 기질지성(氣質之性)은 장재(張載)가 이미 말했다. 이노우에 선생이 장재를 평가하면서 기질을 '카락터(Charakter)'로 해석하고 본연을 '게비센(Gewissen)'으로 해석하는 것은 매우 좋다.[6] 이를 통해 볼 때, 나는 이노우에 선생이 이 두 가

---

4 反其本: 『맹자』에 나오는 표현. "然則小固不可以敵大, 寡固不可以敵衆, 弱固不可以敵强. 海內之地方千里者九, 齊集有其一. 以一服八, 何以異於鄒敵楚哉? 蓋亦反其本矣. …… 王欲行之, 則盍反其本矣"(『孟子』「梁惠王」上』). 우치다가 인용한 이노우에의 「성선악론」은 별도로 주석을 달지 않는다.

5 복성설: 인간의 본성은 원래 선하며, 선을 행하기 위해서는 본성으로 돌아가야 한다는 견해다. 당나라 시대의 학자이자 관료였던 이고(李翶, 774-836)는 「복성서(復性書)」에서 정(情)을 제거하여 성(性)으로 되돌아가야 한다는 복성설을 주장하였다. "人之所以為聖人者, 性也. 人之所以惑其性者, 情也. 喜怒哀懼愛惡欲七者, 皆情之所為也. 情既昏, 性斯匿矣. …… 情之動弗息, 則不能復其性而燭天地 為不極之明. …… 情者, 妄也, 邪也. 邪與妄, 則無所因矣. 妄情滅息, 本性清明, 周流六虛, 所以謂之能復其性也"(『李文公集』 卷二).

6 Gewissen은 양심 또는 도덕의식을 의미하는 독일어다.

지 성을 식별하고 있다는 것을 알 수 있다. 그렇지만 뒷부분에 이르러 철저하지 못한 점이 있는 까닭은 무엇일까?

이노우에 선생은 뒷부분에서 성의 선악에 관해 도표를 그려 유일(惟一), 구유(具有), 구무(具無)의 세 가지 종류로 나누고, 정주의 학설을 선악 구유로 분류하여 양웅,[7] 사마온공[8]과 같은 부류로 다루고 있다. 이 점이야말로 가장 납득하기 어려운 것이다. 왜냐하면 정주의 학설에 의하면 성은 이기(理氣)가 혼합된 것이며, 천명지성과 기질지성의 명목을 구분한 것은 이기가 혼합된 가운데서도 리(理)를 분리하여 말한 것이다. 리는 원래 선하며, 기도 역시 선하다. 그러므로 기질이 청명하여 리에 어긋나지 않은 것은 이기가 혼합되어도 선하지 않음이 없다는 것을 알아야 한다. 맹자가 "사람은 모두 요순이 될 수 있다"[9]라고 한 것은 리의 관점에서 말한 것이요, "요순은 성품대로 했다"[10]라고 한 것은 기의 관점에서 말한 것이다. 요순의 성은 천명과 기질의 구분이 필요없다. 그렇지만 악의 발생이 기에 의한 것으로서 기질에 치우친 것이라고 한다면, 인사(人事)의 현상에 따라서 기질지성을 설정하는 것이 어찌 당연한 일이 아니겠는가? 지금 말이 번잡해지는 것을 피해서 정자와 주자, 양웅과 사마온공의 학설을 그림으로 나타내면 다음과 같이 할 수 있다.

---

7 양웅(揚雄, B.C. 53–A.D. 18): 중국 전한시대의 문인으로 저서에 『법언』, 『태현』 등이 있다. 그는 "사람의 본성은 선과 악이 섞여 있다. 선을 닦으면 선한 사람이 되고, 악을 닦으면 악한 사람이 된다"(『法言』「修身」)라고 주장하였다.

8 사마온공(司馬溫公): 중국 북송시대의 문인인 사마광(司馬光, 1019–1086)이며, 저서로 『자치통감』이 있다. 그는 양웅의 성악혼재설을 받아들여 "본성이란 사람이 하늘로부터 받아서 생겨난 것이다. 선과 악이 반드시 함께 있다"(『潛虛』)라고 하였다.

9 『孟子』「告子」下: "曹交問曰, 人皆可以爲堯舜, 有諸? 孟子曰, 然."

10 『孟子』「盡心」下: "孟子曰, 堯舜, 性之也, 湯武, 身之也. 五霸, 假之也, 久假而不歸, 惡知其非有也."

정자와 주자의 학설 성

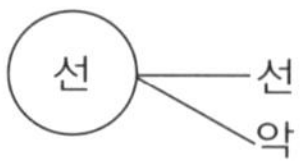

양웅과 사마온공의 학설 성

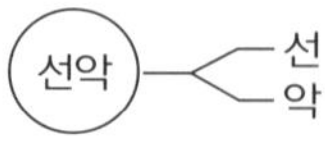

이노우에 선생은 정주의 학설을 양웅이나 사마온공과 동일하게 '선악 구유'로 분류하여 형기(形氣) 혹은 구체적인 일에서 발생하는 악이 소급적으로 성(性) 안에 있다고 하니, 처음부터 악과 서로 섞여 있지 않을 수 없게 되었다. 명도(明道)[11]는 어떤 사람이 "마음에 선악이 있습니까?"라고 물었을 때, 다음과 같이 대답했다. "마음은 본래 선하다. 사려가 드러나면서 선이 있고 불선이 있다. 이미 드러나면 정(情)이라 할 수 있고, 심이라고 할 수 없다." 이 바로 앞에 "하늘에 있는 것은 명(命)이요, 의(義)에 있는 것은 리(理)요, 사람에게 있는 것은 성이요, 몸을 주관하는 것은 심(心)이니 이들은 실제로는 같은 것이다"[12]라는 구절이 있다. 여기에서의 마음은 성과 같은 것으로 이해해야 한다고 할 수 있다. 이천(伊川)[13]은 다음과 같이 말했다. "기에는 선과 불선이 있다. 성은 선

11 명도: 정호(程顥, 1032-1085)의 호. 하남성 낙양 출신으로 송대 이학을 대표하는 인물이다.

12 "問心有善惡否? 在天爲命, 在義爲理, 在人爲性, 主於身爲心, 其實一也. 心本善, 發於思慮, 則有善有不善. 若旣發, 則可謂情, 不可謂心"(『二程遺書』 卷18, 「劉元承手編」). 유원승의 본명은 유안절(劉安節, 1068-1116)이며 송나라의 온주(溫州) 영가(永嘉) 출신이다. 「유원승 수편」은 그가 정이(程頤)를 섬기면서 1090년부터 1097년까지 8년간의 문답을 기록해 놓은 글이다. 따라서 이 문답에서 답변은 정명도의 말이 아니라 정이천의 말이다. 이 문장은 『근사록·도체』에도 실려 있다. 주희가 편찬한 『孟子精義』「告子章句上」에도 이 문장의 답변자를 정이천으로 표시하고 있다.

13 이천: 정이(程頤, 1033-1107)의 호. 정호의 동생이며, 형과 함께 송대 이학(理學)을 대표하는 인물로서 이정(二程) 혹은 이정자(二程子)로 불린다.

하지 않음이 없다. 사람이 선을 모르는 까닭은 기가 혼미해져서 그것을 막기 때문이다. 맹자가 기를 길러야 한다고 말한 것은 끝까지 기를 기르게 되면 기가 청명하고 온전해지므로, 혼미해서 선을 막을 염려가 사라진다는 것이다."[14] 주자에 이르러서는 성선에 관한 언급이 하나하나 들어서 말할 수 없을 정도로 많다. 만일 최초로부터 선한 것과 악한 것이 성 안에 섞여 있다면, 사람은 요순과 같은 성인이 될 수 없다. 이락(伊洛)[15]의 흐름은 추노[16]에서 근원이 시작되었고 그 맑음을 고치지 않았는데, 어떻게 더러운 연못의 오염된 물과 같은 그릇에 떠 담을 수 있겠는가? 치수와 승수의 강물이 만나도 이를 구별할 줄 아는 사람이 있는데,[17] 이노우에 선생과 같이 말을 잘하는 사람이 두 학파의 차이를 구별할 줄 모르다니 도대체 무슨 까닭인가?

이노우에 선생은 처음에 이천의 학설이 명도와 같지 않다고 하면서, 이천은 성과 기를 둘로 나누었으며, 명도와 같이 성은 곧 기요 기는 곧 성이라고 주장하지 않았다고 말한다. 또 이정자의 주장은 이처럼 다른 점이 있지만 모두 이원론으로서 성에 선과 악이 있다고 말하는 것에 가깝다고 말한다. 그렇지만 이천은 명도와 같이 이기를 동일시하는 것이 아니라고 말한다. 또 이천은 리에 불선이 없다고 하지만, 명도는 리에 선악이 있다 했다고 말한다. 이는 모두 깊이 고찰하지 않

14 『二程全書』「遺書」第21下, 伊川先生語 7下: "氣有善不善, 性則無不善也. 人之所以不知善者, 氣昏而塞之耳. 孟子所以養氣者, 養之至則淸明純全, 而昏塞之患去矣."

15 정호가 낙양 출신이며 정이가 이천 출신이므로, 이들 형제를 함께 칭하여 이락이라고 한다.

16 공자는 춘추시대 노국(魯國)의 곡부(曲阜) 출신이며, 맹자는 전국시대 추(鄒國) 출신으로 공자와 노자를 함께 칭하여 추노(鄒魯)라고 한다.

17 치(淄)와 승(澠)은 모두 산동성에 있는 강 이름. 이 두 강물은 맛이 서로 다르지만, 섞으면 구별하기 어렵다고 한다.

은 것과 같다.

명도는 다음과 같이 말했다. "성을 논하면서 기를 논하지 않으면 갖추지 못한 것이요, 기를 논하면서 성을 논하지 않으면 밝지 못한 것이니, 둘로 나누면 옳지 않다."[18] 또 "본연지성은 오직 지극한 선이지만 기질을 갖고 논하지 않으면 어둡고 밝음, 열리고 닫힘, 단단함과 부드러움, 강함과 약함이 있다는 것을 알 수 없다. 그러므로 갖추지 못함이 있는 것이다. 단지 기질지성을 논하고 본원을 말하지 않으면, 어둡고 밝음, 열리고 닫힘, 단단함과 부드러움, 강함과 약함이 다르다는 것을 안다고 하더라도, 지극한 선의 근원이 달랐던 적이 없었다는 것을 알지 못한다. 그러므로 그 논의가 밝지 못한 점이 있다. 반드시 성과 기를 합해서 보아야 비로소 완전해질 수 있다". 이것은 주자의 해석이다.[19] "둘로 나누면 옳지 않다"라고 하는 것은 리와 기가 서로 섞일 수는 없지만, 역시 서로 떨어질 수도 없다는 것이다. 천하에 기가 없는 리는 없으며 리가 없는 기도 없다. 그렇지만 리와 기는 원래 혼합된 것이라 하더라도 학설상으로는 이를 분리해서 설명하지 않을 수 없다.

즉 명도는 서로 분리될 수 없다는 점에서 설명하고(『논어』에서 성은 서로 가깝다고 한 것과 같다),[20] 이천은 서로 섞일 수 없다는 점에서 설명한 것이다(『중용』에서 천명을 성이라고 한 것과 같다).[21] 즉 두 선생의 말이 서로

18 "論性不論氣, 不備, 論氣不論性, 不明"(『二程遺書』卷6), "又曰: 論性不論氣, 不備, 論氣不論性, 不明, 二之則不是"(『孟子集註』「告子」上). 주희가 편찬한 『孟子精義』「告子章句上」에서는 이 구절을 정이천의 발언으로 보고 있다.

19 『朱子語類』59:47: "論性不論氣, 不備; 論氣不論性, 不明." 蓋本然之性, 只是至善. 然不以氣質而論之, 則莫知其有昏明開塞, 剛柔强弱, 故有所不備. 徒論氣質之性, 而不自本原言之, 則雖知有昏明開塞剛柔强弱之不同, 而不知至善之源未嘗有異, 故其論有所不明. 須是合性與氣觀之, 然後盡. 端蒙.

20 『論語』「陽貨」: "子曰, 性相近也, 習相遠也."

21 『中庸』第1章: "天命之謂性, 率性之謂道, 修道之謂教."

어긋나지 않다는 것을 알 수 있다. "명도는 리에 선악이 있다고 했다" 라고 말한 점은 곧 명도의 문장을 잘 살피지 못해서 생겨난 잘못이다. 이노우에 선생은 명도의 문장, 즉 '생(生)을 성이라고 한다'에서부터 '악도 역시 성이라고 하지 않을 수 없다'까지를 들어 이에 대해 다음과 같이 해설하고 있다. "그렇지만 정명도의 주장에서는 성과 기는 전적으로 동일한 것으로서 모두 사람이 태어나면서부터 갖추고 있는 것이다. 따라서 사람은 각각 기품을 드러내는 것이지만, 천연의 리(곧 성의 실체)에는 선과 악이 있다. 그렇지만 한 사람의 성 가운데에 원래부터 선과 악의 두 성분이 있어 서로 대립적으로 발생하는 것은 아니다. 혹은 어릴 때부터 선한 자가 있고 혹은 어릴 때부터 악한 자가 있다. 이것은 그 사람 각각의 기품에서 나오는 자연스런 형세다. 그렇다면 선과 악 어느 것도 성이라고 칭하지 않을 수 없다. 즉 성에 선이 있고 악이 있다고 해야 할 것이다."

이노우에 선생의 이러한 해석은 전적으로 명도의 뜻과 다르며, 의미가 일관되지 않고, 실제로는 '리에 선악이 있다'는 구절에 대한 오해로부터 나온 것이다. 성은 곧 리라고 하더라도, 이 문장의 접속법에 따라서 '리'라는 글자의 의미를 드러내지 않고, 여기에서 이기(理氣)의 리를 당돌하게 드러내는 것은 문리로 볼 때 당연히 옳지 않다. 이곳은 당연히 주자에 따라야 한다. 주자는 "'인생기품, 이유선악(人生氣稟, 理有善惡)'에서 여기의 '리' 자는 실리를 말하는 것이 아니며 이치상 당연히 그러하다는 의미로 보아야 한다"[22]라고 말했고, 또 "'리' 자는 문맥상에서 이해해야 한다"("'리' 자는 '합(合)' 자로 보아야 한다")[23]라고 말했다. 그러므로

22 『朱子語類』 95:36: "人生氣稟, 理有善惡." 此"理"字, 不是說實理, 猶云理當如此. 僩.

23 『朱子語類』 95:37: "人生氣稟, 理有善惡." 理, 只作合字看. 端蒙.

일본의 선배 유학자 가운데서도 '리' 자를 '해야 한다'로 훈을 단 학자가 있었다. 의미상으로는 잘못된 것이 아니다. 또 '인생기품'은 '사람 기질의 품수'라는 의미이며, '사람이 기질을 낳는다'라고 읽을 수는 없다. 명도가 성을 말한 것은 이 장이 가장 충실하다. 따라서 나는 여기에 그 전문을 들어 이것을 대략적으로 해석하고자 한다.

> "타고난 것을 성(性)이라고 한다"라고 하였다. 성은 곧 기이고 기는 곧 성이니, 타고난 것을 말한다. 사람이 태어나면서 품수받은 기질에는 이치상 선악이 있어야 한다. 그러나 성에 본래부터 이런 선하고 악한 두 가지가 서로 대등하게 마주하고 있는 것이 아니다. 어려서부터 선한 사람이 있고, 어려서부터 악한 사람이 있다. 이것은 기를 품수받은 것에 그러한 차이가 있는 것이다. 선함은 본래 성이다. 그러나 악함 또한 성이라고 하지 않을 수 없다. 왜냐하면 "타고난 것을 성이라고 하고", "사람이 태어나서 고요한 것" 이전은 언어로 형용할 수 없기 때문이다. 성을 언어로 형용할 때는 이미 성이 아니다. 일반 사람들이 성에 대하여 말하는 것은 단지 "이어서 계속해 나가는 것은 선함이다"[24]를 말하는 것이다. 맹자가 "본성은 선하다"[25]라고 말한 것이 그것이다. 이른바 "이어서 계속해 나가는 것은 선함이다"라는 것은 물이 흐르면 곧 아래로 흘러가는 것과 같다. 모두 물이지만 흘러서 바다에 이르기까지 끝내 혼탁해짐이 없는 경우도 있다. 이것은 어찌 번거롭게 사람이 힘써서 하는 것이겠는가? 흘러서 멀리 이르지 않아도 벌써 이미 점점 혼탁해지기도 하고, 흘러서 매우 멀리 이르러 비로소 혼탁해지기도 한다. 많이 혼탁해지는 물도 있고 적게 혼

24 『周易』「繫辭傳」上: "一陰一陽之謂道, 繼之者善也, 成之者性也."

25 『孟子』「滕文公」上: "孟子道性善, 言必稱堯舜."

탁해지는 물도 있다. 맑은 물과 혼탁한 물은 비록 다른 것이지만, 그러나 혼탁해진 물이라고 해서 물이 아니라고 해서는 안 된다. 그렇다면 사람은 다스려서 맑게 하는 노력을 가하지 않으면 안 된다. 그러므로 노력을 가함에 기민하고 용감하면 빨리 맑아지고, 노력을 가함에 느슨하고 태만하면 더디게 맑아진다. 그러나 맑아짐에 이르면 모두 원래의 물이다. 맑은 물을 탁한 물로 바꾸는 것도 아니고 탁한 물을 가져다 한곳에 두는 것도 아니다. 물이 맑은 것은 성이 선함을 말한다. 그러므로 선함과 악함은 성 안에서 두 가지로 서로 맞서 있어 제각기 나오는 것이 아니다. 이 리는 하늘이 명령한 것[天命]이다. 순응하여 따르는 것은 도(道)다. 이 성을 따라서 수양하여 각자 자신의 본분을 얻는 것이 곧 교(敎)다. 하늘이 부여해 준 것에서부터 교육을 가하는 것에 이르기까지 내가 더하거나 줄이는 것이 없다. 이것이 순임금이 천하를 차지하고도 관여하지 않았던 이유다.[26]

첫 부분에서 기는 곧 성이며 품수받은 바에 선악이 있다고 말한다. 이는 기품의 성이다. 그렇지만 두 가지가 서로 짝이 되어 생기는 것이 아니라면, 이는 본래 선일 뿐이다. 이는 천명의 성이다. 이하는 모두 이러한 뜻을 드러낸 것이다. 기품의 성도 성이 아니라고 할 수는 없다. 그렇지만 이미 '사람이 태어나면서 고요한'[27] 단계 이전의 본원(本源)은 아니다. 만일 본원을 논한다면, 『역』에서 말하는 "계선(繼善)", 『맹자』에서 말하는 "성선(性善)"은 하늘이 명한 것인데, 어찌 악과 상대되는 것이겠는가? '계선'이 있으면 반드시 '성성(成性)'[28]이 있다. 마치

---

26 "程子曰, 生之謂性"(『二程遺書』 卷1). 이하 한문 원문을 그대로 인용하고 있다.

27 『禮記·樂記』: "人生而靜, 天之性也. 感於物而動, 性之欲也. 物至知知, 然後好惡形焉."

28 『易』「繫辭傳」上: "成性存存, 道義之門."

물에 근원이 있으면 반드시 지류가 있는 것과 같다. 지류의 청탁은 기품의 선악이다. 맑게 해서 맑은 물로 돌아오면 이는 물의 본연일 뿐이며, 물은 본연의 맑음에 덧붙일 것이 없다. 성(性)에 어찌 본연의 선에 덧붙일 것이 있겠는가? 물의 본원에는 청탁이 서로 함께하지 않는다. 성의 본연 또한 어찌 선악이 서로 함께하겠는가? 마지막에는 성인의 도를 닦고 가르침을 세우는 것이 인성(人性) 자연(自然)의 뜻이라는 것을 말한다. 이 편의 취지는 자사가 성·도·교(性·道·教)를 말하는 것과 일치하며 조금도 어긋남이 없다.

이노우에 선생은 주자의 본연과 기질에 대해 "주자의 수덕(修德) 공부는 전적으로 기질의 성을 억제하여 본연의 성으로 돌아가는 것이다"라고 말한다. 또 "주자의 설은 궁극적으로는 이원론으로서 한 사람의 성에 우등과 열등의 두 종류가 있으며, 양웅이 성에 선악이 혼재한다고 주장한 것과 결론을 같이하는 것이다"라고 말한다. 주자의 학설은 물론 이원론이라고 할 수 있다. 그렇지만 이원이라는 것은 리와 기이며, 선과 악을 말하는 것이 아니다. 주자의 학설을 정리해 보면, 성은 리와 기를 포함하고 리와 기는 모두 본래 선하기 때문에 결코 성에 선과 악이 혼재한다는 양웅과 같은 주장일 수 없다. 만일 선악이 혼재한다는 양웅과 동일한 주장이어서 성에 혼재하는 악이 도저히 제거될 수 없다면, 본연의 성으로 돌아갈 방법이 없게 된다. 즉 인간은 전적으로 선하게 될 수 없다. 우등과 열등이라는 말도 주자의 뜻에 맞지 않다. "맑은 물을 탁한 물로 바꾸는 것도 아니고 탁한 물을 가져다 한곳에 두는 것도 아니다"라고 하는 명도의 말도 당연히 깊이 음미해야 할 것이다.

만일 정주의 학설을 성에 선악이 모두 있다는 것으로 분류하여 양웅이나 마융의 성선악혼재설과 동일한 취지로 이해한다면, 곳곳에서 충돌하는 점이 있다. 정자는 다음과 같이 말했다.

"백성은 천지의 중(中)을 얻어 태어난다"는 것은 "천명을 성이라고 한다"는 것이다. "맹자가 성은 선하다고 한 것"은 성의 근본이요, 공자가 "성은 서로 가깝다"라고 한 것은 품수받은 것이 서로 크게 다르지 않다는 것이다. 사람의 본성은 모두 선하며, 선한 까닭은 사단의 모습에서 볼 수 있다.[29]

또 다음과 같이 말했다.

맹자가 인간의 본성은 선하다고 한 것이 이것이다. 순자나 양웅도 역시 성을 잘 이해하지 못했다. 맹자가 홀로 유학자 가운데 출중한 것은 성을 밝힐 수 있었기 때문이다. 성은 선하며, 불선이 있는 것은 재(才)다.[30]

또 다음과 같이 말했다. "천하의 리는 그 근원을 소급해 보면 선하지 않음이 없다. 희로애락이 드러나지 않았을 때는 어찌 선하지 않겠는가, 드러나서 사리에 부합하면 모두 선하다."[31]

또 한유와 양웅은 성을 어떻게 말했는가라는 어떤 사람의 질문을 받고서, "그들이 말한 것은 재(才)일 뿐이다"[32]라고 대답했다.

주자는 다음과 같이 말했다. "빛을 들어서 말해 보자. 반드시 거

---

29 "民受天地之中以生", 天命之謂性也. "人之生也直", 意亦如此(『二程遺書』 卷12 「明道先生語二」); "孔孟言性不同, 如何?" 曰, "孟子言性之善, 是性之本, 孔子言性相近, 謂其稟受處不相遠也. 人性皆善, 所以善者, 於四端之情可見"(『二程遺書』 卷22上 「伊川雜錄」 棣問).

30 『二程遺書』 卷18 「伊川先生語」: 問, "人性本明, 因何有蔽?" 曰, "此須索理會也. 孟子言人性善是也. 雖荀楊亦不知性. 孟子所以獨出諸儒者, 以能明性也. 性無不善, 而有不善者才也.

31 『二程遺書』 卷22上 「伊川雜錄」: "曰, 性卽理也, 所謂理, 性是也. 天下之理, 原其所自, 未有不善. 喜怒哀樂未發, 何嘗不善? 發而中節, 則無往而不善."

32 『二程粹言』 「心性篇」: 或問, "韓文公揚雄言性如何?" 子曰, "其所言者才耳."

울이 있은 뒤에야 빛이 있고 반드시 물이 있은 뒤에야 빛이 있다. 빛은 성이며, 거울이나 물은 기질이다. 거울이나 물이 없다면, 빛은 흩어진다. 다섯 가지 색을 검은 색이 많은 곳에 두면 모두 검게 보이며, 붉은 색이 많은 곳에 두면 모두 붉게 보인다. 우리가 어떤 기를 품수받았는가를 살펴야 한다. 그렇지만 리는 선하다. 이미 리라고 한다면 어찌 악할 수 있겠는가? 악이라고 하는 것은 곧 기다."[33]

또 다음과 같이 말했다.

"'사람이 태어나 고요한 것이 하늘의 성이다'라는 것은 선하지 않은 적이 없다는 것이고, '외물에 자극을 받아 움직인 것이 성의 욕구다'라는 것도 원래는 선했다는 것이다. '외물이 이르러 지각능력이 지각한 연후에야 좋아하고 싫어함이 나타나는데, 좋아하고 싫어함이 내면에서 절제되지 않고 지각이 외물에 유혹되어 스스로를 되돌아볼 수 없으면 천리가 소멸한다'[34]라고 하는 데 이르러야 비로소 악이다. 그러므로 성현이 '악(惡)' 자를 매우 더디게 말하였다."[35]

또 다음과 같이 말했다.

"측은하게 여기는 것은 선이지만 측은하게 여기지 말아야 할 곳에서 측은하게 여긴다면 곧 악이다. 굳세게 결단함은 선이지만 굳세게 결단하지 말아야 할 곳에서 굳세게 결단한다면 곧 악이다. 비록 악이

---

33 『朱子語類』 卷4 「性理1」 4:40: "且如言光, 必有鏡, 然後有光, 必有水, 然後有光. 光便是性, 鏡水便是氣質. 若無鏡與水, 則光亦散矣. 謂如五色, 若頓在黑多處, 便都黑了, 入在紅多處, 便都紅了, 卻看你稟得氣如何, 然此理卻只是善, 既是此理, 如何得惡. 所謂惡者, 卻是氣也, 嵤."

34 『禮記·樂記』: "人生而靜, 天之性也. 感於物而動, 性之欲也. 物至知知, 然後好惡形焉. 好惡無節於內, 知誘於外, 不能反躬, 天理滅矣."

35 『朱子語類』 卷87 「禮4」 87:133: "人生而靜, 天之性", 未嘗不善, "感物而動, 性之欲", 此亦未是不善. 至於 "物至知知, 然後好惡形焉, 好惡無節於內, 知誘於外, 不能反躬, 天理滅矣", 方是惡. 故聖賢說得"惡"字煞遲. 端蒙.

더라도 근원에 이런 일이 없었더라면 또한 어떻게 일어날 수 있었겠는가? 근본은 모두 천리인데 다만 사람의 욕심에 의해 반대로 뒤집어졌기 때문에 작용이 선하지 못하여 악이 되었을 뿐이다."[36]

"예컨대 불을 지르거나 사람을 죽이는 일은 지극한 악이라고 할 수 있다. 만약 그 불을 가지고 밥을 짓거나 마땅히 죽여야 할 사람을 죽인다면 어찌 천리가 아니겠는가? 도리에는 뒷면과 정면이 있으니, 그대로 따르면 옳고 거꾸로 등지면 잘못이다. 이 도리가 있음으로 인해 비로소 이 악이 있을 수 있다. 예컨대 물도랑이 지극히 탁한 경우라도 애초에 청량한 물이 없었다면 무엇으로 인해 이런 것이 있을 수 있겠는가?"[37]

또 어떤 제자가 기질지성은 누가 처음으로 사용했는지 질문하자, 주자는 다음과 같이 말했다.

"이는 장재와 이정자에게서 비롯되었다. 내가 보기에 성인의 도에 공을 이루고 후학에게 도움이 된 것이 지극히 크다. 지금까지 이를 말한 사람이 없었다. 한유[38]가 「원성(原性)」에서 삼품(三品)을 말하였는데, 말은 옳지만 기질지성을 분명하게 말하지는 않았다. 맹자는 성이 선하다고 말하면서 단지 본원처를 말했을 뿐, 낮은 측면에서 오히려 기질지성을 말한 적이 없으므로 세분해서 설명하는 일에 힘을 허비하였다.

---

36 必大. 『朱子語類』 卷97 「程子之書3」 97:38: "惻隱是善, 於不當惻隱處惻隱即是惡, 剛斷是善, 於不當剛斷處剛斷即是惡. 雖是惡, 然原[우치다 인용문 源], 頭若無這物事[우치다 인용문 此物], 卻如何做[우치다 인용문 作]得? 本皆天理, 只是被人欲飜了, 故用之不善而為惡耳."

37 『朱子語類』 卷97 「程子之書3」 97:40: "如放火殺人, 可謂至惡, 若把那[우치다 인용문 火], 去炊飯, 殺其人之所當殺, 豈不是天理, 只緣翻了[우치다 인용문에 이 구절이 누락]. 道理有背有面, 順之則是, 背之則非. 緣有此理, 方有此惡. 如溝渠至濁, 當初若無清冷底水, 緣何有此."

38 한유(韓愈, 768-824): 당나라 시대의 정치가, 사상가다. 자는 퇴지(退之).

제자백가는 성악(性惡)과 성선악(性善惡)을 말하였는데, 만약 장재와 이정자의 설이 일찍 나왔더라면 이 허다한 주장으로 어지럽게 논쟁할 필요도 없었을 것이다. 그러므로 장자와 정자의 설이 확립되자 곧 제자백가의 주장이 사라졌다."[39]

정자와 주자 두 선생이 말한 것이 모두 이와 같다. 정자와 주자의 학설이 양주나 마융과는 다르며 결코 서로 같을 수 없다는 것을 알아야 할 것이다.

아, 성에 선악이 혼재한다는 저들의 주장은 과연 어떤 견해인가? 눈은 본래 밝은 것이요 귀는 본래 잘 듣는 것이다. 그런데 세상에 눈먼 자와 귀먼 자가 있다고 해서 이를 근거로 눈 속에 밝음과 어둠이 섞여 있고, 귀 속에 밝음과 어둠이 섞여 있다고 말할 수 있을까? 세상에 눈먼 자와 귀먼 자가 있다고 하는 것은 사회 현상의 측면에서 말하는 것이다. 눈은 본래 밝은 것이요 어두운 것이 아니며, 귀는 본래 잘 듣는 것이며 귀먼 것이 아니라고 하는 것은 귀와 눈의 본성을 들어서 말하는 것이다. 이 둘은 획연히 구별되는 것이니 어찌 혼동하여 논할 수 있겠는가? 학리상(學理上) 이미 이와 같은데, 하물며 성현이 이에 의거해서 가르침을 세움에 있어서 어찌 그렇지 않겠는가?

명나라 유신 여만촌(呂晚村)[40]은 다음과 같이 말했다.

---

39 『朱子語類』 卷4 「性理1」 4:64: 道夫問, "氣質之說, 起於何人?" 曰, "此起於張程. 某以爲極有功於聖門, 有補於後學, 讀之使人深有感於張程[우치다 인용문에 이 구절 누락], 前此未曾有人說到此. 如韓退之原性中說三品, 說得也是, 但不曾分明說是氣質之性耳. 性那裏有三品來[우치다 인용문에 이 구절 누락]! 孟子說性善, 但說得本原處, 下面卻不曾說得氣質之性, 所以亦費分疏. 諸子說性惡與善惡混[우치다 인용문 性善惡]. 使張程之說早出, 則這[우치다 인용문에 '這' 없음]許多說話自不用紛爭. 故張程之說立, 則諸子之說泯矣." 時擧.

40 여만촌(1629−1683): 본명은 유량(留良)이다. 청대 초기의 학자이며 조정에 출사하지 않고 승려가 되었다. 저서로 『呂晚村文集』이 있으며, 당시 금서가 되었다.

"만약 성(性)이라는 한 글자가 칼자루가 아니면 그 이하의 도리는 모두 준칙이 없어져서, 어떤 때에는 도가 드러나 아름다워지고 어떤 때에는 어지럽혀진 도여서 잘못하게 되니 잘못된 학설이다. [예남춘은] 그[장세순]가 책을 읽은 것이 넓지 못하다고 말했는데, 그는 도리어 이를 인정하지 않는다. 단지 그는 공자, 맹자, 정자, 주자를 노자, 장자, 구담[석가], 달마, 장의, 소진, 혜강, 완적 및 요즘의 진헌장, 왕수인, 이지 등의 주장과 모두 매한가지라고 여겨서 이래도 괜찮고 저래도 괜찮아서 절대로 옳고 그름이나 삿됨과 올바름은 없다고 하거나 혹은 반대로 뒤죽박죽인 것도 옳다고 하니, (그가) 책을 읽는 것이 더욱 넓어질수록 더욱 (그를) 구제할 수 없다."[41]

최근 청국의 유학자 유월[42]이 성악설을 주로 하는 것은 아마도 이러한 병통에 걸려 있는 것이 아니겠는가. 성이라는 한 글자는 세상 도리와 관련됨이 매우 중대하므로 내가 이노우에 선생의 논문을 읽고서 나의 견해를 대략 이렇게 논한다.

---

41 "只是一箇性字沒欛柄, 以下道理总无準的, 有时道著便佳, 有时亂道便谬, 此病說. 他讀書未廣, 彼却不服, 只是他看得孔孟程朱與老莊瞿曇達摩儀秦稽阮及近日陳獻章王守仁李贄等說, 總是一樣, 可彼可此, 絶無是非邪正, 或反倒亂亦得, 則讀書愈廣, 愈不可求矣." 이 부분은 『呂子評語』 卷3, 1571-1572쪽(俞國林 編, 『呂留良全集』, 中華書局, 2015)에 나오지만, 우치다가 인용한 부분과 정확하게 일치하는 것은 章世纯 撰, 吕留良輯 評, 『章大力先生稿』(「下孟·口之於味」, 江西五家稿本, 635-639쪽)이다. 『장대력선생고』에는 『맹자』의 "口之於味章"에 대한 章世純(장대력)의 설명이 나오고, 다음에 장세순의 견해에 대한 艾南英(字: 千子)의 비평이 나오고, 그다음에 呂留良이 이를 종합적으로 설명하고 있다.

42 유월(兪樾, 1821-1907): 청조 말기의 고증학자다. 그는 "성을 논의할 때 맹자에 따르지 않고 순자에 따른다(故吾人論性, 不從孟而從荀也)"(『賓萌集』 「性說」下)라고 하면서 성악설을 주장했다.

묵자학과 예수교의 비교

다카세 다케지로 지음, 이혜경 옮김

해제

이 글은 다카세 다케지로(高瀨武次郞, 1869-1950)의 저서『양묵철학(楊墨哲學)』(1902)의 부록인「墨學と耶蘇教との比較」를 번역한 것이다.

다카세는『양묵철학』의 일러두기에서 이 책이 '파사현정(破邪顯正)'을 위한 책이라고 밝힌다. 즉 올바름을 자처하면서 사특한 것들을 물리치겠다는 자신의 입장을 노골적으로 드러낸다.『양묵철학』은 옛날 맹자가 양주와 묵적을 이단으로 비판하면서 유학의 정체성을 정립하려고 했듯이, 유학자를 자처한 다카세가 당시 자신이 그 시대의 양주와 묵적이라고 지목한 가토 히로유키(加藤弘之)의 이기설과 예수교의 박애설을 비판하기 위해 쓴 책이다.

이 부록은 그 가운데 묵자와 예수교에 관한 글이다. 이 글은 '비교'를 표방한다. 본문에서 다카세가 "예수교는 서양의 묵자교이며 묵자교는 동양의 예수교"라고 말하는 데서 짐작할 수 있듯이, 다카세는 묵자교와 예수교의 이론 구조가 거의 일치한다고 생각한다. 만물을 창조한 신의 존재를 설정하고, 신의 뜻을 겸애 또는 박애로 설명하며, 신의 뜻을 선악의 표준으로 삼고 그에 따른 상벌을 부과하는 점 등을 공통점으로 들고 있다.

이미 거의 동일한 이론체계라는 결론을 내리고 시작하는 이 글의 참된 의도는 당대의 묵자교라고 지목한 예수교를 비판하기 위한 것이다. 이 글에는『양묵철학』의 본문에서 간헐적으로 이루어진 예수교 비판이 정리되어 있다. 예수교의 박애설이 사람의 본성에 맞지 않기 때문에 실효가 없다거나, 무한한 능력을 가진 신의 관념으로 사람들을 지도하려는 것은 문명인에게 적합하지 않다거나, 강대국의 후광을 업고 있는 예수교는 위선적이고 위험하다거나 하는 것이 비판의 요지다. 특히 다카세는 제국주의적 팽창의 선봉에 서 있는 예수교를 제국주의와 분리하지 않고 비판한다. 현실에서 보여 주는 예수교의 행태로 보아, 그들이 주장하는 박애나 전쟁 비판 등은 논리적이지도 않고 위선적이라는 것이 핵심이다. 또한 신의 존재를 설정한 상벌론은 우매한 인간을 통제하기 위한 편의적인 수단이라고 생각한다.

즉 이 글은 학술서를 표방하는 책에 부록으로 붙어 있으며「묵자학과 예수교의 비교」라는 학술적인 이름을 달고 있지만, 진리 혹은 정통을 자처하는 입장에서 쓰인 이단비판서다. 그러나 다카세가 자처한 대로 그 진리가 양주와 묵적을 비판하면서 공자의 계승자임을 자처한 맹자가 전한 그 유학이라고 간단히 인정할 수도 없다. 다카세가 묵자나 예수교의 박애와 겸애를 부자연스러운 데다 위선적이기까지 하다고 비판하면서 제시한 자신의 사랑은 '충군애국'이라고 못 박기 때문이다. 맹자는 묵자의 겸애를 비판하면서 본성에 의한 차등적인 사랑을 유학의 정체성으로 정립했다. 그 사랑은 내 부모에 대한 진한 사랑에서 시작하여 인류 전체에 미치는 것이다. 다카세는 맹자의 후예로서 '선한 본성'이 유학의 핵심이라고 주장하지만, 차등적인 사랑을 강조하지 않으며, 효보다도 충을 더 강조한다. '충군애국'으로 상징되는 국가주의의 고취가 그에게 중요한 과제였기 때문이다.

원문번역

묵자교[1]와 예수교는 그 기원을 따지면 시대와 나라가 달라 전적으로 다른 류의 발달사를 갖는다(원주: 단 여기에서 예수교라고 부르는 것은 구약과 신약 양쪽을 포함한다). 노자의 사상이 인도사상의 여파라고 주장하는 사람도 혹 있지만, 묵자의 사상과 예수교와의 관계를 설명한 사람은 아직 보지 못했다. 묵자교와 예수교 양쪽의 근본사상 및 조직의 방법과 순서가 서로 비슷한 것이 거의 부절처럼 들어맞아, 사람을 전적으로 같은 틀에 넣어 찍어 낸 것이 아닌가 의심하게 하는 바가 있다. 그러므로 대략을 얘기하면, 예수교는 서양의 묵자교이며 묵자교는 동양의 예수교라고 할 수 있다. 동서고금에서 일어난 각종의 교의가 때때로 부분적으로 비슷한 부분이 있는 것은 본래 드물지 않지만, 묵자교와 예수교처럼 거의 조직의 전부가 닮은 것은 보지 못했다. 본래 묵자의 뜻은 사회개선, 부국이민(富國利民)에 있으며 결코 정치도덕의 범위를 넘지 않는다. 예수교는 본래 종교로서, 마음을 다스리는 것을 주로 하며 내세에서의 행복을 희구하고 천국에서의 안락을 구한다. 이것이 두 교의 다른 점이다. 지금 여덟 항목으로 나눠 두 교를 비교 연구하며, 동시에 삿된 것을 깨뜨려 올바름을 드러내고자 한다.

① 묵자의 이른바 천은 예수교의 이른바 god[2]이다

예수교가 god 즉 특일주재(特一主宰)의 신을 세웠다는 것은 누구도 의심하지 않는 바이며, 「창세기」 제1장에서부터 구약과 신약 양 성서를 통해 극히 명료한 사실이다. God은 전지전능하며 무시무종, 불생불멸

1 원어는 "墨子の教"다. 다카세는 "墨學", "墨子教"를 혼용했다.

2 다카세는 일본어 "ゴッド"로 표기했다.

인 존재라고 한다. 「사도행전」 제15장에서 "신은 세상의 시초부터 당신이 한 모든 일을 알려주셨다"고 한다. 또 「요한복음」 제17장에서는 "영생이란 단지 유일하신 참 하느님과 그가 보내신 예수 그리스도를 아는 것일 뿐"이라고 한다. God은 천지의 주재자로서 천국에 계시며, 천지간의 어떤 존재보다도 고귀할 뿐 아니라 만물은 모두 그가 살게 한 바로서, 인류는 모두 그의 신하이며 아들이며 종복이며, 천지의 만물은 모두 god에 의해 지배되며 신에 의해 사랑받는다고 한다. 「마태복음」 제11장에서는 "천지의 주인이신 아버지여"라고 하고, 동(同) 제16장에서는 "하늘에 계신 우리 아버지"라고 한다. 동 제18장에는 "하늘에 계신 너희 아버지의 뜻이 아니니라"라고 한다. 동 제23장에서는 "또한 땅에 있는 자를 아버지라고 부르지 말라. 너희들의 아버지는 한 사람 즉 하늘에 계신 분이다"라고 한다. 만약 예수교에 신이 없다면 뿌리 없는 초목과 같고 기초 없는 가옥과 같을 것이다. 그러므로 목사는 반드시 먼저 사람들이 하늘에 계시는 신을 믿도록 권유하며, 신자는 반드시 살아 계시는 신이 있음을 인정한다. 그럼으로써 일체의 교의는 모두 신에서 나온다고 한다. 그러므로 저들의 모든 행동은 신의 뜻[尊志]에 합하는 것을 신도의 본분으로 삼는다.

묵자는 천(天)을 입교(立教)의 기초로 삼는데, 이는 예수교가 god을 입교의 기초로 삼은 것과 같다. 이밖에 이른바 천이 god과 동일하다는 것은 묵자의 책 도처에서 상세하다. 본래 지나에서 '天'이라는 글자를 사용하는 데는 여러 가지 뜻이 있다는 것과 그 뜻의 기원 등은 내가 일찍이 「천론(天論)」 항목에서 상술한 바와 같다.[3] 그 가운데 묵자는 가장

3 이 번역문이 부록으로 붙어 있는 책인 『墨子哲學』, 第二章, 第一節 「天論」(77-115쪽)을 가리킨다.

명료하게 주재적 의의의 천을 입교의 기초로 삼았다. 천이란 그 문자가 만들어진 바에서 보자면, 육서 가운데 회의(會意)자로서, 하나[一]의 큼[大]을 天으로 삼은 것이다. 우주 간에 유일하고 가장 큰 것이 천이라는 것이다. 천이란 상제다. 제(帝)라고도 하고 황천(皇天)의 상제라고도 한다. 예수교에서 말하는 '하늘에 살고 있는 신'이다. 묵자는 천은 우주에서 가장 지혜롭고 가장 귀한 존재라고 한다. 천은 도덕정치가 나오는 바로서, 모든 사물의 궁극의 표준이다. 또한 천은 모르는 것이 없고 보지 못하는 것이 없고, 천계에 있으면서 아래 땅의 만물 특히 인민[民人]에게 임한다고 한다. 인류는 모두 천의 신하이고 국토는 모두 천의 영토라는 것은 「법의(法儀)」편, 「천지(天志)」 상·중·하편, 「명귀(明鬼)」편, 「겸애(兼愛)」편 등에 명시되어 있다. 이들 글은 이미 이 책 안에 게시했으므로, 지금은 중복을 피하기 위해 인용하지 않는다. 독자는 반드시 이를 참고하라. 이상에서 서술한 바처럼, 묵자교와 예수교는 의도하지 않았지만 완전히 동일한 기초 위에 세워졌다.

천 즉 god이 어떻게 생겨났는지는 두 교 모두 설명하지 않고, 단연 무시 이래 독존한 것으로 한다. 다만 어느 나라의 인민이라도 반드시 천지 사이에 조화(造化)의 자취의 신묘한 작용을 보고, 또 인류의 미약함을 느껴서, 저절로 무한한 영적 능력을 가진 조물자 혹은 주재자가 있다는 관념이 생겨나게 되었다. 이 관념은 야만의 백성에게 특히 두텁지만, 개화한 백성도 이를 벗어날 수는 없다. 만약 이 관념이 소멸한다면 묵자교와 예수교는 모두 그 기초를 잃게 된다. 근래 과학의 진보에 의해 예수교는 서서히 신도를 잃어, 참된 신도는 어리석은 남녀[愚夫愚婦]뿐이다. 식자와 신사는 단지 습관상의 형식적인 신앙에 그칠 뿐으로, 교제상에서 하나의 도구를 제공하는 데 불과하다. 그러나 묵자교와 예수교에서 이러한 보편의 관념을 이용하여 단연 신도(神道)를 수립하여 인민을 교도하려 한 것은 실로 천고의 탁견이라 하지 않을 수 없다.

② 만물창조에 대하여

예수교에서 전지전능한 신이 천지만물을 창조했다는 것은 「창세기」 등에 상세하다. 그 신은 대단히 용이하게 뜻대로 천지만물을 창조했다고 한다. 그 창조의 용이함은 대단히 재주 좋은 기술자가 일용의 기물을 창조하는 듯하며, 그 상황은 대략 다음의 글에 의거해 알 수 있다.

태초에 신은 천지를 창조했다. 땅은 정해진 형태 없이 광활하고 어둠의 심연에 있었고, 신의 영(靈)은 수면을 덮고 있었다. 신이 빛이 있으라 하니 빛이 생겼다. 신은 빛과 어둠을 나눠, 빛을 낮이라 부르고 어둠을 밤이라 불렀다. 신은 푸른 하늘을 만들어 하늘이라 불렀다. 신은 또 육지와 바다를 나눠, 땅에는 초목을 살게 하였다. 신은 또 일월성신을 만들었다. 신은 또 물고기, 날짐승, 들짐승을 만들었다. 신은 또 사람 즉 남녀를 창조하여 동물을 다스리게 하였다. 또 사람에게 식량이 되도록 초목과 짐승을 먹을 것으로 주었다. 이렇게 천지와 여러 무리들이 모두 만들어졌다. 일곱째 날에 신은 만드는 일을 마쳤다. 일곱째 날에 안식하였다.(「창세기」 제1장, 제2장)[4]

또 말하였다. "바울은 아레오산 속에 서서 이르기를, 아덴스 사람들이여, 내가 너희들이 매사에 귀신을 심히 공경하는 것을 보았다. 내가 길을 가다가 너희들이 경배하는 바를 보았고 '알지 못하는 신에게'라고 새겨진

4 발췌역이다. 성경인용문은 다카세의 일본역에 충실하게 번역한다.

제단을 보았다. 그래서 너희가 알지 못한 채 경배하는 이 자를 내가 너희에게 보여 주겠다. 우주와 그 안의 만물을 만들어 준 신은 바로 천지의 주인이니, 손으로 만든 집에 살지 않는다. 또 사람들에게 생명과 숨과 만물을 주었으니, 부족한 것이 없다. 그는 사람의 손으로 섬겨야 하는 존재가 아니다. 이 신은 모든 백성을 하나의 피로 만들어, 모두 땅의 전면에 살게 하고, 미리 그때와 살 곳의 경계를 정해 주셨다."(「사도행전」 제17장)[5]

묵자도 「천지」편에서 천이 만물을 창조했다고 설명한다. 묵자의 설에 의하면, 천은 일월성신, 산천초목, 사람과 짐승 등을 만들었을 뿐 아니라, 천자를 두고 유사백관(有司百官)을 세워 정치를 담당하게 하였다. 이로써 인민에게 입을 것과 먹을 것의 바탕을 제공하고 인류사회로 하여금 안녕하고 행복하게 하였다. 그렇다면 천은 실로 천지만물의 창조자이며 정치도덕의 연원이라는 것이 분명하다.

묵자가 말했다. 내가 하늘이 백성을 사랑함이 두텁다는 것을 알겠다고 하는 이유는 다음과 같다. 하늘은 일월성신을 만들어 이것으로 비추어 인도하게 하였다. 사시 춘하추동을 만들어 이로써 기강을 삼게 하고, 천둥번개를 내리고 눈, 비, 서리, 이슬을 내리어 오곡과 삼실을 자라게 하였고, 백성이 이것을 얻어 재화로 삼아 이롭게 쓰도록 하였다. 산천과 계곡을 나란히 만들고 또 백사를 주관하여 이로써 백성들의 선악을 살피었다. 왕공후백을 만들어 어진 자에게는 상을 주고 난폭한 자는 벌하게 하였고, 쇠와 나무, 새와 짐승을 내려서 오곡과 삼실을 가꾸게 하여 이로써 백성이 먹고 입는 재화로 삼게 하였다. 옛날부터 지금까지 이런 것은 없었다.

5 발췌역이다.

> 지금 여기에 한 사람이 있는데, 흔쾌히 그 아들을 사랑하여 힘을 다하고 정성을 다하여 그를 이롭게 한다. 그 아들이 커서 아버지에게 보답하는 일 없이 오히려 아들이 아버지에게 요구한다면, 천하의 군자들은 모두 이를 인(仁)하지 못하고 상서롭지 못하다고 할 것이다. [하늘은] 천하를 두루 사랑하고[兼愛] 만물을 낳고 키워서 이를 이롭게 한다. 털끝만한 작은 것이라도 하늘이 만들지 않은 것이 없으니 백성이 하늘에서 얻은 이익은 크다고 할 수 있다. 그런데 백성은 단지 하늘이 이롭게 해주는 것을 받을 뿐 하늘에 보답하지 않으면서, 그것이 인하지 못하고 상서롭지 못함을 알지 못한다.[6]

이상에서 서술했듯이, 만물창조를 설명하는 데는 정밀함과 조잡함의 차이가 있지만, 천 즉 god이 천지만물을 창조했다고 하는 데 이르면 전적으로 동일하다. 우리들은 그 설명의 정밀함과 조잡함을 비교하려고 하지 않고, 다만 신이 천지만물을 창조했다고 하는 말을 비교하려 할 뿐이다. 묵자교와 예수교 두 교에서 만물 이외에 조물자를 세우기에 이른 것과, 또 생생화육의 영묘한 작용에서 일어난 보편적인 관념을 이용하여 신을 세운 방법은 다를 바가 없다.

6 『墨子』「天志中」: "且吾所以知天之愛民之厚者有矣. 曰, 以磨爲. 日月星辰. 以昭道之. 制爲四時春秋冬夏. 以紀綱之雷降雪霜雨露. 以長遂五谷麻絲. 使民得而財利之. 列爲山川溪谷. 播賦百事. 以臨司民之善否. 爲王公侯伯. 使之賞賢. 而罰暴. 賊金木鳥獸. 從事乎五欲麻絲. 以爲民衣食之財. 自古及今. 未嘗不有此也. 今有人于此. 驩若愛其子. 竭力單務以利之. 其子長. 而無報子求父. 故天下之君子. 與謂之不仁不祥. 今夫天. 兼天下而愛之. 撽遂萬物以利之. 若豪之末. 非天之所爲. 而民得而利之. 則可謂否矣. 然獨無報夫天. 而不知其爲不仁不祥也."

③ 겸애와 박애

예수교는 가장 현저한 박애주의다. 박애 두 글자는 실로 예수교의 골자다. 만약 박애주의를 제거한다면 예수교는 교의가 전혀 없다고 할 수 있다. 그 박애의 설은 양 전서, 특히 신약전서에서 분명하게 보여준다. 그러므로 이 박애주의는 하늘에 있는 신의 존지(尊志)로서, 신도들은 박애로 종지를 삼아야 한다고 할 수 있다. 이는 묵자가 천지(天志)를 본받아 겸애설을 제창하는 것과 전적으로 같다. '바이블' 안에서도 특히 「요한복음」에 박애를 설하는 것이 많다. 다음에서 그 글을 확인해 보자.

> 너의 적을 사랑하고 너를 저주하는 자를 축복하고, 너를 미워하는 자를 좋게 보고 학대·박해하는 자를 위해 기도하라. 이처럼 하는 것은 하늘에 있는 너의 아버지의 아들이 되기 위한 것이다. 하늘의 아버지는 선한 사람에게도 악한 사람에게도 해를 비추신다. 의로운 사람에게도 불의한 사람에게도 비를 내리신다.(「마태복음」 제5장)

> 또 말하기를, 자기를 사랑하듯이 너의 이웃을 사랑하라고 하셨다.(동 제19장)

> 또 말하기를, 예수가 대답하길 너의 마음을 다하고 정신을 다하고 뜻을 다하여 주인이신 너의 신을 사랑하라고 하셨으니, 이것이 제일의 큰 계명이다. 제이의 계명 역시 이와 같으니, 자신을 사랑하듯 너의 이웃을 사랑하라 하셨다.(동 제22장)

> 또 말하기를, 예수가 이 세상을 떠나 아버지에게 돌아가야 할 때가 온 줄

알고, 세상에 있는 자신의 백성을 이미 사랑하시고 마지막에 이르도록 사랑하셨다.(「요한복음」 제13장)

또 말하기를, 나의 계명을 갖고 그것을 지키는 자는 곧 나를 사랑하는 자다. 나를 사랑하는 자는 나의 아버지에게 사랑받을 것이며, 나 역시 그를 사랑하여 그에게 자신을 보여 줄 것이다.(동 제14장)

또 말하기를, 내가 너희를 사랑하는 것같이 너희도 서로 사랑하라. 이것이 나의 계명이다. 사람이 친구를 위해 자신의 목숨을 버리는 것보다 더 큰 사랑은 없다.(동 제15장)

또 말하기를, 아버지가 나를 사랑하시는 것처럼, 나도 너희를 사랑하니, 너희는 내 사랑에 거하라. 만약 너희가 내 계명을 지킨다면 나의 사랑에 거하리라. 내가 나의 아버지의 계명을 지켜 그 사랑에 거하듯이.(동 제15장)

만약 예수교의 무차별적 박애설이 실행된다면 세계는 진실로 평화롭고 편안하여 완연 천국의 즐거움을 누릴 것이다. 그러나 안타깝다, 예수교의 성서는 완전히 쓸모없는 문장[空文反故]이 되었다. 유럽인이 입에 담는 박애주의는 다만 외면적 장식일 뿐, 그 실제는 전혀 이와 반대다. 유럽 여러 강국이 동양의 약소국 혹은 노대국(老大國)에서 하는 거동을 보라! 그들은 인도(人道)를 완전히 무시한다. 인도(印度) 침략은 실로 악마도 오히려 하지 못할 잔혹함에 의해 수행되었다. 안남의 침략도 실로 잔혹하다. 근래 북청(北淸)에서 예수교 나라 즉 개명국의 군대가 침범한 죄악은 듣는 자들로 하여금 견디지 못하고 떨게 만든다. 그들은 인면수심이다. 이리와 호랑이의 욕심을 품고 금수의 포악함을 행하는 자들로, 약육강식이라는 말도 오히려 이를 형용하기에 부족한 감이 있다. 그들은 가는 곳마다 자비 없는 문명의 이기를 가지고 작고 약하고 늙고 큰 나라의 백성들을 학대한다. 이것마저도 예수교 국민이라고 자랑할 수 있다면, 사람을 먹는 야만인도 오히려 박애의 사람이라고 할 수 있을 것이다. 예수교는 유명무실하며 그 교의를 실행할 수 없다는 것은 앞에서 서술한 사실에 비춰 알 수 있다. 저들은 국제간에서 인도를 무시할 뿐만 아니라, 개인 간에서도 타인에 대해 일말의 가차도 없이 교활한 수단을 쓰는 자가 많다. 단지 박애를 실행할 수 없을 뿐 아니라 협애(狹愛)도 실행할 수 없다.

지금 이를 예수교의 성질상에서 생각하면, 박애설은 이른바 악한 평등적 사랑론[惡平等的愛說]으로 도저히 인정에 적합한 설이 아니다. 애초에 신 앞에서는 군신, 부자, 친소, 원근의 차등이 없으며 신의 사랑은 한결같이 평등하다고 하며 모든 사람을 한결같이 사랑해야 한다고 주장하는 것은 큰 잘못이다. 이 박애설이 너무 넓어서 실제로 실행할 수 없는 이유다. 묵자의 겸애설이 실행될 수 없는 그 병도 여기에 있다. 유교에서는 친소에 따라 사랑에 후박을 부여하니, 악한 평등적 박애설을 비판한 것은 인정에 적합한 바른 실질을 본 것이라고 할 수 있다.

묵자가 겸상애(兼相愛) 교상리(交相利)를 제창한 것은 「겸애」 상·중·하편, 「천지」 상·중·하편, 「법의」편에 상세하다. 묵자가 겸애를 주장하는 것은 예수교에서 박애를 주장하는 것과 전적으로 동일한 뜻에서 나왔다. 즉 겸애는 천의 뜻이므로, 이것을 받들지 않을 수 없다고 말한다. 그 사랑설은 이른바 "사랑에는 차등이 없고 베푸는 것은 부모부터 시작한다"[7]고 말하는 데서 징험할 수 있음은 명백하다. 내 양친을 사랑

7 『孟子』「滕文公」上: "之則以爲愛無差等, 施由親始."

하는 것과 일면식도 없는 행인을 사랑하는 것이 동일해야 한다고 하는 것은, 천의 '일시동인'의 뜻에 합하는 것이기 때문이라고 묵자는 말한다. 묵자는 그 근본을 둘로 한다고 맹자가 평한 것은[8] 나의 양친과 타인의 양친을 동일시하는 것이 잘못됐다고 한 것이다. 묵자의 겸애설은 이 책의 주안(主眼)으로서 이미 상세히 말했으니, 그 부분을 정독하라. 지금은 번잡함을 피하기 위해 다시 인용하지 않는다.

④ 공격과 정벌을 그릇된 것으로 여기는 것에 대하여

예수교는 이미 박애주의를 제창한다. 이 설에 따르면 본래 전쟁과 공격, 정벌을 잘못된 것이라고 하지 않을 수 없다. 공격과 정벌을 잘못이라고 한다면, 군함과 대포, 총기는 더욱 어디에 쓸 것인가. 저들 태서(泰西)의 여러 강국이 한편에서 예수교적 박애를 입에 올리면서, 한편에서는 군대를 정련함으로써 자국의 판도 밖으로 진출하여, 탄알과 화약이 연기처럼 비처럼 퍼붓는 참상을 연출한 것은 도대체 얼마나 모순인가. 덧붙여 역사상으로 검증해 보면, 저들은 반드시 먼저 예수교 선포를 구실로 타국에 들어와서, 그것으로 점차 침략의 기초로 삼는다. 이것은 본래 분명한 사실로서 누구도 부정할 수 없는 바다. 지금 다음과 같이 예수교에서 공격과 정벌을 잘못이라고 하는 주장을 들어 본다.

> 눈에는 눈으로 갚고 이에는 이로 갚으라고 말하는 것을 너희는 들었을 것이다. 그러나 내가 너희들에게 이르니, 악을 적으로 여기지 말라. 사람이 너의 오른쪽 뺨을 때리거든 또 다른 뺨을 돌려 내어놓아라. 너를 고소하여 속옷을 가지려고 하는 자에게는 겉옷도 갖게 하여라. 사람이 너에게

8 『孟子』「滕文公」上: "且天之生物也, 使之一本, 而夷子二本故也."

강제로 1리를 가게 하거든 그와 함께 2리를 가라. 너에게 구하는 자에게 주어라. 빌리려는 자에게 거절하지 말라. 너의 이웃을 사랑하고 적을 미워하라고 말하는 것을 너희는 들었다. 그러나 내가 너희에게 고하니, 너의 적을 사랑하고 너를 저주하는 자를 축복하고, 너를 미워하는 자를 좋게 보고 학대·박해하는 자를 위해 기도하라. 이처럼 하는 것은 하늘에 있는 너의 아버지의 아들이 되기 위한 것이다. 하늘의 아버지는 선한 사람에게도 악한 사람에게도 해를 비추신다. 의로운 사람에게도 불의한 사람에게도 비를 내리신다. 너희가 너희를 사랑하는 자를 사랑하는 것에 어떤 보상이 있겠는가. 세리(稅吏)도 그렇게 하지 않는가. 안부를 형제에게만 묻는다면 남보다 나은 것이 무엇이 있는가. 세리도 그렇게 하지 않는가. 그러므로 하늘에 계신 너희 아버지가 완전한 것처럼 너희도 완전해야 한다.(「마태복음」 제5장)

이 박애적 전쟁 반대주의가 일부라도 시행되었다면, 듣기에도 무서운 철혈정책이 시행되지 않았을 것이다. 또한 예리하고 민첩한 전쟁 기계도 발명되지 않았을 것이다. 저 십자군 같은 경우는 실제로 분묘회복의 취지로 나섰지만, 그 교지에 따르면 물론 이것을 잘못이라고 하지 않을 수 없다.

『묵자』에 「비공(非攻)」 상·중·하 세 편이 있는데, 공격과 정벌의 잘못을 상세하게 보여 준다. 묵자처럼 겸애와 상호이익을 주창하는 사람은 반드시 전쟁과 공격을 잘못으로 여기는 데 이른다. 「비공」편에는 전국시대의 제후가 서로 공격하고 정벌하는 것을 현명함으로 여기고, 약육강식의 참상을 돌아보지 않는 것을 개탄한다. 또 억울하게도 남의 물건이나 가축을 훔치는 자는 벌을 받고, 다른 나라를 공격하고 약탈하는 자는 오히려 의롭다고 상찬된다. 작은 덕은 악이라고 하고 큰 악은 의라고 하는 것이다. 가령 조금 검은 것을 보고 검다고 하고, 많이 검은 것을 보고 희다고 하는 것과 같다. 또한 전쟁을 하는 것은 인명을 상하게 하고 막대한 비용을 필요로 하는, 대단히 불리한 일이라고 하여, 고래 전쟁에 의해 해가 생긴 것을 열거한다. 전쟁은 위로는 하늘의 이로움에 맞지 않고, 중간으로는 귀신의 이로움에 맞지 않으며, 아래로는 만민의 이로움에 맞지 않으니, 어떻게 생각해도 이로움이 없을 뿐 아니라 하늘에서 이를 보면 큰 죄가 되므로 반드시 벌을 내릴 것이라고 한다.

⑤ 운명 비판설[非命說]에 대하여

예수교에서는 전지전능의 god을 모시고 이를 우주의 진제(眞帝)로 삼지만, 숙명론의 가르침은 조금도 보이지 않는다. 그러므로 사람들은 모두 자유의지에 의해 행동하고, 행복을 구하며 재앙을 피하는 자라고 한다. 만약 신이 사람에게 의지의 자유를 허락하지 않았다면 처음부터 선만을 행하고 악을 행하지 않는 사람을 만들어야 했다. 그러나 사람이 자유의지로 악을 행하기 때문에 노아의 홍수가 있었다고 한다. 또한 세례를 하는 것은 복을 받기 위해서다. 만약 숙명설이라면 새삼스레 노력하여 선행을 하는 자라도 반드시 좋은 보답을 받을 수 없고, 악행을 하는 자도 반드시 나쁜 대가를 받을 수 없다. 만약 이미 운명이 일정하다면 선을 장려하고 악을 피하게 할 수 없는 것은 필연이다. 그러나 예수교는 조금도 숙명설의 요소를 남기지 않았다. 선을 장려하고 악을 응징하고, 이로써 신에게서 행복의 보답을 얻을 것을 기도한다. 신은 착한 사람의 행위를 보고 이에 행복을 주고, 악인의 행위를 보고 이에 연민으로 징계하여 선으로 옮겨 가게 한다. 이것이 숙명설이 아님을 알 것이다.

묵자에게는 「비명(非命)」 상·중·하 세 편이 있는데, 숙명설을 극력 배척한다. 이는 지나에서 비숙명론자의 비조다. 묵자가 숙명을 그릇된 것으로 여긴 것은 근면, 의를 귀하게 여김, 절약검소의 본지에서 온다. 묵자는 극단적으로 천주(天主) 숭배주의를 취하여, 신은 일체의 상벌의 권(權)을 갖고 있다고 하니, 그러면서 비명을 주장하는 것은 일견 모순되는 것처럼 보이지만, 결코 그렇지 않다. 천 숭배주의는 천을 모든 행동의 모범[儀法]으로 삼는다. 이 모범을 존중하여 정의와 선행을 실행하는 것은 천의 상을 받고 천의 벌을 피하고자 하는 데서 나온다. 비숙명설 역시 당시의 게으름과 방자함을 경계하기 위한 것이다. 당시 숙명을 믿는 자들은 부귀, 빈천, 길흉, 화복, 수요(壽夭), 치란, 중과(衆寡), 상벌을 모두 운명이라고 받아들여 조금도 분발하려는 마음이 없었다. 누워서 과보를 기다리는 사람이 많고 단지 운명에 맡기는 사람이 있다는 것에 분개했다. 묵자가 말하는 상제는 미리 사람의 운명을 정하지 않고 선에 대해 상을 주고 악에 대해 벌을 주는 힘을 가진 존재다. 그러므로 묵자는 예수교와 마찬가지로 비명설(非命說)을 세웠다. 이것이 지나에서 이채를 띠는 바다.

⑥ 신을 존경하는 것에 대하여

예수교에서는 하늘에 있는 신을 존경하고 그에게 기도하며, 또 그의 뜻에 따라야 한다고 한다. 본래 우상을 숭배하지 않고 다신(多神)을 세우지 않지만, 선조의 영(靈)을 존경하지 않을 수는 없다. 다음에 그 예를 들어 본다.

> 아브라함, 이삭, 야고보의 신, 우리 선조들의 신은 그 종인 예수를 영화롭게 했다.(「사도행전」, 제3장)

또 말하기를 우리 선조의 신은 너희가 나무에 매달아 죽인 예수를 다시 살려 내셨다.(동 제5장)

그렇다면 형제여, 우리 신의 모든 자비로 너희에게 권하노니, 그 몸을 신의 뜻에 따라 살아 있는 성스러운 제물로 삼아 신에게 바쳐라. 이는 당연한 제사다.(「로마서」 제12장)

이미 신은 주 예수 그리스도를 믿는 우리들에게 주신 것과 같은 선물을 저들에게 주셨으니, 내가 어떻게 신을 거스를 수 있으랴. 저들은 이 일을 듣고 더 이상 말대꾸 없이 다만 실로 신을 찬양하였다. 신은 이방인도 생명을 얻게 하기 위하여 그들도 회개하도록 해주셨다고.(「사도행전」 제11장)

하늘에 계신 우리들의 아버지여. 바라건대 당신의 이름을 존숭하도록.(「마태복음」 제6장)

그밖에도 신을 존경하고 그에게 기도하는 일은 많이 볼 수 있는데, 지금은 단지 일례를 들었을 뿐이다. 신을 존경하고 그에게 기도하는 것은 악을 고치고 선으로 나아가게 하는 방편일 뿐이다.

묵자는 「명귀(明鬼)」편에서 상제, 귀신, 인귀(人鬼)를 존경하고 제사 지내야 한다고 한다. 묵자는 이처럼 일종의 신도(神道)를 세워서 이에 따라 인민이 마땅히 귀신의 위령(威靈)과 상벌을 두려워하여 근면 근신하고 정의와 선행을 행하도록 했다. 묵자가 천 즉 상제에 대해 이야기할 때에는 마치 단지 하나의 주재인 것처럼 하지만, 귀신을 숭배할 때에는 천귀(天鬼)가 있다, 산수(山水)의 귀신도 있다, 또 사람이 죽어서 귀신이 된 자도 있다고 하니, 다신교적이다. 귀신의 총명함은 깊은 물,

넓은 연못, 깊은 계곡의 산림이라 해도 못 보는 것이 없다. 아무도 없는 곳, 암흑의 밤이라고 해도, 귀신은 이를 밝게 보고 상벌을 내린다. 그 상은 작은 선이라고 해도 남김이 없이 주고, 그 벌은 어떤 강력한 무용력, 아무리 날카로운 무기, 어떤 부귀한 자라도 저항할 수가 없다. 그러므로 귀신은 깊이 외경하고 제사지내지 않으면 안 된다고 한다.

⑦ 상벌에 대하여

예수교에서 신은 천지만물에 대해 모든 명령권을 가지며, 사람들의 행위의 선악에 응해 화복을 내려 준다. 한 나라의 주재가 인민의 행위에 응해 상벌을 내리는 것과 같다. 구약전서에는 누누이 신의 위엄을 두려워해야 한다는 것을 설하며, 오히려 신을 두려운 존재로 말했는데, 신약전서에 이르면 오로지 신은 사랑의 신이라고 하며, 신의 뜻은 박애라고 말한다. 이는 예수교의 신·구 양 서에서 신의 성질을 설명하는 차이다.

신약전서에 이르면 사랑의 신이라고 해도, 악인 즉 신의 의지를 거스르는 사람도, 선인 즉 신의 의지에 따르는 사람도 동일하게 사랑받지는 않는다. 또한 선을 권하고 악을 응징하는 뜻으로 상벌의 가르침을 내린다. 만약 인류사회의 질서를 유지하고 안녕을 도모한다면 어떤 가르침도 반드시 상벌 혹은 포폄의 설을 베풀지 않을 수 없다. 또한 예수가 세상에 나온 이래 애써서 사랑의 신임을 주장해도, 이는 전적으로 신을 신앙하는 사람들이 많기를 바라는 하나의 수단에 불과하다. 만약 진실로 신이 있다면 예수가 세상에 나온 전후에 신의 성질이 갑자기 일변할 수는 없다. 또한 설사 무한의 사랑으로 인류를 보호한다고 해도, 인류에게 상벌을 주는 권(權)을 갖는다고 하는 것은 신·구 양 서에서 완전히 같다. 다음에서 몇 구절을 들어 이것을 보여 주겠다.

「창세기」의 제6장부터 제10장까지에서 말하는 노아의 홍수는 신이 악인을 벌한 예다. 만약 정말이라면 전무후무한 엄벌이다. 본래 가공의 이야기에 지나지 않지만, 예수교의 신의 벌을 이야기하는 유력한 증거가 된다.

또 「요나서」 제1장에서 신이 큰 바람을 해상에 일으켜 악인을 징벌했다고 말한다. 본래 괴담에 지나지 않지만 신의 벌의 증거가 되기에는 족하다.

> 예수가 말했다. 사람들이 범하는 죄와 신을 모독하는 것은 용서받을 수 있다. 그러나 말로 성령을 배반하는 자는 오늘날에도 내세에도 용서받지 못할 것이다. 혹은 나무도 좋고 그 열매도 좋다고 하라. 혹은 나무도 나쁘고 그 열매도 나쁘다고 하라. 나무는 그 열매에 의해 알 수 있다. 독사의 후예들아, 너희는 악하니, 어떻게 선을 말할 수가 있겠는가. 마음에 가득 차면 입으로 나오나니, 선한 사람은 마음이 선한 곳간에서 선한 것이 나오고, 악한 사람은 그 악한 곳간에서 악한 것이 나온다. 너희에게 고하나니, 사람이 말하는 허언은 심판의 날에 심문을 받지 않을 수 없다. 너희가 말하는 말에 의해 의롭다고 하고, 또 그 말에 의해 죄가 있게 될 것이다.(「마태복음」 제12장)

> 천사가 그에게 말하기를 너의 기도와 너의 구원이 이미 위로 가, 신 앞에 기록되었다.(「사도행전」 제10장)

> 하늘에 계신 너희 아버지는 구하는 자에게 좋은 것을 주시지 않겠는가.(「마태복음」 제7장)

신은 사람의 행위에 따라 각자에게 그 보답을 주신다. 인내하여 선을 행하고 영광과 존귀와 썩지 않음을 구하는 자에게는 무궁한 삶으로 보답하시리라. 그러나 싸움을 하고 진리에 따르지 않고 불의를 행하는 자는 분노와 노여움, 환난과 고생을 받으리라. 이는 유다야 사람을 시작으로, 그리스인 가운데 악을 행하는 사람에게 미칠 것이다. 유다야인을 시작으로 그리스인 가운데 선을 행하는 사람에게는 영광과 존귀함과 평강으로 보답할 것이다. 이는 신에게 편견이 없기 때문이다.(「로마서」 제2장)

묵자는 하늘이 일체의 상벌의 권을 가지고, 인류의 행위의 선악에 응해 화복을 내린다고 한다. 바꿔 말하면 그 행위가 하늘의 뜻에 맞을 때는 천상(天賞)을 얻고, 하늘의 뜻에 반할 때는 벌을 받는다고 한다. 그 상벌설의 가장 정밀한 부분은 「겸애」편, 「명귀」편 등이다. 또 그밖에도 상벌설은 거의 모든 편에서 보인다. 지금은 중복을 피하여 인용하지 않으니 직접 보기 바란다. 다만 천의 상벌에 대해서는 대단히 믿기 어려운 전설도 하등의 주저 없이 인용한다. 괴담도 곡해하여 신의 상벌로 만드는 것은 예수교와 전적으로 같다. 이는 본래 우매한 인민을 깨우치는 방편에 불과하니, 현재의 사람들에게는 거의 효력이 없다. 묵자교와 예수교 두 교의 조직이 우매한 사람을 인도하는 방법으로서, 개명인(開明人)에게는 적합하지 않다는 것을 알아야 한다. 이에 『논어』·『맹자』(원주: 오늘날에는 불완전한 부분도 있지만) 등의 교의가 얼마나 정확한지 알 수 있다. [『논어』·『맹자』가] 금후 점점 세력을 얻을 수 있음을 알 수 있다.

⑧ 선악의 표준

본래 선악의 표준은 윤리학자가 가장 고심하는 바이지만, 신을 세우는 신도(神道)에서는 어떤 곤란도 없이 오로지 신의 의지, 즉 내려 준 교훈에 비춰서 선악을 판단할 뿐이다. 예수교에서는 신을 전지전능한 존재라고 하여, 신의 존지에 합하는 행위는 선이고 이에 반하는 행위는 악이라고 한다. 선을 행하는 것은 신의 아들이 되기 위해서라고 한다.

> 너의 적을 사랑하고 너를 저주하는 자를 축복하고, 너를 미워하는 자를 좋게 보고 학대·박해하는 자를 위해 기도하라. 이처럼 하는 것은 하늘에 있는 너의 아버지의 아들이 되기 위한 것이다. 하늘의 아버지는 선한 사람에게도 악한 사람에게도 해를 비추신다. 의로운 사람에게도 불의한 사람에게도 비를 내리신다.(「마태복음」 제5장)

> 어떤 사람이 와서 예수에게 말하기를, "선한 스승이여, 내가 무한한 삶을 얻기 위해서는 어떤 착한 일을 해야 하는가?" [예수가] 그에게 말하기를, "왜 나를 선하다고 하는가? 선한 이는 한 분밖에 없다. 즉 신이다. 만약 생명에 들어가려 한다면 성실함[誡]을 지켜야 한다".[9] 그가 무엇인가? 하고 말했다. 예수 말하기를 죽이지 말라, 간음하지 말라, 망령된 증언을 하지 말라, 너의 아버지와 어머니를 존경하라. 또 너를 사랑하듯 너의 이웃을 사랑하라.(동 제19장)

신을 유일한 선한 자라고 하고, 그 뜻에 합하는 자는 선하고 이에 합하지 않는 자는 악하다고 하는 뜻을 봐야 한다. 그러니 예수교도는 오로지 신의 수훈에 의해 그 존지에 합하는 행동에 힘쓰는 것을 선이

9 영어본은 다음과 같다. Jesus replied. "There is only One who is good. If you want to enter life, obey the commandments." "Which ones?" the man inquired. 즉 다카세는 "commandments"를 "誡"으로 번역하였다.

라고 한다.

묵자는 일체의 행위의 표준을 천에서 취하고, 천의 뜻에 합하는가 여부에 의해 선악을 판정하는 것은 「천지」편과 「법의」편 등에 상세하다. 그 요지는 다음과 같다.

> 무릇 행위는 천의 뜻에 따르면 이를 선한 행위라고 하고, 천의 뜻에 반하면 이를 불선한 행위라고 한다. 말하는 것도 천의 뜻에 따르면 이를 선한 말이라고 하고 천의 뜻에 반하면 불선한 말이라고 한다. 형정(刑政)도 천의 뜻에 따르면 이를 선한 형정이라고 하고 천의 뜻에 반하면 이를 불선한 형정이라고 한다.

이는 하늘의 뜻으로 선악의 표준을 세우는 것이다. 또한 「천지」편을 보라.

『지나사상과 일본』 구판·신판 서문

쓰다 소키치 지음, 이승율 옮김

해제

이 글은 쓰다 소키치(津田左右吉, 1873-1961)의 저서 『지나사상과 일본(シナ思想と日本)』에 수록되어 있는 「서문(まへがき)」을 우리말로 번역한 것이다. 『지나사상과 일본』은 전전(戰前)과 전후(戰後)에 각각 판을 달리해 출판됐다. 전전에는 1938년 신서판의 형태로 이와나미서점(岩波書店)에서 출판됐다. 전후에는 1959년 『역사학과 역사교육』이라는 책에 수록되는 형태로 같은 출판사에서 출판됐다.

『지나사상과 일본』[구판]은 그 전에 저자가 발표한 두 편의 논문을 합쳐 한 권으로 펴낸 것이다. 특히 수십 년에 걸친 저자의 중국·일본 연구 중 핵심만을 추출하고, 일반 독자들도 쉽게 이해할 수 있도록 재구성했다는 데 의의가 있다. 책의 요지는 일본은 독자적인 생활을 발전시키고 독자적인 문화를 창조해 왔기 때문에 중국과 다르며, 따라서 이 둘을 포함하는 하나의 '동양'이라는 세계는 성립할 수 없다는 것이다.

쓰다는 책 서문에서 이 책의 간행 목적, 주요 내용, 의의 등에 관해 요령 있게 설명하고 있다. 따라서 서문을 읽는 것만으로도 저자의 의도는 물론 책 내용이 어떻게 전개되어 갈지 충분히 가늠할 수 있다. 그런데 서문의 내용은 전전과 전후가 다르다. 그 때문에 전자는 '구판 서문', 후자는 '신판 서문'으로 불린다. 중요한 것은 신판이 출간됐을 때 구판 서문의 내용이 대폭 정정되거나 삭제됐다는 점이다. 구판 한글 번역에서 진하게 표시된 곳이 바로 신판에서 정정되거나 삭제된 부분이다. 그중에는 저자가 자의적으로 정정·삭제한 부분도 있지만, 전후 일본 당국의 검열에 의해 강제로 정정·삭제된 부분도 있다. 아래의 구판 원문번역에서 기울임체로 진하게 표시된 부분이 그에 해당한다. 기울임체 외의 부분은 저자가 자의적으로 정정·삭제한 것이다. 그와는 반대로 신판 원문번역에서 진하게 표시되어 있는 부분처럼, 시대와 상황이 바뀜에 따라 구판 서문에는 없던 내용이 새롭게 추가된 경우도 있다.

그것이 왜 중요하냐 하면 정정·삭제된 부분에 이 책을 내게 된 저자의 생각의 본질이 명확히 드러나 있기 때문이다. 저자의 생각의 본질이란 현대일본의 문화는 그 정신과 함께 독자적으로 발전해 온 것임은 물론 현대성과 세계성을 갖추고 있기 때문에 중국과 완전히 다르다는 것, 그렇기 때문에 일본이 중국보다 우월하다는 것을 잘 알아야 한다는 것, 그런 일본과 정반대의 상태에 있는 것이 중국이기 때문에 앞으로 일본이 중국을 지도해 나가야 한다는 것이다. 그의 이런 생각의 내면에는 일본이 중일전쟁에서 승리했다는 역사적 배경과 함께 거기에서부터 오는 우월감 및 그가 젊었을 때부터 품고 있던 아시아에 대한 멸시관이 깔려 있다.

그러나 신판 서문에는 이런 본질에 해당하는 부분이 대부분 삭제되어 있다. 그렇기 때문에 그가 애초에 어떤 생각을 갖고 서문을 썼는지 알기 어렵게 되어 있다. 번역자가 구판 서문과 신판 서문을 함께 번역해 놓은 것은 바로 이런 이유 때문이다. 다시 말하면 『지나사상과 일본』을 간행한 저자의 목적과 그의 생각의 본질이 무엇인지 알 수 있게 하기 위해서다. 이것은 구판 서문을 보면 분명히 알 수 있다. 또 전전과 전후라는 역사 현실의 추이에 따라 서문의 내용이 어떻게 바뀌었는지 확인할 수 있게 하기 위해서다. 이것은 두 서문을 대조해 봄으로써 확인할 수 있다.

참고로 번역 시 구판 서문의 저본으로는 『쓰다소키치전집(津田左右吉全集)』 보권(補卷) 2(岩波書店, 1989, 393-400쪽)를, 신판 서문의 저본으로는 같은 책 제20권(岩波書店, 1965, 195-199쪽)을 이용했다.

원문번역

① 구판 서문

이 책의 제1부는 「일본의 지나사상 이식사」라는 제목으로 1933년 1월에 발행한 이와나미강좌 「철학」에 실었던 것이고, 제2부는 「문화사에서 동양의 특수성」이라는 제목으로 1936년 초에 이와나미강좌 「동양사조」에 실었던 것이다. 지금 이 두 편을 합쳐 이와나미신서로 내게 됐다. 그러면서 설명이 부족한 부분은 보완하고 지나문자를 조금이라도 줄이는 의미에서 문자 사용법을 약간 바꿈과 동시에 제목도 가독성이 있게 바꾸었다. 나는 요즘 지나문자를 되도록 적게 쓰려고 하고 있다. 하지만 전에 썼던 것을 전면적으로 고치는 것은 전체를 다시 쓰지 않는 한 어렵기 때문에, 이번에는 이 정도로 해 둘 수밖에 없었다.

이 두 편은 모두 이번 사변[역자주: 중일전쟁]**이 일어나기 전에 쓴 것이다. 사변으로 인해 일본과 지나의 문화적인 교섭이 현실 문제로 새롭게 제기된 지금, 그것을 다시 세상에 내놓는 것은 무의미한 것이 아니라고 생각한다.** 일본인이 일본인 자신의 문화와 지나인의 문화에 대해, **지나인이 지나인 자신의 문화와 일본인의 문화에 대해** 올바른 견해를 가져야 할 필요를 오늘날만큼 절실히 느낀 적은 없다. 만약 그 견해에 잘못된 부분이 있고 잘못된 견해에 근거하여 뭔가 일을 계획하고 있다고 한다면 무서운 결과가 있을 것임을 알 수 있**기 때문이다.**

이 두 편의 글의 공통된 생각은 다음과 같다. 일본문화는 일본의 민족생활의 독자적인 역사적 전개에 의해 독자적으로 형성된 것이므로 지나문화와는 완전히 다르다는 점, 일본과 지나는 각각의 역사가 있고 각각의 문화가 있는 각각의 세계이며, 문화적으로는 이 둘을 포함하는 하나의 동양이라는 세계는 성립되어 있지 않았고, 하나의 동양문화라는 것은 없다는 점, 일본은 과거에는 지나의 문물을 문화재로 많이 받아들였지만, 지나문화의 세계에 결코 포섭되어 있지 않았다는 점, 지나로부터 받아들인 문물이 일본문화의 발전에 큰 역할을 한 것은 분명하지만, 한편으로는 그것을 방해하거나 왜곡하는 힘이 되기도 했다는 점, 그럼에도 불구하고 일본인은 일본인으로서의 독자적인 생활을 발전시켰고 독자적인 문화를 창조해 왔다는 점, 일본의 과거 지식인의 지식으로는 지나사상이 중시됐지만, 그것은 일본인의 실생활과는 매우 동떨어진 것이며 직접적으로는 실생활에 작용하지 않았다는 점이다. 일본과 지나, 일본인과 지나인의 생활은 모든 점에서 완전히 다르다는 것이 내 생각이다. 이 생각은 오래전부터 갖고 있었던 것이다. 20년 전에 쓴 「문학에 나타난 우리 국민사상의 연구」에도 대략적으로 서술되어 있다. 그 뒤 이런 생각이 점점 더 확고해졌다. 일본에 관해 알면 알수록, 지나에 관해 알면 알수록 일본인과 지나인은 전혀 다른 세계의 주민이라는 것이 강하게 느껴진다. 일본의 어떤 분야에서는 일본문화와 중국문화를 아무 생각 없이 동일한 것처럼 믿어 버리는 사람들도 있는 것 같다. 하지만 내 생각에 그것은 자신들이 종사하고 있는 것이나 좋아하는 것, 또는 갖고 있는 지식이나 기능이 지나에서 유래하는 것이기 때문에 그것만을 일본문물과 지나문물 각각의, 또는 그 사이의 관계의 전부인 양 착각하는 데서 생긴 것이다. 그 외에도 여러 가지 이유가 있겠지만, 이것이 가장 중요한 것이라고 생각한다. 일본문화에 대해서도 지나문화에 대해서도 그 모든 면을 넓게 보고 그것을 하나의 전체로 파악하거나 그 근본정신이 어디에 있는지를 밝히고, 그와 함께 일본인과 지나인의 현실생활을 있는 그대로 본다면 그런 생각은 저절로 없어질 것이다.

아울러 세간에서는 *지금부터 일본이 지나에 대해 정치적·경제적·문화적으로 활동하거나 그런 방면에서* 두 민족이 제휴해야 한다는 것과, 일본의 과거 문화와 지나의 그것을 동일한 하나의 동양문화로 보는 것을 혼동하고 있는 것은 아닌가 생각된다. 하지만 이 둘은 원래 전혀 별개의 것이다. *일본과 지나의 문화가 과거에 어떤 관계가 있었다 해도, 그럼에도 불구하고 앞으로는 일본이 지나에 대해 여러 면에서 활동하는 것이 절대적으로 필요해졌다. 일본은 지금 지나인의 항일(抗日)사상을 처부수고, 두 민족이 지나에서 서로 손을 잡고 활동할 수 있는 새로운 정세를 만들려고 목숨을 건 노력을 하고 있다.* 그러나 이를 위해서는 일본인과 위에서 말했듯이 지나인이 별개의 문화를 형성하고 별개의 민족성을 길러 온 *전혀 다른 두 민족이라는 것을 충분히 알고 상대해야 한다. 일본인 스스로 그것을 분명히 깨달아야 함은 물론, 지나인에게도 그것을 잘 납득시켜야 한다.* 특히 오늘날 일본은 긴 과거의 역사가 점차로 길러 온 독자적인 정신과 그를 통해 창조해 온 독자적인 문화의 힘에 의해 현대의 세계문화를 새롭게 자신의 것으로 만들었고, 일본 스스로의 문화에 세계성을 갖게 했다. 그 점에서 지금까지의 지나와는 전혀 다르다는 것을 *지나인에게 분명히 알려 줘야 한다. 문화적인 제휴라 해도 실은 현대의 세계문화를 자신의 것으로 만들고 있는 일본이 아직 그렇지 못한 지나를 지도하는 의미여야 한다. 그것을 지도하는 것은 이 차이를 밝히고 나서의 일이다.* 일본인과 지나인, 일본문화와 지나문화를 막연히 혼동하여 생각하고, 그를 통해 동양인이나 동양문화라는 말을 만들어 본들, 그것이 지나인에게 아무런 느낌도 주지 않는다는 것은 이미 오래전에 끝난 시험이 아닌가?

사실 지나인 중에는 일본에는 독자적인 문화가 없고 과거에는 지나의 것을 모방한 것에 불과하며, 현대에는 서양을 추종하고 있을 뿐이라는 잘못된 생각을 갖고 있는 사람이 적지 않은 것 같다. 일본에 대해 경멸감을 갖고 있는 하나의 원인도 거기에 있지 않나 생각된다. 만약 그렇다면 그것은 이른바 항일의 태도와도 관계가 없지는 않을 것이다. 항일의식을 품게 된 데에는 여러 가지 이유도 있고 사정도 있을 것이다. 또 그 근본에는 민족경쟁이나 국가경쟁이 격렬해진 현대세계의 정세에서 지나를 어떻게 건설해 가야 하는가라는 지나 스스로의 깊은 고민이 있을 것이다. 그런 고민으로부터 생긴 민족의식이나 국가의식을, 원래는 그런 의식이 약했거나 없었던 지나인에게 급속하게 또 억지로 주입시키려고, 목적을 위해 수단을 가리지 않고 눈앞의 모략을 위해 영원한 계획을 잊어버리는 것이 상례이거나, 자기 언동에 자기가 흥분해 옳고 그름을 반성할 줄 모르는 지나의 일부 정치가나 지식인의 기질로부터, 또 사람들의 권세욕이나 그에 따른 술책이 그것과 결탁되어 결국에는 국제적인 신의나 인도(人道)까지도 무시하게 됐다는 과정이 있는 것까지도 생각해야 한다. 그렇다 해도 그것이 특히 항일이라는 형태로 나타난 것은 강한 일본을 접한 데서 생긴 압박감과 일본을 약하다고 본 데서 생긴 경멸감이 결합됐기 때문에, 혹은 오히려 경멸감이 겉으로 드러나고 압박감이 그 속에 숨겨져 있기 때문에 그렇게 된 것이 아닐까?[약해 보이는 상대에 대해서는 무슨 짓이든 할 듯한 것이 지나 민족성의 중요한 일면이다.] 일본을 약하다고 본 것은 정치적으로나 경제적으로, 또는 그밖에 이유에서 잘못 관찰했기 때문이기도 하지만, 위에서 말한 일본문화에 대한 오해도 분명 유력하게 작용하고 있었을 것이다.

그런데 일본인 중에도 일본의 과거 문화의 독자성에 대해 굳은 신념을 갖지 않고 그것을 동양문화 등으로 부르며 지나문화에 종속된 것이기라도 한 듯이 선전하는 자가 있다. 또 일본의 현대문화가 세계성을 갖고 있기 때문에 현대세계에서의 일본문화라는 것, 따라서 거기에는 일본문화로서의 독자성이 갖추어져 있음에 대한 충분한 자각 없이 그것을 단순한 서양문화의 모방처럼 선전하는 자가 있는 것은 지나인의 이런 잘못된 일본관을 조성하는 것과 같다. 또 일본에 대해서는 오늘날에도 여전히 완전히 없앨 수 없는 지나인의 중화의식·우월감에 영합하는 것과 같다. 의식적으로 그렇게 하는 것이 아니라 해도 결과적으로는 그것과 동일한 것이 된다. 그뿐만이 아니다. 일본인은 외국인에게 아양을 떠는 버릇이 있기 때문에, 그것이 외국인에게 일본인을 존중하지 못하게 만들고 있다. 지나인에 대해서도 문화적인 면에서는 역시 그런 것이 있다고 느껴지기까지 한다. 지나인의 문화와는 전혀 다른 문화를 갖고 있고, 그 문화의 우월성에 대해 강한 자신감을 갖고 있는 유럽인이나 미국인이 지나인에게 존경받고 의지의 대상으로 여겨지고 있다는 것을 일본인은 잘 생각해 보아야 한다. 일본인이 지나문자를 쓰거나 지나의 시문(詩文)을 흉내내 만들거나 하는 것도 지나인으로 하여금 일본인에 대해 친근함을 느끼게 하는 데 도움을 주기보다는, 일본문화를 지나문화에 종속되어 있는 것으로 생각하게 해 일본인을 경멸하게 하는 작용을 하는 면이 크다[자신들보다 더 뛰어나다고 여기는 존재가 자신들과 같은 것을 한다면 거기서는 친근감을 갖지만, 뒤떨어져 있다고 여기는 존재가 그런 것을 한다면 그것은 단지 자신들의 우월감을 강하게 할 뿐이다]. 아울러 지나에서도 새로운 세계의 공기를 어느 정도라도 호흡하고 있는 지식인은, 과거의 지나문화에 대해 어느 정도 비판적인 태도를 취하고 지나를 현대화하는 데 어느 정도의 역할을 하고 있다. 따라서 그 운동이 과연 올바른 방향을 지향하고 있는가의 여부는 차치하더라도, 일본인이 동양문화라는 이름으로 지나의 과거 문화를 숭배하고 그것에 집착하는 잘못된 느낌을 그들에게 들게 하는 것은, 앞에서 말한 것과는 다른 의미에서 일본이 지나의 젊은 지식인의 경멸이나 반감을 불러일으키고, 그들의 마음을 유럽이나 미국으로 향하게 한다는 것도 일본인은 생각해야 한다. 일본인이 이제부터 손을 잡고 가야 하는 것은 지나의 젊은 지식인이다. 따라서 일본인은 그런 사람들의 마음을 일본으로 향하도록 노력하면서 그들의 운동을 올바른 방향으로 이끌어 가야 한다. 지나도 지금은 사상의 전환기에 서 있음을 알아야 한다.

그런데 이렇게 보면 일본인이 지나에 대한 효과적인 작용을 하기 위해서는 세계성을 갖춘 현대의 일본문화를 더욱 고양하여, 유럽이나 미국보다 더 뛰어나게 만들어야 함을 저절로 알 수 있을 것이다. 일본문화가 그렇게 되어야, 그리고 지나인이 일본문화보다 유럽이나 미국 쪽이 더 뛰어나다고 생각하지 않아야 지나에 일본문화의 힘을 충분히 작용시켜 지나인에게 진정으로 일본을 이해시키고 일본을 존경하게 할 수 있는 것이다. 그리고 그와 같이 일본문화를 고양하기 위해서는 한편으로는 일본인의 정신력을 더욱 강화해야 함은 물론, 다른 한편으로는 문화 발전을 방해하는 여러 걸림돌을 되도록 빨리 버려야 한다. 이 걸림돌 중에는 과거에 지나로부터 받아들인 것이 적지 않다. 지나문자는 그중에서도 가장 큰 것이다. 지나문자가 문자 그 자체의 성질상 일반적으로 문화 발전을 방해한다는 점은 말할 것도 없다. 일본어와 일치하지 않는 지나문자를 일본인이 사용하는 것은 지금부터 더욱 발전시켜 가야 하는 일본어의 발전까지도 크게 방해하는 것이다. 또 지나문자나 고전적 지나문(支那文), 즉 이른바 한문과 결합되어 있는 지나풍의 학문 방법이나 사고방식이 현대문화의 기초가 되어 있는 현대학문의 정신과 일치하지 않는다는 것까지도 생각해야 한다. 지나문자를 사용하지 않기 위해서는 순서도 있고 준비도 있어야 한다. 따라서 그것을 이루기까지 어느 정도 시간이 걸리는 것은 어쩔 수 없는 일이다. 그러나 일반 교육의 교과로 고전적 지나문을 배우게 하는 것은 하루빨리 그만두었으면 한다. 이것은 지금이라도 당장 할 수 있는 일이다. 고전적 지나문을 배우는 것은 과거의 일본이나 지나에 대해 특수한 학문적 연구를 하는 자에게는 필요하다. 그러나 일반적으로는 아무 쓸모도 없다. 학생의 진정한 교양과 지성 발달에 걸림돌이 될 뿐이다. 지나문으로 기록된 일본 고전이나 여러 저작은 그것을 일본어로 고쳐 씀으로써 얼마든지 세상에 보급할 수 있다. 아울러 지나의 현대어를 일반 교육의 교과로 정하자는 생각은 당치도 않은 짓이다. 현대지나어를 배우는 것은 일본인에게는 아무런 교양도 되지 않기 때문이다. 이것도 현대지나에 관한 특수한 지식을 요하는 자, 특수한 학문연구를 하는 자, 지나에 가서 지나인과 친밀하게 접촉하지 않으면 할 수 없는 일을 하는 자에게나 필요할 것이다. 그것을 위해서는 그것을 배울 수 있는 특수한 기관이 있기만 하면 된다. 지나인과 접촉하는 일을 하는 것과 관련해서도 일본인과 일본문화에 진정한 힘이 있고, 그것을 통해 지나인이 이익을 받는 것이 알려지게 된다면, 지나인 쪽에서 일본어를 배우게 될 것이다.

한 가지 덧붙여야 할 것이 있다. 일본인이 지나에 대한 진정한 활동을 하기 위해서는 지나의 모든 것에 대해 정밀한 학문적 연구, 특히 문화에 대해서는 그런 연구와 함께 엄정한 비판을 해서 상대해야 한다. 오늘날에는 일본이 지나로부터 배워야 하는 것은 아무것도 없지만, 이런 연구와 비판은 꼭 필요하다. 그것이 일본인의 모든 역할의 밑바탕이 되는 것이다. 문화적인 면에서 말하면 옛날 일본학자는 학문이라는 것은 타자로부터 무언가를 배우는 것이라고 생각하고 있었다. 그렇기 때문에 자연히 자기가 배운 것을 배운 대로 숭배하게 되고, 거기에서 편협하고 완고한 종파심(宗派心)이 그들 사이에 길러져 왔다. 지나에 관한 것으로는 유자(儒者)의 학문이 그것이었다. 그러나 현대학문은 연구하는 것이고 비판하는 것이다. 옛날과 같은 의미에서 배우는 것이 아니다. 예를 들어 유교에 대해서도 그것이 요구된다. 정치의 가르침, 도덕의 가르침으로서의 유교가 권력자나 지식인의 사상이나 지식에서는 오랫동안 큰 권위를 갖고 있었다. 그럼에도 불구하고 그 힘에 의해 지나의 정치와 사회가 조금도 나아지지 않았고, 지나민중이 조금도 행복해지지 않았다는 분명한 사실도 이런 연구와 비판을 통해야만 비로소 그 이유를 알 수 있게 될 것이다. **그리고 그것이 앞으로 지나인에 대한 지도방침을 결정하는 중요한 자료가 될 것이다. 유교뿐 아니라 모든 문화적인 현상에 대해서도 같은 것을 생각해야 한다. 이런 연구가 다방면으로 진행되는 것은 학문 세계에서 저절로 지나인을 지도해 가게 되기도 하고, 일본 현대문화의 힘을 지나인에게 보여 주는 것이 된다. 뿐만 아니라 그것은 지나에 대한 지식도 없고, 지나인의 생활, 지나사회의 실제 상태를 모르기 때문에 이번 사변에 대해서도 잘못된 생각을 갖고 있는 많은 유럽인이나 미국인에게 지나에 대한 올바른 지식을 제공하는 데 도움이 되기도 한다. 이것은 일본인이 반드시 해야 하는 일이다**[유감스럽게도 일본에서는 아직 이런 연구가 충분히 이루어지지 않고 있다. 어떤 분야에서는 훌륭한 업적이 조금씩 나왔지만, 그것이 나오지 않는 분야가 적지 않다. 특히 사상에 관한 것이 그렇다. 왜 그런지는 앞에서 말한 것을 통해 저절로 알 수 있는 부분이 있을 것이다].

서문에서 이런 것을 말하기는 적절하지 않을 것이다. 하지만 이 책에서 말하고 있는 것과 밀접한 관계가 있기 때문에 솔직하게 나의 생각을 말했다. ***일본은 지금 지나에 대해 행하고 있는 커다란 활동을 향해 모든 힘을 집중하고 있다. 이 활동은 모든 방면에서 충분히 또 철저히 수행***

해야 한다. 그것을 수행할 수 있는 것은 위에서 말했듯이 역사적으로 발달해 온 일본인에게 독자적인 정신과 세계성을 갖춘 현대문화, 그 근본인 현대과학 및 그를 통해 새롭게 배양된 정신의 작용이 하나로 융합한 데서 생기는 강한 힘 때문이다. 그러나 이런 일본의 상태와 정반대인 것이 오늘날 지나의 현실의 모습이다. 이번 사변이야말로 지금까지의 일본과 지나의 문화, 일본인과 지나인의 생활이 전혀 다른 것이었으며 이 두 민족이 전혀 다른 세계의 주민이었다는 것, 그와 함께 일본인에게 독자적인 정신과 현대문화·현대과학 및 그 정신이 결코 서로 어긋나는 것이 아님을 가장 잘 보여 주는 것이라고 해야 한다. 현재 지나의 모든 방면에서 활동하고 여러 의미·방법으로 지나인과 접촉하고 있는 일본인에게는 그것이 분명히 알려져 있을 것이다. 이 책에 수록된 두 편은 요컨대 이런 분명한 현재 사실의 역사적 유래를 생각한 것에 불과하다.

1938년 10월 저자

② 신판 서문

여기 수록된 두 편의 글의 공통된 생각은 다음과 같다. 일본문화는 일본의 민족생활의 독자적인 역사적 전개에 의해 독자적으로 형성된 것이므로 지나문명과는 완전히 다르다는 점, 일본과 지나는 각각의 역사가 있고, 각각의 문화·문명이 있는 각각의 세계이며, 이 둘을 포함하는 하나의 동양이라는 세계는 성립되어 있지 않았고, 하나의 동양문화·동양문명이라는 것은 없다는 점, 일본은 과거에는 지나의 문물을 문화재로 많이 받아들였지만, 지나문명의 세계에 결코 포섭되어 있지 않았다는 점, 지나로부터 받아들인 문물이 일본문화의 발전에 큰 역할을 한 것은 분명하지만, 한편으로는 그것을 방해하거나 왜곡하는 힘이 되기도 했다는 점, 그럼에도 불구하고 일본인은 일본인으로서의 독자적인 생활을 발전시켰고 독자적인 문화를 창조해 왔다는 점, 일본의 과거 지식인의 지식으로는 지나사상이 중시됐지만, 그것은 일본인의 실생활과는 매우 동떨어진 것이며 직접적으로는 실생활에 작용하지 않았다는 점이다. 일본과 지나, 일본인과 지나인의 생활은 모든 점에서 완전히 다르다는 것이 내 생각이다. 이 생각은 오래전부터 갖고 있었던 것이다. 40년 전에 쓴 「문학에 나타난 우리 국민사상 연구」에서도 역사상 각각의 시대에 대해 그것을 대략적으로 서술했지만, 그 뒤 그것이 더 확고해졌다. 일본에 관해 알면 알수록, 지나에 관해 알면 알수록 일본인과 지나인은 전혀 다른 세계의 주민이었다는 것을 강하게 느끼게 됐다.

아울러 세간에서는 현재 일본과 지나 두 국민 사이에 문화나 문명 교류가 이루어져야 한다는 말도 있는 것 같다. 그러나 원래 문화나 문명이라는 것은 국민생활이 반영된 모습이므로, 그 생활로부터 분리하여 다루어서는 안 되며 또 다룰 수도 없는 것이다. 따라서 다른 국민의 문화나 문명과의 교류라는 것은 본래 있을 수 없는 것이다. 학문적인 연구 결과나 문예 작품, 어떤 사상이나 기술 같은 것은 일단 그것만을 현실의 국민생활로부터 분리하여 다룰 수 있는 것처럼 보이기도 한다. 그러나 그렇다 하더라도 정말로 그렇게 할 수는 없는 것이다. 특히 지나가 지금처럼 공산주의화 되고 있다고 한다면 학문도 문예도 사상도 기술도 모두 공산주의의 생활에 입각해 있음은 물론, 그 속에 포섭되어 있는 것이기 때문에 더욱 그러하다. 지금의 지나 사회나 국가에서는 그 민중 생활의 모든 것이 공산주의로 뒤덮여 있을 것이다. 따라서 그 문명은 공산주의의 생활이 드러난 것으로 인식해야 한다. 그렇기 때문에 그 문명의 하나의 단편이라 해도 그것을 일본으로 가져오는 것은 엄중히 경계해야 한다. 공산주의화 되기 전 지나문명의 유산이라 해도, 오늘날 지나인이 그것을 다루는 방식

에 짙거나 옅거나 강하거나 약하거나 많거나 적은 차이가 있다 해도, 공산주의 사상이 작용하고 있는 것은 마찬가지다. 하물며 일본의 과거 문화와 지나의 과거 문명을 하나의 동양문화나 동양문명으로 보는 잘못된 생각이 개입된다면, 그 영향이 미치는 범위는 지극히 크다고 해야 한다. 역사적인 사실을 밝힌다면 이런 생각이 잘못됐다는 것을 분명히 알 수 있지만, 그것을 밝히지 않는 것 또한 공산주의 국가의 하나의 정책이고 태도다.

지금도 지나 지식인 중에는 일본에는 독자적인 문화가 없고, 과거의 일본문화는 지나의 것을 모방한 것에 불과하며, 오늘날의 것은 서양 것을 추종하고 있을 뿐이라는 잘못된 생각을 갖고 있는 사람이 있는 것 같다. 그런데 일본인 중에도 일본의 과거 문화의 독자성에 대한 충분한 이해 없이 그것을 지나문명에 종속되어 있었던 것이기라도 한 듯이 생각하고, 그런 의미에서 동양문화·동양문명이라는 명칭을 쓰는 사람이 있는 것 같다. 그러나 내 의견을 말하면, 이런 생각은 자신들이 종사하고 있는 것이나 좋아하는 것, 또는 갖고 있는 지식이나 기능 등이 지나에서 유래하는 것이기 때문에 그것만을 일본문물과 지나문물 각각의, 또는 그 사이의 관계의 전부인 양 착각하는 데서 생긴 것이다. 그 외에도 여러 가지 이유가 있겠지만 이것이 주된 이유일 것이다. **그 외의 이유라는 것은 지나인의 실생활을 모르고 서적 특히 고전만으로 지나를 생각하며, 유교 교설이나 도가사상 등을 실생활 그 자체를 표현한 것으로 간주하는 것이다. 또 그렇게 간주하는 것이 사실을 보여 주는 것인 양 생각해 온 과거 학자의 분위기가 남아 있는 것, 또는 지금의 일반적인 지식인의 지식이 주로 유럽인이나 미국인으로부터 주어진 것이기 때문에 지나의 사정이나 지나와 일본의 관계에 관해 아는 것이 적거나 잘못되어 있는 것 등이 그 주된 이유다.** 그래서 일본문화에 대해서도 지나문명에 대해서도 그 모든 면을 보고 그것을 전체적으로 관찰하며, 그 근본정신이 어디에 있는지를 알아냄과 동시에, 일본인과 지나인의 현실의 생활 **상태와 그 생활 감정, 생활 의욕을** 있는 그대로 본다면 그런 생각은 저절로 없어질 것이다. **그것을 밝히려고 하는 것이 이 책을 출간한 하나의 의미였다. 이 책의 원판 서문에서** "일본인이 일본인 자신의 문화와 지나인의 문화에 대해 …… 올바른 견해를 가져야 할 필요를 오늘날만큼 절실히 느낀 적은 없다. 만약 그 견해에 잘못된 부분이 있고 잘못된 견해에 근거하여 뭔가 일을 계획하고 있다고 한다면 무서운 결과가 있을 것임을 알 수 있기 때문이다"**라고 쓴 것도 이 때문이었다. 이것은 오늘날 한층 깊은 의미가 있는 것이 아닐까?**

아울러 원판 서문에서는 일본인은 일본어를 발전시키기 위해 가능한 한 빨리 지나문자의 사용을 중단해야 하는 점, 이른바 한문과 결합되어 있는 과거의 지나식 학문 방법이나 사물에 대한 사고방식은 현대문화의 기초인 현대의 학문정신 및 방법과 일치하지 않는 것이기 때문에 독립적인 한문과(漢文科)는 일반 교육의 교과로부터 제거해야 하는 점, 일본인은 현실의 국제관계에서도 순수한 학문의 입장에서도 지나문명에 대한 엄정한 학문적 연구와 비판에 힘써야 하는 점, 예를 들어 정치의 도를 말하고 도덕을 가르치는 유교가 권력자나 지식인의 지식이나 사상에서는 오랫동안 큰 권위가 있었지만, 그것으로 지나사회나 정치가 조금도 나아지지 않았고, 지나민중이 조금도 행복해지지 않았다는 분명한 사실도, 이런 연구와 비판을 통해야만 비로소 그 이유를 알 수 있는 점 **등에 관해 말했었다.**[1] **이 점들은 오늘날 오히려 강하게**

1 역자주: 이 부분은 쓰다가 구판 서문 중 "일본어와 일치하지 않는 지나문자를"에서 "지나민중이 조금도 행복해지지 않았다는 분명한 사실도 이런 연구와 비판을 통해야만 비로소 그 이유를 알 수 있게 될 것이다"(津田左右吉, 『津田左右吉全集』 補巻 2, 岩波書店, 1989, 398-400쪽)까지를 요약한 것이다.

주장해야 하는 것이라 생각되기에 여기에 덧붙여 둔다. 현재의 지나가 공산주의의 극심한 억압을 받고 있으면서도 그것을 배제할 수 없는 상태에 빠져 있는 것도, 앞에서 말한 유교의 사정과 깊은 관계가 있을 수 있다는 것도 추측할 수 있다. 그러므로 일본을 위해서도 지나를 위해서도 또 세계문화를 위해서도 일본인은 이것을 분명히 해 둬야 한다. 현재의 지나는 소련을 모방해 정치에서도 사회생활에서도 도덕사상에서도 위정자의 권력에 의해 과거 전통을 파괴해 버리려고 하고 있기 때문에 앞에서 말한 공산주의화가 가능하지만, 지나 지식인에게는 원래 소련의 정치를 모방하는 데 적합한 소질이 있다. 그들은 과거에 무력을 배경으로 한 정치적 강권에는 항상 복종하거나 영합했다. 또 그것을 통해 뭔가 지위를 차지하려고 했다. 예부터 왕실 교체가 정당하게 여겨져 온 것은 그 때문이다. 사상적인 면에서는 도덕을 제왕이 정하는 것으로 여기고, 사민(士民)의 사상과 행동을 제왕이 만든 예악제도라는 엄격한 규율에 따르게 하는 것을 이상으로 삼는 유교를 신봉했다. 이것은 소련이 계획하고 실행하고 있는 것과 같은 생각에서 나온 것이다. 지나가 소련화할 수 있는 하나의 이유가 여기에 있다는 것은 쉽게 생각할 수 있다. 지나인은 그 실생활에서는 극단적인 자아주의자다. 하지만 그러면서도 지식인의 사상에는 이런 일면이 있다. 그것이 서로 뒤얽혀 있다[소련 위정자의 권력이 제정(帝政)시대 제왕의 권력 및 그것과 하나가 되어 있는 기독교의 교권(教權) 형태에 대한 변형을 통해 지속되어 오고 있다는 것도 이와 관련이 있을 것이다. 모든 혁명의 일면에는 과거로부터 전해 내려오는 어떤 상태에 의존하는 면이 있다. 그것이 없으면 혁명은 이루어질 수 없다].

1959년 3월 저자

중국 남북의 구별

오카쿠라 덴신 지음, 김용철 옮김

해제

「중국 남북의 구별(支那南北ノ区別)」은 1893년 7월부터 6개월에 걸쳐 중국을 방문한 오카쿠라 덴신(岡倉天心, 1863−1913)이 그 이듬해 잡지 『국화(國華)』 54호(1894년 3월 25일)에 게재한 것으로, 원래 제목은 「지나 남북의 구별(支那南北の区別)」이며 신문 『일본(日本)』, 『일본대가론집(日本大家論集)』 등에 전재되었다. 중국을 처음으로 방문한 덴신이 중국의 지리적 특성과 함께 역사와 문학의 전개 과정 등을 개괄한 이 글에는 특히 중국의 화북과 강남 지역이 기후 및 풍토상으로도 다르고 사상적으로도 큰 차이가 있음에 주목했던 그의 시각이 부각되어 있다. 중국방문에서 귀국한 이후에 가진 귀국보고회에서 '중국에는 중국이 없다'고 주장했던 그가 중국을 논하면서 지역적으로 남북을 구별하게 되고 한 단계 구체적으로 중국을 인식하게 된 사정을 보여 주는 글이다. 화북과 강남의 대비를 의식하며 중국역사에 등장했던 역대 왕조의 명멸을 좇아간 점도 흥미롭다.

중국을 방문하기 전, 도쿄미술학교 초기 '일본미술사' 강의에서 일본미술에 영향을 준 중국의 영향을 미술품과 문헌을 중심으로 논한 바 있는 덴신은 이 글에서는 중국에 관한 폭넓은 관심을 드러냈다. 학습기에 습득한 중국고전에 관한 지식과 함께 일본의 고미술품 조사를 통해 형성된 그의 중국문명관은 중국방문을 통해 미술 분야뿐만 아니라, 문학, 역사, 그리고 풍토에 대한 조망으로 더욱 확장되어 갔다. 제출하지 못했으나 졸업논문의 주제로 국가론을 다루었던 그의 권력에 대한 통찰 또한 군데군데 드러나 있는 점도 간과할 수 없다.

중국문명론이라는 측면에서 보자면, 중국방문 이전과 이후로 덴신의 중국인식에는 적지 않은 차이가 드러난다. 특히 중국을 방문한 이후로 화북 지역을 중심으로 한 유가사상과 강남 지역을 중심으로 한 노장사상이라는 도식적 구분은 고정관념으로 이어졌고, 1899년에 쓴 영문원고「공자의 시대와 노자의 시대(The Confucianist Age and Laoist Age)」를 거쳐 『동양의 이상』(1903)에 이르러 중국이 철학의 나라라는 인식의 완성을 보게 되었다.

화북과 강남이라는 중국의 지리적인 풍토의 차이와 함께 중국역사의 전개, 문학과 미술의 흐름과 각 시대별 성격을 개관한 이 글은 같은 시기 중국사 전공자로 실증주의 역사학을 대표하는 나이토 고난(內藤湖南, 1866-1934)의 문화이동론과도 대조를 이룬다는 점에서 주목되지만, 일본의 후대 역사학자들에게 계승되지는 못하였다. 이 글은 덴신이 중국 방문의 성과를 활자화하여 직접 공표한 유일한 글이라는 점에서도 중요하고, 이후 그의 중국문명론이 전개되는 과정에서도 중요한 분기점이 되었다는 점에서 의의가 크다.

원문번역

낙양 근처 낙수(洛水)를 건너 서쪽으로 가면 온땅 가득 지는 햇빛이 한나라와 당나라의 그림자가 아닌 바가 없다. 앞을 막아서는 거친 모래(斷遏荒砂), 하늘은 어두워지고 백마사(白馬寺) 주변에는 어지럽게

나는 반딧불이와 오래된 무덤, 해 저물 때 낙유원(樂遊原)[1]에 가니 당시의 위엄 있는 문물(威儀文物)이 홀연히 말 앞에 나타나는 것 같다. 방향을 틀어 촉도(蜀都), 즉 성도(成都)로 가니 광경이 일변하여 몸은 바로 춘추전국시대 송나라 사람이 되려고 한다. 장강을 따라 삼협(三峽)을 지나 저녁구름 먼 강을 보니(暮雲遠水), 끝없이 흔들리는 마음 초나라 땅 가을로 움직이려 한다. 전자는 규모 광대하여 로마의 옛 도읍을 찾는 느낌이 있고, 후자는 분위기 아득하여(趣致幽遠) 세밀한 그림을 잘 그리던 화가 곽충서(郭忠恕)[2]의 소품을 대하던 생각이 난다. 같은 강산으로 이처럼 경관이 다른 것은 무슨 까닭인가. 생각건대 옛날 일을 생각하고 마음 아파하는(弔古) 정은 각 시대의 색으로 초목산천을 꾸민다지만, 물러나서 생각하면 중국의 지세에 원래 남북의 구별이 있어서 스스로 그 특성을 드러내지 않는 것이 아닌가. 대저 유럽에는 공통점이 없다. 게르만 인종의 나라가 있는 곳은 러시아고원에서 바람과 눈이 불어오는 땅이다. 그곳 사람들의 기질이 용감함을 갖추어 강직한 것은 저 지중해의 온난함에 접하여 풍류와 멋이 있는 라틴족과는 다르다. 중국 땅은 광막하고, 그 사이에 일정한 공통점이 없는 것도 바로 그와 같다. 지금 가령 티벳 등의 서역 제번(諸蕃)을 제외하고, 북쪽으로는 타타르라고 칭하는 몽골만주를 제외하고, 남쪽으로는 인도 및 남양(南洋)의 영향을 받은 운남(雲南), 광동(廣東) 등의 여러 성을 제외하고 중국문화의 중앙으로서 그것을 논한다면 황하와 양자강을 중심으로 하여 적어도 남

1 낙유원: 장안 시내 동남쪽에 있는 지명으로 지세가 높아 장안 시내 전체를 조망할 수 있다. 원래 진(秦)나라 의춘원(宜春苑)이었던 곳을 한(漢)나라 선제(宣帝)가 낙유묘(樂遊廟)를 설치하면서 낙유원으로 불렸다. 樂遊苑이라고도 하며 당(唐)나라 무후(武后) 치세 때 태평공주(太平公主)가 이곳에 정자와 누각을 세웠다.

2 곽충서(?-977): 10세기 북송시대의 문인화가. 세밀한 누각그림에 능하였다.

북 두 가지 종류의 차이를 보아야 한다. 옛사람들 중 이미 강남, 하북에 있어서의 풍속 및 기질의 같고 다름을 말한 자들이 있다. 즉, 문화 미술에 있어서 풍치가 균일하지 않다는 것은 원래 이상할 것이 없다. 산수화에 있어서 남종, 북종의 구별은 선종불교의 말버릇을 본따서 명대의 여러 사람들이 오로지 주창한 바이지만, 심씨(沈氏)[3] 같은 경우는 지세의 관점에서 남북의 회화를 평하여 화취(畫趣)의 호건(豪健)과 온윤(溫潤)을 논단하려고 시도하기에 이르렀다. 그 주장하는 바가 견강부회에 빠진 곳이 있다고 하지만, 또한 문예상 스스로 이 두 종류의 구별을 고려할 필요를 제시한 것이다. 지금 시험삼아 남북의 중심인 황하와 양자강의 기세가 서로 다른 점을 말해 보고, 식자의 가르침을 청하려 한다.

황하 주변은 광야 천 리 또 천 리, 거의 끝이 없다. 산에는 태행산(太行山), 태산(泰山), 화산(華山)이 있어도 평원의 막막함을 깨기에 충분치 않다. 그리고 양자강 주변에는 층만위봉(層巒危峰)이 앞에 솟아 있지 않으면 비천현폭(飛泉懸瀑)이 뒤에 닿아 있다. 황하 주변에는 나무가 적고 양자강변에는 울창한 숲이 우거져 있다(鬱翠滴). 황하 지역은 기후가 건조하고 양자강 지역은 습도가 높다. 또 황하 지역은 가뭄이 잦고 양자강 지역은 비가 많다. 황하 지역은 삭풍이 살갗을 찢고 양자강 지역은 엄동(嚴冬)이 없다. 한쪽은 평탄불변하여 광원(廣遠)한 기상을 기를 만하고 한쪽은 변화백출(變化百出)하여 치밀한 사상을 기를 만하다. 풍토가 이미 같지 않고 생활 또한 그에 따라 분위기를 달리하지 않을 수 없다. 그 때문에 맑은 물이 없는 황하 지역은 논을 만들어서는 안 된

3 심개주(沈芥舟, 1736-1820): 중국 청대의 화가이며 본명은 宗騫. 그가 지은 『沈芥舟學畫編』 4권이 일본에 전한다.

다. 그리고 수고는 크지만, 거친 음식을 달게 먹어야 한다. 물 대고 세탁하는 일이 불편한 황하 지역 사람들은 옷이나 그릇을 씻는 일에 게으르고 그 습속이 불결하기 쉽다. 목재가 부족한 황하 지역은 벽돌을 구워 집을 짓지 않으면 안 된다. 즉, 황하 지역의 흙집이 어두운 것은 양자강 지역의 목조가옥이 쾌활한 것과 다르다. 평원은 수레와 말을 이용하고 강과 못은 배를 이용해야 한다. 한쪽은 강건하고 인내하는 문인을 낼 만하고 한쪽은 멋지고 고상한 문인을 낼 만하다.

중국국민이 한 가지 종족이 아님은 원래 내가 말할 필요도 없지만, 황하, 양자강 두 지역 사람들의 용모체격은 실로 뚜렷하게 차이가 있다. 남잔(南棧)[4]을 건너 가릉강(嘉陵江)을 따라 좀 가서 촉 지역에 가까워지면 사람들의 생김새가 화북지역과 같지 않다는 것은 누구나가 분명히 인정하는 바일 것이다. 북경 사람들이 남쪽 지역 사람들은 희고 몸이 말라서 위대한 사람을 배출하지 못한다고 말하는데, 매우 들어맞는 말이다. 황하 지역 사람들은 콧날이 오똑하고(隆準) 광대뼈가 발달하여 눈이 치켜 올라가고 양자강 지역 사람들은 얼굴이 편평하고 눈이 가늘고 길다. 수천 년래의 한 나라 사람으로서 이처럼 크게 구별되는 것을 이상하게 여기겠지만, 종족이 섞이지 않은 것은 그 선조가 묻힌 땅을 중시하고 쉽게 다른 지역에 이전하지 않아서 타향에서 죽게 되면 반드시 그 주검을 고향에 보내는 등의 일을 통해 황하와 양자강 지역이 서로 만나는 일이 매우 적을 뿐 아니라, 다른 지역 사람과 결혼하는 일이 드문 것 또한 한 가지 원인이 될 것이다. 기질과 풍습의 차이는 특히 심하다. 중국에도 북인남상(北人南相), 즉 북인이 남인 관상을 했거나 혹은 남인이 북인 관상을 했다는 속담이 있다. 다만, 북인은 꾸밈없

4 남잔: 섬서성 지역에서 촉 지역으로 가는 험난한 길. 남잔도(南棧道)라고도 한다.

이 순박하고(樸野), 남인은 겉으로는 애교를 품고 있다고 말할 수 있을 것이다. 그것은 어쩌면 북인의 입에서 나온 것이라고 말하겠지만, 결국 황하 지역 사람들은 질박, 냉담하고 양자강 지역 사람들은 화사, 쾌활한 것을 가릴 수 없는 것과 마찬가지다. 옛말에 이르기를 진(秦)나라와 진(晉)나라는 거칠고 둔하며(傺魯) 오월(吳越)은 날쌔고 기만적이라고(剽詭) 했다. 명나라 사람들은 이르기를 북인이 다투어 싸우고 뺏으며 죽이는 것은(鬪狠劫殺) 안녹산과 사사명의 난과 같은 여러 흉한 난리의 여파이며, 남인이 경박하고 사치스러우며 음탕한 것은(輕薄奢淫) 양나라 제나라의 황제가 남긴 것이며, 그 뿌리는 한층 깊이 있다고 말한다. 또 언어의 차이와 같은 것은 원래 오늘날 시작된 것이 아니다. 순자(荀子)에 초사(楚辭)가 많고, 한나라 때의 소리, 즉 발음에 초(楚) 지역 발음과 하(夏) 지역 발음이 있었으며, 육조시대에도 머리가 흰 까마귀(白頂烏)라는 비난이 있었다. 당나라 이래 과거시험(試舉)의 법은 언어를 일정하게 하는 데 매우 효력이 있었지만, 만리산하가 떨어진 것은 1천 년의 영향으로써 타파할 수 없다. 듣건대, 오늘날 나라 안에 오십 여 종류의 방언이 있다. 그것을 대별하면 남어(南語)와 북어(北語), 즉 양자강 지역 언어와 황하 지역 언어 두 종류가 있다. 인생에서 가장 불쾌한 것은 사람의 뜻을 이해하지 못하고 자신의 뜻을 통하게 하지 못하는 것이다. 마땅히 중국 남북 서로 오월(吳越)의 생각, 즉 적대감이 있을까?

정치의 변천에 있어서 여기 두 요인의 동요를 살펴야 할 것이다. 하상주(夏商周) 삼대의 다스림은 황하 지역에 있었다. 춘추전국시대에 이르러서도 제후로 패권을 잡은 자들은 모두 황하 지역에 있었다. 그리고 초나라도 선대의 왕들은 형산(荊山)에 있을 때 필로(篳路), 즉 초라한 수레를 탈 정도로 보잘 것이 없었다. 또 주나라가 제후를 봉할 때 주는 보물(分器)을 받지 못하였다. 춘추전국시대 송나라 성왕이 제후들을 기양(岐陽)에 불러모아 회맹(會盟)을 할 때에는 초나라를 참여시키지 않았다.[5] 오나라는 19대 군주인 수몽(壽夢) 이전에는 중국에서 인정받지 못했다. 진(秦)나라와 진(晉)나라, 제(齊)나라, 노(魯)나라는 항상 운동, 즉 변화의 중심이었다. 진나라가 천하를 통일해도 오나라는 아직 망하지 아니하였다. 그리고 전국시대 초나라에 주나라 신왕(愼王)의 후예가 있었다. 조룡(祖龍)[6]이 죽은 뒤 초나라의 삼호(三戶), 즉 세 부족만 남아 있어도 진을 망하게 할 수 있다는 여지를 둔 것으로도 이를 알 수 있고,[7] 또 양자강 주변에서 진나라 제도를 이어 감이 적은 것을 보면 충분할 것이다. 유비와 항우가 천하를 다투자 양자강 지역이 처음으로 황하 지역을 엿보기에 이르렀다. 하지만, 대세는 더욱 황하 지역의 전투에 의해서 정해진다. 한나라의 두 도읍, 즉 서한과 동한의 세력은 400년 동안 황하 물길을 따라 오르내렸으며 양자강 주변의 인물은 특히 적막함을 참지 못했다. 유비가 남양의 제갈공명을 삼고초려하고부터 천하 삼분을 획책하여 그의 촉나라와 오나라는 대세를 몰아 남하하였고, 육조(六朝)의 풍운은 양자강과 황하를 정(鼎), 즉 세발솥의 조화를 가져다주는 좋은 기회를 주었다. 이씨 왕조인 당나라는 육대(六代)[8]의 정화를 뽑아낸 것이다. 당대에 이르러 국가의 면모는 일변하였고, 문물법상(文物法象) 여기에 이르러 근대와 고풍을 나누는 근거가 된 것

5 옛날 성왕이 제후들을 기양으로 불러 회맹을 할 때, 초나라는 형산에 거주하는 야만족으로 간주되어 모절(茅蕝)을 준비하고 망표(望表) 세우는 일을 맡았고, 선비족과 함께 궁정의 화톳불을 지키고 있었으므로 회맹에는 참여하지도 못하였다. "昔成王盟諸侯于岐陽, 楚爲荊蠻, 置茅蕝, 設望表, 與鮮卑守燎, 故不與盟"(『國語』, 「晉語八篇」).

6 조룡: 진시황을 말한다.

7 『史記·項羽本紀』: "自懷王入秦不反, 楚人憐之至, 故楚南公曰, 楚雖三戶, 亡秦必楚."

8 육대: 진(晉), 송(宋), 후위(後魏), 북제(北齊), 후주(後周), 수(隋)를 말한다.

은 황하에 양자강 강물을 부음에 의한 것이 아닌가. 당나라 인사들의 부귀광채 찬연한 것은 실로 중앙과 주변이 합쳐진(中邊合體) 덕이다. 그리고 당시 대세는 아직 황하 주변에 있었다. 장안을 도읍으로 하고 낙양을 임지(任地)로 삼긴 했지만, 남하하지는 않았다. 공수의 요충지는 그것으로 하여 그렇게 된다고 하지만, 또 황하 주변 인물의 번성에 의한 것이었다. 오대의 변란은 거듭 양자강과 황하를 용솟음치게 하였지만, 그 결과는 중심을 한층 남하시켰다. 조씨 송나라가 변경(卞京)에 도읍을 정하고 이어서 남쪽으로 간 것과 같은 일은, 즉 남송이 된 것은 정치 이외에 황하 주민을 강남에 둔 것 뿐이다. 다만, 송나라는 주나라와 한나라가 황하에 있어서 그랬던 것처럼 양자강의 정신을 발휘한 것이다. 중앙집권의 제도와 같은 것은 두드러지게 변하였다. 번진(藩鎮)의 세력이 약해져 요금(遼金)을 발호하게 하고 마침내 오랑캐의 말에 유린되기에 이르러 황하와 양자강이 함께 그림자도 없어졌다. 원나라 대에는 조야관민이 서로 반목하는 시대라서 중국인종은 남북 모두 위축되었다. 명나라 시대는 단지 복고에 급급하여 아직 본래의 기력을 발휘하는 데 이르지 못하였다. 영락제가 추진하여 연경에 도읍을 정하고도 황하 주민들의 남은 힘을 일으키는 데는 충분하지 못했던 것이다. 원대 정부와 인민과의 거리는 여전히 존재하고 있었다. 국가적 관념이 지극히 열고 그 말로는 송나라 말기에 비하여 실로 가련할 정도였다.

문화현상에서도 황하와 양자강 지역이 각각 그 취향을 달리한다. 평원광야에 나라를 세운 자는 일정 불변의 원리를 추구하는 생각이 있다. 그 때문에 역리(易理)에 있어서 유교에 있어서, 정(靜)에 머물고 평안을 유지할 수 있는 길을 말한다. 한나라 유학이 즐겨 공맹(孔孟)을 바탕으로 서술(祖述)하고 주나라 말기 백가 중에 기교를 추구하지 않은 것은 황하가 언제나 똑같은 것에 영향을 받은 것이 아닐까? 황하 주변의 문학은 웅대하다고 하지만, 정치유원(情致幽遠)함에 이르러서는 더욱 결핍된 바 있는 듯하다. 시경(詩經) 중에 초시(楚詩)도 오시(吳詩)도 없는 것은 둘 다 기록할 자가 없었기 때문이다. 그리고 초사(楚辭)의 유원(幽怨)함은 양자강 주민들을 위해 처음으로 초운상수(楚雲湘水)[9]의 남쪽 정서를 발휘한 것 아니겠는가. 황하 지역 시와 분위기를 달리하는 것은 단지 시대의 차이뿐만 아닐 것이다. 육조시대 사고와 정서는 치밀함을 추구하여 문장의 풍부하고 넉넉함(富贍)을 더한 것은 양자강의 기세가 넘치는 것과 같다. 시대를 내려와서 두보와 이백에 이르러서는 양자강과 황하가 함께 큰 바다로 흐른다. 당나라 시인들의 대작은 온아(溫雅)하되 교치(巧致)를 잃지 않고 규제가 있고도 웅대하여 그 이전에도 이후에도 중국에서는 찾을 수 없을 것이다. 송나라는 양자강의 정수다. 유가는 자주 이기(理氣)를 외치고, 한학 이외에 문호를 더 열어 노자와 불교를 합병하고 철학상의 대진보를 이루었다. 변화에 끝이 없는 재주로써 유미(幽微)하기 한이 없는 영역을 찾고 당시 문인 세계의 이상을 서로 다툰 것은 주나라 말기 백가 이래의 활발한 광경이다. 혹자는 말하기를 남쪽 학자 만년에 불교에 입문하고 북쪽 학자 만년에 신선도에 들어간다고 한다. 명말청초에는 송학과 한학이 분리되었고, 각각의 기반을 둔 바가 멀어졌다. 미술 분야에서도 삼대(三代)[10] 이기(彝器)[11]의 형상이 실로 정돈된 것을 본다. 진한시대에는 그 수준이 좀 떨어진다고 하지만, 일정한 법식 안에서 정치함을 다한 것이 많다. 그것을 다른 나라에서 예를 찾자면, 주나라 한나라의 기교예술(巧藝)은 이집트와 가장 취향이 비슷한 바가 있을 것이다. 당나라는 황하, 양자강의 기교를

9 초운상수: 초나라 구름과 상강(湘江)의 강물을 말한다.

10 삼대: 하상주(夏商周) 삼대를 말한다.

11 이기: 청동으로 만든 제기(祭器)를 말한다.

다 보여 주었다. 그 전체 속에서 특종을 포함하고 화성(畫聖)[12]에 이르러 조각적인 회화는 극점에 달하였으며, 조각의 묘 또한 고금 독보적인 위치에 도달했다. 송나라는 그것을 일변하여 이공린(李公麟),[13] 하규(夏珪),[14] 마원(馬遠)[15] 등의 고상한 운치(高致)는 이전에 없었던 으뜸 예술이고, 사물의 변화를 갖고 노는 천연의 기이한 이치를 빼앗아 착상이 청고(淸高)하고 의장이 유원(幽遠)함은 동양의 특색이다. 원나라 미술은 그것을 모방하였고, 명청은 그 조박(糟粕), 즉 진부한 반복일 뿐이었다. 요컨대 중국의 문화 미술을 대별하면 세 가지가 있다. 하나는 주나라 말기로, 황하 주민의 정수(精粹)요, 또 하나 송나라는 양자강 주민의 정수요, 나머지 하나 당나라는 양자강과 황하 합체의 정화라고들 말한다. 그밖에는 전후 연계일 뿐이다. 삼대는 춘추열국을 낳았고, 육조는 당나라를 낳았으며 오대는 송나라를 낳았다. 그 사이에 포함된 기력은 귀중히 여겨야 할 것이다. 한나라는 주나라 말기를 먹고 살쪘으며 명나라는 당송을 소화할 뿐이었고, 진보기운상(進運上)의 가치는 작다. 원나라 청나라는 실로 그 남은 그림자에 불과하다.

---

12 오도현(吳道玄: 680?–759?): 자는 도자(道子)다.

13 이공린(1049–1106): 북송시대 문인화가로 말그림과 인물화의 대가다.

14 하규(1195–1224): 남송대 대표적 산수화가. 화원(畫員) 화가로 마원(馬遠)과 함께 馬夏派의 시조다.

15 마원(1160?–1225?): 남송대 산수화의 대가. 화원 화가로 하규와 함께 마하파의 시조다.

찾아보기

[ㄹ]

[ㅁ]

[ㅈ]

[ㅊ]

저자 소개

양일모(梁一模)

도쿄대학 인문사회계연구과 박사, 서울대학교 자유전공학부 교수. 동아시아에서 근현대철학이 지니는 의미를 탐구하고 있다. 저·역서로 『옌푸: 중국의 근대성과 서양사상』, 『동서 철학사상의 만남』(공저), 『천연론』(공역) 등이 있다.

강지은(姜智恩)

도쿄대학 인문사회계연구과 박사, 국립대만대학 국가발전대학원 부교수. 20세기 진입 전후 동아시아 지식인이 유학사 연구를 시작했던 사회적 배경과 그 학설에 유의하면서 한국 유학사를 고찰하고 있다. 저서로 『새로 쓰는 17세기 조선 유학사』, 『近代日本哲學と東アジア』(공저) 등이 있다.

김용철(金容澈)

도쿄대학 인문사회계연구과 박사(미술사 전공), 고려대학교 글로벌일본연구원 교수. 오카쿠라 덴신, 전쟁미술, 만주국미술 등 동아시아의 근대미술에 관해 연구하고 있다. 저서로 『'일본'의 발명과 근대』(공저), 『전쟁과 미술: 비주얼 속의 아시아태평양전쟁』(공저) 등이 있다.

이새봄(李새봄)

도쿄대학 총합문화연구과 박사, 연세대학교 연계전공 강사. 유학적 교양을 지적 기반으로 삼았던 19세기 일본 지식인들을 중심으로, 근대 동아시아 정치사상사를 연구하고 있다. 저서로 『「自由」を求めた儒者 — 中村正直の理想と現実』, 『近代日本政治思想史』(공저), 『유길준의 사상 세계』(공저) 등이 있다.

이승율(李承律)

도쿄대학 인문사회계연구과 박사, 경북대학교 인문대학 철학과 부교수. 유가철학·도가철학에 관심을 갖고 연구하고 있다. 저·역서로 『郭店楚簡儒教の研究-儒系三篇を中心にして-』, 『죽간·목간·백서, 중국 고대 간백자료의 세계 1』, 『한 단어 사전, 천』 등이 있다.

이혜경(李惠京)

교토대학 문학연구과 박사, 서울대학교 인문학연구원 부교수. 근대전환기 동아시아에서 일어난 윤리의 전환에 관심을 갖고 연구하고 있다. 저·역서로 『천하관과 근대화론: 양계초를 중심으로』, 『량치차오: 문명과 유학에 얽힌 애증의 서사』, 『맹자, 진정한 보수주의자의 길』, 『맹자사설』, 『신민설』 등이 있다.